Jess Stearn

DER SCHLAFENDE PROPHET

Prophezeiungen in Trance 1911 – 1998

Zum 60. Geburtstag
von Deiner Schwester Liselotte.

Alzey, den 11. 1. 1982

Jess Stearn

DER SCHLAFENDE PROPHET

Prophezeiungen in Trance (1911 — 1998)

ARISTON VERLAG
GENF

Titel der amerikanischen Originalausgabe
Edgar Cayce, The Sleeping Prophet

Aus dem Amerikanischen übertragen von
Helga Künzel

Deutsche und französische Ausgabe beim Ariston Verlag · Genf

18. Auflage 1981

Printed in Austria

ISBN 3 7205 1041 7

Mit Dank an Bob und Isabel Adriance,
die mir mehr halfen, als sie wußten.

Inhaltsverzeichnis

Gott ist unsere Zuversicht und Stärke, eine Hilfe in den großen Nöten, die uns getroffen haben. Darum fürchten wir uns nicht, wenngleich die Welt unterginge und die Berge mitten ins Meer sänken.

46. Psalm

Das Schlafwunder

Für Edgar Cayce war es ein Tag wie jeder andere. Er legte sich einfach nieder, schloß die Augen und schlief ein. Dann begann er im Schlaf zu sprechen. Als er ungefähr eine halbe Stunde später erwachte, sah er an den Gesichtern der Umstehenden, daß er etwas sehr Ungewöhnliches gesagt haben mußte. Und das hatte er wirklich. An jenem heißen, drückend schwülen Augusttag des Jahres 1941 weissagte er in Trance mit derselben Stimme, mit der er ein harmloses Kraut gegen Schnupfen verordnet hätte, die Zerstörung von Los Angeles, San Francisco und New York.

Der größte Mystiker, den es je in Amerika gab, nahm die eigene unheilvolle Prophezeiung gelassen auf. Er hatte früher schon Kriege und Massenvernichtungen vorausgesagt, zu denen es dann tatsächlich auch gekommen war. Durch seine „Readings“ [1]), die Tausenden halfen, war er zu der Überzeugung gelangt, daß es einen endlosen Lebenskreislauf gebe. Wenn er sich auch um jene härmte, die zu Lebzeiten Leid und Schmerz erdulden mußten, so glaubte er doch, daß alles zu Gottes Plan gehöre. Deshalb reagierte er auf seine jetzige Vorhersage nur mit kurzem Kopfschütteln und Schulterzucken. „Was halten Sie davon?“ fragte er die Umstehenden und kratzte sich den Kopf. „Ich hoffe, daß sie falsch sind, aber das waren sie bisher noch nie.“ Mit „sie“ meinte er die unterbewußten Informationen, die er wahrscheinlich einem Weltgeist verdankte, der ihn seit vierzig Jahren durchströmte; diese Informationen werden nicht ganz treffend als Readings bezeichnet.

Cayces Vorhersage war unversehens gekommen, aus dem Unbestimmten wie seine erstaunlich genauen Diagnosen der Krankheiten von Menschen, die er nie gesehen hatte und die dann geheilt werden konnten. Gleich anderen Weissagungen, von denen sich so viele verblüffend erfüllten, erfolgte auch diejenige von 1941 als Antwort auf eine Frage, die nicht direkt mit dem eigentlichen Ersuchen um das Reading zusammenhing. Ein New Yorker Geschäftsmann war besorgt wegen der Folgen des anstrengenden Großstadtlebens für seine Gesundheit. Während des

---

[1]) „Reading“, wörtlich Lesung, bedeutet je nach dem Zusammenhang: Prophezeiung, Weissagung, Deutung, Diagnose oder Prognose.

Readings sprach er auch von der drohenden Gefahr einer Bombardierung; er sagte zu Cayce: „Seit vielen Monaten habe ich das Gefühl, daß ich aus New York wegziehen sollte."

„Das wäre gut, ja angezeigt", sprach der schlafende Cayce. „Dort herrscht zuviel Unruhe; dort werden weiterhin ‚Schwingungen' von einer Art sein, die dem Körper schaden, und schließlich werden dort zerstörerische Kräfte sein, doch erst in der nächsten Generation."

Der Geschäftsmann fragte: „Ist Los Angeles sicher?"

Die Antwort kam klar, direkt, unzweideutig: „Los Angeles, San Francisco, sie werden unter jenen sein, die zu ihren größten Teilen noch vor New York untergehen."

Nach Einzelheiten fragte man Cayce nicht, und er nannte auch keine. Doch andere Prophezeiungen von ihm lassen darauf schließen, daß die Zerstörung, wenn sie eintritt, durch Naturkräfte und nicht durch die Bombe erfolgen wird; es sei denn, die Bombe löst eine Naturkatastrophe aus.

Die prophezeite Zerstörung in Amerika paßt in den Rahmen von Cayces allgemeinen Vorhersagen über tiefgreifende Umwälzungen auf der Erde. Zeitlich soll sie in die Periode fallen, die 1958 begann und bis zum Ende unseres Jahrhunderts reicht, nach dem ein hoffnungsvolles neues Jahrtausend anfängt. Erste Veränderungen haben im Mittelmeer, im Südpazifik und in Alaska schon stattgefunden; Connecticut, New England, Alabama und Georgia sowie Japan und Nordeuropa sollen noch schwer betroffen werden. Vielen Menschen mag es ein Trost sein, wenn mehr als ein Geologe sagt, daß die prophezeiten umwälzenden Ereignisse nicht mit der wissenschaftlichen Erkenntnis des Uniformitarismus oder schrittweiser Veränderung in Einklang stehen. Aber zumindest ein namhafter Geologe, einst Leiter der Geologischen Abteilung eines College, der sich mit Cayces Vorhersagen eingehend beschäftigte, hält drastische Veränderungen auf der Erde für möglich. Er bezeichnete den von Cayce genannten Grund für durchaus stichhaltig: das Kippen der Erdachse, das Vorgänge weit unter der Erdkruste 1936 einleiten sollten.

Cayce hatte eine natürliche Begabung für die Prophetie. Manche deuteten ein Reading, das er 1939 kurz nach Ausbruch des Zweiten Weltkrieges machte, sogar als Ankündigung des gegenwärtigen Vietnamkrieges. „Früher, so stellen wir fest, war das Wesen (Körper, Seele und Geist der Person, der das Reading galt) in dem Land, das heute als Indochina bekannt ist ... Dort, so stellen wir fest, hatte das Wesen Autorität und Macht in jener Stadt, die dem Geist geöffnet werden muß, soll nicht der größere Krieg über sie kommen." Dieses Zitat entstammt einem Vorlebens-Reading, einer Spezialität von Cayce. Seine Worte könnten auf den Vietnamkrieg zutreffen, wenn wir den französischen Indochinakrieg, in dem Frankreich Indochina verlor, als den kleineren Krieg nehmen. Im allgemeinen mußte man für Cayces Weissagungen jedoch nicht so mühsam Zeichen der Bestätigung suchen. Er sah praktisch jede weltweite Krise von der Zeit vor dem Ersten Weltkrieg und den unguten Jahren des Völkerbundes bis nach dem Zweiten Weltkrieg richtig vorher. Das Ende des Zweiten Weltkriegs prophezeite er für 1945, das Jahr seines Todes. Außerdem sagte er in psychischen Readings für Einzelpersonen nebenbei immer wieder Erdbeben, Stürme und Vulkanausbrüche voraus. Er sah nicht nur Dinge in weiter Ferne, sondern auch in der nahen Umgebung. Das beweist seine bereits eingetroffene Weissagung, Norfolk würde zusammen mit Newport-News ein wichtiger Hafen, größer sogar als New York. Und seine Vorhersage über ein rapides Ansteigen der örtlichen Grundstückspreise verwirklichte sich genau, fünfzehn Jahre nach seinem Tod.

Aus einem klaren Unterbewußtsein schaute er gleichsam durch die Korridore der Zeit auf die unruhige internationale Bühne und zeichnete die Zukunft Rußlands, Chinas, Japans, Englands und der Vereinigten Staaten. Er kündigte an, daß England Indien verlieren würde, als noch niemand an so etwas dachte; und er sah das „neue" Land, ein freies, liebloses und deshalb ungeliebtes Indien. Die Vorhersage vom Ende des Kommunismus verband er mit der erstaunlichen Prophezeiung eines freien, gottesfürchtigen Rußlands. Was er seinerzeit für China ankündigte, nämlich daß es dort zu einer Demokratisierung kommen würde, hätte damals zweifellos niemand als vorauszusehende, logische Entwicklung bezeichnet. Und für das nur im Falle eines inneren Zwists einnehmbare Amerika sah er eine Weltführung, zusammen mit einer anderen Macht, da sich der Schwerpunkt der Weltkultur allmählich westwärts verlagere.

Ich selbst kenne Cayce schon länger. Ich „entdeckte" ihn vor Jahren bei den Vorarbeiten für mein Buch *The Door to the Future* (Das Tor zur Zukunft) und wurde mit vielen seiner Prophezeiungen vertraut, mit seiner besonderen Art, durch Zeit und Raum zu reisen, um Kranke zu behandeln. Und ich lernte seine Vorstellung von der Reinkarnation kennen, derzufolge ein und derselbe Seelengeist viele Leben hat. Cayce schien mit einem Weltgeist begabt zu sein, der die unterbewußte Registrierung von allem bewirkte, das je geschehen war oder geschehen würde. Eine solche Fähigkeit mutet unglaublich an. Aber wenn man Cayce studierte, wie er selbst andere Menschen, ein Werk oder Phänomen studiert hätte, dann erwies sich, daß er in alles, was in den Bereich seines Unterbewußtseins gelangte, hineinschauen konnte: in den menschlichen Körper und die menschliche Seele, die Erde, sogar das Weltall. Er war der Mann mit den Röntgenaugen.

Bei meinen Untersuchungen für das vorliegende Buch wurde ich bald gewahr, daß Cayces Wirkung heute stärker ist als zu seinen Lebzeiten. Eine sich selbst zu eng werdende Welt, die in Mondflügen, Laserstrahlen und Fernsehen vergeblich Befreiung sucht, beginnt den Weisen posthum zu begreifen, der im Schlaf von einer vergessenen Zivilisation gesprochen hatte, die technologisch mit der unseren vergleichbar ist: vom versunkenen Kontinent Atlantis. Dieses visionäre Erlebnis hatte Cayce mit einer großen Gestalt der Antike gemein, mit dem Philosophen Platon.

Zwanzig Jahre nach seinem Tod gewann das Lebenswerk des Mystikers Edgar Cayce Gestalt, es wurde aus Tausenden von Prophezeiungen langsam und mühevoll zusammengestellt und als sein Vermächtnis der *Association for Research and Enlightenment* (Vereinigung für Forschung und Aufklärung) in Virginia Beach überlassen. Während der lebende Cayce von der Ärzteschaft meist verachtet worden war, zogen der tote Cayce und seine Krankheitsprognosen die Sucher unter den Medizinern geradezu magnetisch an. „Cayce", so stellte eine Kapazität fest, „war seiner Zeit medizinisch um hundert Jahre voraus. Eines Tages werden wir wohl die Lehrbücher für Physiologie und Anatomie neu schreiben und sie seiner Auffassung anpassen, daß die Gesundheit einer vollkommenen Harmonie von Blut, Lymphe, Drüsen und Nerven entspringe." Schon Jahre bevor die psychosomatische Medizin diese Erkenntnis zog, hatte Cayce betont, daß nervöse Spannungen und seelische Belastungen Magengeschwüre verursachten. In der gütigen Natur gab es seiner Meinung nach ein Heilmittel für jede Gesundheitsschädigung oder Krankheit. Doch gleichzeitig war er sich im klaren darüber, daß man nicht allen Menschen helfen konnte, wenn ihre Stunde geschlagen hatte. 1966 machte ein Kaninchenserum als Krebsheilmittel Schlagzeilen auf den Titelseiten der amerikanischen Zeitungen; schon dreißig Jahre vorher hatte Cayce bei Krebsfällen ein derartiges Serum verordnet, und er hatte beschrieben, wie es herzustellen sei. Da er es jedoch nur in fünf von achtundsiebzig Fällen empfahl, die er diagnostizierte, half es wohl nur bei bestimmten Krebsleiden.

In den Jahren, die seit seinem Tod vergangen sind, haben sich rund fünfhundert Heilende aller Kategorien – Ärzte, Osteopathen, Chiropraktiker, physikalische Therapeuten – mit seinen Methoden vertraut gemacht. In so verschiedenen Gegenden Nordamerikas wie Virginia, New York, Michigan, Arizona, Connecticut und Kalifornien werden Menschen, die nirgends sonst Hilfe finden, mit Erfolg nach seinen Empfehlungen behandelt. Bei einer Frau heilte ein Therapeut, der Cayce gründlich studiert hatte, einen bösartigen Vaginaltumor. Ich vernahm auch von dem Fall eines Mannes, dessen unheilbare Schuppenflechte sozusagen durch die Stimme des toten Cayce geheilt wurde. Ein andermal sah ich staunend einem berühmten amerikanischen Komponisten zu, der auf dem Boden umherrollte und Übungen machte, zu denen ihn ein früheres Cayce-Reading angeregt hatte. Diese Übungen lockerten die Arthritisknoten in seinen Schultern, Armen und Fingern. Er sei dank des toten Cayce ein neuer Mensch, sagte er glücklich.

Cayces Heilfähigkeit steht außer Zweifel. Ich hatte Gelegenheit, sie bei hoffnungslosen Fällen nachzuprüfen. Ich sprach mit Therapeuten, vor allem Osteopathen, die Cayce nicht persönlich gekannt hatten, aber von ihm zu seinen Lebzeiten Patienten geschickt bekamen. Einer Mutter aus dem New Yorker Stadtteil Staten Island, deren Kind kränkelte, hatte er beispielsweise gesagt: „Suchen Sie Dobbins." Nach längerem Suchen fand sie einen jungen Osteopathen namens Dr. Frank Dobbins, der erst kurz vorher nach Staten Island übersiedelt war und noch nicht einmal im Telefonbuch der Stadt New York stand. Cayce kannte Dobbins nicht *bewußt,* und Dobbins hatte noch nie von Cayce gehört.

Staunen machten auch viele Arzneien, die Cayce verordnete. Manche bestanden aus einem Dutzend verschiedener Ingredienzien, von denen normale Apotheker einen großen Teil überhaupt nicht kannten. Dabei besaß Cayce keineswegs eine gute Schulbildung; er war in seiner Heimatstadt Hopkinsville in Kentucky nicht über die sechste Klasse hinausgekommen. Oft sogar verordnete er völlig unbekannte Präparate. Einmal beispielsweise empfahl er einem Mann, der an Rheumatismus litt, Scharlachsalbeiwasser. Kein Apotheker hatte je davon gehört. Der Patient gab in einer Fachzeitschrift eine Anzeige auf, in der er um Auskunft bat, wo man es erhalten oder wie man es herstellen könne. Auf diese Anzeige schrieb ein Mann aus Paris, sein Vater habe das Präparat einst entwickelt, die Herstellung sei aber vor fünfzig Jahren eingestellt worden. Er legte eine Kopie des Originalrezeptes bei: „Sie können es vervielfältigen lassen, wenn Sie wollen." Unterdessen hatte Cayce ein Kontroll-Reading gemacht und im Trancezustand nach der Herstellungsweise des Scharlachsalbeiwassers sich selbst befragt. Die so erhaltene Information stimmte genau mit dem Rezept aus Paris überein.

Wie machte Cayce das? Dr. Wesley H. Ketchum, ein Arzt mit herkömmlicher Ausbildung, der aber alle sich bietenden Quellen ausschöpfte, ließ Cayce mehrere Jahre lang in seiner Praxis als Gehilfen wirken; er bezeichnete ihn als medialen Diagnostiker. Vor einem interessierten Medizinerpublikum erläuterte er, wie Cayce seiner Meinung nach arbeitete.

„Edgar Cayces Geist", erklärte er den zumeist skeptischen Medizinern aus Boston, „ist der Suggestion unterworfen wie jedes Unterbewußtsein. Er hat aber außerdem die Fähigkeit, das zu interpretieren, was er vom Unterbewußtsein anderer Individuen empfängt. Das Unterbewußtsein vergißt nichts. Das Bewußtsein nimmt äußere Eindrücke auf und gibt alle Gedanken ans Unterbewußtsein weiter, in dem sie bleiben, auch wenn das Bewußtsein zerstört wird." Lange bevor der Psychologe C. G. Jung mit seiner Auffassung vom kollektiven Unbewußten an die Öffentlichkeit trat, praktizierte Cayce, was Jung nur postulierte. „Cayces Unterbewußtsein", so führte Dr. Ketchum aus, „steht in direkter Verbindung mit jedem anderen Unterbewußtsein und ist in der Lage, empfangene Eindrücke durch seinen objektiven Geist zu interpretieren und anderen objektiven Geistern mitzuteilen. Auf diese Weise sammelt sich in seinem Unterbewußtsein das unbewußte Wissen zahlloser Millionen."

Ketchum, der noch lebt und in Kalifornien wohnt, war von Cayce einmal besonders beeindruckt gewesen, weil ihm dieser richtig gesagt hatte, daß er nicht an Blinddarmentzündung leide. Sieben Ärzte hatten Blinddarmentzündung diagnostiziert und zur Operation geraten. Cayce dagegen schrieb die Schmerzattacken einer Rückgratverrenkung zu, die Nerveneinklemmungen und periphere Schmerzen verursachte. Er empfahl osteopathische Einrenkungen. Durch die Behandlung besserte sich das Leiden, und Ketchum litt nie mehr an „Blinddarmentzündung". Ketchum kritisierte die sieben Ärzte damals nicht stärker, weil auch er selbst seine Krankheit als Blinddarmentzündung angesehen hatte.

Studiert man Cayces Arbeiten, dann zeigt sich, daß er nicht nur ein Heiler, sondern auch ein Ratgeber und Philosoph gewesen ist. Immer wieder betonte er die geistigen Ursachen körperlicher Leiden; emotionale Verkrampfung, Unmut, Ärger. Einer Frau riet Cayce, sich physisch und geistig zu reinigen. „Bemühen Sie sich um eine Geisteshaltung, in der die konstruktiven Kräfte bestimmend sind. Sehen Sie in jedem Menschen das, was hoffnungsvoll und nützlich ist. Suchen Sie nicht nach den Fehlern anderer, sondern nach ihren Tugenden, und die Tugenden im eigenen Ich werden sich verstärken. Denn worüber wir nachdenken, das werden wir." Zu einer anderen Frau, die unter chronischer Erkältung litt, sagte er: „Lieben Sie, anstatt zu hassen; schneuzen Sie, anstatt zu schnupfen." Es wirkte. Die Frau hatte jahrelang keine Erkältung mehr. Heute hat sie den rosigen Teint eines Teenagers, obwohl sie in den Sechzigern steht.

Dieselbe Philosophie wandte Cayce auf Nationen an. Wie der Körper gegen sich selbst Krieg führe, so würden es auch Länder tun, indem sie in sich Eifersucht, Bosheit, Haß nähren. Als man ihn einmal fragte, was das amerikanische Volk tun könne, um dauerhaften Frieden zu schaffen, antwortete er: „Wir haben das amerikanische Volk nicht hier (am Ort des Readings). Man muß bei sich selbst beginnen. Wenn man nicht einmal in sich selbst das erreicht, was man in der Nation oder in einem bestimmten Land haben will, sollte man vor anderen erst gar nicht davon sprechen."

Sein zuverlässiges Urteil in medizinischen Fragen stellte nur eine Seite seiner Kräfte unter Beweis. Viele Menschen vertraten die Ansicht, wenn Cayce auf dem einen Gebiet unfehlbar sei, müsse er es auf allen Gebieten sein, denn die Quelle wäre ja notwendigerweise dieselbe. „Warum", fragte ein grauhaariger, alter Seekapitän, dem Cayce über eine Entfernung von tausendsechshundert Kilometern hinweg eine richtige Diagnose gestellt hatte, „sollte er mit dem Heilmittel für meinen schmerzenden Rücken recht haben und in allen anderen Dingen unrecht?" Diese Frage stellte ich mir selbst oft, als ich die vielen Wunderdinge überprüfte, von denen er im Schlaf gesprochen hatte: seine wirklich weltbewegenden Prophezeiungen und Vorhersagen von Weltereignissen, seine Deutung der Reinkarnation oder seine genaue Beschreibung geologischer Vorgänge, die das Versinken ganzer Kontinente bewirkt hatten, z. B. Atlantis. Etwas an Cayce aber verwirrte mich besonders: Warum hatte er, wenn er ein unbegrenztes Divinationsvermögen besaß, nicht sich selbst zu Reichtum verholfen, indem er nach Öl oder Geld grub, bei Rennen wettete oder an der Börse spekulierte? Warum war er fast sein ganzes Leben lang arm geblieben?

Es mutet wie eine Ironie an, wenn man erfährt, daß andere mit seinen Vorhersagen über den Effektenmarkt ganze Vermögen machten; einige fanden tatsächlich an den von ihm angegebenen Stellen Öl oder gewannen dem Vernehmen nach bei Pferderennen. Cayce selbst zog nie Nutzen aus seiner Gabe. Sicher ist die Antwort in seinen Vorhersagen selbst zu suchen, denn er betonte stets, sie dürften unter keinen Umständen zur Erlangung materieller Vorteile benutzt werden. Und wirklich hatte auch keiner, der nur auf Gewinn ausging, wirklich Nutzen davon. Ein Börsenmakler verlor sein Vermögen, das er durch Cayce erlangte, als er entgegen Cayces Rat weiter an der Börse spekulierte. Ein Mann, der Cayces Gabe mißbrauchte, um bei Pferderennen zu gewinnen, landete in einer Irrenanstalt.

Cayce war in seinen Voraussagen unheimlich genau. Er prophezeite den Börsenkrach von 1929 fast auf den Monat; er sagte, daß es im Bezirk Dade in Florida Erdöl gebe, als dort jedermann nur an Orangen und Grapefruits dachte; er nannte den Zeitpunkt für das Ende der Depression. Wenn Cayce der Ansicht war, daß die Wertschätzung materieller Dinge eine negative Kraft sei, die das zerstöre, was er als gottgegebenes Ziel ansah, so hatte er dafür auch sehr persönliche Gründe. Machte er einmal im Schlafzustand Voraussagen, die ihm selbst oder anderen finanziellen Gewinn brachten, bekam er immer schlimme Kopfschmerzen oder verlor in extremen Fällen sogar die Stimme. Bezeichnend war in diesem Zusammenhang ein Reading kurz nach der Jahrhundertwende. Cayce hatte vor Ärzten in Bowling Green, Kentucky, in einer Test-Demonstration genau das Verhalten eines Grundstücksmaklers in New York beschrieben: wie er zu seinem Büro hinaufstieg, dabei eine Zigarre rauchte und das Lied „Annie Laurie" pfiff. Seine Schilderung stimmte aufs Haar. Der Grundstücksmakler sah darin sofort ungeahnte Möglichkeiten. Er nahm den nächsten Zug nach Bowling Green und unterbreitete Cayce einen höchst einfachen Vorschlag: „Ich nehme Sie mit, und wir machen in der Wall Street ein Vermögen."

Der frisch verheiratete Cayce besprach die Sache mit seiner Frau Gertrude. Sie vertrat die Ansicht, es wäre ein Mißbrauch seiner Fähigkeit, den er bestimmt büßen müsse. „Wenn du etwas anderes tust, als Menschen zu helfen", meinte sie, „wird es dich bestimmt krank machen."

Als Cayce ablehnte, ersuchte ihn der New Yorker wenigstens um ein Test-Reading. Da der Mann eigens den weiten Weg gemacht hatte, willigte Cayce ein. Er fiel in Trance. Als er erwachte, war der Mann mit einem Armvoll Notizen verschwunden. In der Nacht wälzte sich Cayce im Bett, er konnte nicht schlafen und hatte gräßliche Kopfschmerzen. Noch in derselben Woche erhielt er die Erklärung. Der Grundstücksmakler hatte Cayces Bewußtlosigkeit ausgenützt und sein Unterbewußtsein „bestohlen". Mit Hilfe der Informationen von dem arglosen Cayce hatte er, wie er Freunden vergnügt anvertraute, an der Börse mit einem Schlag zwanzigtausend Dollar gescheffelt.

Bei einer anderen Demonstration stießen ihm experimentierende Ärzte Nadeln in den Körper, um zu prüfen, ob er tatsächlich in Trance sei. Daraufhin beschloß Cayce, nie mehr in Trance zu sinken, ohne daß jemand dabei war, dem er absolut vertrauen konnte. Diese Vertrauensperson war seine Frau Gertrude, die danach Tausende von Readings überwachte.

Trotz seiner vielgerühmten Kräfte war Cayce ein bescheidener, gottesfürchtiger Mann; er las täglich in der Bibel. Wenn man ihn sich selbst überließ, empfing er jeden und zu jeder Zeit, obwohl mehr als zwei Readings pro Tag eine Strapaze für ihn waren. Zweimal wurde er verhaftet, einmal wegen unberechtigter Ausübung des Arztberufes, das andere Mal wegen Wahrsagerei. Doch er machte nie ein Reading über den Gesundheitszustand eines Menschen, ohne ausdrücklich darum ersucht worden zu sein. Und er wies niemanden ab, der nicht zahlen konnte. Während der großen Wirtschaftskrise war er einmal äußerst knapp bei Kasse, und die unbezahlten Rechnungen häuften sich. Damals hegte die Gruppe seiner Förderer, die *Cayce Foundation,* den Verdacht, daß manche Kunden mogelten. Obwohl sie es sich hätten leisten können, zahlten sie nichts in die Kasse der Foundation ein, was im allgemeinen Vorbedingung für ein Reading war. Der Beitrag machte normalerweise zwanzig Dollar aus. Der „geplagte" Finanzausschuß, der die Schwindler ausschalten wollte, stellte dem schlafenden Cayce deshalb eine Suggestivfrage: „Jenen, die nicht zahlen können, soll kostenlose Hilfe gewährt werden. Soll jenen, die sehr wohl zahlen könnten, aber jeden Beitrag in Form von Geld oder Dienstleistungen verweigern, weitere Hilfe versagt werden? Folgen wir mit dieser Politik dem richtigen Weg?"

Cayces Antwort muß für die Verwalter seiner abnehmenden Finanzen eine ziemliche Enttäuschung gewesen sein; sie war jedoch typisch für Cayce: „Der Regen fällt auf Gerechte und Ungerechte gleichermaßen. Stellen Sie keine solche unumstößliche Regel auf."

Ob Cayce wachte oder schlief, er war kein gewöhnlicher Mensch. In seiner Gegenwart fühlte sich jedermann sofort wohl. Fremde, die sonst schüchtern und zurückhaltend waren, gingen auf den schlanken Mann mit den gebeugten Schultern und dem freundlichen Blick spontan zu und schüttelten ihm die Hand. Sie saßen ihm an seinem Schreibtisch gegenüber und besprachen die intimsten Probleme. Oder sie schrieben ihm aus irgendeinem Winkel der Welt. Er antwortete allen, in einer gestochen schönen Schrift, die Klarheit des Denkens verriet, auch wenn die Orthographie nicht immer ganz stimmte. Er hatte viel Humor und konnte sich auch über einen Scherz freuen, der auf seine Kosten ging. „Möchten Sie, daß wir die Sache durchbesprechen?" fragte er einmal eine Besucherin. „Ja", antwortete sie, „aber ich will hören, was Sie sagen, wenn Sie schlafen, Mr. Cayce, nicht wenn Sie wach sind."

Die scheuesten Kinder gingen unaufgefordert zu ihm, und Cayce wunderte sich über ihre freundschaftlichsten Annäherungsversuche nicht. Es könnte sehr gut sein, sagte er sich, daß ich sie früher schon gekannt habe. Denn einmal, als er in Virginia Beach ein Friseurgeschäft betreten und sich gesetzt hatte, war ein kleiner Junge wie selbstverständlich auf seinen Schoß geklettert. Der Vater, dem gerade die Haare geschnitten wurden, schaute auf. „Belästige den Herrn nicht", sagte er, „du kennst ihn ja gar nicht."

Der Kleine schlang den Arm um Cayces Hals. „Doch, ich kenne ihn", erwiderte er, „wir waren auf dem Fluß miteinander hungrig."

Das ließ sogar Cayce zusammenfahren. In einem Reading, von dem nur seine Familie wußte, hatte er sich selbst in einem früheren Leben gesehen, wie er auf einem Floß den Ohio River hinunter vor plündernden Indianern floh. Die Indianer hatten schließlich die Verfolgten eingeholt und niedergemacht. Vermutlich war das gut so gewesen, denn die Menschen auf dem Floß wären sonst eines langsamen Hungertodes gestorben.

Im Jahre 1923 nahm Cayces Weg eine überraschende Wendung. Bis dahin hatte er nur heilkundliche oder Gesundheits-Readings vorgenommen. In diesem Jahr jedoch begann er mit Lebens-Readings, angespornt von einem Drucker namens Lammers aus Dayton, Ohio, der sich für Religionsphilosophie interessierte. Bei diesem Reading erforschte Cayce die Erfahrungen des Menschen in vergangenen Leben. Immer mehr versenkte er sich in die Reinkarnation, die Rückkehr der Seele auf die Erde in einem anderen Körper – eine Vorstellung, der er sonderbarerweise anfangs nichts abgewinnen konnte. Lammers, der sich mit dem Daseinszweck des Menschen im Universum beschäftigte, hatte dem medial veranlagten Cayce mit dem scheinbar grenzenlosen Wissenschatz allerlei Fragen gestellt. Lammers fragte Dinge, die seit Urzeiten jeden feinsinnigen Menschen interessierten:

„Was ist die menschliche Seele?

Woher kommt sie und wohin geht sie?

Ist der Mensch einfach nur ein Naturgeschöpf, das für eine kurze Zeitspanne auf die Erde gestellt wird und dann zu Staub zerfällt wie umgesunkene Bäume?“

Auf alle diese Fragen konnte Cayce im Wachzustand nur mit einem Achselzucken antworten. „Versuchen Sie es mit der Bibel“, sagte er. „Sie enthält die Antwort auf alle Fragen.“

Lammers verzog das Gesicht. „Ich habe die Bibel gelesen und frage Sie dennoch.“

Cayce war nie auf den Gedanken gekommen, in Bereiche wie das Leben nach dem Tod einzudringen; außerdem lehnte er als geborener Fundamentalist eine Philosophie ab, die vom orthodoxen Christentum nicht akzeptiert wurde.

„Reinkarnation“, so argumentierte Lammers, „ist einfach der Glaube, daß die Seele ewig ist und in gewissen Zeitabständen in anderen physischen Körpern wieder erscheint, so daß sie als Instrument ihrer eigenen Entwicklung weiterwirken kann.“ Er verwies auf verschiedene Bibelstellen, die einen Glauben an die Reinkarnation nicht ausschlossen. „Jene Juden, die in Christus nicht den Gesalbten erkannten“, meinte er, „fragten ihn, ob er Elias ist und die Ankunft des Messias verkünden will, und der Herr hat geantwortet, daß Elias bereits gekommen ist und sie hätten ihn nur nicht erkannt." Lammers schloß, indem er aus der Bibel zitierte: „Dann verstanden die Jünger, daß er von Johannes dem Täufer zu ihnen geredet hatte."

Cayce war nicht überzeugt, doch unter dem sanften Drängen von Lammers und seinen Freunden begann sein Unterbewußtsein Ereignisse aus vergangenen Leben zu beschwören. Diese Ereignisse versetzten die Personen, denen die Readings galten, nicht nur in bekannte exotische Länder wie das alte Indien, China, Persien und Ägypten, sondern auch an so sagenhafte Orte wie das untergegangene Atlantis und das versunkene Lemuria im Pazifik. Im weiteren Verlauf wurden diese Lebens-Readings oft mehr zu einer Deutung als einem Bericht. Cayce zeigte auf, wie Erfahrungen aus früherem Leben die Gegenwart beeinflußt hatten und was der einzelne Mensch überwinden muß, damit sich sein gegenwärtiges Leben erfüllte. Im Gegensatz zu vielen an die Seelenwanderung glaubenden Menschen, die sich in Phantastereien über ihre herrlichen früheren Verkörperungen ergingen, betonte Cayce die Wichtigkeit des gegenwärtigen Lebens. Oft sagte er: „Das Leben will heute gelebt sein."

Da er sich häufiger mit Lebens-Readings befaßte, redete er in Trance mitunter mit fremder Sprache, hauptsächlich in romanischen Sprachen. Einmal forderte ihn ein Gräzist auf, griechisch zu sprechen. Cayce wechselte in homerisches Griechisch über, als lebe er in jener Zeit. Bei seinen Ausflügen in die Reinkarnation stieß er auf Atlantis, denn viele Seelen hatten früher einmal dort „gelebt". In seinen Gesprächen über Atlantis, in denen er die Entwicklung und den Zusammenbruch des Kontinents beschrieb, erklärte er, die letzten noch übrig gebliebenen Inseln seien vor etwa zehntausend Jahren im Gebiet des Karibischen Meers verschwunden. Er weissagte, Atlantis würde in naher Zukunft wieder emporsteigen. Das Aufsteigen würde jedoch schrittweise erfolgen, so daß noch einige Zeit vergehen könne, bis Land zu sehen sei. Die Geschichte von Atlantis sei geheimnisvoll und faszinierend. Bei seinem Untergang wurde die hohe Kultur laut Cayce ins Mittelmeergebiet, nach Mittel- und Südamerika und sogar in einige Gebiete der Vereinigten Staaten verschlagen. Archäologen, die nach Cayces Aussagen gruben, förderten in Peru, Mexiko und New Mexiko Zeugnisse „einheimischer" Kulturen zutage. Die Humankultur in jenen Gebieten reicht etwa zehn- bis zwölftausend Jahre zurück – genau in die Periode, wo sich Atlantis auflöste.

Weil Cayce seine eigenen Readings studierte und an die in Trance erhaltenen Informationen glaubte, hatte er mit der Zeit auch an die Reinkarnation zu glauben begonnen – wie an Atlantis. Die Reinkarnation brachte in das im Grundplan zwar geordnete, uns aber ungeordnet erscheinende Universum Sinn und Zweck. Und Atlantis half andere vergangene oder für die Zukunft vorausgesagte Katastrophen erhellen. Außerdem gab es ja die Bibel. Hatte nicht Josua im Namen des Herrn zum Volke Israel gesprochen: „Eure Väter wohnten vorzeiten jenseits des Stroms, Tharah, Abrahams und Nahors Vater, und dienten anderen Göttern. Da nahm ich euren Vater Abraham jenseits des Stroms, und ließ ihn wandern im ganzen Land Kanaan ..."

Für einen Zweifler war es mitunter sehr verwirrend zu erleben, wie Cayce unbewußt vergangene Erfahrungen einer ihn befragenden Person zum Verständnis sehr greifbarer Probleme der Gegenwart nutzte. Als ihn einmal eine fünfundzwanzigjährige Frau mit dem Karma, einstmals andere im Stich gelassen zu haben, konsultierte, riet Cayce ihr: „Das Gesäte muß geerntet werden. Sie enttäuschten dereinst andere. Heute sollten Sie aus der Ihnen beschiedenen Enttäuschung wenigstens Geduld lernen, die schönste aller Tugenden und die am wenigsten verstandene."

Ungeduldig fragte die Frau, wie sie es anstellen solle, daß der Mann sie heiratet, den sie heiraten wollte. „Was kann ich in der Sache unternehmen?"

„Wie die Erfahrung lehrt", sagte der schlafende Cayce, „unternehmen Sie besser nicht zuviel. Ihre Haltung soll vielmehr so sein, daß Sie Helferin sind, wenn Sie gebraucht werden. Drängen oder raten Sie nicht, sondern hören Sie zu."

„S. und ich streiten oft und sind oft unglücklich miteinander ..."

Cayce unterbrach sie: „Überrascht das bei dieser Einstellung?"

„Passen wir zusammen? Sollen wir unser Verhältnis als Liebende mit dem Ziel zu heiraten fortsetzen oder ist es besser, wenn wir unsere Beziehungen abbrechen?"

Nachdem Cayce Geduld empfohlen hatte, gab er einen Ratschlag, der aus dem Buch *Faith* (Glaube) von Frances Anne Kemble stammen könnte: „Es ist besser, einem Herzen zu trauen und dieses zu enttäuschen als an einem Herzen zu zweifeln, das, indem es an uns glaubt, unser Leben mit wirklichem Verständnis segnet."

Die junge Frau ließ nicht locker: „Deutet etwas darauf hin, daß ich in dieser Inkarnation heirate? Wenn ja, wann und wo werde ich den Betreffenden kennenlernen?"

„Erst kurz vor dem dreißigsten Geburtstag." Sie mußte also noch fünf Jahre warten.

Unverzagt gab sie dem Gespräch eine andere Wendung: „Was ist mein Daseinszweck, und führe ich ein gottgefälliges Leben, so daß ich Gott widerspiegle und alle glücklich mache?"

Für die Antwort hätte es kaum eines Mystikers bedurft: „Deuten Sie das Gesagte. Es ist viel erreicht worden, aber es muß noch viel erreicht werden. Übereilen Sie Ihre Wahl nicht, sondern denken Sie daran, durch Gewalt wird nichts, nur durch völliges Vertrauen in den Herrn."

Das war ein einfacher, vernünftiger Rat, wie er dem Menschen Cayce entsprach. Niemand hätte ihn seinem Aussehen nach für einen Mystiker gehalten. Mit zunehmendem Alter, er war erst in den mittleren Jahren, wurde sein braunes Haar schütter. Er hatte ein scharfgeschnittenes, oft spöttisches Gesicht mit fliehendem Kinn und verschmitzten blaugrauen Augen hinter einer randlosen Brille. Er hätte Lehrer, Landarzt oder Lagerbuchhalter sein können, alles, nur kein Esoteriker oder Okkultist. Wenn Menschen wegen eines Readings ungeduldig zu ihm kamen, anstatt zu Hause zu warten, während er noch ihre Körper „suchte", begrüßte er sie bescheiden und versprach, sein Bestes zu tun. Manchmal blieb die „Information" aus. „Sie ist etwas, das ich nicht kontrollieren kann", sagte er dann entschuldigend.

Er hielt ein regelrechtes Ritual ein. Um Stockungen im Blutkreislauf zu vermeiden, zog er das Jackett und die Krawatte aus, öffnete den Kragen, lockerte die Manschetten und schnürte die Schuhe auf. Dann legte er sich in seinem Arbeitsraum aufs Sofa, die Hände über der Stirn. Meist lächelte er freundlich, folgte beinahe demütig der Aufforderung, in Schlaf zu sinken. Gertrude gab ihm das Zeichen, indem sie sich über ihn beugte und seine Wange berührte. Daraufhin schloß er die Augen, faltete die Hände über der Brust und begann tief zu atmen. Mrs. Cayce und Gladis Davis, Cayces Sekretärin und zuverlässige Assistentin, schlossen ebenfalls die Augen, sie begannen zu beten. Wenn Cayce gleichmäßig atmete, wenn er schlief, sprach Gertrude sanft zu ihm, um ihn zum Reading zu veranlassen: „Du hast den Körper von M. L. in Chikago (Straße und Hausnummer wurden angegeben) vor dir. Du wirst diesen Körper sorgfältig prüfen, gründlich untersuchen und mir sagen, in welchem Zustand er sich augenblicklich befindet. Du wirst die Ursachen dieses augenblicklichen Zustandes nennen, ebenso die Behandlung für die Heilung oder Linderung der Leiden dieses Körpers. Du wirst klar und in normalem Tempo sprechen und die Fragen beantworten, wie ich sie stelle."

Cayce diagnostizierte zumeist nicht nur den Gesundheitszustand des fernen Patienten, sondern sah auch dessen Umgebung. Sein umhertastendes Unterbewußtsein erkannte oft Straßen und nannte ihre Namen, wenn sie mit Straßenschildern versehen waren. Hin und wieder zögerte er und sagte, der Patient habe das Haus verlassen. Einmal brach er ein Reading ganz ab. Am nächsten Tag stellte sich heraus, daß der Patient genau in diesem Augenblick gestorben war. Ein anderes

Mal, als er von einem Ärztekomitee unter Dr. John Blackburn aus Bowling Green getestet wurde, gab er ein anschauliches Bild des fernen Raums, in dem der Patient lag. Er schilderte die Tapeten, die Ziergegenstände, die Möbel, bis zum Nachttisch in der Ecke; er beschrieb das Bett und das Bettzeug und nannte die Herstellerfirma. Noch einen Fall: Der alte Seekapitän, mit dem eine Reading-Vereinbarung getroffen war, hatte die Verabredung vergessen und sich von seinem Schiff gerade zu der Zeit entfernt, da das Reading stattfinden sollte. Cayce spürte ihn dennoch auf. „Sehen Sie", erklärte der alte Schiffer, „Cayce hat schon einmal für mich ein Reading gemacht und kannte meine Gewohnheiten."

Cayces Gesundheits-Readings waren nahezu unfehlbar, wenn seine Anordnungen befolgt wurden. Oft schlugen jedoch Patienten seinen Rat in den Wind, weil die Behandlung viel Zeit und Mühe erforderte oder weil sie keinen Therapeuten fanden, der Cayces Anweisungen ausführte. Mitunter wandten sich sogar seine aufrichtigsten Bewunderer einer Therapie zu, die raschere Linderung versprach. Cayces Freund und Biograph Thomas Sugrue versuchte eine langwierige Kur gegen ein Arthritisleiden. Die nur langsam spürbare Besserung machte ihn ungeduldig. Cayce hatte betont, daß sich sein Zustand nach und nach bessern würde, und die lästige Anwendung einer Flüssigkeitszelle mit Goldchloridlösung empfohlen. Sugrue jedoch griff voll Ungestüm zu irgendwelchen Wunderdrogen, die sich nachteilig auf seinen Organismus auswirkten. Ein paar Monate später starb er nach einer Operation.

Es gab kaum eine irdische oder himmlische Kraft, mit der sich Cayces Weltbewußtsein nicht befaßte. Die Langlebigkeit und die Gründe für ihr Ausbleiben beschäftigten den schlafenden Propheten. Seiner Meinung nach ging ein langes Leben mit Selbstlosigkeit Hand in Hand; er wies darauf hin, daß die Altersgrenze im Lauf der Zeit in jenen Ländern am meisten steigen werde, die größte Selbstlosigkeit übten. „Schauen Sie sich die Nation an, wo die Lebenserwartung von sechzig auf vierundachtzig Jahre gestiegen ist, dann werden Sie erkennen, wer Gott dient." In Rußland sah er für die Zeit nach dem von ihm geweissagten Untergang des Kommunismus ein steiles Ansteigen der Altersgrenze. Heute liegt in Rußland die Lebenserwartung, die angeblich die zweithöchste hinter der Englands ist, bei achtundsechzig Jahren, wobei selbstverständlich nur natürliche Todesursachen in Betracht gezogen sind und keine plötzlichen, durch politische Faktoren verursachte Todesfälle.

Cayce wandte sich auch oft wissenschaftlichen Gebieten zu. Einmal sprach er in erregender Weise über einen Todesstrahl, den die Bewohner von Atlantis zur Ausmerzung todbringender wilder Tiere entwickelt hatten. Dieses Reading gab er 1933. Als er die Funktionsweise des Todesstrahls beschrieb, sagte er auch voraus, daß in Amerika bis 1958 ein ähnlicher Strahl entdeckt würde. „Und dies (die Methode, die Umgebung zu lenken) erfolgt in ähnlicher Art und Weise wie die Aussendung desjenigen von verschiedenen Zentralanlagen, was gegenwärtig als Todesstrahl – oder superkosmischer Strahl – bezeichnet wird, desjenigen, was viele suchen, was ihrem Leben viel bringen mag; aus der Stratosphäre – oder aus kosmischen Strahlen – wird man es in den nächsten fünfundzwanzig Jahren gewinnen."

Das muß damals als schöner Unsinn empfunden worden sein. Und es würde heute noch unsinnig erscheinen, gäbe es nicht Zeitungsmeldungen wie jene, die im Dezember 1961 in Denver erschien: „Wissenschaftler entwickelten eine Todesstrahl-Waffe, die dazu bestimmt ist, alles, worauf sie gerichtet wird, in ein Wölkchen Gasdampf zu verwandeln. Dr. Carl L. Kober von der Martin Company enthüllt, daß die Waffe teilweise mit Atomkraft arbeiten werde. Sie werde ihr zerstörerisches Werk verrichten, indem sie einen sagenhaft heißen Strahl auf das Ziel richte ... Der Zertrümmerungsstrahl, was wie ein Wort aus der Science-fiction klingt, sei zur Verwendung im Landkrieg bestimmt."

Da die Wissenschaft ihre Methoden zur Erforschung der Vorgeschichte ständig verbessert, werden sich immer neue Möglichkeiten ergeben, Cayces Unterbewußtsein zu testen. Seit die USA und Rußland in einen kaum bekanntgemachten Wettlauf um den „inneren Weltraum" verwickelt sind, kreuzt eine praktisch unbekannte „kleine Flotte" amerikanischer Vermessungsschiffe auf der Erdkugel, um die geheimnisvollen zwei Drittel zu erforschen, die vom Meer bedeckt sind. In einem weiten Korridor zwischen Hawaii und Alaska entdeckten die Schiffe bereits eine etwa tausendfünfhundert Kilometer lange unterseeische Bergkette mit Gipfeln, die rund zweitausend Meter über den Meeresboden aufragen und noch immer dreitausend Meter unter dem Wasserspiegel liegen. Andere Ozeanographen spürten im Pazifik einen Fluß auf, der etwa fünftausendfünfhundert Kilometer am Äquator entlangfließt. Vielleicht gab es, wie Cayces Unterbewußtsein behauptet, im Nordatlantik und Südpazifik einst große Kontinente, die möglicherweise von gewaltigen Überschwemmungen verschlungen wurden. Dasselbe kann eines Tages auch mit anderen Landmassen geschehen, wenn Cayce ein echter Prophet ist. Trotz der Prophezeiung von Tod und Vernichtung war Cayces Botschaft im Grunde eine Botschaft der Hoffnung und des Glaubens: „Wisse und erkenne, daß die Erde des Herrn ist, mit allen ihren Tumulten und Zwisten, mit all ihrem Haß und ihren Eifersüchteleien, mit all ihren politischen und wirtschaftlichen Unruhen. Und die Wege des Herrn sind nicht unerforschlich. Möge durch ihre Verfolgung im Kleinen, Tag für Tag, Sicherheit im Selbst und Unbeirrbarkeit im Herrn dein werden. Denn seine Verheißungen waren und sind verläßlich. ‚Euer Herz erschrecke nicht! Glaubet an Gott.‘ Und glaubet auch an Christus, der da sprach: ‚Wer mich liebt, der wird mein Wort halten; und mein Vater wird ihn lieben und wir werden zu ihm kommen und Wohnung bei ihm machen.‘“

Der Mensch Cayce

Edgar Cayce hatte oft vor dem zweiten Weltkrieg gewarnt, seinen Anfang und sein Ende vorausgesagt. Doch er war genauso verblüfft wie jedermann in Amerika, als die Bomben auf Pearl Harbour fielen. Der Krieg beschäftigte Cayce unablässig. Aber nicht nur wegen seiner beiden Söhne, die einrücken mußten, oder wegen der jungen Männer, die auf dem Weltmeer kämpften und starben. Ihn erfüllte leidenschaftliche Erregung, weil der Mensch noch nicht gelernt hatte, mit sich oder seinem Gott zu leben. Zehn Tage nach dem Eintritt Amerikas in den Krieg schrieb er einer Schwester, die er zärtlich liebte: „Ich hoffe sehr, daß ich Dir mit all den Dingen, die mein Herz bedrücken, gerade jetzt nicht lästig falle. Aber dieser Krieg läßt mir keine Ruhe. Habe natürlich gefühlt, daß er kommen würde, hegte jedoch eine letzte Hoffnung, daß er dennoch nicht käme. Aber wir werden ständig daran erinnert, daß man ‚Gott nicht narrt und der Mensch ernten muß, was er sät'."

Mit der für ihn bezeichnenden Aufrichtigkeit gab er zu, daß er kein Hellwissen von dem Überraschungsangriff gehabt habe. „Ja, wir wissen viele Einzelheiten, die wir eintreffen sehen. Aber niemals wurde etwas über das enthüllt, was am 7. geschah." Gleichzeitig verlieh er seiner Sorge um die Seeleute Ausdruck, die aus dem benachbarten Marinestützpunkt in Norfolk ausgelaufen waren. „Ich hatte ein paar sehr gute Freunde auf Hawaii und habe sie hoffentlich noch, obwohl ich seither nichts von ihnen hörte. Dabei hatte ich zwei Tage, bevor es passierte, Briefe aufgegeben. Einige von ihnen sind in der Marine, aber nicht auf einem der Schiffe, die den Meldungen zufolge versenkt wurden. Es sind Jungs, denen der Kontakt mit dem Werk anscheinend viel gab; sie nannten mich Papa wie meine eigenen Jungen – und sie sagten mir, ich sei ein Vater, wie sie gerne einen gehabt hätten. Du kannst Dir also vorstellen, wie besorgt ich derzeit bin."

Obwohl er von Menschen umgeben war, die ihn liebten, blieb Cayce einsam. Ebenso wie Lincoln und General Lee, die er bewunderte, lag ihm seine Sache sehr am Herzen. Sie war ja noch universeller als die seiner beiden Landsleute: das Verständnis des Daseinszwecks, den Gott dem Menschen auf Erden gegeben hatte. Alles, was Cayce in seinen reifen Jahren sagte oder tat, diente dieser Sache. Er war überzeugt, mit seiner Arbeit seinen Daseinszweck zu erfüllen. Nur das machte die Jahre des Zweifels erträglich, die Schmach und die Entbehrungen, unter der jene zu leiden hatten, die er am meisten liebte – seine Familie. „Dächte ich eine Minute, meine Arbeit würde nicht helfen, gäbe ich sie sofort auf."

An einem der Tiefpunkte seines Lebens, nachdem man ihn in New York City wegen Wahrsagerei verhaftet hatte, kehrte er völlig verzweifelt nach Virginia Beach in sein Heim zurück. Er fragte sich immer wieder, warum er und seine Familie einen Rückschlag nach dem anderen erlitten, wenn seine Arbeit Sinn hatte. In seiner Niedergeschlagenheit machte nicht einmal mehr die Geschichte des geduldigen Hiob auf den eifrigen Bibelleser Eindruck. Deshalb nahm er ein Reading für sich selbst vor. Seine Frau Gertrude fragte ihn, warum seine besondere Kraft, wenn er eine besaß, ihn nicht vor dieser Polizeifalle gewarnt habe. Die Antwort erfüllte seine Erwartungen nicht. Als er erwachte, wiederholten ihm seine Frau und seine Assistentin Gladys Davis die Botschaft: „Eine gewisse Reinigung war wichtig für die bessere Entwicklung der Seele." Das arg mitgenommene Medium schüttelte den Kopf und seufzte schwer: „Ich kann anscheinend allen helfen, nur mir selbst nicht."

Genauso erging es ihm bei der Suche nach Öl, bei Investitionen und bei einfachen Grundstückgeschäften, bis er zu der Überzeugung gelangte, daß er und materielle Dinge sich niemals vertragen würden. Über Gelddinge regte sich Cayce übrigens selten auf. Er nahm dem Geld gegenüber eine fast kindliche Haltung ein. Gleich einem älteren Mystiker, dem Transzendentalphilosophen Bronson Alcott, war er der Meinung, Gott würde schon dafür sorgen. Und er sollte recht behalten, auch wenn seine Kinder mitunter geflickte Kleider tragen mußten und er selbst Löcher in den Schuhsohlen hatte. In einem strengen Winter ging der Familie das Heizmaterial aus. Die Kinder kuschelten sich in ihre Mäntel und hoben die Augen von dem frugalen Mahl, um ihrem Vater zuzuhören, der den lieben Gott ruhig um Brennholz bat.

Ein paar Stunden später klopfte es an die Tür. Draußen stand ein Vorarbeiter des Elektrizitätswerkes. Seine Leute sollten einen alten Lichtmast vor dem Haus umlegen; für die Erlaubnis waren sie bereit, den Mast zu Brennholz zu zersägen und es auf dem Rasen aufzuschichten. Ein anderes Mal hatte der örtliche Lebensmittelhändler der Familie Cayce den Kredit gesperrt, bis eine Rechnung über 87,50 Dollar bezahlt sei. Die gequälte Mrs. Cayce bat ihren Mann, irgendwie Geld zu beschaffen. „Mach dir keine Sorgen, Mutter", erklärte Cayce ruhig, „das Geld kommt bestimmt herein." Gelassen ging er angeln.

An diesem Vormittag brachte der Postbote einen Brief mit einem Scheck, der den Rechnungsbetrag gerade deckte. Mrs. Cayce stieß einen Seufzer der Erleichterung aus. „Bring ihn hinüber in das Geschäft, Edgar", trug sie ihrem Mann auf.

„In Ordnung, Mutter", antwortete er gutmütig.

Eine Stunde später kam er mit einer neuen Angel und einem Armvoll Angelgerät zurück. Mrs. Cayce sah ihn an, Verzweiflung im Herzen. „Edgar", fragte sie, „du hast doch nicht etwa . . .?"

„Mach dir keine Sorgen, Mutter", erwiderte er seelenruhig, „das Geld kommt schon irgendwie herein."

Als er wieder einmal kein Geld hatte, um seine Familie zu ernähren oder seine Sekretärin zu bezahlen, wurde er aufgefordert, durch ein Reading zu klären, warum er sich nicht besser stehe. Seine Frau stellte die Frage: „In Anbetracht der Tatsache, daß Edgar Cayce seine ganze Zeit dem Werk widmet, nenne den Grund dafür, daß er nicht in der Lage ist, genügend finanzielle Mittel für seinen und seiner Familie Unterhalt zu beschaffen, und wie kann er, Edgar Cayce, diesen Zustand ändern?"

Mrs. Cayce schaute erwartungsvoll auf, als Edgar zu sprechen begann: „Lebe näher beim Herrn, der alle guten und vollkommenen Gaben gibt, und bitte, dann wird dir gegeben werden; klopfe, und es wird dir geöffnet werden. Gib, und dir wird vierfach gegeben werden. Es fehlte nie am Notwendigen, und es wird auch nicht daran fehlen, solange wir den Weg des Herrn gehen, dies zuerst und vor allem."

Die Familie des Sehers wäre übermenschlich gewesen, hätte sie nicht die Hände über dem Kopf zusammengeschlagen. Aber wie die Zukunft erweisen sollte, hatte Cayce auch diesmal richtig prophezeit. Immer wenn es schlecht stand, öffnete sich eine Tür, und der Herr gab.

Cayce war im Wachzustand ebenso für übersinnliche Einflüsse empfänglich wie im Schlafzustand, auch wenn er gewöhnlich nicht diesen Eindruck machte. Er sah ständig Lichtfelder um die Köpfe der Menschen – eine Aura, die ihm über ihren Gemüts- und Gesundheitszustand Auskunft gab. Einmal kam eine Frau geradewegs von einem Streit mit einer Nachbarin in sein Arbeitszimmer. Er schaute sanft von seiner Bibel auf. „Ich sehe eine rote Aura um Sie. Kommen Sie nächste Woche wieder, wenn Sie nicht mehr wütend sind."

Ein anderes Mal sorgte er sich um eine Frau, die keine Aura hatte. Zwei Tage später war sie tot.

Da er so empfänglich für alles in seiner Umgebung war, konnte er sich kaum entspannen wie ein normaler Mensch. Es kostete ihn Mühe, richtig abzuschalten. Nur wenige Dinge verhalfen ihm dazu. Er spielte gern Karten, doch einmal zählte er, ohne überhaupt auf den Kartenstapel zu schauen, zweiundfünfzig Karten in der richtigen Reihenfolge auf; damit wollte er beweisen, daß Bridge langweilig sei. Er saß gern stundenlang auf dem Landungssteg hinter seinem Haus und warf die Angel in das klare Wasser des Sees aus. Kinder kamen und redeten mit ihm, während er angelte. Er erzählte ihnen Geschichten, an die er sich aus seiner seltsamen Kindheit erinnerte. Er angelte auch wenn es regnete, windig war oder schneite, denn dabei konnte er vor sich selbst fliehen.

An den unfreundlichsten Tagen arbeitete er im Garten, wobei er beruhigend auf die Pflanzen einsprach. Er konnte Blumen an Stellen zum Blühen bringen, wo sie nie zuvor gewachsen waren; zärtlich liebkoste er sie, als seien sie Menschen. Er registrierte alles genau, was im Freien vorging, und beobachtete das Leben mit verständnisvollen Augen. An einem besonders heiteren Frühlingsmorgen stellte er fest: „Herrlicher Tag – neuer Vogel singt heute – scheint überhaupt eine ungewöhnliche Zahl von Vögeln zu singen, oder bin ich mir erst jetzt ihrer Gegenwart bewußt? Der übliche Morgengesang der Blaumeise, des Hüttensängers, der Lerche, der Spottdrossel und der Wanderdrossel; und die neuen klingen wie Kanarienvögel, aber sie sind rot und braun, das Weibchen gelb und schwarz. Ein hübscher Vogel – nannte sie mal Webervogel, habe aber hier die ganzen Jahre keinen gesehen. Oh, nicht zu vergessen die Rotdrossel, sie ist hübsch."

Cayce besaß eine ungekünstelte Jungenhaftigkeit, die den Mystiker Lügen strafte. Als junger Mann wurde er deswegen von Barmixern oft nicht bedient, und das Personal in Billardzimmern weigerte sich, ihm einen Tisch zu vermieten.

Als er einmal auf Arbeitssuche war, betrat er ein Schuhgeschäft und begann einen Kunden zu bedienen. Der Geschäftsführer sah den jungen Fremden arbeiten und schickte ihn geistesabwesend auf die Bank um Wechselgeld. Cayce arbeitete den ganzen Tag in dem Geschäft. Abends fragte ihn der verblüffte Geschäftsführer, wie es denn dazu gekommen sei. „Jemand fragte mich nach etwas, und ich brachte es ihm", antwortete Cayce einfach. Er blieb achtzehn Monate.

Von Schriftstellern, die ihn nicht persönlich kannten, wurde er immer wieder als ungebildet bezeichnet. Das war er zweifellos nicht. Im Lauf der Jahre lernte der aus der sechsten Klasse Abgegangene durch seine Umwelt eine ganze Menge. Staatsmänner, Finanziers, Professoren und Wissenschaftler diskutierten ihre Probleme mit ihm. Er suchte sie in ihren Häusern auf und nahm sozusagen Tuchfühlung mit den Großen und Größten. Sie suchten ihn auf, angelockt durch Neugierde und Nöte. Er las Zeitungen, schlug aber selten ein Buch auf außer der Bibel. Die Bibel las er jedes Jahr ganz durch, und dabei entdeckte er immer wieder neue Inspirationsquellen. Die Bibel beeinflußte, ebenso wie Lincoln, seine Schreibweise und machte seinen Stil präzise und klar. Seine unbewußte Sprache jedoch, die im Schlafzustand gesprochene, blieb dagegen blumenreich und verworren. Er war in der Schule ein Versager gewesen und mit fünfzehn ausgeschieden, weil er seinen Geist, der bereits Anzeichen einer Entfaltung des Unterbewußten zeigte, einfach nicht zu einer primitiven Lernmethode zwingen konnte. Diese mußte ihm angesichts fehlender Verbindung zum Weltgeist geradezu absurd erscheinen. Als er älter wurde, ging er seine Readings genau durch; er tat es sachlich, wertete sie als „die Information“, und lernte daraus viel über so verschiedene Gebiete wie Gesundheit, Homosexualität, Astrologie und Politik.

Sein Glaube war so allumfassend, daß er sämtliche von den Religionen gesetzten Grenzen überwand. Cayce verstand sich gleich gut mit Katholiken, Protestanten, Juden, Hindus oder Buddhisten. Alle schätzten die Art, wie er auf jeden Menschen einging. Er führte tiefschürfende Gespräche mit Vater Brennan, dem Pfarrer der katholischen Seekirche auf der anderen Straßenseite. Der gute Vater Brennan wagte sich in Cayces Haus nie „nach oben“, bezeigte aber seine ökumenische Achtung in anderer Weise. Als Cayce einmal verreist war, brach ein Hurrikan über Virginia Beach herein und setzte Straßen und Häuser unter Wasser. Cayce kam am nächsten Tag zurück und ging gleich in seinen Keller, um nach dem Rechten zu sehen. Dort fand er den katholischen Priester und einen presbyterianischen Geistlichen vom unteren Ende der Straße vor. Die beiden standen knöcheltief im Wasser und schöpften den Keller aus, als hänge ihr Seelenheil davon ab.

Für viele Menschen mit weit mehr Bildung und mit weltlichen Titeln war Cayce eine ausgesprochene Autorität. Manche nannten ihn respektvoll „Richter“, andere „Käpten“ und viele „Doktor“. Sein erster Biograph, Tom Sugrue, nannte ihn nur „Chef“.

Cayce gewann ebenso leicht Freunde wie der mystisch veranlagte Lincoln und spann auch seine Geschichten in derselben schlichten Weise aus. Doch wegen seines übersensiblen Wesens gab es, wie bei Lincoln, in seinem Gemüt Bereiche, die er mit niemandem teilen konnte. Alle wurden Außenstehende, sobald ihn schreckliche Visionen überkamen. Das geschah ziemlich oft. An einem schönen, sonnigen Tag im Juni 1936 beispielsweise hackte er im Garten. Plötzlich hörte er ein Summen wie von schwärmenden Bienen. Er schaute verblüfft auf und sah am Himmel einen Wagen, von vier Schimmeln gezogen. Er versuchte sich einzureden, das sei pure Einbildung, doch da vernahm er eine Stimme: „Sieh dich um.“ Er drehte sich um und erblickte einen Mann mit Schild, Helm,

Knieschützern und einem Umhang, aber keiner Waffe. Sein Antlitz war wie Licht, seine Rüstung aus poliertem Silber. Er hob die Hand zum Gruß und sprach: „Der Wagen des Herrn und deine Reiter dazu." Dann verschwand er.

Erschüttert durch diese Nachtmahr am hellichten Tag, ließ Cayce die Hacke fallen und lief ins Haus. Er rannte an seinem Sohn Hugh Lynn vorbei und schloß sich in seinem Arbeitszimmer ein. Als er Stunden später wieder zum Vorschein kam, erklärte er, daß er den drohenden Zweiten Weltkrieg mit seinen Millionen Toten gesehen habe. Das war ein Schock für sein Tagbewußtsein.

Vermochte er mit jemandem auf den ersten Blick Freundschaft zu schließen, war Cayce überzeugt, den Betreffenden schon früher gekannt zu haben. Sein Glaube an die Wiedergeburt und die dazugehörige Karma-Vergangenheit machte ihn anderen gegenüber toleranter und befreite ihn von jeder Eitelkeit. Aber auch wachsende Ehrerbietung gegenüber seiner eigenen Mission erfüllte ihn, und das zu Recht. Einmal überraschte ihn ein Geistlicher, der seine Kräfte prüfen wollte, in seinem Arbeitszimmer. Cayce, der den Geistlichen nicht kommen hörte, murmelte leise: „Dank dir, dank dir, o Herr, für ein weiteres Leben." Ein paar Augenblicke zuvor hatte ihn eine glückliche Mutter angerufen, um ihm für die Rettung ihres Babys zu danken.

Er fand für jeden Zeit, der mit einem Problem zu ihm kam. In Readings über sich selbst hatte er erfahren, daß er nicht mehr als zwei Readings pro Tag machen solle, wenn er sich nicht zerstören wolle. Trotzdem machte er während des Zweiten Weltkrieges sieben bis acht. Damals schrieben ihm nicht nur Kranke, sondern auch Eltern, die sich – gleich ihm – um ihre eingezogenen Söhne sorgten. Doch so sehr er sich auch bemühte, die Post wuchs zu Stapeln an. Aber auch da half sein Hellwissen. Einmal, als seine Assistenten einen riesigen Postsack betrachteten und nicht wußten, wo sie anfangen sollten, sagte er: „Nehmt das Telegramm, dort ist die größte Not." Eine telegraphische Bitte um ein Reading war versehentlich unten in den Postsack geraten.

Cayce hatte im übrigen sehr normale Neigungen. Er liebte die Gesellschaft hübscher Frauen und kluger Männer. Er trank gelegentlich einen Schluck und machte seinen Wein selbst. Trauben sah er als Nahrung an. Bezeichnenderweise war er Kettenraucher. Wenn sich Bewunderer darüber erstaunt zeigten, lachte er herzlich und deutete zum Himmel: „Wo ich hingehe, gibt es keine Zigaretten."

Um seine Gesundheit war er kaum besorgt. Einmal stellte beim Dinner eine Bewunderin voll Unbehagen fest, daß Cayce genußvoll Schweinefleisch aß, das er in seinen Readings für tabu erklärte. „Aber Mr. Cayce", sagte sie, „Schweinefleisch ist schlecht für Sie."

Der Mystiker lächelte heiter. „Wenn ich die ‚Schwingungen‘ dieses kleinen Fleischbrockens nicht ausmachen könnte, würde ich bestimmt nicht viel taugen.“ Er glich fast einem Arzt, der allen etwas verordnet, nur sich selbst nicht.

Cayce hatte ein sehr sprunghaftes Temperament; er war verletzlich und regte sich leicht auf, erlangte aber rasch seine Fassung wieder. Er verließ sich blind auf die „allgegenwärtige“ Gladys Davis, dennoch kritisierte er sie scharf, wenn er das Gefühl hatte, sie habe sich bei der Auslegung eines Readings zuviel angemaßt. Ein dutzendmal warf er sie in Anwandlungen merkurischen Zorns hinaus. Ein oder zwei Stunden später suchte er sie auf, lächelte und klopfte ihr freundschaftlich auf den Rücken. Sie waren wieder im Geschäft – bis zum nächstenmal.

Gertrude war die Partnerin, die ihn in Augenblicken des Schwankens „bei der Stange hielt“; Gladys Davis diente als Blitzableiter für die kleinen Enttäuschungen, die er immer wieder erlebte. Wie ein Mann vor seinem Kammerdiener keine Geheimnisse hat, so hatte Cayce keine vor seiner Sekretärin. Sie hatte mit achtzehn für ihn zu arbeiten begonnen, wohnte im Haus und nahm von September 1923 bis zu seinem Tod im Jänner 1945 fast alle Readings auf. Trotz des engen und höchst irdischen Kontakts, den sie mit ihm hatte, blieb er für sie immer ein Held. Das „Werk“, wie er es nannte, beherrschte ihr Leben. Sie heiratete erst nach seinem Tod, denn sie hatte erkannt, daß sie nicht zwei Herren dienen konnte. Doch sie sah das nie als Opfer an.

Ihre Muttergefühle wandten sich Cayces Kindern sowie den Sprößlingen ihrer Verwandten zu. Cayce erlaubte ihr, ihren kleinen Neffen ins Haus aufzunehmen. Er behandelte beide wie Familienmitglieder und hatte auch ein Auge auf den Neffen, wenn er in Trance war. Während eines Readings schaute Gladys einmal zum Fenster des Arbeitszimmers hinaus und sah den Jungen gefährlich nahe am Seeufer umherhüpfen. Sie wußte, daß er nicht schwimmen konnte. Aber sie brachte es nicht über sich, vor dem Reading wegzugehen. Cayce lag auf dem Sofa und sprach in Trance. Plötzlich brach er ab und sagte gebieterisch, ohne die Augen zu öffnen: „Gehen Sie hinaus und holen Sie das Kind.“ Blitzartig warf Gladys ihren Stenoblock weg, lief zum Ufer und kam nach kurzer Zeit mit dem gezüchtigten Jungen wieder. Das Reading ging weiter, als habe es keine Unterbrechung gegeben.

Ängstlichen Patienten gegenüber konnte sich Cayce wie ein alter Hausarzt verhalten. „Er verstand es“, erinnert sich Gladys Davis, „einem das Gefühl zu geben, daß man der wichtigste Mensch auf der ganzen Welt sei. Er widmete einem seine ganze Aufmerksamkeit, auch wenn ihn zuvor ganz andere Dinge beschäftigt hatten.“

Am Beginn ihrer Beziehungen lieferte Cayce seiner Sekretärin einen erregenden Beweis für seine Gabe. Wenn sie anfangs ihre Aufgabe, für einen ungewöhnlich freundlichen Mann zu arbeiten, als angenehme Beschäftigung angesehen hatte, so wurde ihre Arbeit für sie bald zur Lebensaufgabe. Sie arbeitete damals seit etwa zwei Monaten bei Cayce und litt immer wieder unter dumpfen Kopfschmerzen. Die Brille, die sie bei den Schreibarbeiten trug, brachte keine Besserung. Verzweifelt bat sie eines Tages um ein Reading. Das Reading schrieb die Kopfschmerzen einer Überanstrengung der Augen zu und nannte als Ursache mangelhafte Durchblutung infolge schlechter Haltung. Einfache Halsübungen wurden empfohlen, ein drei- bis viermaliges Strecken des Halses nach vorn und hinten, rechts und links, dann ein mehrmaliges langsames Rollen des Kopfes in jeder Richtung. Das war eine normale Jogaübung, was Cayce jedoch nicht wußte. Er riet auch zu einer Bestrahlung dreimal wöchentlich und sagte Gladys, sie solle die Brille nicht mehr tragen. Die Wirkung zeigte sich sofort. „Erst dreißig Jahre später griff ich wieder zu einer Brille“, erklärte sie, „als ich im Telephonbuch eine Nummer nicht erkennen konnte. So lange hatte ich keine überanstrengten Augen oder Kopfschmerzen mehr.“

Cayce war im wahrsten Sinn des Wortes ein Träumer und vertrat die Ansicht, durch das Studium der Träume könnten die Menschen etwas über sich selbst und die Welt etwas über die Menschen lernen. „Der Mensch entfaltet sich im Tagbewußtsein, im Schlaf entfaltet sich die Seele, die wahre Aktivität des eigenen Ichs.“ Wenn er einen Traum nicht verstand, legte sich Cayce nieder und deutete ihn in Trance. In einem seiner Träume sah er sich in eine Himmelskapelle hinaufklettern, um dort zu beten. Ein himmlischer Wärter zeigte ihm einen großen Raum, der mit schön verpackten und an verschiedene Menschen adressierten Paketen vollgestopft war. Die Pakete hatten nicht zugestellt werden können. Der Wärter erklärte ihm traurig den Grund: „Es sind Gaben, um welche Menschen gebetet hatten; aber sie verloren den Glauben vor dem Lieferdatum.“ Die Gaben bestanden aus verborgenen Talenten und Fähigkeiten, die von ihren Besitzern nur selten entwickelt wurden. War das eine Botschaft für Cayce, seine Arbeit ungeschmälert fortzusetzen? Er verstand es so.

In Cayces Leben gab es eine Zeit, da nichts zu gelingen schien. Cayce hatte dem New Yorker Börsenmakler Morton Blumenthal mit einem Reading über die Marktlage geholfen. Dank Blumenthal konnte er endlich zwei alte Träume verwirklichen: das Cayce Hospital und die Atlantic University. Beide sollten in Virginia Beach gegründet werden. Das Universitäts-College, das vom Bundesstaat Virginia übernommen wurde, sollte sich in seiner Forschungsarbeit auf das Gebiet der Parapsychologie und des Okkulten konzentrieren und gleichzeitig eine normale Bildung sowie die Erlangung des Bakkalaureus der philosophischen Fakultät ermöglichen. Die Leitung des Krankenhauses übernahm der Arzt Thomas B. House, ein entfernter Verwandter von Cayce; dort sollten Patienten nach Cayces Readings behandelt werden. Doch der Börsenkrach, den Cayce für 1929 vorausgesagt hatte, ruinierte Blumenthal. Unverständlicherweise hatte er nicht auf Cayces Rat gehört. Da die Unterstützung Blumenthals ausfiel, mußte das Krankenhaus geschlossen werden. Das College hatte den Betrieb noch gar nicht richtig aufgenommen. Am 28. Februar 1931 verließen die letzten Patienten das Krankenhaus, und der traurige Cayce übergab dem Sheriff die Schlüssel. Bald danach verlor er sein Haus. Doch das Schlimmste sollte noch kommen. Ein paar Monate später suchte Cayce in New York Unterstützung für die Wiedereröffnung des Krankenhauses zu erhalten. New Yorkern, die ihn darum ersucht hatten, gab er einige Readings, darunter auch einer Mrs. Bertha Gorman.

Als er nach dem Reading für Mrs. Gorman erwachte, sah ihn die Dame grimmig an. Mrs. Cayce und Gladys schluchzten leise. Cayce setzte sich hastig auf. „Sagte ich etwas, das Sie verstimmt hat, Mrs. Gorman?"

Sie zückte eine Plakette mit einer Nummer. „Ich heiße Conwell, Bertha Conwell. Ich bin Polizistin. Sie alle sind verhaftet."

Das war ein Feiertag für die Boulevardblätter! Sie brachten verleumderische Behauptungen über den vierundfünfzigjährigen Cayce und seine sechsundzwanzigjährige Sekretärin. Ein Blatt veröffentlichte eine Aufnahme von Cayce und seiner „blonden Sekretärin", aus der Mrs. Cayce kunstvoll ausgeschnitten worden war. Manche Berichte waren ebenso irreführend wie dieses Bild. Ein Reporter schrieb, Cayce habe für sein Reading siebzig Dollar verlangt und sei mit gekennzeichneten Banknoten bezahlt worden. Cayce wurde freigesprochen, aber Arthur Brisbane, der führende Kolumnist der damaligen Zeit, griff ihn trotzdem an: „Es liegt Zauberkraft in Worten und ein Name ist viel, trotz Shakespeares Sprichwort von der Rose. Edgar Cayce, seine Frau Gertrude und ihre Sekretärin, die wegen Wahrsagerei verurteilt wurden, bekamen gesagt: ‚Sie dürfen nicht behaupten, daß Sie die Zukunft voraussagen, weil Sie das nicht können.' Die Dinge standen schlecht. Doch Edgar Cayce, der sich in dieser Sprache auskennt, erklärte dem Gericht: ‚Ich bin kein Wahrsager; ich bin ein medialer Diagnostiker.' Sofort wurden er, seine Frau und ihre Sekretärin freigelassen, so daß sie nach Herzenslust medial diagnostizieren können. Als eine Dame fragte: ‚Ist der Zeitpunkt günstig, gewisse Investitionen zu machen?'

gab ihr das Medium die mediale Antwort. Das Gesetz konnte nichts dagegen einwenden."

In Wirklichkeit trugen sich die Dinge ganz anders zu. Der Richter hatte durch Freunde von Cayce und seiner Arbeit gehört. Vor Gericht sagten maßgebliche Bürger über das aus, was Cayce für sie getan hatte. Und Cayce hatte keine Wahrsagerei betrieben. Der Richter lauschte aufmerksam dem einfachen Bericht eines einfachen Mannes über die Tätigkeit eines Menschen, der offen zugab, daß er selbst nicht wußte, wie sich das Ganze in ihm abspielte und wieviel Gutes er tat. Auch der Richter erinnerte sich an ein Wort Shakespeares: „Es gibt mehr Ding' im Himmel und auf Erden, als Eure Schulweisheit sich träumen läßt, Horatio." Die Klage wurde abgewiesen, doch das Verfahren hinterließ Wunden bei Cayce. Er fragte sich erneut, ob er bestraft worden sei, weil er Readings gemacht hatte, denen ein Streben nach materiellem Gewinn zugrunde lag. Ursprünglich hatte er sich eingeredet, seine Börsenvorhersagen seien voll und ganz begründet, weil sie ihm zu seiner Schule und seinem Krankenhaus verhelfen würden. Nun hatte er beides verloren. Sein Name war in den Schmutz gezogen worden, er fühlte sich müde und mutlos. Ging er doch einen falschen Weg? Sollte er wieder arbeiten wie jedermann?

Mehrfach schon hatte er an der Nützlichkeit seiner Gabe gezweifelt, er hatte die Readings aufgegeben und sich der Photographie zugewandt. Doch seine Frau Gertrude hatte immer wieder erreicht, daß er zu der Arbeit zurückkehrte, für die er ihrer Überzeugung nach bestimmt war. Auch diesmal tröstete sie ihn und wies darauf hin, daß die Readings sie selbst und ihren Sohn Hugh Lynn gerettet hatten. Gertrude hatte mehrere Lungenblutungen gehabt, und die Ärzte hatten erklärt, einen weiteren Anfall würde sie nicht überleben. „Wenn irgend was an dem faulen Zauber ist", meinte einer der Ärzte, „sollten Sie ihn bei Ihrer Frau anwenden." Das war das erste Reading für seine Familie. In Trance verordnete er eine Medizin, um die Blutungen zum Stehen zu bringen. Ein Spezialist, der dem Reading beiwohnte, war beeindruckt, blieb aber skeptisch: „Der beste Vortrag, den ich je über Tuberkulose hörte, aber ich sehe nicht, wie ihr geholfen werden kann." Die Apotheker bezweifelten, daß die Arznei überhaupt zu mischen sei. Sie war zu mischen, und bei Gertrude trat sofort Besserung ein. Die Blutungen hörten auf. Während ihrer Genesung ließ Cayce sie aus einem leeren Obstschnapsfaß einatmen, was ihr weitere Linderung und Erleichterung brachte. Ihre Rekonvaleszenz dauerte Monate, doch sie hatte nie mehr Lungenbeschwerden. Ähnlich spielte sich die Geschichte mit seinem Sohn Hugh Lynn ab. Das Kind spielte mit dem Blitzlichtgerät seines Vaters, und etwas Pulver drang ihm in die Augen. Die Ärzte hatten keine Hoffnung für sein Augenlicht und rieten zu einer Operation. Das Kind, das die Unterredung mit anhörte, stützte sich auf die Ellbogen und rief: „Nehmen Sie meine Augen nicht heraus, Herr Doktor! Mein Papi, wenn er schläft, ist der beste Doktor auf der Welt. Er sagt Ihnen, was Sie tun müssen."

Die Spezialisten schüttelten die Köpfe. „Ein Auge ist so schwer beschädigt, daß es sofort herausgenommen werden muß, um sein Leben zu retten."

Cayce erwiderte entschlossen: „Sie unternehmen nichts, bis ich ein Reading gemacht habe."

Gertrude beaufsichtigte Cayce, während er im Schlaf sprach. „Halten Sie den Jungen zwei Wochen in einem völlig verdunkelten Raum, geben Sie Kompressen, die mit starker Gerbsäurelösung getränkt wurden, auf seine Augen und wechseln Sie die Kompressen häufig. So wird sein Augenlicht gerettet und wiederhergestellt werden."

Obwohl die Ärzte die Sehkraft eines Auges verloren glaubten und das andere Auge herausnehmen wollten, hatten sie Bedenken. Sie meinten, die Lösung würde das empfindliche Gewebe des Auges in nicht wieder gutzumachender Weise schädigen.

„Von welchem Auge", fragte Cayce, „von dem hoffnungslos verlorenen oder von dem, das Sie herausnehmen wollen?"

Einen Augenblick herrschte betroffenes Schweigen, dann setzte sich einer der Ärzte hin und bereitete die Lösung vor. Zwölf Tage später wurden die letzten Kompressen abgenommen. Die Augen des Jungen waren klar und glänzten. „Ich kann sehen", verkündete er fröhlich.

Als Cayce daraufhin seine Frau und seinen Sohn ansah, wußte er, daß seine Gabe einen Sinn hatte. Diese beiden, die er über alles liebte, waren beredte Zeugen für seine Arbeit. Er spürte, daß er weitermachen mußte, bis zum Tag des langen Schlafs.

In Cayces Herkommen deutete eigentlich nichts auf seine seltsame Gabe. Es war, als komme sie aus der Dunkelheit, um die unbegrenzten Möglichkeiten des Menschen und der Schöpfung zu offenbaren. Die Cayces waren eine alte, konservative Familie aus Kentucky. Edgar hatte am 18. März 1877 auf einer Farm bei Hopkinsville in Kentucky das Licht der Welt erblickt. Sein Vater Leslie, ein Friedensrichter, wurde in der Gegend mit „Squire" angeredet, dem Ehrentitel für Friedensrichter. Sein Großvater, ein Farmer, war vermutlich medial veranlagt gewesen. Er nahm einen gegabelten Ast von einer Zauberhasel und spürte damit als Wünschelrutengänger Wasser auf. Trotz seines konventionellen Herkommens war Cayce anders als seine Kameraden. Er interessierte sich für die Bibel, ging gern in die Christ Church, einen „Abkömmling" der Presbyterianischen Kirche, und machte sich nicht viel aus Spielen. Er war kaum älter als sieben oder acht, als er das erste Erlebnis eines Gesichts hatte, das seinem Leben eine entscheidende Richtung geben sollte. Er saß allein in seinem Versteck im Freien und las in der Bibel über die Vision Manoahs, denn er liebte die Geschichte von Simson sehr. Plötzlich ertönte ein Summen, und ein heller Schein erfüllte die Lichtung, in deren Nähe er sich gewöhnlich verbarg, um die wundervollen Bibelgeschichten zu lesen. Als er aufschaute, sah er eine weiße Gestalt, hell wie das Mittagslicht. Eine Stimme erklang:

„Deine Gebete sind erhört worden. Was willst du, daß ich es dir gebe?"

Der Junge war keineswegs verwirrt. Damals bereits kam es ihm ganz natürlich vor, Erscheinungen zu sehen. „Einfach, daß ich anderen nützlich sein kann", antwortete er, „vor allem Kindern, die krank sind, und daß ich meine Mitmenschen lieben kann."

Ihm war, als habe ein anderer für ihn gesprochen.

Die Gestalt verschwand lautlos.

Edgar war kein Weiser. Am nächsten Tag dachte er über die Erscheinung nach und verpatzte seine Hausaufgabe. Er mußte nach dem Unterricht in der Schule bleiben und das Wort „cabin", das er falsch geschrieben hatte, zur Strafe fünfhundertmal an die Tafel schreiben.

Abends konnte er sich noch weniger auf seine Aufgaben konzentrieren als sonst. Zwischen ihm und seinem Buch stand eine unsichtbare Wand. Aber sein Vater hatte gesagt, er müsse aufbleiben, bis er seine Lektion beherrsche. Um elf, lange nach seiner gewohnten Schlafengehenszeit, wurde er so müde, daß ihm der Kopf auf die Brust sank. Da hörte er eine Stimme wie im Traum. Es war die Stimme vom Nachmittag des vorhergehenden Tages. Sie wiederholte mehrmals: „Schlafe, und wir werden dir helfen."

Er schlief einige Minuten. Als er erwachte konnte er – so unwahrscheinlich das klingen mag – jedes Wort in dem Buch auswendig. Er hatte darauf geschlafen. Dies als Cayces eigene Version, wie das Weltbewußtsein zu ihm gekommen war. Das Vorkommnis erscheint seltsam, unglaubhaft, doch es ist nicht befremdlicher und unglaubhafter als die Bravourstücke, die er in späteren Jahren vollbringen sollte.

Ungewöhnliche Anfänge einer ungewöhnlichen Laufbahn: Kurz danach wurde Cayce von einem Baseball verletzt; er sagte seinen Eltern, sie sollten einen Breiumschlag machen und ihn auf die Schädelbasis legen. Sie willfahrten dem noch halb Benommenen verwundert. Am nächsten Morgen ging es ihm wieder ausgezeichnet. Er hatte sein erstes Gesundheits-Reading gemacht. Im Lauf der Zeit versuchte er mehrmals spontan Readings für Freunde. Sie schienen alle zu stimmen. Allerdings wußte er noch nicht, was für eine Gabe er besaß und was er mit ihr anfangen sollte. Nach seinem Ausscheiden aus der Schule arbeitete er auf einer Farm, dann in einem Schuhgeschäft und später in einer Buchhandlung. Er verliebte sich in ein Mädchen aus der Nachbarschaft, Gertrude Evans. Sie verstand es, ihm innere Ruhe zu geben, ermutigte ihn in seinem Bibelstudium und zum Besuch des Unterrichts in der Sonntagsschule. Er wollte Geistlicher werden, besaß aber weder Geld noch die geistigen Fähigkeiten fürs Studium. Als er dem durchreisenden Dwight Moody seinen Wunsch anvertraute, bemerkte der große Evangelist: „Man kann Gott überall dienen und mit allem, was man hat." Cayce vergaß Moodys Worte nie.

Edgars Mutter brachte ihrem Sohn, der so anders war, zärtliche Aufmerksamkeit entgegen. Sie und Gertrude hatten das Gefühl, Edgar solle seine sich entfaltenden Kräfte dazu nutzen, anderen zu helfen. Noch vor der Heirat entdeckte sie, daß immer etwas passierte, wenn er sich aufs Geldverdienen konzentrierte: Er bekam gräßliche Kopfschmerzen, Magenverstimmung, oder er verlor die Stimme. Wegen der Flüsterstimme mußte er seine Stelle als Verkäufer aufgeben und einen Posten in der Dunkelkammer eines Photoateliers annehmen. Dort spielte es keine Rolle, ob er sprechen konnte oder nicht. Man sprach vielerorts über sein Leid. Berufsmäßige Hypnotiseure und Ärzte wollten seine seltsame Stimmlosigkeit durch Hypnose heilen. Aber keiner konnte ihm helfen. Erst Al Layne, ein verhinderter Heilkundiger, schaffte es. Er hatte Arzt werden wollen, sich aber wegen verschiedener Umstände mit einem Fernkurs in Osteopathie und Hypnose begnügen müssen. Layne variierte die übliche Hypnosemethode. Er versenkte Cayce in Schlaf und ließ ihn dann die hypnotische Suggestion selbst vornehmen, die gewöhnlich direkt vom Hypnotiseur kam. „Ihr Unterbewußtsein schaut in Ihren Körper", sprach er. „Es schaut in Ihren Hals. Es wird uns sagen, was mit Ihrem Hals nicht stimmt und was getan werden kann, um das Leiden zu heilen."

Auf die zusätzliche Suggestion, er solle sich selbst befehlen, normal zu sprechen, erwiderte Cayce mit klarer Stimme: „Ja, wir können den Körper sehen. Das Leiden, das wir jetzt erkennen, ist eine teilweise Lähmung der Stimmbänder infolge Nervenanspannung. Um das Leiden zu heilen, ist es nur notwendig zu suggerieren, daß der Körper die Blutzufuhr zu der befallenen Stelle kurze Zeit erhöhen soll."

Layne beugte sich vor: „Befehlen Sie der Blutzirkulation, sie soll in dem befallenen Bereich stärker werden und das Leiden heilen."

Vor den Augen von Cayces ungläubigen Eltern begann sich der Hals ihres Sohnes dunkelrot zu färben. Das Blut strömte auf Cayces hypnotische Suggestion zu der genannten Stelle. Es war ein wirklich erstaunlicher Fall von Selbsthypnose.

Cayce sprach nun von sich aus weiter. Mit derselben klaren Stimme wies er Layne an: „Suggerieren Sie nun, daß die Blutzirkulation wieder normal werden und der Körper erwachen soll." Das geschah. Wenige Augenblicke später setzte sich Cayce auf und rieb sich die Augen. Er fragte, was geschehen sei, und bemerkte plötzlich, daß er normal sprach. Seine Freude war übergroß. Layne, der ebenfalls frohlockte, war erstaunt über die fachmännische Art, in der Cayce von seinem Leiden gesprochen hatte.

Lächelnd wandte er sich an Cayce.

„Als Sie in Trance waren", sagte er, „sprachen Sie wie ein Arzt, der einem Patienten in den Hals schaut. Vielleicht könnten sie Ähnliches bei anderem tun, wie Sie ja auch in geschlossene Bücher schauen konnten, wovon mir Ihr Vater erzählte."

Cayce sah ihn neugierig an. War es das, was ihm die weiße Gestalt verheißen hatte? Aber er verstand doch nichts von Medizin und Hypnose; er war schließlich aus der sechsten Klasse ausgeschieden.

„Wozu wäre das Ganze gut, selbst wenn ich sagen könnte, was im Körper eines Menschen ist?" fragte er.

„Vielleicht", erwiderte Layne, „könnten Sie Leiden, Verletzungen und Ursachen von Infektionen ermitteln, die sich bei den üblichen medizinischen Untersuchungen nicht herausstellen." Er runzelte die Stirn. „Ich bin seit Jahren krank", fuhr er fort, „doch die Ärzte wissen nicht, was mir fehlt. Vielleicht könnten Sie Menschen wie mir helfen."

Er faßte den jungen Mann bei der Hand. „Vielleicht geht es nicht, Edgar; aber wenn es gelingt – was für eine wundervolle Möglichkeit, Kranke zu heilen!"

Cayce war rasch entschlossen. „Gut, ich bin bereit."

Am nächsten Tag fand das große Experiment statt. Nachdem er Cayce eingeschläfert hatte, sprach Layne: „Sie haben in diesem Zimmer den Körper von Al Layne vor sich. Sie werden diesen Körper gründlich untersuchen, seinen Zustand feststellen und besonders etwaige Leiden. Sie werden die Ursache der Leiden nennen und Behandlungen vorschlagen, die zu einer Heilung führen."

Cayce schien im Schlaf nachzudenken. Plötzlich sprach er: „Ja, wir haben den Körper. Wir haben ihn gründlich untersucht. Das nun ist der Zustand dieses Körpers, wie wir ihn finden . . ."

Laynes Bleistift flog über die Papierbogen.

Schließlich öffnete Cayce die Augen. „Habe ich etwas herausgefunden?" fragte er.

Layne lachte. „Ob Sie etwas herausgefunden haben? Sie haben die Symptome besser beschrieben als ich es selbst könnte. Und Sie haben mir gesagt, was ich essen und welche Medizinen ich nehmen soll." Er deutete auf die beschriebenen Blätter, die auf dem Boden verstreut waren. „Dort steht alles drauf."

Cayce sah sich verblüfft die vollgekritzelten Seiten und die ungewohnten Ausdrücke an. Der Mund stand ihm offen. „Wie konnte das aus mir kommen?" Er wiederholte einige der medizinischen Ausdrücke, sprach sie aber falsch aus. „Ich habe diese Worte noch nie gehört, habe keine Ahnung, was sie bedeuten."

Layne aber, der Osteopath durch Fernkurs, verstand genug von Medizin, um zu erkennen, daß Cayce auf der richtigen Spur war. „Die Drogen und Kräuter, die Sie empfahlen, sind sehr bekannt. Keines der Mittel enthält eine schädliche Ingredienz."

Cayce saß stumm da. Er dachte ein wenig ängstlich über die sich eröffnenden Möglichkeiten nach, die über seinen Verstand gingen. Er war jetzt vierundzwanzig und ersehnte nichts anderes, als Gertrude zu heiraten und genug Geld für den Unterhalt einer Familie zu verdienen. Er war ein ziemlich normaler junger Mann.

Wie immer besprach er die Angelegenheit mit Gertrude. „Warum sollte Gott jemanden wie mich auswählen und ihm diese seltsame Kraft geben?" fragte er.

Gertrude lächelte. „Jesus war Zimmermann, und die Apostel waren ungebildete, unbekannte Fischer und Ackersmänner."

Sie konnte Cayce nicht überzeugen. Obwohl sich Laynes Allgemeinbefinden innerhalb einer Woche wesentlich besserte, mied ihn Cayce fast wie einen Pestkranken. Aber seine Mutter und Gertrude redeten weiterhin auf ihn ein. Die Mutter erinnerte ihn an seine Vision in der Kindheit, und Gertrude zerstreute seine Befürchtungen, daß er unabsichtlich jemandem schaden könnte. „Ich glaube nicht, daß Gott einem Menschen eine solche Gabe verleihen und dann ihren Mißbrauch dulden würde."

Doch die Verantwortung, die er übernahm, wenn er sich auf etwas für ihn Unbegreifliches einließ und das Leben oder die Gesundheit anderer von ihm abhingen, war zuviel für den jungen Cayce. Obwohl ihn seine Mutter, Gertrude und Layne drängten, lehnte er ab, mit Layne zu arbeiten.

Als er dem enttäuschten Layne seine Entscheidung mitteilte, schwand seine Stimme, wurde erneut zu einem rauhen Flüstern.

Doch nicht einmal der neuerliche Fingerzeig des Schicksals konnte ihn umstimmen. „Wenn Gott will, daß ich ein Heilender bin“, fragte er Gertrude flüsternd, „warum hat er dann nicht zugelassen, daß ich meine Ausbildung fortsetzte und Arzt wurde?“

Gertrude wies ihn auf einen Fehler in seinem Gedankengang hin. „Wenn du Arzt wärst und von den Grenzen der bekannten medizinischen Praxis eingeengt würdest, könntest du nicht besser helfen als die hervorragenden Ärzte, die eben wegen dieser Grenzen bei so vielen leidenden Menschen versagen.“

Das war ein ziemlich einleuchtendes Argument. Cayces letzte Zweifel wurden zerstreut, als Layne nachdrücklich erklärte, er verstünde genug von der Medizin, um zu erkennen, ob die Readings mit den bestehenden medizinischen Praktiken übereinstimmten und die Heilmittel zumindest nicht schädlich seien. Außerdem – hatte Edgar nicht den Wunsch, seine Stimme ein zweitesmal wiederzubekommen? Das gab den Ausschlag.

Anfangs wollte Cayce die wenigen Menschen, die seine Hilfe suchten, nicht sehen, er wollte gar nicht wissen, wer sie waren. Auf diese Weise blieb die ganze Angelegenheit unpersönlich, und er wurde gefühlsmäßig nicht hineingezogen. Ursprünglich gab er zwei Readings täglich, eines um zehn Uhr, das zweite um vierzehn Uhr. Für die Readings verlangte er nichts. Er erwachte danach immer erfrischt – und hungrig. Offensichtlich verbrauchte er dabei große Mengen Energie, ohne daß es ihn erschöpfte.

Doch obwohl die Patienten im allgemeinen eine Besserung meldeten, zweifelte Cayce weiterhin. Eines Tages aber stürmte eine Frau in Laynes Büro, hinter ihr wankte ein Mann herein, ein Mädchen auf dem Arm. Das Mädchen war offensichtlich am Ersticken, es hustete krampfhaft und bekam keine Luft. Cayce erhielt einen raschen Bericht über den Zustand der Kleinen. Die Ärzte waren der Meinung, daß irgend etwas ihre Luftröhre blockiere. Die Röntgenuntersuchung hätte jedoch nichts erbracht. Sofort rannte Edgar Cayce zu seinem Sofa. Auf Laynes Worte sank er rasch in Trance. Als er erwachte, waren die beiden mit dem Kind schon fort. Der Vater kam jedoch nach einer Stunde wieder. Tränen liefen ihm über die Wangen, dankbar drückte er Cayce die Hand.

Die Kleine hatte einen Kragenknopf aus Zelluloid verschluckt, und Cayce hatte die Stelle genannt, an der er in ihrer Luftröhre stak. „Er war genau dort, wo Sie sagten“, erklärte der Vater und griff nach der Brieftasche. Doch damals lehnte Cayce noch jedwede Bezahlung unnachgiebig ab. „Wenn Gott mir eine besondere Gabe verliehen hat, dann um anderen zu helfen, nicht um selbst zu profitieren“, sagte er mit Nachdruck.

Cayces erstes Gesundheits-Reading hatte 1901 stattgefunden. In der Zeit danach nahm er nur gelegentlich Readings vor, auf Initiative von Layne. Dazwischen arbeitete er in Bowling Green. Im Sommer 1902 jedoch bekam er einen Telephonanruf, der sein Leben verändern sollte. Der Schulleiter von Hopkinsville, C. H. Dietrich, flehte ihn an, seiner fünfjährigen Tochter Aime zu helfen. Sie war wegen einer sonderbaren Krankheit, die sie sich drei Jahre vorher zugezogen hatte, in der Entwicklung zurückgeblieben. Cayce wußte damals noch nicht, daß er auch aus der Ferne Readings vornehmen konnte. An einem Wochenende fuhr er nach Hopkinsville und begab sich direkt in Dietrichs Heim. Layne war schon vor ihm eingetroffen. Cayce sank bald in Schlaf. „Das Leiden ist durch das Rückgrat bedingt“, sprach er. „Ein paar Tage vor ihrer Erkrankung rutschte die Kleine aus, als sie aus einem Wagen stieg. Sie schlug sich die untere Wirbelsäule am Wageneinstieg an. Die Verletzung schwächte diesen Bezirk und führte zu dem Geisteszustand.“

Dietrich riß die Augen auf. Er wußte nicht, ob Cayces Diagnose stimmte; aber er wußte, daß Cayce einen fast vergessenen Zwischenfall aufgespürt hatte: den Sturz aus dem Wagen, der damals scheinbar folgenlos geblieben war.

Verrenkte Rückenwirbel verursachten Druck auf die nahen Nervenstränge. Layne richtete die von Cayce bezeichneten Wirbel ein. Nach fünf Tagen ging es dem Kind merklich besser. Drei Monate später kam die Kleine mit ihren Altersgenossinnen in die Schule. Sie war vollständig geheilt. Der dankbare Dietrich konnte nie genug tun für Cayce. Seiner Empfehlung war es zu verdanken, daß Dr. Wesley H. Ketchum später Cayce als medialen Diagnostiker verwendete und ihn damit einer Laufbahn oder vielmehr einem Beruf zuführte, dem Cayce bis zu seinem Tod treu blieb.

Der bescheidene Mystiker aber wurde die Zweifel und Ängste sein ganzes Leben lang nicht los. Es blieb Gertrudes Aufgabe, seine Bedenken zu zerstreuen. Da sie das Gemüt ihres Mannes kannte, riet sie ihm häufig zu selbstprüfenden Readings, die sie dann zusammen studieren konnten. Denn Cayce traute „der Information“ mehr als seinem trügerischen Tagbewußtsein. Wieder einmal stellte Gertrude ihrem Mann die Hauptfrage: „Sind diese Auskünfte immer richtig?“

„Sofern sich die Suggestion in der richtigen Bahn bewegt oder mit dem Wirken des Unterbewußtseins oder Seelischen in Einklang steht.“

Die besorgte Gattin schob eine eigene Frage ein: „Wird diese Arbeit dem Körper schaden?“

„Dieser Körper“, erwiderte Cayce, „wird in seiner Arbeit durch das Mediale oder Mystische oder Geistige gelenkt. Er wird von dem Leben beherrscht, das die Person führt, die sein Unterbewußtsein leitet, sobald er sich in diesem Zustand befindet. Sind die Gedanken gut, die dem Unterbewußtsein zur Erlangung seiner Auskünfte suggeriert werden, fühlt sich der Körper wohler." Das Gegenteil war der Fall, wenn einer Frage niedrige oder eigennützige Motive zugrunde lagen. „Der Körper muß in enger Berührung mit der geistigen Seite des Lebens bleiben, wenn er geistig, physisch, psychisch und finanziell erfolgreich sein will."

Als Cayce seine eigenen Worte las, seufzte er nur. Das Problem war: Wie konnte man vergeistigt sein und dabei gleichzeitig mit einer Welt der materiellen Dinge fertig werden?

Cayces Zeitplan

Als Alaska 1959 der neunundvierzigste Staat der USA wurde, war die Voraussetzung für das Eintreffen der frühen, von Cayce für die Zeit zwischen 1958 und 1998 prophezeiten Erdveränderungen geschaffen. „Die frühe Periode“, hatte Cayce gesagt, „wird eine Veränderung des physikalischen Aussehens der Westküste Amerikas bringen.“ Diese Veränderung kam zweifellos im Jahre 1964 mit dem bisher schlimmsten Erdbeben auf dem amerikanischen Kontinent. Auswirkungen des Bebens sind noch heute zu spüren. *Current Science,* ein wöchentlich erscheinender Wissenschaftsbericht, wies darauf hin, daß das Beben Berge um durchschnittlich eineinhalb Meter verlagert und den Meeresboden um sechzehneinhalb Meter sowie den gesamten Kontinent Nordamerika um 1,3 Zentimeter gehoben habe. Das Beben war vielleicht sogar stärker, als Cayce angenommen hatte. „An Küsten, die fast fünftausend Kilometer entfernt sind, stieg die Flut zweieinhalb Meter über normal. Im Iran hob und senkte sich das Festland wie eine Woge, als die Erdbebenwellen durchliefen.“

Tatsächlich war das Erdbeben in Alaska nur die dramatischste in einer ganzen Reihe einschneidender Erdveränderungen. Sie kündigen noch viel umfassendere Zerstörungen an, mit denen in diesem Jahrhundert noch zu rechnen sein dürfte. Cayce sah auch starke Hebungen und Senkungen im Mittelländischen Meer als Einleitung einer Katastrophe an einem anderen Ort voraus. Das östliche Becken des Mittelmeeres hat sich vor kurzem gesenkt, während der Meeresboden vor Marokko um sensationelle tausend Meter emporschoß.

Im Atlantik und im Pazifik erschien inzwischen neues Land, wie Cayce vor mehr als zwanzig Jahren vorhersagte. Und die bestimmteste Prophezeiung in seinem Zeitplan – eine heftige Landhebung an der Stelle, wo einst Atlantis lag – steht vielleicht kurz bevor. Medien haben im allgemeinen eine sehr nebelhafte Vorstellung von der Zeit, sogar in Vorhersagen, die im übrigen ziemlich genau sind. Cayce dagegen hat als Zeitpunkt für das Auftauchen des neuen Landes im Karibischen Meer die Jahre 1968 oder 1969 angegeben.

Das größte Interesse vom zeitlichen Standpunkt konzentriert sich auf die vorhergesagte Zerstörung von Los Angeles, San Francisco und

New York. Cayce deutete an, daß sie im späteren Teil der Periode 1958–1998 einsetzen würde. Während er die verheerende Umwälzung in Kalifornien früher datierte als die Verwüstung Manhattans und der Küstengebiete von Connecticut und Neuengland, machte er keinen Unterschied zwischen Los Angeles und seiner nördlicher gelegenen, bei einem Erdbeben vor sechzig Jahren bereits einmal zerstörten Schwesterstadt San Francisco.

Im Pazifik scheint sich das unterirdische Gepolter entlang des Feuerrings in einem weiten Bogen vom Orient zur westlichen Halbkugel inzwischen zu steigern, genau wie es laut Cayces Vorhersage vor der großen Zerstörung eintreten sollte. Und im Mittelmeergebiet wurde der Ätna als Vorbote einer anderswo stattfindenden Verwüstung sehr aktiv.

Für diese dynamischen vierzig Jahre sah Cayce auch ein Versinken von Teilen Japans im Meer und umwälzende Ereignisse in Nordeuropa voraus. Beides ist möglich, wenn sich der Trend der gegenwärtigen geologischen Vorgänge beschleunigen sollte. Was das Versinken Japans im Meer anbelangt, so berichtet ein namhafter Geologe, daß „ein Vulkangebiet in Honshu 1965/66 innerhalb eines Zeitraums von sechs Monaten siebenundachtzigtausend registrierbare Erdbeben verzeichnete, von denen achttausend so stark waren, daß man sie fühlte“. Und der japanische Geologe Nobichiko Obara stellte fest, daß die japanische Inselgruppe stetig sinkt.

Cayce sagte auch voraus, daß der Abfluß der Großen Seen eines Tages in den Golf von Mexiko statt in den St.-Lorenz-Strom führen würde. Der eingangs erwähnte namhafte Geologe, der Cayces Vorhersagen studierte, brachte Faltungen im mittleren Westen der USA mit den prophezeiten Überflutungen in Nordkarolina, Südkarolina und Georgia in Verbindung. Im mittleren Westen hatte es schon einmal einen scharfen Bruch in der Erdkruste gegeben: 1811 in Missouri. Das kann sich in den siebziger Jahren wiederholen, wobei eine Hebung nördlich der Großen Seen möglich wäre. „Dieses Gebiet neigt sich ohnehin langsam“, bemerkte der namhafte Geologe, „und die Neigung braucht sich nur zu beschleunigen, dann verlagert sich der Abfluß vom St.-Lorenz-Strom durch den Chikago River zum Mississippi.“

Seltsamerweise sah Cayce in seinem Zeitplan nicht 1958 und auch nicht 1978 oder 1998 als die kritischsten Jahre an. Er bezeichnete 1936 als das maßgebende Jahr im weltweiten politischen Machtkampf sowie jenes Jahr, da im Erdkern mit der Verlagerung der Erdachse große Veränderungen unbemerkt beginnen würden. Im Februar 1932 forderte man ihn auf, „die wichtigsten Ereignisse der nächsten fünfzig Jahre vorauszusagen, die sich auf das Wohlergehen des Menschengeschlechts auswirken". Er antwortete: „Dies ließe sich am besten nach der großen Katastrophe tun, die sechsunddreißig (1936) die Welt in Form eines Zerfalls vieler Mächte heimsucht, die heute als Faktoren in den Weltereignissen bestehen."

Man fragte ihn nach internationalen Angelegenheiten: „Wird Italien in naher Zukunft zu einer liberaleren Regierungsform übergehen?"

„Auch Italien", antwortete er, „wird durch eine Macht zerstört werden, die heute unbedeutend oder kleiner ist zwischen den größeren beziehungsweise den augenblicklich größeren. Zuvor jedoch kommt die Katastrophe von Außenkräften auf die Erde, eingeleitet 1936, und bewirkt durch die Verlagerung des Gleichgewichts der Erde im Weltraum mit den indirekten Auswirkungen auf verschiedene Teile des Universums."

„Von welcher Art und welchem Ausmaß wird die Umwälzung im Jahr 1936 sein?" fragte man Cayce.

„Die Kriege, die Umwälzungen im Erdinneren und die Veränderungen der Erde selbst durch einen Wechsel in der Achse hinsichtlich der Gegenden um das Polarzentrum."

Wenn man zurückschaut, war 1936 tatsächlich ein kritisches Jahr. Der Völkerbund und die kollektive Sicherheit brachen zusammen; Bürgerkrieg in Spanien, Hauptprobe für eine noch blutigere Auseinandersetzung; Italien verstimmt über Abessinien; Hitlers schicksalsschwerer Marsch in die entmilitarisierten Rheinlande.

Doch Cayces Hinweis auf eine physikalische Änderung in der Erde selbst stellte jede andere Vorhersage bei weitem in den Schatten. Sollte diese Veränderung die Ursache der Zerstörung bei der prophezeiten Umwälzung sein? Der Zerstörung des größten Teils von New York, Los Angeles und San Francisco und des Verschwindens eines beträchtlichen Teils von Japan und Nordeuropa innerhalb weniger Sekunden? Auf einem Planeten, der seit Millionen Jahren umwälzende Veränderungen erfährt, kann das alles schon einmal geschehen sein, und es kann wieder geschehen. Der Franzose Georges Cuvier, Vater der modernen Paläontologie, stellte die Theorie auf, daß die Dinosaurier der fernen Vergangenheit durch plötzliche Katastrophen ausgelöscht wurden, da man fast völlig erhaltene langhaarige Mammute mit dem letzten Futter in den Mäulern „tiefgekühlt" im gefrorenen Boden fand.

Cayce und Cuvier machten ähnlich schwerwiegende Äußerungen. „Laut Cuvier", sagte der namhafte Geologe, „war eine der Hauptquellen der Katastrophentheorie das Kippen der Erde, ihre drastischen Veränderungen, die Ozeane erzeugten, wo einst Festland war, und Festland, wo Meer war." Nach dieser Auffassung, die im Gegensatz zur Theorie der langsamen Veränderung steht, würden die ersten Aufbrüche der Erdkruste dort erfolgen, wo sie am schwächsten sind: im sogenannten Feuerring, einem Kreis von Vulkanen um den Pazifik, der von Neuseeland über die Philippinen, Japan und die Aleuten nach Mexiko und Chile verläuft. Ähnliches sei früher schon geschehen, sagen die Wissenschaftler: „In den tiefsten Meeresgräben wird das Wasser durch Erdbebenspalten in die Erdkruste gepreßt, was Druckveränderungen bewirkt, die zu heftigen Eruptionen führen. Der Mensch hat solche Umwälzungen und die daraus resultierenden Klimaänderungen offensichtlich schon durchgestanden, aber nicht seit er einen schriftlichen Bericht über das Geschehen abzufassen verstand." Im Lauf der Zeit werde die rotierende Erde infolge der Achsenkippung leicht ins Torkeln geraten, bemerkte der namhafte Geologe, und das sich verlagernde Bewegungsmoment werde bewirken, daß die Erdkugel ihre äußere Gestalt ändere, um sich dem neuen Winkel ihres Laufs anzupassen.

Und wo würde die Erde zuerst nachgeben? Wenn Cayce recht hat, in dem heißen, elastischen Mantel, der sich unter der Erdkruste Hunderte von Kilometern bewegen kann.

Die Karte des namhaften Geologen zeigte verschiedene Stärken der Erdkruste, des Mantels und des ungeheuer heißen Kerns auf. „Auch eine kleine Verlagerung der Achse hätte schwerwiegende Folgen für die Kruste", sagte er ernst. „Überlegen Sie, was geschehen würde, wenn sich die Küste des Atlantischen Ozeans nur um zehn Meter senkte – eine Kleinigkeit, wenn den elastischen Mantel eine Abwärtsströmung erfaßt. Die meisten Häfen der amerikanischen Ostküste würden überflutet, und große Teile von Nordkarolina, Südkarolina, Georgia und Florida lägen unter Wasser."

Wenn sich die Erdachse 1936 geändert hat, warum traten dann dreißig Jahre später noch keine katastrophalen Veränderungen auf?

Der Geologe lächelte schief. „Einige mögen im Erdkern schon begonnen haben. Aber das mangelnde Gleichgewicht der Erde wirkt sich im wesentlichen nur mit einer natürlichen Verzögerung aus. Die Umwälzungen im Mantel würden langsam beginnen, sich jedoch allmählich summieren und schließlich zu einer tatsächlichen Verlagerung der Pole führen."

Wie erderschütternd sind nun Cayces Prophezeiungen über die Erschütterungen auf der Erde? Sie klingen zweifellos glaubhafter als eine Generation früher die Geschichten von H. G. Wells über Todesstrahlen, Atomkrieg und Menschen im Weltraum. Und sie sind bestimmt nicht befremdlicher als manche Nachrichten in der Weltpresse.

Seltsamerweise stand eine der aufsehenerregendsten Überschriften über einem Pressebericht vom Mai 1958, und genau dieses Jahr bezeichnete Cayce als den Beginn einer weltweiten Katastrophe. Die Überschrift lautete: *Meere können New York und London verschlingen.* In dem Artikel, der vom wissenschaftlichen Redakteur David Dietz stammte, hieß es: „New York, London, Paris und einige andere große Städte verschwinden möglicherweise von der Erdoberfläche, obwohl es den Völkern gelingt, einen dritten Weltkrieg zu verhindern. Es ist möglich, daß sie eines Tages von den Weltmeeren überflutet werden."

Der Verfasser verdankte seinen Bericht keinem schlafenden Hellseher, sondern nüchternen Wissenschaftlern des Internationalen Geophysikalischen Jahres, die zusammenarbeiteten, um die physikalische Vergangenheit und Zukunft der Welt zu erforschen. Ein Kippen der Erdachse und die damit verbundene Änderung der Jahreszeiten auf der Erde könnten die oben erwähnten Folgen haben. „Die Meereshöhe würde genügend steigen, um viele Küstenstädte und große Gebiete von geringer Höhe zu überfluten, wenn die Eiskappen in der Antarktis, in Grönland und Island zum Schmelzen kämen. Dieses Schmelzen wäre eine Folge des Ansteigens der Welttemperatur. Die Frage ist deshalb, ob sich das Weltklima ändert oder nicht."

Wenn der Erdkern auch seit 1936 aufgewühlt sein mag, so ließen sich bis 1958 doch keine Anzeichen drastischer Veränderungen erkennen. Eine der ersten Prophezeiungen Cayces über die Periode 1958–1998 stammt vom Jänner 1934 und bezieht sich auf mehrere Kontinente:

„Was die physikalischen Veränderungen anbetrifft, noch einmal: Die Erde wird im westlichen Teil Amerikas aufbrechen.

Der größere Teil Japans muß im Meer untergehen.

Der obere Teil Europas wird sich im Handumdrehen verändern.

Land wird vor der Ostküste Amerikas erscheinen."

Cayce sprach von Umwälzungen in der Arktis und Antarktis und von Vulkanausbrüchen in der heißen Zone als Vorspiel zur Polverlagerung und zur weitgehenden Umkehr der Erdklimate.

Der namhafte Geologe stellte bereits ein starkes Ansteigen der Vulkantätigkeit in der heißen Zone fest. „Sie erfuhr auf den Hawaii-Inseln seit 1958 eine Steigerung. Auf Bali fand 1963 eine heftige Eruption statt; ein neuer Vulkan türmt sich über den zerfallenen Überresten von Krakatoa (1883 zerstört) auf, und der Vulkan Irazu bei San José auf Costa Rica ist seit mehr als einem Jahr ununterbrochen in Tätigkeit."

Gleichzeitig mit seinem Zeitplan von vierzig Jahren gab Cayce eine Prophezeiung, die manche als Vorankündigung einer Wiederkunft Christi auslegten: „Und diese (Veränderungen) werden in jenen Perioden von achtundfünfzig bis achtundneunzig beginnen, da diese als Periode ausgerufen wird, wo Sein Licht wieder in den Wolken zu sehen ist."

Legt man Cayces Prophezeiungen wörtlich aus, was immer ratsam ist, findet man jedoch nirgends etwas von einer Beendigung der vorhergesagten Veränderungen innerhalb dieser vierzigjährigen Periode – nur vom Beginn! Wie bereits erwähnt, fand der Beginn des Beginns schon statt. Die Erde hat sich im westlichen Amerika aufgetan; Geologen der amerikanischen Regierung sehen das Erdbeben vom Karfreitag 1964 in Alaska als das bisher schwerste Beben in Nordamerika an. Die Seismographen zeigten den Wert 8,4 an, gegenüber 8,2 bei dem Beben, das vor sechzig Jahren San Francisco verwüstete. Zum Glück trafen Dutzende von Erdstößen unbewohntes, weites Land. Auch so verschwanden noch viele Dörfer von der Landkarte, und Teile von Anchorage wurden zerstört; große Landgebiete senkten und andere hoben sich. Der Copper River wurde sozusagen umgedreht, er begann stromaufwärts zu fließen. Die unbewohnte Montague-Insel im Prinz-William-Sund, achtzig Kilometer lang und vierundzwanzig Kilometer breit, wurde elf Meter emporgeschoben, ebenso Landmassen des alaskischen Festlandes von Cordova bis zur Insel Middleton und des Kontinentalsockels südöstlich der Insel Kodiak. Auf der Montague-Insel konnte ein Team von Regierungsgeologen auf einem Boden gehen, der normalerweise sieben Meter unter dem Meeresspiegel lag, sogar bei Ebbe. Weit entfernt vom Zentrum des Bebens senkten sich achtundsiebzigtausend Quadratkilometer Land bis zu zwei Meter, während sich rund hundertdreißigtausend Quadratkilometer spektakulär um zehn bis siebzehn Meter hoben.

Seit Cayces Tod spricht überraschend viel für sein Bild von einer „umgekehrten" Erde durch Polverlagerung. Alle Millionen Jahre etwa, so berichten einige Wissenschaftler, verändert sich das Magnetfeld der Erde in einer kurzen geologischen Spanne von zehntausend Jahren; ein Vorgang, der durch den flüssigen, metallischen Erdkern ausgelöst wird. An diesem Punkt der Erdgeschichte könnten wir eben jetzt stehen, erklärte der namhafte Geologe. 1963 schätzte ein Team des amerikanischen geologischen Vermessungsamtes, daß die letzte solche Umwälzung vor rund 980.000 Jahren zu Ende gegangen sei. „Durch das Studium der Lavaformationen, deren magnetisierte eisenhaltige Minerale dem Magnetfeld der Erde genau entsprechen, konnten sie bestimmen", erläuterte der Geologe, „wo der magnetische Nordpol damals lag; sie untersuchten dazu Gesteinsformationen prähistorischer Lavaströme des Ätna und aus Hawaii."

Der Geologe hatte selbst etwas Ähnliches getan. Als er Cayces Prophezeiungen studierte, erkannte er, daß es in den angekündigten Veränderungen ein Schema gab. Cayce erwähnte häufig Erdbeben, Vulkanausbrüche, Überschwemmungen. Er sprach zwar nie von einer atomaren Vernichtung, aber er sagte, der Mensch könnte sich selbst vernichten, wie er es einst in Atlantis getan habe. Der Mensch könnte die Vernichtung auslösen, und die Natur würde das übrige besorgen.

Cayce wurde oft gefragt, wann die verschiedenen Umwälzungen stattfinden würden, doch beschränkte er sich meistens auf Andeutungen. Nur gelegentlich nannte er die Periode 1958–1998 als die Hauptzeit, in der die Achsenneigung auf der ganzen Welt spürbar würde. Anstelle von Daten gab er Anhaltspunkte, als man ihn 1932 fragte: „Wie bald werden die Veränderungen in der Aktivität der Erde offenbar werden?"

„Wenn die erste Veränderung einiger Gegebenheiten in der Südsee (zweifellos dem Südpazifik) stattfindet sowie die Veränderung, die sich als Sinken oder Steigen jenes Gebietes offenbaren, das fast genau antipodisch zu ihr liegt, beziehungsweise im Mittelmeer und im Ätnagebiet, dann wissen wir, daß es begonnen hat."

„Wie lange dauert es noch, bis dies beginnt?" beharrte der Frager.

„Die Anzeichen sind so, daß manche davon bereits begonnen haben, doch andere würden eher bedeuten, daß diese nur vorübergehend sind. Wir würden sagen, sie haben begonnen."

Die Anhänger Cayces hielten also ab 1958 mit gemischten Gefühlen nach Zeichen einer Aktivität im Mittelmeergebiet und vor allem am Ätna Ausschau. Sie fanden diese Zeichen. Im Juli 1960 meldete Associated Press ein Wiederaufleben der Tätigkeit im Vulkangipfel: „Dorfbewohner am Fuß des Vulkans sagten, die Wucht des Ausbruchs sei stärker gewesen als alles, an das sie sich erinnern. Und vierzig Kilometer entfernt wohnende Menschen meinten, der Ausbruch habe die Stärke einer Atombombe gehabt." Der Ätna ist weiter in Tätigkeit, die Eruptionen nehmen an Heftigkeit zu. Im Februar 1964 meldete die Presse erneut: „Bei diesem heftigsten Ausbruch des Ätna seit Jahren ergoß sich ein Lavastrom über den seewärts gelegenen Berghang."

Senkungen im Mittelmeer wurden erstmals 1959 festgestellt; sie betrugen mehrere Fuß und zogen sich rund um Griechenland. 1960 fand im Mittelmeer eine wirklich bedeutende „Senkung und Hebung" statt, als ein schreckliches Erdbeben den größten Teil Agadirs, des südlichsten Hafen Marokkos, verwüstete und zwölftausend Menschen den Tod fanden. Eine riesige Flutwelle entstand, und der Meeresboden hob sich an manchen Stellen um neunhundertneunzig Meter! Der Geologe Tillosson ermittelte die drastischen Änderungen der Wassertiefe. „In einem Fall“, berichtete er, „betrug die Tiefe dreizehneinhalb Meter, wo sie zuvor dreizehnhundertfünfzig betragen hatte.“ Noch anderes ereignete sich im Mittelmeerbecken. Schwächere Erdbeben erschütterten Süditalien, Jugoslawien und die Türkei. Die Stadt Skoplje in Jugoslawien wurde verwüstet. Auf der anderen Seite der Erdkugel traten in Japan, Hawaii, den Philippinen und im aleutischen Graben Erdbeben auf. Irgend etwas schien sich anzustauen. Über die Hebungen brachte die *New York Times* ergänzend: „Die Sowjetische Akademie der Wissenschaften berichtet von einer Untersuchung, derzufolge italienische Wissenschaftler entdeckten, daß der Ätna seit dem letzten Ausbruch siebeneinhalb Meter höher ist.“

Als sich unlängst der Vesuv rührte, glaubten manche Menschen, die kritische Periode der von Cayce prophezeiten Erdveränderungen sei bereits angebrochen. „Wenn es zu größerer Tätigkeit im Vesuv oder Pelé kommt“, hatte Cayce gesagt, „dann kann die Südküste Kaliforniens – und das Gebiet zwischen Salt Lake und den südlichen Teilen Nevadas – innerhalb drei Monaten danach eine Überflutung durch Erdbeben erwarten. Diese finden aber mehr auf der südlichen als auf der nördlichen Halbkugel statt.“

In düsterer Stimmung warteten die Anhänger Cayces. Hätten sie jedoch Cayce genau studiert, würden sie erkannt haben, daß ihre Ahnungen sie trogen. Wie Forscher damals feststellten, hatte Cayce im Zusammenhang mit der „größeren Tätigkeit“ ziemlich klar gesagt, daß weitere, heftige Ausbrüche des Vesuvs stattfinden müßten, bevor die Bedingungen für den Rest der Prophezeiung geschaffen seien.

„Für Cayce verliefen die Dinge gesetzmäßig“, erklärte der namhafte Geologe. „Der Vesuv wird in der gegenwärtigen Periode – nach 1958 – weitaus heftiger ausbrechen müssen, wenn es der Vorhersage von der größeren Aktivität entsprechen soll. Und vom Mont Pelé auf Martinique gar hat man seit 1902 nichts mehr gehört.“

Cayces Prophezeiung von der großen Verwüstung in Kalifornien – San Francisco, Los Angeles usw. – erscheint uns heute geradezu konservativ, denn die Geologen sagen viel offener als er, daß sie jeden Augenblick eintreffen kann. Vor kurzem beschrieb ein Mitglied des amerikanischen Amtes für Geodäsie (Erdvermessung) in einer Fernsehdiskussion über die Erbeben in Kalifornien den großen Schichtenbruch von San Andreas; er nannte auch die Ortschaften, die um die ganze Länge des gefährdeten Gebietes liegen. Er sagte, das nächste katastrophale Erdbeben in Kalifornien könne in zwanzig, fünfzig oder hundert Jahren auftreten – oder noch während der Fernsehsendung. Ja, es könne zu einer gewaltigen Massenvernichtung kommen. Cayce sah die kalifornische Katastrophe im „späteren Teil“ der Spanne 1958–1998, vermutlich nicht vor 1978 oder 1980. Nur die Zeit kann uns Aufschluß geben.

Der namhafte Geologe, der in Kalifornien studiert hatte, machte nachdrücklich auf die kumulative Bauweise Kaliforniens aufmerksam, die innere Spannungen erzeuge. Sein Wissen um die Untersuchungen von Geologen am kalifornischen *Institute of Technology* bestärkten seinen Glauben an die Geologie – und an Cayce. „Die meisten Geologen“, stellte der Experte Clarence R. Allen 1961 fest, „wären von einem großen Erdbeben entlang des mittleren oder südlichen Teils des Bruchs innerhalb der nächsten fünfundzwanzig Jahre nicht überrascht. Natürlich erscheint der Bruchabschnitt bei Hollister und San Bernardino jetzt viel gefährlicher als der Bruchabschnitt bei San Francisco, der 1906 einstürzte.“

Erdbeben sind Kalifornien offenbar „angeboren“. Drei große Beben innerhalb einer Generation erschütterten Long Beach, Arvin und El Centro. Schwerer dagegen war es, Cayces Prophezeiungen von Verwüstungen in anderen Gegenden Glauben zu schenken, beispielsweise der folgenden Vision: „Die größere Veränderung, die wir in Amerika feststellen werden, wird an der Küste des Nordatlantiks sein. Achten Sie auf New York, Connecticut usw.“

„Wann wird das sein?“ fragte man Cayce.

„In dieser Periode (1958–1998). Was den genauen Zeitpunkt betrifft ...“ Cayces schleppende Stimme verklang.

Erdbeben in diesem Gebiet – das klingt ziemlich unwahrscheinlich. Doch der namhafte Geologe erklärte, sie seien geologisch sehr wohl möglich. „Es ist nicht allgemein bekannt, aber von Maine durch das Gebiet von Boston bis New York und Philadelphia verläuft ein Schichtenbruch. Im übrigen können auch an Stellen, wo keine bekannten Brüche liegen, Erdbeben auftreten.“ Er nahm den Bericht der Zeitschrift *Life* über das Erdbeben in Alaska und las ernst vor: „Erdbeben beschränken sich nicht auf bekannte Erdbebenzonen. Sie können überall auftreten. Der Seismologe L. Don Leet von Harvard ist besonders beunruhigt über die seismische Zukunft des östlichen Nordamerikas. Im östlichen Kanada, in Neuengland und New York war in den letzten Jahren ein erhöhtes Auftreten von Erdbeben zu verzeichnen. Obwohl dies die meisten Seismologen nicht beunruhigt, kann nach Leets Meinung noch vor dem Jahrhundertende ein großes Erdbeben irgendeinen unvorhersehbaren Ort heimsuchen.“

Das Jahr 1958 löste in der Erde allem Anschein nach eine Kette ungewöhnlicher Ereignisse aus, die freilich vielleicht nur zufällig zusammenfallen. 1959 wurde an einer Stelle ein Erdbeben registriert, wo noch nie zuvor eines aufgetreten war, wie das Amt für Küstenvermessung und Geodäsie in den USA ermittelte: in der nördlichen Magellanstraße, nahe der Südspitze Südamerikas. 1960 wurde Südchile von einer Reihe starker Erdbeben erschüttert, andere ließen den Kontinent nach Norden bis Kolumbien und Peru erbeben. Vor kurzem registrierte man in den peruanischen Anden in einem Monat zweihundert Erdstöße. Besonders bedrohlich sei das Beben in Chile gewesen, erläuterte der namhafte Geologe. Am ersten Tag gab es vier heftige Stöße, dann folgte eine besonders starke Erschütterung, die mit Stärke 8,5 sogar das Beben von Alaska (8,4) übertraf. Laut einem Bericht des *Earthquake Engineering Research Institute* (technisches Institut zur Erforschung von Erdbeben) „war die Serie der Erschütterungen allen zerstörerischen Erdbeben der vergangenen sechzig Jahre mehr als ebenbürtig". Die Ausläufer der Flutwelle waren im ganzen Pazifik zu spüren, noch in Japan registrierte man Überschwemmungstote.

Im Gebiet von Grönland dürfte sich einiges verändert haben. Unter anderem wird gemeldet, daß das Klima in diesem Teil der Welt tatsächlich milder wird. „Jüngste Messungen der Krustenerwärmung in der kanadischen Arktis, auf Spitzbergen und Grönland", so bemerkte der namhafte Geologe, „ergeben verhältnismäßig hohe Hebungswerte infolge Druckverringerung durch in der Neuzeit abgeschmolzene Eismassen. In den letzten sechstausend Jahren stiegen durch diese Schmelzungen die Meere um rund sechs Meter, wie Francis Shepard von der *Scripps Institution of Oceanographie* ausführte. Dieser Tauvorgang brauchte sich gar nicht sehr zu beschleunigen, damit niedrig liegende Punkte im südöstlichen Küstengebiet der Vereinigten Staaten überflutet würden; er hat bereits zu Landhebungen im Atlantik geführt, denn Teile Skandinaviens, Labradors und Neufundlands, die einst von Gletschern niedergedrückt wurden, tauchten plötzlich auf wie ein Rettungsgürtel, den eine starke Hand losgelassen hat."

Sollte sich erweisen, daß Cayce mit Los Angeles und Kalifornien recht hatte, können sich die New Yorker ja entsprechend verhalten, zumal wenn sie in Manhattan wohnen.

Cayce sagte stets, die Veränderungen würden schrittweise erfolgen, nur bei seiner Vorhersage über Nordeuropa sprach er von einer Veränderung „im Handumdrehen". Immer wieder betonte er: „Viele Gebiete der Ostküste werden heimgesucht werden, ebenso viele Gebiete der Westküste und die zentralen Gebiete der Vereinigten Staaten." Aber das würde eben nicht alles auf einmal geschehen. „In den nächsten paar Jahren", erklärte er 1941, „wird im Atlantik und auch im Pazifik Land auftauchen. Und die derzeitige Küstenlinie mancher Länder wird das

Bett des Ozeans sein. Sogar viele der gegenwärtigen Schlachtfelder werden Ozeane sein, werden die Meere, die Buchten, die Landstriche sein, wo die neue Ordnung Handel treibt. Gebiete an der heutigen Ostküste von New York oder in New York City werden im wesentlichen verschwinden. Das aber wird viel früher sein."

Ein Teil dieser Vorhersage erfüllte sich recht schnell. Im Gebiet der Galapagosinseln im Pazifik, genau westlich von Ecuador, hob sich 1944 plötzlich ein sechseinhalb Kilometer langer Streifen des Meeresbodens und bildete neues Land. 1957 entstand bei den Azoren eine vulkanische Insel, die jedoch wieder versank. Auch die Insel, die 1963 vor Island im Atlantik auftauchte, erinnert daran, daß eine unbedeutendere Prophezeiung Cayces eingetroffen ist. 1960 erschien im Pazifik erneut Land. „Eine über eineinhalb Kilometer lange, hundert Meter breite und an manchen Punkten siebenunddreißig Meter hohe Insel tauchte vor Ecuador aus dem Pazifik auf", meldete die *New York Times*. „Zwei Augenzeugen sagten, die Geburt der Insel habe sich durch ein Erzittern der Erde und unterirdische Geräusche angekündigt."

Cayce bezeichnete einige sichere Stellen, zu denen auch der Ort gehörte, an dem er sich mit seiner Familie auf Grund eines Readings niederließ. „Sodann wird die Gegend, wo sich das Wesen (das Medium) jetzt in Virginia Beach befindet, unter den sicheren Gebieten sein, ebenso Teile des heutigen Ohio, Indiana und Illinois und viel des südlichen Teils von Kanada sowie des östlichen Teils von Kanada; das westliche Gebiet dagegen – viel davon wird betroffen werden, wie natürlich auch vieles in anderen Ländern."

Große Erdveränderungen sind zweifellos nichts Neues. Wie der namhafte Geologe ausführte, hoben und senkten sich verschiedene Gebirge mit den großen Gletschern, und sogar in der registrierten Geschichte fanden drastische Veränderungen in der Erdkruste statt. Cayce erwähnte mehrmals Verwüstungen an der amerikanischen Ost- und Westküste, fast als spreche er eine Warnung aus. Im September 1942 stellte ihm ein New Yorker Geschäftsmann, dem die feindlichen Bombardierungen Sorgen machten, eine Frage, aus der zweifellos Ichversponnenheit sprach: „Ist die gegenwärtige Lage des Geschäfts sicher bis zum Ablauf der Pacht (im Jänner 1943)?"

Cayce sah keine unmittelbar drohende Gefahr. „Wechseln Sie nach dieser Periode die Umgebung, ziehen Sie auf das Festland, nicht auf die Insel Manhattan." Sein Vorschlag könnte einfach als Rat verstanden werden, der den New Yorker von den Anstrengungen des Großstadtlebens befreien sollte, wäre da nicht der Hinweis auf das Festland gewesen.

„Muß bei dieser Entscheidung die Gefahr einer Bombardierung oder einer anderen Umwälzung berücksichtigt werden?“ fragte der vorsichtige Geschäftsmann.

„Einstweilen nicht“, erwiderte Cayce.

Wie die Zerstörung erfolgen würde, deutete er auch hier nicht an. Das einzige spürbare Erdbeben im Stadtgebiet von New York war 1884 auf Long Island aufgetreten. Es hatte einigen Schaden angerichtet, doch bei weitem nicht in dem Ausmaß, das der schlafende Prophet für die Zukunft vorhersah.

Seine Weissagung über das Auftauchen von Atlantis wird natürlich der erste große Prüfstein für ihn sein. Er verhieß aber noch anderes über Atlantis: „Doch wenn die Zeit naht, da die Veränderungen eintreten werden, wird vielleicht die Öffnung der drei Orte, wo die Zeugnisse dieselben sind, für die Eingeweihten in das Wissen von dem einen Gott kommen. Der Tempel (auf Atlantis) wird wieder aufsteigen; es wird auch die Öffnung des Tempels der Zeugnisse in Ägypten kommen, und jene Zeugnisse, die ins Herz des atlantischen Landes gelegt worden sind, werden dort vielleicht ebenfalls gefunden. Die Zeugnisse sind dieselben.“

Der namhafte Geologe hielt Cayces Prophezeiung über aufsteigende Lande keineswegs für ungereimt. „Möglicherweise würde eine solche Anhebung im Atlantik durch das Absinken von benachbarten Landstrichen (wie den Gebieten in Karolina und Georgia) ausgeglichen“, sagte er. Das Amt für Geodäsie stellte in der Gegend der Stadt Savannah, Georgia, eine Landsenkung von zehn Zentimetern fest, die im wesentlichen seit 1933 erfolgte und an sich unbedeutend ist, wenn keine Beschleunigung eintritt.

Im sogenannten Feuerring des Pazifiks, wo die Erdkruste am empfindlichsten ist, scheint die Aktivität unter der Oberfläche bedrohlich zuzunehmen. In der Gruppe der Kermadec-Inseln, neunhundertsechzig Kilometer nordöstlich von Neuseeland, kam es auf der Sonntagsinsel, als sie im November 1964 von mehreren Erdstößen erschüttert wurde, zu phantastischen geologischen Vorgängen. Ein Krater brach auf, Dampf, Steine und Schlamm wurden siebenhundertfünfzig Meter in die Luft geschleudert. Der Wasserspiegel in einem Süßwassersee der Insel stieg fünfzehn Meter, und seine Temperatur kletterte von fünf Grad auf mehr als fünfundneunzig Grad. Der Wasserspiegel in der nahen Denham Bay stieg um dreißig Meter, aufsteigende Gasblasen ließen die Oberfläche schaumig werden.

Da Cayce seine weltbewegenden Weissagungen oft während eines Readings für Menschen machte, denen nur ihre eigenen unmittelbaren

Sorgen am Herzen lagen, umfaßten seine Vorhersagen gewöhnlich nur die Lebenszeit der Ratsuchenden. Aber auch so war es schwer, die zeitliche Reihenfolge zu ermitteln, die er meinte. In einem Reading für eine siebenundzwanzigjährige Frau Anfang 1944 sagte er: „Veränderungen stehen auf der Erde während der Periode des Aufenthalts des Wesens bevor.“ 1943 wiederum verlegte er in einem Reading für eine einundfünfzigjährige Frau die nahenden Umwälzungen in die nächste Generation, und er verglich ihre zerstörerische Wirkung mit der Verheerung in Atlantis. „Vordem war das Wesen in Atlantis, als dort die Perioden der ersten Umwälzungen herrschten und die Zerstörungen stattfanden, die das Land heimsuchen mußten, wie sie in der nächsten Generation andere Länder heimsuchen müssen.“ In wieder einem anderen Reading, im August 1936, kündigte Cayce an, daß im Jahr 2000 ein neuer Zyklus kommen werde.

Ein Ratsuchender, der fürchtete, daß der Zyklus 1958–1998 unsere heutige Zivilisation zerstören könnte, fragte Cayce eingedenk der Jahrtausendwende: „Welche großen Veränderungen werden in der Erde, wenn überhaupt, vom Jahr 2000 zum Jahr 2001 A. D. auftreten oder beginnen?“

Da Cayces Verlagerung der Erdachse bis dahin etwas mehr als sechzig Jahre im Gange sein sollte, prophezeite der Seher für diese Zeit eine daraus resultierende Verlagerung der Pole: „Worauf eine Verlagerung der Pole stattfindet oder ein neuer Zyklus beginnt.“ Dies galt für das Jahr 2000.

Der namhafte Geologe nahm Cayces Weissagungen als richtig und spann selbst ein prophetisches Muster. Mindestens zweimal hatte Cayce vor drohenden Zeiten gewarnt. „Jeder, der eine Farm kaufen kann, ist glücklich“, sagte er einmal. „Kaufen Sie eine, wenn Sie in den kommenden Tagen nicht hungern wollen.“ 1943 erklärte er: „Die Bedrängnisse für dieses Land, was die Versorgung und den Bedarf an Lebensmitteln anbelangt, haben noch nicht begonnen.“

Da diese vorerst offenstehenden Vorhersagen zeitlich nicht festgelegt waren, projizierte sie der Geologe auf andere, möglicherweise mit ihnen zusammenhängende Vorhersagen. „Wenn die südlichen Gebiete von Nordkarolina, Südkarolina und Georgia unter den Meeresspiegel sinken“, theoretisierte er, „wäre der Schienen- und Straßenverkehr nach Florida unterbrochen; gleichzeitig würden die Umwälzungen in Kalifornien, das dreißig Prozent des Frischgemüses erzeugt, den Nahrungsmitteltransport in den Rest der Vereinigten Staaten abschneiden. Die beiden Staaten kontrollieren zusammen den Zitrusmarkt, und Florida ist außerdem der zweitgrößte Rinderproduzent.“

Da er ein chronischer Bibelleser war, schöpfte Cayce aus dem Buch der Bücher prophetische Inspiration, aber seine an die Heilige Schrift gemahnenden Prophezeiungen sind oft genauso dunkel wie jene im Buch Daniel und in der Offenbarung: „Diese Veränderungen auf der Erde werden geschehen, denn die Zeit und eine und eine halbe Zeit sind zu Ende, und es beginnen die Perioden der Neugründungen. Denn wie hat Er gesagt? Die Gerechten (die Demütigen) werden die Erde erben. Hast du, mein Bruder, ein Erbe auf der Erde?"

Oft fragte man ihn: „Welche Beachtung sollen wir den bevorstehenden Veränderungen schenken?" Seine Antwort klang wieder nach Heiliger Schrift: „Was ist heute auf der Erde am nötigsten? Daß die Söhne eines Mannes darauf hingewiesen werden, der Tag des Herrn sei nahe und die Ungläubigen müßten selbst jene Dinge überwinden, die da herannahen und die sie erleben werden."

Und was läßt ahnen, daß „der Tag des Herrn nahe ist"?

„Daß, wie die Propheten und Weisen seit altersher verheißen, die eine und eine halbe Zeit dieser Tage und dieser Generation erfüllt war und ist und daß bald auf Erden der Eine wiedererscheint, durch den viele aufgerufen werden, vor jene zu treten, die den Weg für Seinen Tag auf der Erde ebnen."

Wann würde sich diese Wiederkunft verwirklichen?

„Wenn jene, die Sein sind, den Weg für Ihn bereitet haben. Glaubt nicht, daß es keine Unruhe geben wird, aber jene, die ganz auf den Herrn vertrauen, werden nicht verlorengehen, sondern werden Bedingungen vorfinden, irgendwie und auf irgendeine Weise, die großen Dank verdienen."

Wer Cayce und seinem Zeitplan zustimmt, ist gezwungen, beträchtlichen Optimismus aufzubringen. Denn es wäre widersinnig, umherzuziehen – wie es vielleicht manche tun –, um dem langen Arm des Schicksals zu entgehen. Wenn Cayce recht hat – und auch die Bibel, was zu glauben wir vorgeben –, dann ist das Leben ohnehin nur geistig. Cayces Optimismus läßt sich kaum in Zweifel ziehen. 1943 verkündete er den Anbruch eines neuen Zeitalters – des Atom-, Raum- oder geistigen Zeitalters –, das mit der Achsenverschiebung begonnen habe. „Wenn jene, die Gott nach und nach vergaßen, ausgemerzt sind und mit diesem Jahr die Periode enden wird, da es auf der Erdkugel keinen Ort mehr gibt, wo der Mensch nicht das Wort vernahm: ‚Der Herr, Er ist Gott' – wenn diese Periode also vollendet ist, dann wird die neue Ära, das neue Zeitalter beginnen."

Winston Churchill sagte einmal, die Welt stehe entweder am Ende des Anfangs oder am Anfang des Endes. Laut Cayce ist ihr die Wahl überlassen.

Auf die Probe gestellt

„Es ist absurd“, sprach der namhafte Geologe, „wenn manche Kollegen behaupten, daß nichts geschehen kann, was nicht bereits in der Vergangenheit geschehen und Teil eines zurückverfolgbaren Prozesses ist.“ Er schnitt eine Grimasse. „Mit anderen Worten: Weil wir im Augenblick keinen Kontinent rasch ins Meer sinken sehen können, dürfen wir auch nicht annehmen, daß so etwas schon in der Vergangenheit geschehen ist?!“ Er sah mich finster an. „Was für ein Blödsinn!“

Er war, im Fachjargon gesprochen, in der Welt des Uniformitarismus aufgewachsen, der offenbar übersah, daß es in der prähistorischen Vergangenheit neben den gesetzmäßigen schrittweisen Veränderungen auch eine Gesetzmäßigkeit der Großkatastrophen gegeben haben kann. Sogar noch als Leiter der geologischen Abteilung einer bedeutenden Universität hatte er an den Uniformitarismus geglaubt und ihn gelehrt. Doch als er die von dem Mystiker Cayce angekündigten Erdveränderungen zu untersuchen begann, die allen Anzeichen nach eintrafen, waren ihm Zweifel gekommen. Und je mehr er sich in Cayce vertiefte, desto heftiger lehnte er sich gegen eine Ansicht auf, die sozusagen nicht über ihre geologische Nase hinausschaute. Er zog sich deshalb still von seinem Universitätsposten zurück, denn er konnte keine Dinge lehren, die mit dem neuen Beweismaterial, das er sammelte, nicht in Einklang zu bringen waren. Andere Geologen, die nichts von Cayce wußten, bekehrten sich mittlerweile zu ähnlichen Ansichten über eine katastrophenreiche Vergangenheit der Welt und eine mögliche katastrophenreiche Zukunft. Er bekannte jedoch nicht, daß er sich an Cayce orientierte, denn er glaubte, seine Stellung – und sein Einfluß – würde durch eine offene Konversion zum Cayceismus leiden.

Was ihn aber an Cayce am meisten fesselte, war dessen Universalität, seine Auffassung, Welt sei unbegrenzte Möglichkeit und nicht bloß ein System fliegender Massen und Materie. Prophezeite Cayce Katastrophen, sah er nicht nur diese, sondern mehr. „Als er in Trance die Vernichtung von Atlantis ankündigte, sagte er ganz klar, der Mißbrauch von Naturkräften durch den Menschen sei die Ursache der ersten Katastrophe gewesen und der Vorstoß des Menschen gegen die göttlichen Gesetze habe sich auf die Naturereignisse ausgewirkt. Eigentlich war dies eine Botschaft der Hoffnung, denn sie widersprach einer rein materialistischen Auslegung des Universums."

Durch Cayce bekam der Geologe eine andere Einstellung zum Leben. „Cayce brachte alles miteinander in Verbindung, das Geistige und das Materielle. Das war überaus bedeutungsvoll für mich, denn sieben Jahre College und Studium hatten meine Weltanschauung fast bis zu dem Punkt beeinflußt, wo ich an die mechanistische Interpretation des Lebens glaubte – das heißt, wir bestehen aus Materie, leben eine Weile, sterben dann und lösen uns im Tod vollkommen auf."

Aufmerksam war er auf Cayces Readings geworden, als er hörte, daß Cayce die Sintflut dem Versinken der letzten großen Überreste von Atlantis und nicht allein dem Schmelzen der Eiskappen des kalten Pols zuschrieb. Er hatte diese Möglichkeit bereits selbst erwogen, angeregt durch greifbare Beweise in Form alter Meeresablagerungen. Cayces Atlantis-Readings stießen deshalb bei ihm kaum auf Unglauben.

Als er sich aber in das Problem Atlantis vertiefte, wußte der Wissenschaftler in ihm, daß er Cayce irgendwie auf die Probe stellen mußte. Da kamen ihm zwei Readings in die Hand, die sich mittels alter Aufzeichnungen nachprüfen ließen. Die beiden Readings erwähnten unmittelbar bevorstehende Erdbeben, und eines beschrieb außerdem ungewöhnliche Stürme, die ein paar Monate später auftreten sollten. Obwohl inzwischen viele Jahre vergangen waren, begab sich der Geologe auf schnellstem Weg nach Washington zur Abteilung Seismologie des amerikanischen Amtes für Küstenvermessung und Geodäsie. Dort wollte er nachprüfen, ob sich Cayces Vorhersagen als richtig oder falsch erwiesen hatten. Das erste Reading war für einen Mann gewesen, der sich Sorgen wegen Erdbeben in seiner Heimatstadt machte. „Wird San Francisco in diesem Jahr von einer solchen Katastrophe heimgesucht werden? Wenn ja, nennen Sie den Tag und die Zeit und erteilen Sie Anweisungen für das Verhalten dieses Menschen, der dort persönliches Eigentum, Dokumente und eine Frau hat und für alles dies Sicherheit wünscht."

Die Frage war am 21. Jänner 1936 gestellt worden, drei Jahre nach einem schwachen Beben im Gebiet um die Bucht von San Francisco. Cayces Antwort hatte gelautet: „Wir sehen nicht, daß dieses spezielle Gebiet (San Francisco) im gegenwärtigen Jahr die großen materiellen Schäden erleiden wird, die dort in früheren Zeiten entstanden. Es werden zwar Teile des Landes betroffen, aber wir sehen, daß diese weiter östlich als San Francisco liegen, oder weiter im Süden, wo es bisher zu keiner größeren Aktivität gekommen ist."

Der junge Mann in der Abteilung Seismologie war hilfsbereit. Er suchte eine Broschüre mit dem Titel *Stronger Earthquakes of California and Western Nevada* (Stärkere Erdbeben in Kalifornien und West-Nevada) heraus. Gespannt blätterte der Geologe. Tatsächlich fand er ein Erdbeben im Jahr 1936, das am 10. Mai in Bishop, Kalifornien, aufgetreten war. Das Erdbeben wurde im östlichen Zentralkalifornien und in Nevada verspürt. „Bishop", stellte der Geologe leicht erregt fest, „lag östlich von San Francisco, und auch ein Stückchen südlich."

Gespannt ging der Geologe zum amerikanischen Wetteramt, um nachzuprüfen, ob auch das schwierigere Reading standhalten würde. Konnte Cayce Stürme genauso voraussehen wie Erdbeben? Im August 1926 hatte ihn ein Mann, der sich für die Getreideernte interessierte, nach der Wetterlage in den kommenden Monaten gefragt. Cayces Antwort enthielt Angaben über die Einflüsse der Planeten auf Stürme und Erdbeben. „Jupiter- und Uranuseinfluß auf die Weltgeschehnisse erscheinen am oder um den 15. oder 20. Oktober am stärksten", sprach Cayce, „eine Zeit, in der mit heftigen Stürmen gerechnet werden muß – zwei Erdbeben, eines in Kalifornien, das andere in Japan – anschließend Flutwellen, eine auf dem südlichen Teil der Inseln bei Japan."

In der Bibliothek des Wetteramtes in Suitland, Maryland, ließ sich der Geologe die *Monthly Weather Review* (Monatliche Wetterrückschau) für Oktober 1926 geben. Er fand rasch, was er suchte: „Der Oktober war ein ungewöhnlich stürmischer Monat. In der Umgebung der Kurilen (Inselgruppe bei Japan) nahmen die Westwinde am 14. und 15. Oktober Hurrikanstärke an." Er nahm noch einmal die Erdbebenbroschüre zur Hand. „Am 22. Oktober wurde Kalifornien von drei Erdstößen erschüttert, in Japan traten am 19. und 20. Oktober Erdbeben auf." Cayce hätte nicht genauer prophezeien können.

Der Geologe war fasziniert. Als er in den Cayce-Readings weiterlas, fesselte ihn ein Hinweis auf frühestes Seelenleben in menschenähnlichen Körpern. Laut Cayce war es vor zehn Millionen Jahren gewesen. Diese Zahl lag nach der herrschenden wissenschaftlichen Meinung um das Zehnfache zu hoch. Doch der Geologe stieß auf die wissenschaftliche Studie von Professor de Terra über fossile Fragmente in der Toskana, Italien; der Professor kam zu dem Schluß, daß dort bereits im „unteren Pliozän oder Miozän" menschenartige Kreaturen (Hominiden) gelebt hatten, also vor zehn oder elf Millionen Jahren. Wieder befand sich Cayce in guter Gesellschaft.

Die wissenschaftliche Untersuchung der Polverlagerung als Faktor bei drastischen Erdveränderungen in der Vergangenheit wurde von geologischen Kreisen endlich gefordert – zwanzig Jahre nach Cayces Prophezeiung über eine schrittweise Achsenneigung. Die Erklärung Cayces, daß „die Polregionen einmal an einen Ort verlagert waren, wo sie mehr von den tropischen und halbtropischen Regionen einnahmen“, trieb den namhaften Geologen zu eigenen Untersuchungen des „Magnetkorns“ in altem Gestein. Zu seiner Befriedigung ergaben sie, daß der Uniformitarismus „das sein konnte, was man daraus machen wollte, eine Theorie katastrophaler oder schrittweiser Veränderung.“

Atlantis interessierte den Geologen besonders, weil es gleichzeitig Vergangenheits-, Gegenwarts- und Zukunftsproblem war. Seit Jahren hob sich Land auf dem Kontinentalsockel der östlichen Vereinigten Staaten. Ein Auftrieb um weitere sechs oder neun Meter würde, wie der Geologe ausführte, allein im Karibischen Meer Hunderte Quadratkilometer neues Land entstehen lassen. „Mit Ausnahme von Teilen der Bahama-Inseln“, bemerkte er, „lag das untergegangene Reich dem Reading zufolge seewärts von den Kontinentalböschungen, diesen steil abfallenden Teilen in der äußeren Gesteinsstruktur der Erdmassen, die die Grenzen zwischen Kontinenten und Ozeanbecken bilden.“ Wie hatte die Wissenschaft Atlantis nur deshalb abtun können, weil der Meeresboden wenig von einer untergegangenen Kultur offenbarte? Es war doch praktisch unmöglich, daß bedeutendere Artefakte den Schlamm und die Korrosion der Jahrhunderte überdauerten. „Wenn Atlantis zum Teil vor siebzehntausend und dann ganz vor zehntausend Jahren sank, wie die Cayce-Readings schließen lassen, hätten die daraus resultierenden Umwälzungen zweifellos die alte Landfläche mit nochmals aufgewühlten Sedimenten und Schutt bedeckt. Die verhältnismäßig kurzen Werkzeuge zur Entnahme von Bodenproben, mit denen die Ozeanographen dort arbeiteten, konnten kaum zu erkennbaren Überresten des verlorenen Kontinents vordringen. Was die Berge von Atlantis im Gebiet der Bahama-Inseln anbelangt – Cayces ‚höchster, über dem Wasser verbliebener Teil des einst großen Kontinents‘ –, so müssen diese vollständig mit Korallensedimenten bedeckt sein, die in den zehntausend Jahren seither abgelagert wurden, während derer der Meeresspiegel infolge der ununterbrochenen Gletscherschmelze stieg.“

Der Geologe versuchte auf seine Weise die Größe von Atlantis zu bestimmen, das in den Readings so groß wie „Europa einschließlich Asien in Europa – nicht Asien, sondern Asien in Europa“ angegeben wurde. Er fertigte eine Karte an, die ein Gebiet zeigte, das dem von Cayce beschriebenen entsprach, und setzte sie maßstabsgerecht in eine Karte des Nordatlantikbeckens ein. Der östliche Teil reichte bis über die Azoren, die Nordwestgrenze zur Kante der Großen Bank (Neufundland), und die Südwestgrenze verlief ungefähr parallel mit der heutigen Atlantikböschung. Die Bermuda-Inseln lagen in diesem Gebiet. Das bereitete ihm Kopfzerbrechen, denn es gab geologische Beweise dafür, daß die Bermudas eine ziemlich alte Formation waren. Doch die erste Umwälzung vor siebzehntausend Jahren hatte so verheerende Ausmaße gehabt, daß es plausibel wäre, überlegte er, wenn sich damals ein oder zwei vulkanische Gebirge gebildet hätten. Das könnten die jetzigen Bermudas sein. In einer wissenschaftlichen Darlegung hieß es: „Der alte Untergrund der Bermudas könnte in der Periode der Umwälzung in Atlantis entstanden sein.“ Atlantis warf eine Reihe Probleme auf. Denn glaubte der Geologe an Atlantis, mußte er auch Cayces ganze Geschichte von einer technisch hochentwickelten Rasse gelten lassen, die durch Gier und Unmoral nach und nach ihre eigene Vernichtung herbeiführte.

Ich wunderte mich, daß sich der Geologe so für den sagenhaften Kontinent engagierte. „Wenn Cayce bei seinen Gesundheits-Readings recht hatte, braucht er mit Atlantis noch lange nicht recht zu haben“, erklärte ich. „Erfolgreiche Readings machte er ja nur, wenn jemand mit einem wirklichen Problem zu ihm kam. Sonst hatte er anscheinend Schwierigkeiten mit seiner prophetischen Gabe.“

„Das war nur am Anfang“, entgegnete der Geologe, „bevor sich Cayce seiner Kräfte voll bewußt wurde. Ich würde Cayce bestimmt nicht gelten lassen, wenn Atlantis alles wäre, von wo aus man weitergehen kann.“ Er hatte mancherlei Bestätigung in den Ergebnissen des Internationalen Geophysikalischen Jahres gefunden, als die Seismologen, Meteorologen, Geologen und anderen Wissenschaftler des I. G. J. ihre Berichte über das Bild einer sich ständig verändernden Welt herausgaben. Mit großem Interesse hatte er einen Artikel in der Zeitschrift *Life* vom November 1960 studiert, der den Titel *The New Portrait of Our Planet* (Das neue Porträt unseres Planeten) trug. Für einen Cayce-Anhänger enthielt der Artikel nichts Neues, doch der Wissenschaftler war ständig auf der Suche nach weiteren Beweisen. Der Untertitel in *Life* lautete: „Die Wissenschaft kartiert die Struktur der gar nicht so stabilen Erde.“ Darunter dann hieß es: „Bekannte Orte, die scheinbar mit beruhigender Festigkeit im Boden verankert sind, gehen möglicherweise einer unsicheren Zukunft entgegen. Kalifornien beispielsweise kann sich im Rahmen der großen Verschiebung des Pazifikbodens nach und nach vom übrigen amerikanischen Kontinent abspalten. Die Hawaii-Inseln, die von einem tiefen Graben umgeben sind, scheinen langsam ins Meer zu sinken. Wissenschaftler beobachteten, wie Hawaii erzitterte, es bewegte sich unter der Wirkung der Gravitation des Mondes pro Tag zehn Zentimeter auf und ab. Neues Land steigt offenbar im Roten Meer, im Karibischen Meer und im Golf von Kalifornien auf."

Beim Überfliegen des Berichts war dem Geologen der Gedanke gekommen, daß er schon einmal etwas Ähnliches gelesen hatte. Er wußte auch genau, wo. In einem Cayce-Reading aus dem Jahr 1934. Es behandelte verschiedene Veränderungen, die der verstorbene Mystiker für die Perioden 1958–1998 voraussah. Ein wissenschaftlicher Bericht hätte nicht ausführlicher sein können: „Die Erde wird an vielen Stellen Umwälzungen erleben. Der frühe Teil (der vierzigjährigen Periode) wird eine Veränderung im physikalischen Aussehen der Westküste Amerikas bringen. Offenes Wasser wird in den nördlichen Gebieten Grönlands erscheinen. Neues Land wird im Karibischen Meer zu sehen sein, und trockenes Land wird sich zeigen ... Südamerika wird vom obersten Teil bis zum Ende erschüttert sein; und in der Antarktis vor Feuerland wird Land sein und eine Straße mit dahinschießendem Wasser."

Der Geologe erklärte, es gebe bereits Anzeichen für Erdbeben, die neues Land entstehen ließen, da sie den vulkanischen Aufwallungen unter Wasser genug Kraft zur Bildung von Inseln verliehen. Er entnahm seinem Ordner einen seismologischen Bericht des Science Service (Wissenschaftsdienst) über die Entwicklungen an der Südspitze Amerikas. „Ein Erdbeben wurde registriert, wo noch nie zuvor welche zu verzeichnen waren", las ich. „Ein starkes Beben fand vor kurzem (1959) in der nördlichen Magellanstraße statt." Zwölf Stationen hatten das Beben registriert. Es war tief und ziemlich heftig gewesen. Der Seismograph hatte mehr als 7 angezeigt; ein beachtliches Beben, wenn man bedenkt, daß 1906 eines mit Stärke 8,2 San Francisco praktisch zerstörte.

Der *Life*-Bericht wies zahlreiche Parallelen zu viele Jahre älteren Cayce-Readings auf. In der Unterschrift zu der Karte des Nordpazifikbeckens in *Life* hieß es zur Befriedigung des Geographen: „Der (untermeerischen) Kette im mittleren Atlantik ähnlich ist die neu kartierte Hebung im Ostpazifik, die sich entlang der Westküste Nord- und Südamerikas erstreckt und möglicherweise die Basis Kaliforniens bildet." Der Geologe fand hierin die verblüffende Bestätigung für die Cayce-Readings über den versunkenen Kontinent Lemuria, einer Art Atlantis des Pazifiks. Den Readings zufolge hatte Lemuria im südlichen und südöstlichen Pazifik gelegen. Ziemlich genaue Angaben enthält ein Reading von 1934: „Und als das Gerücht aufkam, das besagte, es seien Teile des Landes von dem, was von Lemuria übrigblieb, im jetzigen

Niederkalifornien und in Teilen der Täler des Todes (richtig: Todestal) entdeckt worden, reiste das Wesen dorthin, um zu sehen und zu wissen."

Deutlichere Beweise für die Existenz von Lemuria und auch Atlantis las der Geologe aus einer wissenschaftlichen Beschreibung des Pazifikbodens heraus. Da hieß es: „Im Südpazifik schwingt sich die 4800 km breite Ostpazifikschwelle von Südamerika um Australien in den Indischen Ozean, wo sie an die Kette vom mittleren Atlantik anschließt. Das ergibt einen 65.000 km langen, die Welt umfassenden submarinen Gebirgszug. Die Gipfel der Schwelle liegen 9000 m unter dem Meeresspiegel, ausgenommen dort, wo sie sich zu den Galapagos und der Osterinsel erheben. I. G. J. stellte fest, daß die Erdkruste in der Schwelle bei der Osterinsel siebenmal mehr Wärme ausstrahlt als irgendwo anders auf der Erdoberfläche. Das legt die Vermutung nahe, daß die Schwelle aus der Tiefe des Planeten aufsteigt, direkt aus dem geschmolzenen Gestein, und eines Tages trockenes Land sein kann."

Für einen Geologen, der sich an Cayce orientierte, war das mehr als eine bloße Vermutung. Es hatte fast den Anschein, als begrüße der Fachmann für Cayce-Erdveränderungen jedes Zeichen, das auf einen bevorstehenden Zusammenbruch schließen ließ, obgleich er die Menschenleben – darunter sein eigenes – nicht vergaß, die ein solcher Zusammenbruch kosten konnte. Sein Gesicht wurde ernst, als er sich wieder dem *Life*-Bericht über die Ermittlungen des I. G. J. zuwandte: „Diese Verlagerungen, Spaltenbildungen, Hebungen und vulkanischen Explosionen werden fast immer von mächtigen Verwerfungen der Erdkruste begleitet, die Gebirge bilden. Im ganzen verlief die Geschichte der Erde ziemlich ruhig. In etwa einem Dutzend verhältnismäßig kurzer Phasen aber fand eine überaus starke Gebirgsbildung statt. Die Gesamtgeschichte des Menschengeschlechts auf der Erde fällt in eine solche Periode, in die letzte, die noch andauert. Gemäß einiger Gutachten aus jüngster Zeit wird diese rastlose Aktivität sich fortan beschleunigen."

Als Teil der von ihm vorausgesehenen stetigen Beschleunigung hatte Cayce 1934 Hebungen der Erdkruste in der Nähe der beiden Pole als Einleitung größerer Hebungen in der kritischen Periode 1958–1998 prophezeit: „Es wird Hebungen in der Arktis und in der Antarktis geben, die zur Eruption von Vulkanen in der heißen Zone führen, danach wird es zur Verlagerung der Pole kommen, so daß in Gegenden, wo bis dahin kaltes oder subtropisches Klima herrschte, tropischere Klimate herrschen und Moos und Farne wachsen werden."

Der Geologe blätterte in seinen Unterlagen und entnahm ihnen schließlich einen Artikel aus der guten alten *New York Times*. Der

Artikel stammte vom 3. Jänner 1961 und war überschrieben: „Antarktis meldet einen zweiten Vulkan." Die Meldung kam von der anderen Seite der Erdkugel, aus Christchurch in Neuseeland. Nach Meinung des Geologen konnte es sehr gut sein, daß sich damit weit bedeutsamere Geschehnisse ankündigten. Mit Genuß las er aus dem Ausschnitt vor: „Anscheinend hat Antarktika zwei tätige Vulkane, nicht nur einen; das geht aus einem hier empfangenen Kurzwellen-Funkbericht hervor. Dem Vernehmen nach wurden Dampffahnen aus einem Krater des 3045 m hohen Mt. Terror beobachtet, achtundvierzig Kilometer Luftlinie von der amerikanischen Hauptstation in der Antarktis am McMurdo Sound entfernt. Bislang war der einzige bekannte Vulkan auf dem antarktischen Kontinent der Mt. Erebus, ebenfalls auf der Roß-Insel gelegen, etwa dreiundzwanzig Kilometer vom Mt. Terror entfernt." Auch in der Arktis erschien 1963 überraschend eine Vulkaninsel: vor Island, in der Westerman-Gruppe.

Als Teil der Beschleunigung geologischer Entwicklungen sah der schlafende Cayce eine gewisse symptomatische Tätigkeit nicht nur im Südpazifik, sondern auch im Mittelmeergebiet voraus: Hebungen, Senkungen, Vulkanausbrüche, Erdbeben. Tatsächlich ist es im Mittelmeer seltsam lebendig geworden, lebendiger noch als im Südpazifik, als wollte es Schrittmacherdienste für Cayce-Prophezeiungen an anderen Fronten leisten. Im Juni 1959 hatte der Geologe gespannt Berichte über unerklärliche Senkungen im Mittelmeer gelesen. Seine Augen funkelten, als er nun aus dem in St. Louis erscheinenden Blatt *Globe-Democrat* zitierte: „Der Wasserspiegel in griechischen Häfen ist in jüngster Zeit gefallen, die Wissenschaftler können jedoch nicht erklären, warum." Er fiel beträchtlich, legte einige Schelfs der großen Binnenmeere frei und wirkte sich spürbar auf die Küstenschiffahrt aus. „Das Sinken des Wasserspiegels, das an manchen Stellen mehr als neunzig Zentimeter betrug, wurde erstmals nach starken Nordwinden und einem Temperatursturz beobachtet. Im Hafen Nafplion in Südgriechenland ‚saßen' kleine Boote auf dem Meeresboden, nachdem der Wasserstand um neunzig Zentimeter gefallen war. Dieser niedrige Wasserstand blieb eine Woche bestehen. In Tolos, in der Nähe von Nafplion, hatten die Fischerboote Schwierigkeiten beim Anlaufen der Landeplätze. Der Boden des alten venezianischen Hafens Hirakleion auf Kreta tauchte an mehreren Stellen auf. Ähnliche Phänomene wurden von der Insel Rhodos im Südosten (des Mittelmeeres) und von der Insel Levkas vor der Westküste Griechenlands gemeldet." Das Absinken des Wassers war so ungewöhnlich, daß die Ämter für Gewässerkunde von allen Hafenmeistern des Mittelmeeres Wasserstandsberichte anforderten. Ein wirklich seltsames Phänomen, bekräftigte der Geologe. „Manche Wissenschaftler schrieben das Absinken natürlich heftigen Winden oder einem untermeerischen Beben zu. Aber der Wasserstand blieb auch niedrig, als keine starken Winde mehr wehten, und die Seismographen verzeichneten entlang der griechischen Küste nicht den geringsten Erdstoß." Doch der Geologe bezeichnete das Absinken als „nur vorübergehend". Genau diesen Ausdruck hatte bei seiner Vorhersage Cayce gebraucht.

Seltsam war die plötzliche Tätigkeit des Ätna. Er hatte sich jahrelang eigenartig ruhig verhalten. Der Geologe sann über Cayces Hinweise auf eine Intensivierung der unterirdischen Tätigkeit im Mittelmeergebiet nach; er griff zu einer neuen Ausgabe des *Bulletin* der Amerikanischen Seismologischen Gesellschaft Amerikas. Am 18. und 21. Juli 1960, so las er vor, hatten drei Erdbeben die Gegend von Termi erschüttert, das achtzig Kilometer nördlich Roms und fünfhundertsechzig Kilometer vom Ätna entfernt lag. Weiter hieß es: „Am Tag zuvor brach der Ätna mit einer in moderner Zeit einmaligen Heftigkeit aus." War dies die Ätna-Tätigkeit, die Cayce prophezeit hatte?

Außerdem gab es Anzeichen dafür, daß sich das Wetter änderte. In New York City beispielsweise und auch in Kanada wurden die Winter eigenartig mild. Wiederholte sich die Geschichte des Erdklimas?

Forschungen des I. G. J. bestätigten Cayces unterbewußte Erinnerungen an Klimaveränderungen durch Polverschiebung in der dunklen Vorzeit. „Parallel zu Cayce", erläuterte der Geologe, „offenbarte das I. G. J. in einer Tiefe von sechshundertneunzig Kilometern eine verhältnismäßig schwache Schicht der Erdkruste. Und auf dieser Ebene kann sich die ‚festere Haut der Erde über ihren inneren Teil schieben, als schiebe sich die Schale der Grapefruit über das Fruchtfleisch'." Wie führte diese globale Verschiebung zu Klimaveränderungen?

Der Geologe wandte sich wieder dem Artikel zu. Dort hieß es: „Einige Geophysiker glauben, daß im gesamten oberen Teil der Erde diese Verschiebung in der Vergangenheit von Zeit zu Zeit erfolgt ist. Sie finden Beweise dafür, daß sich die Länder und Meere, die nun am Nord- und Südpol liegen, einst an ganz anderen Stellen befanden. Während des I. G. J. wurde in der Antarktis Kohle gefunden, ein Überrest von Pflanzen des gemäßigten Klimas. Einer der möglichen Gründe dafür ist die globale Verschiebung der oberen Gesteinsschichten."

Der Geologe sah triumphierend auf. „Hören Sie sich nun an, was Cayce über diese Veränderungen zu sagen hatte: ‚Die äußersten nördlichen Gebiete waren damals die südlichen Gebiete, oder die Polargebiete wurden damals dorthin verschoben, wo sie tropischere oder subtropischere Gebiete einnahmen. Der Nil floß in den Atlantischen Ozean. Die heutige Sahara war ein bewohntes Land und sehr fruchtbar. Das heutige mittlere Gebiet dieses Landes oder das Mississippibecken lag damals ganz im Ozean. Nur das Plateau gab es oder die Regionen, die heute Teile von Nevada und Utah sind, und Arizona bildete den größeren Teil dessen, was wir als die Vereinigten Staaten kennen. Das Gebiet entlang der Atlantikküste bildete die Außengebiete, damals das Tiefland von Atlantis. Die Anden oder die Pazifikküste Südamerikas nahmen damals die äußersten westlichen Gebiete von Lemuria ein. Der Ural und die Gebiete nördlich davon wurden in tropisches Land verwandelt. Die Wüste in der Mongolei war damals das fruchtbare Gebiet. Die Ozeane waren damals umgekehrt. Sie tragen nicht mehr ihre alten Namen.'"

Cayces Auffassung von einer Polverlagerung stehe im Einklang mit jüngsten wissenschaftlichen Forschungen, betonte der Geologe. „Untersuchungen der Richtung, in die kleine Stückchen magnetischer Minerale im Gestein deuten, geben Aufschluß über die Lage des magnetischen Nord- und Südpols zur Zeit der Gesteinsbildung. Jedes Magnetkorn ist eine kleine Kompaßnadel, die zur Zeit ihres Hartwerdens im Gestein treulich zum magnetischen Norden zeigte. Die Wissenschaftler sind deshalb in der Lage, die Bewegungen des wandernden Nordpols durch Messung der ‚magnetischen Struktur' von Gesteinsproben aus verschiedenen Zeiten kartographisch darzustellen. Wenn der magnetische Nordpol immer in der Nähe des geographischen Nordpols lag, wie normale Geologen glauben, müssen die bedeutenden Bewegungen des magnetischen Nordpols auch als große Verlagerungen des geographischen Pols verstanden werden."

Wie konnten die Wissenschaftler mit Bestimmtheit sagen, wann oder wohin sich die Pole verlagern würden, wenn doch niemand wußte, warum sie es taten? „Zu Beginn der Eiszeit, vermutlich vor einer Million Jahren", sagte der Geologe, „lag der magnetische Nordpol in Antarktika. Manche Wissenschaftler vertreten die Ansicht, daß das gesamte Magnetfeld der Erde während dieser Zeit aus einem unbekannten Grund einfach die ‚Polarität wechselte' (also einen regelrechten Purzelbaum schlug)."

Cayce, so erklärte er, hatte viel später eine Verlagerung des geographischen Pols gesehen, vor fünfzehn- bis achtzehntausend Jahren. „Diese Verlagerung kann ziemlich langsam erfolgt sein, aber sie war vermutlich für den endgültigen Untergang von Lemuria im Pazifik verantwortlich und für den der meisten Tiere, die damals die Erde durchstreiften. Cayce sagte, diese Tiere seien den damaligen Gemeinschaften Grund zu großer Sorge gewesen."

Der Geologe hatte ursprünglich nichts von Cayce – oder aus der Geologie – als erwiesen angesehen. Er hatte selbst magnetische Spuren in Sedimenten aus dem Diluvium gemessen, um Cayces Polverlagerung nachzuprüfen. Seinen Messungen zufolge lag der magnetische Nordpol während einer der letzten großen Vereisungen im Diluvium (etwa 600.000 v. Chr. bis 10.000 v. Chr.) in Südkanada. Doch der Geologe mußte erleben, daß ihm die meisten Kollegen nicht glaubten, wie sie Cayce nicht glaubten. „Sie weigerten sich einfach, mit der Tradition zu brechen und folgerichtig festzustellen, daß der geographische Nordpol, der sich mit dem magnetischen Nordpol bewegte, in dieser Zeit ebenfalls südwärts gewandert war."

Es gab noch weitere Beweise für Cayces Andeutung, daß die „arktischen oder nordarktischen Regionen im Gebiet der Wendekreise" lagen. Bei dieser vermuteten Polverlagerung hätte Alaska zumindest von 230.000 v. Chr. bis 50.000 v. Chr. in der Region der Wendekreise gelegen. Der Forscher J. W. Gidley entdeckte in Alaska Überreste eines Kamels, eines Elefanten und anderer Tiere wärmerer Klimate und glaubte, diese Fossilien seien ein weiterer „Beweis zur Bestätigung der Vermutung, daß in Alaska" während des größten Teils der Eiszeit „milderes Klima herrschte".

Cayce sprach einmal von einer internationalen Konferenz auf Atlantis zwecks Suche nach Mitteln und Wegen zur Vernichtung der „riesigen Tiere", die während einer Eiszeit, in der die Gebiete Kanadas, Europas, der nördlichen Vereinigten Staaten und Nordasiens zeitweilig unter großen Eisdecken lagen, „über die Erde zogen". Nun erklärt der Geschichtsgeograph C. O. Dunbar: „Während des Diluviums wurden sowohl Nordamerika als auch Europa von großen wilden Tieren bewohnt, die genauso unterschiedlich und eindrucksvoll aussahen wie jene des modernen Ostafrika." Dazu zählten Riesenelefanten, große, schlanke, gebieterische Mammuts der südlichen Great Plains (im Westen der USA) mit einer Schulterhöhe von fünf Metern. Es gab sieben Büffelarten; eine davon, der Bison, war ein „riesiges Tier mit einer Hornspanne von gut einem Meter achtzig."

Mitunter war der namhafte Geologe Cayce gegenüber etwas unkritisch. Die seltsame Formation verwitterter Steine in Stonehenge, England, nahm er als Beweis für die uralte Verpflanzung einer Kultur des Nahen Ostens, wie Cayce sie beschrieben hatte. Im Jänner 1944 hatte Cayce gesagt: „Im Heiligen Land, als dort in der Periode, da das Land von den Chaldäern und den Persern geplündert wurde, diese

Verwüstungen stattfanden... unter den Gruppen, die auf Schiffen entkamen und sich in Gebieten des englischen Landes in der Nähe des heutigen Salisbury niederließen und dort diese Altäre errichteten, die die Weihe von Menschen zum Dienst für einen lebenden Gott verkörpern sollten."

Und aus der Encyclopaedia Britannica glaubte der Geologe die Bestätigung für Cayces Bild von einem Exodus aus dem Nahen Osten vor etwa viertausend Jahren herauslesen zu können. Nämlich aus dem Artikel über ein seefahrendes semitisches Volk, das Karthago gegründet hatte und möglicherweise auch bis England gekommen war. „Im Lauf des zwanzigsten Jahrhunderts v. Chr.", hieß es in der Encyclopaedia, „wurden offenbar die Städte, die in Transjordanien nach Generationen von Nomadeneinfällen noch übriggeblieben waren, zerstört. Diese Phase der Verwüstung fällt genau mit der ersten erfolgreichen Unterwerfung der Nordwestsemiten (einschließlich der Chaldäer) zusammen. Der Einfall der Wüstennomaden in Westpalästina führte auch westlich des Jordans zu Verheerungen. Um 1900 v. Chr. hatte Palästina vermutlich eine der niedrigsten Bevölkerungszahlen seiner Geschichte."

Stonehenge ist ebenso konkret wie rätselhaft; die Encyclopaedia führt darüber aus: „Stonehenge, ein Ring großer stehender Steine, umgeben von einem Rundgraben, knapp dreizehn Kilometer nördlich von Salisbury, Wiltshire, England, gelegen... gehört der Jungsteinzeit an. Dieses Datum wird durch eine radioaktive Kohlenstoffbestimmung bestätigt (1848 v. Chr. plus oder minus 275 Jahre). Solche Bauwerke sind im prähistorischen Nordeuropa sonst nirgends bekannt und deuten auf den Einfluß der zeitgenössischen mykenischen und minoischen Architektur des Mittelmeers hin. Die Wahrscheinlichkeit eines solchen Einflusses wurde 1953 überraschend durch die Entdeckung eingemeißelter Bildwerke von Waffen aus der Bronzezeit auf dreien der Sandsteinblöcke bestätigt." Eines davon war die „Abbildung eines Dolchs mit Griff, der mit ziemlicher Sicherheit als jener Typ identifiziert werden kann, welcher zwischen 1600 und 1500 v. Chr. in Mykenä verwendet, aber in Nordwesteuropa sonst nirgends gefunden wurde".

Die Menschen, die Stonehenge erbauten, waren ohne Zweifel sehr findig. Wissenschaftler wiesen darauf hin, daß diese monumentale Anordnung von Steinen in Salisbury, von denen manche bis zu hundert Tonnen wiegen, astronomisch auf Sonne und Mond abgestimmt seien. Sie bildeten ein Instrument von seltener Präzision zur Bestimmung des Jahreszeitenwechsels und waren für Ansaat, Ernte usw. nützlich. Professor Gerald Hawkins vom Harvard-Smithsonian Observatory untersuchte die Rillen auf den wichtigsten Steinen. Er fand heraus, daß das

Netzwerk von Löchern und Rillen sozusagen als natürliche Rechenmaschine diente und die Stellungen von Sonne und Mond sowie deren Einflüsse dreihundert Jahre im voraus anzeigte. Aus dem sich ergebenden Muster ersah er auch, daß Sonnen- und Mondfinsternisse immer genau dann auftraten, wenn der Mond in der Wintermitte über dem Schlußstein aufging, einem aufrechten Stein knapp außerhalb des Stonehenge-Ringes. Auch die Behandlung der riesigen Steine kündete von fortgeschrittenem technischem Wissen. Die schwersten Steine wurden aus den Steinbrüchen bei Marlborough Downs herangeschafft, das etwa fünfzig Kilometer entfernt lag. Einige holte man sogar aus Wales, etwa zweihundertvierzig Kilometer im Westen. Man möchte es für unmöglich halten, daß hier zweihunderttausend Pfund schwere Steine ohne moderne Maschinen transportiert wurden, aber das gleiche Problem mußten auch die alten Ägypter beim Bau ihrer Pyramiden lösen. Der Geologe hatte seine eigene Ansicht darüber: „Muß man nicht logischerweise eine Verbindung zwischen den beiden Steine bewegenden Kulturen annehmen, vielleicht sogar eine gemeinsame kulturelle Ursprungskultur, die atlantische, die – wie Plato andeutete – in den Nahen Osten und nach Ägypten vordrang, nachdem ihr insulares Herkunftsland versunken war?"

Cayce hatte etwas Licht auf den Transport der riesigen Steine geworfen, aus denen die Pyramiden bestehen. Seinen Worten zufolge gab es dabei keinerlei Problem. Die Ägypter waren uns einfach technisch voraus. Im Juli 1932 fragte man den Mystiker, wie die Cheopspyramide von Gizeh gebaut worden sei. Er antwortete: „Durch die Anwendung jener Kräfte in der Natur, die Eisen schwemmen lassen. Stein schwebt auf dieselbe Weise in der Luft. Dies wird achtundfünfzig entdeckt werden."

Diese Erklärung entsprach genau dem wissenschaftlichen Weg, den der Geologe eingeschlagen hatte. Er stellte pedantisch fest: „Weber berichtet von Arbeiten, die 1958 zur Entdeckung und Erzeugung von Gravitationswellen vorgenommen wurden. Er sagt: ‚Es werden Methoden (zur Erzeugung von Gravitationswellen) vorgeschlagen, die mit elektrisch induzierten Spannungen in Kristallen arbeiten.' Außerdem berichtet Furth von unlängst vorgenommenen Experimenten mit magnetischem Druck, vermittels dessen Berge von Metall oder Plasma für den Ingenieur bewegt werden können oder Atome für den Physiker."

Man konnte sich unmöglich für Cayce interessieren, wenn man sich nicht für alles interessierte, von Vitaminen über Wasser im Knie bis zu Einsteins Relativitätstheorie. „Lange bevor Cayce kam", erklärte der Geologe, „hat es in der Medizin und der Biochemie Theorien gegeben, daß für jedes menschliche Leiden irgendwo in der gütigen Natur ein Arznei- oder Heilmittel existiere. Das Mittel mußte nur gefunden und abgesondert werden." Diese Auffassung lag auch Cayces Readings zugrunde, nämlich daß in einer geordneten Natur für jede Störung ein Gegengewicht vorhanden sei.

„Syphilis und Gonorrhöe zum Beispiel waren eine Geißel der Menschheit, bis jemand zufällig über einen Schimmelpilz stolperte und die Wunder des Penicillins entdeckte. Einige von Cayces Heilmittel waren ebenso verblüffend wie das Penicillin. Aber dieses hatte die Unterstützung des medizinischen Establishements, während Cayce zu seinen Lebzeiten nur ein paar kühne Pioniere der Medizin und Osteopathie folgten. Seit seinem Tod jedoch tauchen regelmäßig Berichte auf, die den Erfolg von Behandlungen bestätigen, welche er Jahre zuvor für bestimmte Leiden empfahl." Vor fünfzig Jahren hatte Cayce für eine Vielzahl von Krankheiten Goldchlorid verordnet. Als man ihn einmal fragte, was Goldchlorid heile, wenn es überhaupt etwas heile, gab er eine für ihn typische Antwort: „Goldchlorid – jeden Zustand, der in irgendeiner Form ein Rheumatismuszustand ist, und es verjüngt jedes nicht richtig arbeitende Organ des Systems."

Am 5. September 1965 erschien im Washingtoner *Star* ein Bericht über die verjüngende Kraft des Goldes, der alles bestätigte, was Cayce behauptet hatte, ja der noch über ihn hinausging. „Hiesige Ärzte", so begann der Bericht, „machen die phantastischsten Medaillen – aus Blattgold. ‚Niemand weiß, warum', meinte einer, ‚aber verdammt, es hilft. Es lindert Schmerzen und unterbindet das Nässen von schweren Brandwunden, Hautgeschwüren und Abschürfungen. Doch das Beste daran ist, daß es die Wundheilung beschleunigt.' Patienten, deren Wunden gewöhnlich erst nach wochenlangem Krankenhausaufenthalt heilen würden, machen den Ärzten zufolge so rasche Fortschritte, daß sie mitunter schon ihre Arbeit wiederaufnehmen konnten, während das Gold noch seine Heilwirkung ausübte." Die Experimente wurden von Dr. John P. Gallagher und Dr. Charles F. Geschickter durchgeführt; sie arbeiteten zusammen und veröffentlichten ihren ersten Bericht darüber im *Journal of the American Medical Association.*

Gold wurde auch bei der Behandlung von Patienten im *Hebrew Home for the Aged* (Hebräisches Altersheim) in Washington mit Erfolg verwendet. Die Presse meldete: „Dünne Goldplatten erbrachten verblüffende Ergebnisse, wenn man sie bei großen offenen Wunden und Entzündungen auflegte. Dr. Naomi M. Kanof, ein Dermatologe, legte Gold auf alte, tiefe, offene Hautgeschwüre auf, die durch Verletzungen, diabetische und variköse Zustände entstanden waren sowie durch Verfallserscheinungen, die unter dem harmlos klingenden Namen Wundliegen bekannt sind.

In einer hiesigen Privatpraxis", fährt der Bericht fort, „wurde Blattgold sogar bei gangränösem Brand verwendet, in einem Fall sogar bei einer offenen Wunde, die sich durch die Behandlung eines bestimmten Leidens mit Röntgenstrahlen gebildet hatte."

Cayce empfahl auch „drei Mandeln täglich" als Schutz gegen Krebs. Er nannte keinen Grund dafür, weil niemand den schlafenden Seher fragte, warum Mandeln zuträglich seien. Bekannt war jedoch, daß Mandeln einen Laetrile genannten Stoff enthielten, ebenso wie die Aprikosen und Limabohnen. Vor kurzem gab Glenn D. Kittler ein Buch mit dem Titel *Laetrile, Control for Cancer* (L., Kontrolle für Krebs) heraus. Eine gewisse Frau Alice Howell aus Ojai, Kalifornien, sandte ein Exemplar des Buches an die Cayce Foundation und legte einen Bericht über eine krebskranke, bereits im Sterben liegende Freundin bei, die ihren Krebs mit Laetrile wieder unter Kontrolle gebracht hatte.

Cayces Beobachtungen über die menschliche Gesundheit verblüfften den namhaften Geologen. Der Mystiker wies überraschenderweise darauf hin, daß „Überalkalinität viel schädlicher ist als eine leichte Tendenz zu Acidität". Im Dezember 1962 enthielt das Bulletin der *National Health Federation* (Staatl. Gesundheitsverband) einen Bericht über Forschungen auf diesem Gebiet durch Dr. George A. Wilson. „Dr. Wilson ermittelte in einer sich über vierzehn Jahre erstreckenden Versuchsreihe an Hunderten von Personen, daß die meisten Kranken zu alkalisch sind und nicht zu säurehaltig, wie man allgemein annahm. Dies trifft besonders auf die chronisch Kranken zu, die mit sehr wenigen Ausnahmen alle stark alkalisch sind."

Lange bevor Endokrinologen ihre Kollegen mit Experimenten in Erstaunen versetzten, durch die sie die große Bedeutung der Drüsen mit innerer Sekretion demonstrierten, vor allem der Hirnanhangdrüse, hatte Cayce in seinen Readings gesagt: „Wir finden, daß die Verbindung zur Zirbeldrüse, die Hirnanhangdrüse, wirklich ein Silberstrang genannt werden kann, der die schöpferische Substanz im körperlichen, seelischen und geistigen Leben ist; denn die völlige Zerstörung einer der beiden bewirkt die Loslösung der Seele von ihrem Lehmhaus."

Jahre später berichtete das *Medical Center Memo* des *Medical Center News Bureau* der Stanford University (Nachrichtenbüro des medizinischen Zentrums) über die Ehrung des Experimentalanatomen Dr. Philip E. Smith für seine bahnbrechende Erforschung der einzigartigen Funktion der Hirnanhangdrüse. Seine Entdeckungen wurden als so bedeutend angesehen, daß man ihn in die Staatliche Akademie der Wissenschaften aufnahm, zum Ritter der französischen Ehrenlegion ernannte und ihm als erstem Amerikaner die Sir-Henry-Dale-Medaille für große Leistungen auf dem Gebiet der Medizin verlieh. Dabei entdeckte er lediglich etwas, das der ungebildete Cayce schon vor Jahren verkündet hatte. Die medizinische Zeitschrift schrieb: „Dr. Smith demonstrierte abschließend, daß die Geschlechtsdrüsen, die Schild- und die Nebennierendrüse sich ohne die an der Schädelbasis liegende Hirnanhangdrüse nicht entwickeln oder arbeiten können. Wurde die Hirnanhangdrüse entfernt (bei Versuchstieren), schwanden die drei Drüsen. Er stellte fest, daß durch Injektion eines Hirnanhangdrüsenpräparats die normalen Funktionen der Drüsen bei den Tieren wiederhergestellt werden konnten."

Niemand stufte die Hirnanhangdrüse höher ein als Cayce. „Die Hirnanhangdrüse ist die Tür", sagte er, „durch die physisch alle Reflexaktionen durch die verschiedenen Kräfte des Nervensystems gehen. Sie ist es, zu der und durch die jene geistigen Funktionen kommen, die die Einflüsse im Imaginationssystem sowie die vorherrschenden rassischen Einflüsse erzeugen, oder auch die Blutkraft. Sie verleiht Urteilskraft und Verständnis, Toleranz und eine Beziehung zu den entscheidenden Faktoren des eigenen Lebens."

Wegen seines seltsamen Betragens als Kind hegten manche vorübergehend die irrige Befürchtung, Edgar Cayce könnte Epileptiker sein. Das hätte die Vorliebe des Jungen, auf Bäume zu klettern und sich im Schmutz zu wälzen, erklärt. Aber diese Phase verging rasch, und die für Epilepsie charakteristischen konvulsivischen Zuckungen waren nie aufgetreten. Cayce zeigte jedoch starkes, anhaltendes Interesse für diese Krankheit und nahm mit Erfolg Readings für Menschen vor, die daran litten. Er erklärte, die Epilepsie sei eine weltweite Krankheit und könne jeden, ungeachtet der Rasse oder des gesellschaftlichen Herkommens, befallen. Er betonte, daß eine ausgewogene Behandlung Heilung bringe, daß die körperliche Betätigung des Kranken gesteigert und nicht eingeschränkt werden müsse. Er riet zu Übungen im Freien, Spaziergängen, Schwimmen, Gymnastik, Spielen und anderem Sport.

Ein Arzt, der die Cayce-Akten über Epilepsie studierte, war von Cayces Beurteilung des Problems Epilepsie zutiefst beeindruckt. Kurz nach seinen Forschungen in der Cayce Foundation stieß er auf den Bericht eines angesehenen Fachmannes über diese Krankheit. Der Bericht stimmte mit Cayces Beobachtungen voll und ganz überein. „Die meisten Menschen, die an konvulsiven Krankheiten leiden, können bei entsprechender Pflege ein im wesentlichen normales Leben führen", stellte die Kapazität fest. „Unsere Haltung gegenüber Menschen, die an Krämpfen leiden, hat sich sehr geändert. Wir empfehlen bei diagnostizierter Epilepsie nur geringe oder keine Einschränkung der körperlichen Betätigung."

Als Vitaminpillen große Mode wurden, warnte Cayce. Er sagte, sie könnten die natürlichen Vitamine in den Nahrungsmitteln nicht ersetzen und würden außerdem nur bei bestimmten Mangelerscheinungen helfen. Ständige Einnahme mache sie praktisch wirkungslos. „Nehmen Sie Vitamine nicht in konzentrierter Form, sondern verschaffen Sie sich diese durch Nahrungsmittel. Der Blutkreislauf enthält solche Verbindungen oder Vitamine, die in jedem Organ benötigt werden." Er betonte: „Alle Substanzen wie Vitamine, die dem Organismus nützen, sind viel wirksamer, wenn sie eine Zeitlang verabreicht, zeitweise abgesetzt und dann wieder genommen werden. Denn wenn es so weit kommt, daß sich der Organismus ganz auf solche Beeinflussungen verläßt, hört er auf, Vitamine zu erzeugen, auch wenn die Nährstoffwerte ausgewogen bleiben. Es ist viel besser, wenn diese Vitamine durch normale Entwicklung im Körper erzeugt, statt mechanisch geliefert werden, denn die Natur ist noch immer viel besser als die Wissenschaft."

Wieder war Cayce seiner Zeit voraus. *Newsweek* brachte 1960, wie der namhafte Geologe feststellte, eine Warnung der American Medical Association (AMA) für Vitaminpillensüchtige: „Nicht zu viele kauen." Im *Journal* der AMA stand, es herrsche die weit verbreitete Ansicht, die Menschen müßten Multivitaminpillen einnehmen, um gesund zu bleiben. „Im Gegenteil, nur bei Mangelzuständen oder bei drohendem Mangelzustand sind zusätzliche Vitamingaben erforderlich." Eine Überdosis Vitamine, so fügte *Journal* hinzu, könne zu Appetitverlust, Reizbarkeit, Hautausschlägen und Vergrößerung der Leber führen.

Der Geologe erinnert sich, daß er einmal nach einer großen Dosis eines starken B-Komplexes gräßliches Jucken bekam. Er führte es auf den Vitaminstoß zurück. Sein Arzt schüttelte nur weise den Kopf. „Das gibt es nicht", sagte er, „in einer Million Jahre nicht."

Cayce war ein großer Anhänger der Laborforschung und sagte viele ihrer Fortschritte voraus. Als er über das Blut als Barometer des ganzen Körpers sprach, verkündete er: „Der Tag wird noch kommen, wo man einen Tropfen Blut entnimmt und den Zustand des Körpers diagnostiziert."

Er sollte recht behalten. Im Februar 1960 brachten die Zeitungen Berichte über eine neuartige, höchst aufschlußreiche Laboranalyse eines Blutstropfens und eines winzigen Gewebestückchens. Die Washingtoner *Daily News* berichtete: „Die Doktoren R. L. Hunter und C. L. Markest hoffen, mit finanzieller Unterstützung der *American Cancer Society* (Krebsgesellschaft), durch Beobachtung und Analyse der Enzyme die

Veränderungen feststellen zu können, die beim Wachstumsprozeß vom embryonalen Stadium bis ins Alter erfolgen." Auf diese Weise wollte man die chemischen Veränderungen ermitteln, die Begleiterscheinungen verschiedener Krankheiten sind, und „die Diagnose mancher Krankheiten, darunter vielleicht des Krebses, vor dem Auftreten klinischer Symptome ermöglichen."

Cayce lag wieder richtig.

Erdbeben in Kalifornien

Cayce war nicht der einzige, der Voraussagen über Kalifornien machte. Auch die Wissenschaftler gaben Prognosen, und die klingen kaum weniger prophetisch als Cayces Weissagungen. Professor Hugo Benioff vom *California Institute of Technology,* das durch seine Nobelpreisträger berühmt ist, wies darauf hin, daß Los Angeles und seine prächtigen neuen Hochhäuser – man baut dort erst seit kurzer Zeit in die Höhe – jeden Augenblick durch ein schweres Erdbeben verwüstet werden könnten. Noch deutlicher äußerte sich sein Institutskollege Professor D. E. Hudson, Fachmann für die Mechanik von Erdbeben. Er erklärte, jeder der siebzehn Millionen Einwohner Kaliforniens lebe auf oder neben einem potentiellen Erdbeben. „In Zukunft kommen mehr Menschen um als früher, und mehr Gebäude werden beschädigt oder zerstört", sagte Hudson voraus, „einfach weil sich die Erdoberfläche mit Menschen und ihren Bauten füllt. Ein paar Jahre früher hätte das Karfreitags-Erdbeben in Alaska relativ wenig Schaden angerichtet und kaum Menschenleben gekostet. Damals gab es dort nichts, was beschädigt werden konnte, und es lebten fast keine Menschen dort."

Die größte Gefahr droht natürlich vom San-Andreas-Bruch, der nördlich San Franciscos in den Kontinentalsockel eintritt und fast durch ganz Kalifornien verläuft. Dazu kommt noch der Hayward-Bruch, von dem eine Nebenlinie unterm *San Francisco College* hindurchführt, wie vor kurzem entdeckt wurde. Den San-Andreas-Bruch säumen auf Hunderten von Kilometern Städte und Dörfer. In dicht besiedelten Gebieten bedarf es gar keines Bebens von der Stärke des alaskischen, damit es zu schweren Verwüstungen kommt. „Schon mäßige Beben", erläuterte der namhafte Geologe, „können in Gegenden mit vielen leicht gebauten Häusern wesentlich größeren Schaden anrichten als in Alaska." Als Beispiele für schwache Beben, die unverhältnismäßig hohen Schaden verursachten, nannte Professor Hudson den Erdstoß in Santa Barbara von 1924, das Beben in Long Beach von 1933 und die Beben in Tehachapi und Bakersfield, Bezirk Kern, von 1952. Schwere Beben gab es in Kalifornien nur drei, seit die Amerikaner das Land von den Spaniern übernahmen. Das erste fand 1857 statt; es löste im San-Andreas-Bruch auf Hunderten von

Kilometern Verwurf aus, bis hinaus nach San Bernardino. Das zweite trat 1872 im Owenstal auf und das dritte 1906 in San Franzisko; beide führten in der Bruchzone zu kilometerlangen Verwerfungen. Die gegenwärtige Ruhe ist eher verdächtig als ermutigend, denn in Ruheperioden steigt die Spannung in der Erde ständig. Die letzten „befreienden" Verwerfungen liegen in Mittelkalifornien sechzig Jahre und in Südkalifornien sogar mehr als hundert Jahre zurück. „Zweifellos bereiten sich am unteren Ende des Bruches aufregende Dinge vor", sagte Professor Hudson.

Der staatliche geologische Dienst im amerikanischen Innenministerium beschreibt den San-Andreas-Bruch als „Hauptbruch" in einem verwobenen Bruchsystem, das sich durchs Gestein des kalifornischen Küstengebietes zieht. Im westlichen Mittelkalifornien zweigt der Hayward-Bruch vom Hauptbruch ab, im Süden sind es mehrere Brüche: der Garlock-Bruch, der White Wolf, die Brüche Elsinore, San Gabriel, San Jacinto und Todestal. „Der San-Andreas-Bruch", berichtet der geologische Dienst, „bildet einen fortlaufenden Schichtenbruch von Nordkalifornien bis zum Cajonpaß im Süden. Vom Cajonpaß nach Südosten läßt sich der Verlauf des Bruchs nicht mehr einwandfrei feststellen, weil einige abzweigende Brüche, wie der San Jacinto, der Mission Creek und der Banning, ähnliche charakteristische Merkmale aufweisen. Doch Verwerfungen vom Typ des San-Andreas-Bruchs setzen sich südwärts zum Golf von Kalifornien fort und verlaufen darunter weiter."

Der geologische Dienst zeichnet ein lebendiges Bild vom San-Andreas-Bruch: „Auf nahezu der gesamten Länge zeigt ein linearer Graben den Bruchverlauf an, und vom Flugzeug aus verblüfft die lineare Anordnung der Seen, Mulden und Täler. Doch zweifellos bemerken die wenigsten Menschen, die am Crystal-Springs-Stausee oder an der Tomales Bay entlangfahren und den Cajon- oder den Tejonpaß überqueren, daß sie sich auf der San-Andreas-Bruchzone befinden. Unten auf der Erde ist die Bruchzone an langen, geraden Landstufen zu erkennen, an schmalen Geländewellen und an abflußlosen Teichen, die sich durch das Absinken kleiner Schollen gebildet haben."

Im San-Andreas-Bruch finden ständig Verschiebungen statt. „In der Hauptsache bewegen sich die Schollen auf den einander gegenüberliegenden Bruchseiten horizontal. Stünde man auf einer Seite des Bruchs und schaute man über ihn hinüber, würde sich der Flügel gegenüber nach rechts bewegen. Geologen bezeichnen dies als rechtslaterale Verschiebung. Während des Bebens von 1906 in San Francisco wurden Straßen, Zäune, Baumreihen und Gebüschstreifen, die über den Bruch hinwegführten, an der Bruchstelle mehrere Fuß seitlich versetzt. Die Straße über die Landspitze an der Tomales Bay verschob sich an der Bruchstelle um etwa sechseinhalb Meter, den höchsten registrierten Wert. In jedem Fall bewegte sich das Land westlich des Bruchs relativ nordwärts."

Der geologische Dienst hat keine Ahnung, wann das nächste Erdbeben zuschlagen wird. „Es besteht jedoch aller Grund zu der Annahme, daß der Bruch weiterhin in Bewegung bleibt, wie er es schon seit Millionen Jahren ist. Ein Beben in der Stärke desjenigen von 1906 kann jederzeit auftreten."

Der namhafte Geologe machte oft lange mühselige Fußmärsche am Bruch entlang. „Der Bruch ist allein schon an seinem topographischen Gepräge nachweisbar, von der Arena-Landspitze nördlich San Franciscos achthundertfünfzig Kilometer nach Südosten", erklärte er. „Auf dieser ganzen Strecke kennzeichnen ihn fast geradlinige Täler, die im allgemeinen am Fuß ebenso geradliniger Bergfronten liegen. An vielen Stellen bildete sich das Tal im Bruchverlauf durch Erosion einer Zone, die durch häufige Verwerfung stark gelockert und geschwächt worden war. Nördlich von San Francisco entstanden durch diese Landsenkung die Tomales Bay und die Bolinas-Lagune, von der die Halbinsel Point Reyes teilweise vom Festland abgetrennt wird.

Mehrere Brüche, die parallel zum San Andreas verlaufen, führen durch das Stadtgebiet von San Francisco; der San Andreas selbst zieht sich acht Kilometer südlich der Stadtgrenze durch das Land. Ein Flußtal, dessen Breite zwischen vierhundert und zwölfhundert Metern schwankt, kennzeichnet den Bruch in jenem Bereich, wo er parallel zur Westseite der Fernstraße 35 (Skyline Drive) verläuft. Etwa fünf Kilometer südwestlich von San Bruno (das ein Stück südlich San Franciscos liegt) staute man den Fluß im großen Bruchtal zum San-Andreas-See. Am oberen und unteren Ende des Tales, auf beiden Seiten des schmalen, knapp dreieinhalb Kilometer langen Stausees, werden die bewaldeten Hänge als Bauland erschlossen. Die Bäume werden gefällt und Hanggrundstücke für freistehende Häuser oder Häusergruppen planiert. Die Bautätigkeit geht weiter, obwohl es bei dem Beben von 1906 und dem Nachbeben eine Woche später an viel stabileren Hängen zu schweren Erdrutschen gekommen war."

Erste Anzeichen für eine gesteigerte Aktivität gibt es bereits. „Eine der aktivsten seismischen Zonen in Kalifornien ist im Augenblick Hollister, das genau am Rand des vom 1906er Beben aufgerissenen Bruchs liegt. Wer weiß, wann das schlafende Ungeheuer mit einem Stoß erwacht!?"

Cayce kannte den San-Andreas-Bruch zweifellos, denn 1906, als die Verwüstung San Franciscos Schlagzeilen machte, gab er bereits Readings. Er erforschte aber nie in Trance die Mechanik jener Zerstörung, an die er fünfunddreißig Jahre später seine Prophezeiung des Untergangs von Los Angeles, San Franciscos und New Yorks knüpfte. Überhaupt fragte er selten nach Unheilvollem, wenn er nicht von anderen danach gefragt wurde.

Man mußte kein Cayce sein, um zerstörerische Erdbeben an Orten vorauszusehen, wo es schon früher welche gegeben hatte. Doch wie, warum und wann würden die nächsten kommen? Stetig und unerbittlich, an manchen Stellen fast unsichtbar, braut sich im San-Andreas-Bruch Unheil zusammen; es gärt tief unten im Erdmantel und Erdkern, wo Dinge vorgehen, über welche die Wissenschaftler nur Vermutungen anstellen können.

Der Bruch ist der bekannteste Erdbebenherd der Erde. Dieser gewaltige Riß in der Erdkruste hat eine Länge von rund dreitausendzweihundert Kilometern und eine Tiefe von vierundzwanzig Kilometern. Auf der einen Seite der Bruchlinie verschiebt sich die Erdkruste pro Jahr fünf Zentimeter nach Norden, auf der anderen nach Süden. Unten in der Bruchspalte werden große Schollen fest zusammengepreßt. Dort bewegt sich nichts, es kommt zu keiner Entspannung, bis plötzlich zwei gewaltige Landmassen mit einem Gepolter, das auf der ganzen Erde zu spüren ist, voneinander heruntergleiten.

Der Bruch, den man an einigen Stellen von den Landstraßen aus deutlich sieht, übt auf die unmittelbar gefährdeten Menschen unheimliche Faszination aus. „Es ist wie bei einem kleinen Fisch", bemerkte der Geologe, „der den Hai gebannt anstarrt, von dem er gleich verschlungen wird." Gerade in der Festigkeit des Bruchs liegt eine besondere Gefahr. „Leichte Beben oder Erschütterungen, die so schwach sind, daß sich keine Spalten bilden, lösen die Spannung im Bruch nicht genügend", warnte der Geologe. „Die anwachsenden Spannungen müssen sich irgendwann in einem gewaltigen Erdstoß entladen, der den Bruch wieder aufreißen wird."

Der Geologe prüfte Cayces Vorhersagen über Kalifornien genau auf ihre Glaubwürdigkeit. Er hatte selbst jahrelang in Kalifornien gelebt, hatte an der Bucht von San Francisco Geologie studiert. Vom Universitätsgelände sah man auf das San-Andreas-Gebiet. Dieses beschäftigte ihn seinerzeit sehr, ebenso die Tatsache, daß sich einige weitblickende Geologen für den „Tag der Abrechnung" stahlarmierte Häuser gebaut hatten. Gleich vielen anderen Wissenschaftlern vertrat er die Ansicht, daß jederzeit ein schweres Beben das Land erschüttern konnte. Nach dem Studium war er aus Kalifornien weggezogen, denn er wollte nicht in dem unsicheren Gefühl leben, auf einer „Landmine" zu sitzen. Dabei hatte er damals noch gar nichts von Cayce gewußt. Mittlerweile kannte er Cayces Prophezeiungen und auch die aufschlußreiche Karte des Seismologen Charles F. Richter vom *California Institut of Technology,* herausgegeben 1958. Richter ging von dem vergangenen Beben aus und gab eine Vorschau auf die Erdbebentätigkeit, mit der künftig in diesem Bundesstaat gerechnet werden muß. Schwarz schattierte Flächen zeigten auf Richters Karte Beben von größter Stärke an. Die Bruchlinie, die nämlich von San Francisco begann, verlief durch den westlichen Teil des Staates, zweigte bei Los Angeles nach San Bernardino ab, setzte sich aber gleichzeitig im Süden bis El Centro an der mexikanischen Grenze fort. Ganze Ansammlungen von Städten lagen, neben Los Angeles und San Francisco, auf oder an der gefährlichen Bruchlinie: Bekley und Oakland, San Mateo, Palo Alto, San José, Santa Clara, Salinas, Santa Cruz, Pasadena, Palm Springs, Indio, Riverside. In der vor hundert Jahren noch unbewohnten oder sehr dünn besiedelten Zone stärkster Erdbeben gibt es heute zahllose Menschen und Häuser.

Der Geologe, obwohl nüchterner Wissenschaftler, vermochte den Dingen nicht gelassen entgegenzusehen. „Eine Aktivität entlang dieser Brüche als Folge von Bewegungen unter der Erdkruste kann für viele Menschen verhängnisvoll werden." Cayce hatte von Überflutungen durch Erdbeben gesprochen. Tsunamis – von submarinen Beben verursachte Flutwellen – haben in der Vergangenheit ganze Städte verwüstet. Vor noch nicht allzu langer Zeit überfluteten sie chinesisches Gebiet auf der südlichen Halbkugel, für die Cayce ja größere Umwälzungen voraussagte als für den Norden. „Die Tsunamis, die im Mai 1960 von den chilenischen Erdbeben hervorgerufen wurden, besaßen ungeheure Zerstörungskraft", sagte der Geologe. „Auf der höchsten Flutwelle schwamm ein Elftausendtonnenfrachter über der Stadt Corral, bevor er wieder ins Meer getragen wurde."

In Alaska machten vor dem großen Beben gewisse Zeichen auf die unsicheren Bodenverhältnisse aufmerksam. Solche Warnzeichen gab es auch anderswo: um Boston und am Puget-Sund im Bundesstaat Washington. Die kritischste Zone blieb jedoch Kalifornien. „Wenn es irgend ging", erinnerte sich der Geologe, „bauten meine Professoren auf festes Gestein." Bald aber setzte um die San-Francisco-Bucht, an den gefährlichen Brüchen, lebhafte Bautätigkeit ein, obwohl im Grunde jedermann Bescheid wußte, einschließlich der Hauseigentümer. Einen ersten Eindruck von der Vogel-Strauß-Politik der Kalifornier gegenüber der Erdbebengefahr hatte der Geologe bekommen, als er eine Semesterarbeit über die Auswirkungen des großen Bebens von San Francisco vorbereitete. „Ich erinnere mich genau, daß die umfangreichen, ein paar Jahre nach dem Beben geschriebenen Berichte die Unsicherheit des Bodens und der Brüche um San Francisco bewiesen. Doch als ich ins Gelände ging, stellte ich fest, daß unterm *Telegraph Hill* bei San Francisco ein eleganter Wohnbezirk entstand – auf jungen Aufschüttungen, die beim nächsten größeren Beben bestimmt abrutschen. Auch auf Ablagerungsgebieten an der Küste, auf planierten Hügeln und anderen unsicheren Geländestreifen, die große Gefahren bergen, schossen Wohngebiete empor."

Das hatte der Geologe in den fünfziger Jahren in einem amerikanischen Bundesstaat beobachtet, wo strengste Bauvorschriften bestanden. Die eigentlichen Gründe für den Erlaß der Vorschriften waren unter dem Druck der Bevölkerungsexplosion und dem Grundstücks-Boom, der den ganzen Staat erfaßte, offenbar in Vergessenheit geraten. Doch den Geologen erwartete eine noch schlimmere Überraschung. Etwa zehn Jahre später fuhr er wieder nach Kalifornien, jetzt als ordentlicher Geologieprofessor. Er wollte an einer Reihe wissenschaftlicher Tagungen teilnehmen. Was er nun dort sah, verschlug ihm den Atem. „Um einen noch größeren und anhaltenderen Bau-Boom anzukurbeln, wurde jede Vernunft über Bord geworfen. Auf der ganzen Linie mißachtete man die elementarsten Sicherheitsmaßnahmen." In der San-Andreas-Bruchzone, ein paar Kilometer südwestlich San Franciscos, hatte eine Bau- und Immobilienfirma mit schweren Maschinen einen Teil des Tales aufgefüllt, das den Bruchverlauf anzeigte. „Dort hat sie dann einen Wohnbezirk errichtet, der im wesentlichen über der großen Bruchspalte liegt. Der Wohnbezirk dürfte mit ziemlicher Sicherheit verwüstet werden, wenn im San Andreas das nächstemal Bewegungen auftreten."

Als er das Häusermeer um den riesigen Bruch sah, mußte der Geologe daran denken, daß Cayce den Untergang von Atlantis einer Verhöhnung oder wissentlichen Störung der normalen Naturvorgänge und dem damit verbundenen moralischen Verfall zugeschrieben hatte. „Unter dem Einfluß von Cayces Readings", sagte er, „machte ich mir Gedanken über die Habgier und Ignoranz in Kalifornien, die eigentlich genau den geschilderten Zuständen in den letzten Tagen von Atlantis entsprachen." Wo er sich auch hinwandte, überall begegnete er derselben leichtsinnigen Mißachtung und Geringschätzung der Natur. Auf der anderen Seite der San-Francisco-Bucht, ein Stück ostwärts, breitete sich das Baugebiet von dem klar erkennbaren Hayward-Bruch fächerförmig aus – auf einer gefährlichen Zone in der Nähe der Hügel am Ostufer der Bucht, wo sich die Felsen langsam verschieben.

Es bestand wahrlich Grund zur Beunruhigung. „Die Bruchzone, deren Breite zwischen hundertfünfzig und dreitausend Metern schwankt, ist tatsächlich an den schleichenden Schäden zu erkennen, die an Häusern, Eisenbahnstrecken und Rohrleitungen entstehen", erklärte der Geologe.

„1966 meldete ein amerikanischer geologischer Dienst den Bruch einer Wasserleitung unter dem Stadion der Staatsuniversität von Kalifornien, Sprünge im Claremont-Tunnel in Berkley und in Fremont die Verschiebung von Eisenbahnschienen sowie Risse in Betonwänden von Kaufhäusern."

Die Gegend um die Bucht von San Francisco hielt der Geologe für besonders gefährdet. „Wenn sich die schrittweisen Veränderungen auf der Erde seit 1958 tatsächlich beschleunigen, wie Cayce ja voraussagte, dann geschah es zuerst in diesem Gebiet. Die Umgebung der San-Francisco-Bucht mit dem San-Andreas-Bruch im Westen und dem Hayward im Osten liegt jetzt auf dem ‚Bodennullpunkt'."

In Südkalifornien war die Lage ebenso ernst, ja sogar noch schwieriger, denn die Förderung großer unterirdischer Ölvorkommen führte zu sichtbaren Senkungen an der Erdoberfläche und zu leichten Verwerfungen. Man sollte es nicht für möglich halten, daß die Ölausbeute in Gegenden weitergehen darf, wo sie zerstörerische Erdbeben auslösen kann. Der Geologe lächelte trübe. „In den dreißiger Jahren kam es im Gebiet von Long Beach zu Erdbeben, nachdem Milliarden Fässer Öl gepumpt worden waren, und dort wird noch heute gepumpt." Er zog die Schultern hoch. „Wie empfindlich das Gleichgewicht in Bruchzonen ist, zeigen die Erdbeben, die vor kurzem in Colorado auftraten, als man im Rocky-Mountain-Arsenal bei Denver Abwässer in ein tiefes Bohrloch preßte." Die Abwässer gelangten in eine tiefliegende Bruchzone und „schmierten" die Verwerfungen, so daß es zu einer Lösung der Spannungen in Form von Erdbeben kam.

Die letzten Beben in der Gegend von Long Beach waren schwach und seicht. Sie fanden statt, als sich auf der Insel Terminal der Boden über Hohlräumen senkte, die durch Ölförderung entstanden waren. „Diese Beben gehen weiter", betonte der Geologe. „Sie brachten schon des öfteren Ölquellen zum Versiegen, doch das wird meist verschwiegen."

Er lachte freudlos. „Im Dezember 1963 brach der Damm, der im Baldwin-Hills-Stausee Millionen Liter Wasser staute. Ungeheure Wassermassen ergossen sich über die Häuser und Straßen im Tal. Die Ursache des Dammbruchs war eine Bewegung in dem Bruch, der unter dem Stausee und dem Damm verläuft. Und die Ursache der Bewegung im Bruch waren starke Senkungen der Erdoberfläche im nahegelegenen Baldwin-Hills-Ölfeld."

Weiter im Norden, bei Bakersfield, führte eine durch Ölförderung verursachte Bodensenkung an einem Bruch in der Bergkette Buena Vista östlich von Taft zu einem langsamen Erdrutsch. „Ende 1949", sagte der Geologe, „bildete sich etwa zweiundzwanzig Kilometer nördlich von

Bakersfield eine über drei Kilometer lange Spalte. Dennoch kam es dadurch zu keinem Erdbeben – bis jetzt."

In Kalifornien und auch in anderen Erdbebenzonen haben die Bewohner von den seichten Nachbeben stärkerer Erschütterungen genausoviel zu fürchten wie vom Hauptstoß. „1952 beispielsweise verursachte im Bezirk Kern ein lokales Nachbeben mit viel kleinerem Schüttergebiet in der achtunddreißig Kilometer vom Epizentrum entfernten Stadt Bakersfield wesentlich mehr Schaden als einen Monat zuvor das Hauptbeben."

Da die Brüche nicht verschwinden, werden immer wieder Erdbeben auftreten. Das Beben von 1872 im Owenstal, hundertfünfunddreißig Kilometer östlich von Fresno, wird allgemein als das stärkste Beben in der Geschichte Kaliforniens angesehen. Große Beben in jüngerer Zeit waren das schreckliche Beben von 1933 in Long Beach, das Beben im Imperialtal von 1940 und der Stoß von 1952 im Bezirk Kern, auch als Arvin-Tehachapi-Beben bekannt.

Angesichts der vielen Erdbeben in der Vergangenheit drängt sich die Frage auf, was zum Schutz gegen künftige Beben getan wurde.

Der Geologe verzog das Gesicht. „Man bemühte sich, in Bruchzonen keinen Grund als Bauland freizugeben, und schrieb beim Hausbau bestimmte Verstärkungen vor, doch man ging nicht weit genug. Es bestehen auch Pläne zur Untersuchung der Art und Weise, in der Erdbeben auftreten. Aber das ist genauso Glückssache wie das Einfangen des Windes." In San Francisco fand 1964 eine Konferenz über die Erdbebengefahr statt. Das sah der Geologe als Schritt in die richtige Richtung an, doch er wußte nicht, ob dabei etwas Nützliches herausgekommen war. Bei der Konferenz hatte Hugo Fisher von der *Resources Agency of California* vor etwa 300 Geologen, Geophysikern und Ingenieuren gesagt, wenn auch niemand wisse, wann das nächste Beben auftrete, so sei man doch überzeugt, daß es hohe Verluste an Menschenleben und Sachwerten verursachen könne. Clarence Allen vom *California Institute of Technology* machte eine Bemerkung zum Boom in der Bauwirtschaft: „Viel zu viele Menschen kaufen und bewohnen Häuser auf Grundstücken, wo die meisten Geologen ihre Kinder nie und nimmer großziehen würden." Die Konferenz erbrachte nur wenige Empfehlungen für die Steuerung der Bautätigkeit. „Fast jedermann im ‚Goldenen Staat' hat Arbeit und verdient gut", bemerkte ein kalifornischer Kollege des Geologen zynisch, „wer würde es da wagen, den Boom einzudämmen?"

Einige Lichtpunkte sah der Geologe immerhin. „Los Angeles war einsichtig genug, 1964 eine Magistratsverordnung zu erlassen, daß in alle größeren Neubauten Seismographen eingebaut werden müssen. Damit will man die Bewegung der Gebäude bei Erschütterungen untersuchen und Angaben für Verbesserungen bei künftigen Bauten gewinnen. Auf dem Gebiet der erdbebensicheren Bauweise bleibt jedoch noch viel zu tun; die seitlichen Versteifungen und die verstärkten Wände, die in den meisten Erdbebenzonen vorgeschrieben sind, genügen nicht. Die Häuser dürfen nicht zu nahe zusammengebaut werden, wenn die Architekten Horizontalschäden vermeiden wollen, wie sie bei dem Beben in Alaska auftraten."

Er überlegte einen Augenblick. „Ganz lassen sich Schäden natürlich nicht vermeiden, was man auch tut. Sie können verringert werden, indem man in den erwiesenen Gefahrenzonen keine Häuseransammlungen zuläßt und Schutzmaßnahmen gegen den Einsturz von Gebäuden ergreift, der Tod oder Verletzungen verursacht." Seine Augen blickten wie abwesend. „Wissen Sie, wenn Cayce recht hat, müßte Los Angeles eine Menge Angaben für seine Seismographen bekommen. Es dürfte eine interessante Untersuchung werden."

Cayce schien sich nicht nur auf die Voraussage, sondern auch auf die Erdbeben selbst zu verstehen. Als man ihn 1936 nach ihren Ursachen fragte, antwortete er orakelhaft: „Die Ursachen sind natürlich die Bewegung in der Erde und die kosmische Aktivität anderer Planetarkräfte und Sterne. Ihre Beziehungen zueinander erzeugen oder bewirken die Aktivitäten der Erdelemente – Erde, Luft, Feuer, Wasser –, und diese Kombinationen bewirken bei den verschiedenen Aktivitäten die Verdrängungen."

Als der Geologe diese Worte von Cayce entdeckt hatte, beeindruckten sie ihn sehr, denn erst kurz vorher war in ihm die Vermutung erwacht, daß sich die Planeten auf die Veränderungen in der Erde ähnlich auswirkten wie der Mond auf die Gezeiten und den Menschen. „Was Cayce sagte, stimmt genau: das wechselseitige Spiel von Gesteinen, Gasen, Wärme und Flüssigkeit, das von Gravitations- und magnetischen Kräften im Sonnensystem beeinflußt wird, führt zu unterirdischen Bewegungen, und diese wiederum lösen Erdbeben aus."

Der Geologe betonte, in den Schwächezonen der Erdkruste würden immer wieder Erdbeben auftreten. „Im gegenwärtigen geologischen Zeitalter ist die Erdkruste an der Umrandung des Pazifischen Ozeans am schwächsten, in dem großen Halbkreis, der von Neuseeland im Südwesten über Japan und Alaska im Norden bis Kap Horn im Südosten reicht. In dem großen Gebiet, das dieser Feuerring umschließt, wird das Wasser in den tiefsten Ozeangräben durch Erdbebenbrüche in die Kruste gepreßt. Es gelangt in sehr heiße unterirdische Regionen, und das führt dann zu Eruptionen." Zu dieser Zone, dem sogenannten Erdbebengürtel, gehört auch Kalifornien. „Die hier auftretenden Beben setzen achtzig

Prozent der Energie frei, die auf der Erde durch Erdbeben erzeugt wird. Das Gebiet ist voller tiefer Risse, die auf riesige Umwälzungen in der Vergangenheit hindeuten. Drei Risse im Meeresboden zwischen Hawaii und den Aleuten waren bereits bekannt – Molokai, Murray und Mendocino –, und jetzt hat man im Norden einen knapp dreizehnhundert Kilometer langen Riß entdeckt, der an manchen Stellen eine Breite von vierundzwanzig Kilometern erreicht. Er ist so neu, daß er noch nicht einmal einen Namen hat."

Diese riesigen Rinnen können bei schweren untermeerischen Umwälzungen entstanden sein, die große Landmassen verschoben. „Cayce zufolge", sagte der Geologe, „gab es im Südpazifik einst einen großen Kontinent namens Lemuria. Er sank vermutlich ins Meer, als sich der Nordpol in seine gegenwärtige Position verlagerte (von Südafrika). Nach Cayces Beschreibung sind die Anden und die Westküste Südamerikas einst ein Teil Lemurias gewesen. Die Erdkruste brach entlang des heutigen Chile-Peru-Grabens. Diese Narbe an der Küste Südamerikas ist heute noch aktiv. Immer wieder verursachen Erdbeben in dem Graben riesige Flutwellen und Vulkanausbrüche, und regelmäßig bringen Beben von Ecuador bis zur Südspitze Südamerikas Unglück über die Bewohner."

Und was wurde aus Lemuria?

Der Geologe zuckte die Achseln? „Es könnte mit der Südpazifik-Schwelle identisch sein."

Erdbeben sind eine der unumstößlichen Tatsachen des Lebens. Jedes Jahr treten ungefähr eine Million auf, von denen hunderttausend fühlbar sind, aber nur hundert verursachen Schäden an Gebäuden. „Tatsächlich gibt es in Kalifornien jährlich nur etwa ein Dutzend Beben verschiedener Stärken", erklärte der Geologe. „Aber wir bemerken sie jetzt natürlich viel mehr als früher, weil sich unsere Wohngebiete auf Gegenden ausdehnen, die einst völlig öde waren. Die Beben von Alaska oder Chile waren beide stärker als das in San Francisco. Hätten sie in der Gegend von San Francisco oder Los Angeles stattgefunden, wäre Cayces Weissagung von einer Massenvernichtung in Kalifornien höchstwahrscheinlich schon erfüllt."

Das Beben in Alaska erschütterte ein Gebiet von 1,3 Millionen Quadratkilometern. Ein Bericht des amerikanischen Amtes für Küstenvermessung und Geodäsie zeichnet ein aufschlußreiches Bild vom Wirken der rauhen Natur. „In so weit entfernten Orten wie Illinois, New Jersey und Florida", hieß es in dem Bericht, „fiel der Wasserstand in Brunnen jäh um einen halben bis drei Meter. Im Hauptschüttergebiet, das etwa hundertzwanzig Kilometer östlich von Anchorage lag, wurde eine sechshundertfünfzig Kilometer lange unterirdische Gesteinsformation, die sich entlang der Küstenlinie und bis hinaus zur Südspitze der Kodiak-Insel erstreckt, entzweigerissen. Auf der einen Seite dieses riesigen Bruchs sank das Land – darunter Teile eines Gebirgszuges – zweieinhalb bis drei Meter; auf der anderen Seite stieg die Küste – und eine der Küste vorgelagerte Insel – sogar um neun bis fünfzehn Meter. Spätere Messungen ergaben, daß der Bruch die Erdkruste bis hinaus nach Hawaii permanent verschoben hatte."

Dies waren die dramatischsten Fernwirkungen. Sie verdeutlichen nicht nur die Stärke des Bebens, sondern auch die Kohäsion der Erde.

Den Geologen faszinierte dieser Bericht. „Überlegen Sie einmal, was das Beben an Ort und Stelle anrichtete, in einer wahren Wildnis, und stellen Sie sich dann vor, daß eine ähnliche Erderschütterung im Herzen von Los Angeles oder San Francisco auftritt. Im Hauptschüttergebiet in Alaska unterbrachen riesige Steinlawinen, Erdrutsche und Spalten alle Versorgungsleitungen, Straßen, Transport- und Verbindungswege. Eine gewaltige, vom Hauptstoß hervorgerufene neun Meter hohe seismische Flutwelle, ein sogenannter Tsunami, und viele kürzere, aber höhere Wellen brachen sich an der Küste. Sie fegten Alaskas Fisch- und Konservenindustrie hinweg und richteten nach Süden zu bis Kalifornien Verwüstungen an. Kleine Küstenstädte wie Chenega und Valdez verschwanden fast völlig. Seward verlor seinen gesamten Uferbezirk, und in Anchorage entstanden die höchsten Totalschäden an Schulen, Büro- und Wohnhäusern. Zwei kleine Jungen, die dort im Garten spielten, verschwanden plötzlich in einer gähnenden Spalte. In einer Nacht urweltlicher Schrecken gingen etwa 115 Menschenleben verloren, und es entstand ein Sachschaden von mehr als dreihundertfünfzig Millionen Dollar."

Das Ganze hatte zwei oder drei Minuten gedauert.

In einem größeren Stadtgebiet könnte ein solches Beben zweifellos katastrophale Folgen haben. „Ja", sagte der Geologe, „es würde dem Geschäftsleben bestimmt schaden, vor allem der Immobilienbranche."

Der Geologe kannte die verlustreichsten Beben der Geschichte; er glaubte nicht, daß sie seismisch stärker waren als jene in Chile und Alaska – oder als es dasjenige sein würde, das sich möglicherweise zur Zeit irgendwo zusammenbraute. Manche der vergangenen Beben hatten schreckliche Opfer gefordert. „Mehr als hundertvierzigtausend Menschen kamen 1923 bei den Beben in Tokio und Jokohama um. In Lissabon gab es 1755 sechzigtausend Tote. Auf Martinique starben 1902 beim Ausbruch von Cayces Pelé etwa vierzigtausend Menschen." Je größer die Bevölkerungskonzentration, desto größer auch das Risiko. „Das schlimmste Beben, das es je gab, erschütterte China bereits 1556 und forderte rund achthundertdreißigtausend Menschenleben."

Man kann sich schwer vorstellen, wie bei solchen Katastrophen die Leichen gezählt wurden.

Der Geologe erklärte mit der Unbeteiligtheit des Wissenschaftlers: „Nun, sie kannten ja die Einwohnerzahlen ihrer Städte. Als die Städte hinweggefegt worden waren, zählten sie vermutlich die Überlebenden und rechneten sie von der Einwohnerzahl ab."

In den Vereinigten Staaten gibt es Gegenden, die in dem Ruf stehen, ziemlich erdbebensicher zu sein: Louisiana, Michigan und Minnesota. Als sicher hatte auch Missouri gegolten, bis es von einem der schwersten Erdbeben erschüttert worden war. Das Beben hatte die Stadt New Madrid heimgesucht, im Norden war es bis Kanada und im Süden bis zur Golfküste spürbar gewesen. Noch in einer Entfernung von sechshundertvierzig Kilometern, in Cincinnati, waren Kamine von den Häusern gefallen.

Der Geologe aber sorgte sich am meisten um Kalifornien. Nicht nur wegen Cayce und des riesigen Bruchs, sondern auch wegen eines unter die Westküste Amerikas reichenden, unruhigen Ausläufers der Ostpazifik-Schwelle. „Der Golf von Kalifornien zwischen Niederkalifornien und dem Festland ist ein bemerkenswertes Beispiel früherer Umwälzungen im Westen des Kontinents", sagte er. „Auf der nördlichen Verlängerung der Achse des Golfs liegen eine Reihe geologisch junger, heute aber erloschener Vulkane. Sie zeigen eine frühere unterirdische Aktivität in diesem ganzen Landstrich an."

In einem vor kurzem erschienenen Werk seines bekannten europäischen Kollegen R. W. van Bemmelen entdeckte der Geologe eine verblüffende Übereinstimmung mit Cayces Bild der sich verändernden Erde. „Van Bemmelens Meinung nach steigt ein Teil einer ungeheuren Strömung im unteren Erdmantel an, und zwar unterm Nordatlantik, vom Äquator bis Island. Bei einer leichten Aufwärtsbewegung im Gebiet der Bahamas und Azoren, wie sie mit Bemmelens Auffassung im Einklang steht, würden Tausende Quadratkilometer neues Land auftauchen. Bemmelen sagt, wegen dieser Strömungen im Erdmantel drifte die nordamerikanische Landmasse nach Westen. Dadurch käme es zur Bildung riesiger Brüche und Gräben, und die Erdkruste werde im westlichen Nordamerika unweigerlich zusammengestaucht, da sie an die unter der Westküste verlaufende Südpazifik-Schwelle stoße."

Der Geologe hatte das Gefühl, daß van Bemmelen und Cayce dieselbe Grundansicht vertreten. „Wenn sich nun, wie Cayce sagte, die Umwälzungen im Erdinnern seit 1936 beschleunigen, können wir mit einer neuen

Hebung im Nordatlantikbecken (Aufstieg von Atlantis), mit Bruchbildungen im westlichen Nordamerika und weiteren Senkungen von Schollen der Erdkruste entlang der amerikanischen Ostküste von Neuengland bis Karolina und Georgia rechnen. Van Bemmelen und Cayce sind sich also sehr ähnlich, mit der Ausnahme, daß Cayce alles rascher kommen sah und uns die Energiequelle für die ‚heftige Bewegung im Ozean' nennt: das Kippen der Erdachse."

Als man Cayce einmal fragte, was alles in den Bereich der 1936 beginnenden Veränderung falle, antwortete er: „Der Krieg, die Umwälzungen im Inneren der Erde und die Verlagerung derselben durch die Abweichung der Achse in bezug auf ihre Lage zum Polarstern." Die Veränderungen, so deutete er immer wieder an, würden die ganze Welt erfassen und den Menschen vielleicht die Augen für die Universalität der Gottheit öffnen. „Du sagst, daß sie unüberschaubar seien. Ja, denn es wird Umwälzungen geben bis zu der Zeit, da in jedem Land Menschen sind, die sagen, dies oder jenes zeige das Eingreifen der göttlichen Hand – oder daß die Natur die Hand im Spiel habe – oder dies oder jenes sei die natürliche Folge guter Urteile. In diesen ganzen Zeiten laß klar erkennen, wem du dienst: einer Nation, einem Menschen, einem Staat oder deinem Gott."

Wie er Krankheiten und Gebrechen im Inneren des menschlichen Körpers gewahrte, so sah der röntgenäugige Cayce anscheinend auch durch den zweitausendneunhundert Kilometer dicken Mantel der sich verändernden Erde bis in ihren tiefen inneren Kern. Was er sah, brauchte an der Oberfläche noch jahrelang nicht sichtbar zu werden; auch eine Krankheit baut sich ja eine Zeitlang im Organismus auf, bis sie äußerlich in Erscheinung tritt. In diesem Zusammenhang ist ein Gespräch interessant, das Cayce 1932 mit einem Ratsuchenden führte; es behandelte Veränderungen in der Topographie Alabamas.

„Wird es in Alabama äußerliche Veränderungen der Erdoberfläche geben?" wollte der Südstaatler von Cayce wissen.

„Nicht in nächster Zeit", anwortete der Mystiker.

„Wann werden die Veränderungen beginnen?"

„Sechsunddreißig bis achtunddreißig."

„Welche Teile des Staates werden davon betroffen?"

„Der Nordwesten und der äußerste Südwesten."

„Werden die Veränderungen schrittweise oder plötzlich erfolgen?"

„Schrittweise."

„In welcher Form werden sie auftreten?"

Cayce kam zunächst auf sein Lieblingsthema zu sprechen: darauf, daß sich das Verhalten des Menschen in seiner Umgebung widerspiegle.

Dann sagte er voraus, Teile Alabamas würden im Wasser versinken. „Wie es das Wesen versteht oder verstehen sollte“, sprach er, „herrschen Zustände, wo einzelne, deren Denken und Bemühen harmonieren, durch ihre Aktivität manche Stadt und manches Land unversehrt halten, indem sie in ihrem Umgang mit Menschen die geistigen Gesetze anwenden.“ In Alabama aber dachten die Menschen offenbar nicht richtig. „Die Veränderung wird hier, wie wir sehen, mehr in der Form auftreten, daß Teile sinken und anschließend überflutet werden.“

Zwei Jahre später, 1934, prophezeite er dann die umfassenden Veränderungen auf der Erde, darunter die Umwälzungen in den westlichen Vereinigten Staaten und das Versinken großer Teile Japans im Meer. In Japan bahnt sich nach Ansicht des Geologen bereits etwas an. Seit 1965 wird die Stadt Matsushiro, die etwa zweihundert Kilometer nördlich Tokios liegt, jeden Tag von mehr als fünfhundert Beben erschüttert. Die meisten Stöße waren schwach, kaum spürbar. Im Frühjahr 1966 verstärkten sich die Beben jedoch plötzlich, und bei der örtlichen Erdbebenzentrale gingen hundert Schadensmeldungen ein. Einer der Stöße riß eine vierzig Meter lange Spalte in eine Straße, warf einen Bulldozer um und zerbrach Starkstromleitungen und Hauptwasserrohre. Diese Vorgänge ängstigten die Bevölkerung und störten ihre Lebensgewohnheiten. Anstatt in Gebäuden zu leben, die auf sie niederstürzen konnten, verbrachten viele der zweiundzwanzigtausend Einwohner die Nächte in Zelten und trugen Schutzhelme. In jüngerer Zeit scheint sich die Erdbebentätigkeit auf die Nachbarstadt Nagano ausgedehnt zu haben, die hundertsiebzigtausend Einwohner zählt. Zum Glück war – bisher – keines der Beben sehr stark. Die japanischen Behörden schrieben das ununterbrochene Zittern der Erdbebenstadt anfangs einer unterirdischen vulkanischen Tätigkeit zu, später einer Verschiebung in der Erde; dies könnte mit Cayces Achsenverlagerung übereinstimmen.

Nach Ansicht des Geologen stand Japan bestenfalls auf einem „ziemlich schwachen“ Fundament, das besonders anfällig für tiefe Erdbeben war, wie sie in letzter Zeit dort regelmäßiger auftraten. Die hohe Bevölkerungsdichte war natürlich kein Vorteil. „Die vier Hauptinseln – Hokkaido, Honschiu, Schikoku und Kiuschiu – und die zahllosen kleineren Inseln bilden vor dem Ostrand des asiatischen Kontinents einen Bogen“, erläuterte der Geologe. „Im Zentrum der Inseln ragen relativ hohe Berge empor, und auf den schmalen Küstenebenen wimmeln Millionen Menschen. Die japanische Wirtschaft ist stark auf Fischfang und Landwirtschaft ausgerichtet, was große Neugewinnungen von Land um die Buchten und Flußmündungen notwendig macht – lauter unsicherer Grund. Sollte Japan von einer Serie schwerer Erdbeben erschüttert werden, dürfte ein großer Teil des neugewonnenen Bodens ins Meer gleiten. Japan wird ja ständig von Katastrophen heimgesucht, es wird von den Taifunen des Westpazifik geplagt, von seismischen Flutwellen, die vor Chile, Alaska oder seinen eigenen Inseln entstehen. Das Land verschiebt sich offenbar ständig. Nach dem Erdbeben, das große Teile Jokohamas und Tokios zerstört hatte, wurden in der Sagami-Bucht Echolot-Messungen vorgenommen. Sie ergaben im Vergleich zu Messungen vor dem Beben Tiefenänderungen von dreihundert Metern durch Unterwasserrutschungen. Große Schollen der Erdkruste hatten sich sechs Meter abwärts und vier Meter seitlich verlagert. In einem hundertfünfzig Kilometer langen Geländestreifen der Nordküste Honschius senkt sich die Erdkruste; wenn sich die geologischen Vorgänge beschleunigen, werden zerstörende Beben und verheerende Tsunamis auftreten, weil Japan dann auf das Torkeln der Erde reagiert, in das sie durch die ständig fortschreitende Achsenverlagerung gerät."

Im Südpazifik, in Südamerika, Kalifornien und Japan wird es also weiterhin heftige Erdbeben geben, wie schon in der Vergangenheit. Doch es klingt fast unglaublich, daß dieselbe zerstörerische Kraft auch „New York, Connecticut usw." verwüsten soll.

Die New Yorker fühlen sich durch Cayces Erdbeben-Prophezeiungen kaum bedroht. Mein Verleger erklärte ruhig: „Schade, daß Cayce nicht gesagt hat, wie alle diese Orte zerstört werden. Bei Kalifornien kann ich es mir natürlich vorstellen, eine Reihe von Erdbeben und dann Flutwellen." Nachdenklich runzelte er die Stirn. „Aber was sollte hier in New York passieren – in Manhattan, wenn ich recht verstehe?" Zweifelnd schüttelte er den Kopf.

Ich stimmte ihm zu: „Eine Wasserstoffbombe würde mehr zerstören als Manhattan – da müßten auch Staten Island, New Jersey, Bronx und Brooklyn dran glauben."

Wir sprachen nicht länger über das Problem, denn ich mußte weiter zu einer Verabredung mit einem pensionierten leitenden Angestellten des riesigen New Yorker Versorgungsbetriebs *Consolidated Edison.* Von ihm wollte ich Näheres über den großen Stromausfall hören.

Ingenieur David Williams, bei *Consolidated Edison* ehemals Fachmann für unterirdische Starkstromkabel, erklärte mir den Stromausfall, der am 9. November 1965 den Nordosten Amerikas lahmgelegt hatte. Er zeigte lebhaftes Interesse für die weltbewegenden Prophezeiungen von Edgar Cayce.

„Vielleicht wußte Cayce etwas." Williams sah mich seltsam an. „Sie kennen sicher den Bruch unter der Vierzehnten Straße?"

„Sprechen Sie von Manhattan?“ fragte ich. „Ich dachte, es stünde auf festem, gewachsenem Grundgestein, das den Bau all dieser Wolkenkratzer erlaubt.“

Er erwiderte nüchtern: „Bei einem stärkeren Erdbeben in diesem Gebiet könnte ganz Manhattan südlich der Vierzehnten Straße sehr leicht in die Bucht fallen.“

Während meiner langjährigen Tätigkeit als Reporter hatte ich nie das geringste von einem solchen Bruch gehört. Mir war nur dunkel bekannt, daß unter dem East River, parallel zur Insel Manhattan, ein Erdriß verlief.

Kein Wunder, daß man den Bruch unter der Vierzehnten Straße streng geheimhielt. Man hatte ihn 1962 zufällig „wiederentdeckt“, als *Consolidated Edison* neben seinen bereits bestehenden Anlagen in Manhattan, zwischen der Vierzehnten Straße und dem East River, das größte Kraftwerk der Welt bauen wollte. Um die Standfestigkeit des Untergrundes kennenzulernen, führte man Bohrungen bis in eine Tiefe von rund sechzig Metern, wo die Bohrer offenbar auf Muttergestein stießen. Dann holte man Angebote über die Stahlpfähle ein, die in den Boden getrieben werden mußten, bevor der Bau beginnen konnte. Einige Ingenieure, die sich an den Bruch unter dem East River erinnerten, empfahlen als zusätzliche Sicherheitsmaßnahme Bohrungen mit noch schwereren Geräten. Das Ergebnis war verblüffend. „Bei sechzig Metern oder so“, erzählte Williams, „sackten die schweren Bohrer plötzlich in eine unterirdische Spalte durch. Die zweigt von der Flußspalte ab und verläuft von der Vierzehnten Straße diagonal nach Nordwesten bis zur Fünfzehnten oder Sechzehnten Straße, wo die Grenze des Besitzes von *Consolidated Edison* liegt.“ Die Spalte setzt sich natürlich noch weiter fort.

Still und leise gab man den Plan auf, das riesige Kraftwerk an der Vierzehnten Straße zu bauen. Man errichtete es statt dessen jenseits des Flusses, auf Long Island. Aus dem ursprünglich vorgesehenen Standort machte die Firma einen Spielplatz – als freundliche Geste gegenüber ihren Kunden, den Bewohnern der Stadt New York. „Die Leute, die sich dem Projekt von Anfang an wegen der Luftverschmutzung heftig widersetzt hatten“, bemerkte Williams trocken, „glaubten, einen denkwürdigen Sieg errungen zu haben.“

Auf eine Weise hatten sie das vielleicht.

Das letzte Wort soll hier, wo es um Erdbeben geht, der namhafte Geologe haben. Er holte ein Buch mit dem Titel *Geomorphology* von A. K. Lobeck, Professor der Columbia University, hervor und schlug eine Karte auf. Sie bewies, daß der Bruch unter der Vierzehnten Straße für Eingeweihte wirklich eine altbekannte Sache war. Er verlief vom

Brooklyn Navy Yard unter dem East River, trat erst bei der Vierzehnten Straße in die Insel Manhattan ein, führte unter der Insel schräg nach Nordwesten und etwa bei der Sechsundachtzigsten Straße zum Hudson River. Es gab an der Nordspitze der Insel Manhattan noch andere Brüche. „Der nördlichste", schrieb Professor Lobeck, „deckt sich mit dem Westufer des Haarlem River. Ein zweiter bewirkte das Tal, in dem die Dyckman Street verläuft. Ein dritter liegt bei der Hundertsten und Fünfundzwanzigsten Straße, wo er die Manhattanville-Depression verursachte, über welche die Untergrundbahn und der Riverside Drive auf Viadukten geführt werden."

New York hat also ebenfalls etwas zum Nachdenken.

Prophezeiungen von Weltereignissen

Cayce sah auch Weltereignisse voraus, nicht nur Katastrophen. Er kündigte Kriege und Friedenszeiten an, Depressionen, Rassenkonflikte, Arbeitskämpfe, ja sogar den Untergang der großen Gesellschaft. Er prophezeite künftige Ereignisse für Nationen und ebenso für Einzelpersonen, sagte den Ratsuchenden, daß sie heiraten, sich scheiden lassen, Kinder bekommen, Rechtsanwälte, Architekten, Matrosen oder Seesoldaten werden würden. Die meisten seiner prophetischen Wahrnehmungen machte er während seiner Schlaf-Readings, oft aber reagierte er auch im Wachzustand plötzlich medial. Einmal beispielsweise floh er aus einem Raum voller junger Männer, weil er sofort sah, daß alle in den Krieg ziehen und drei nicht zurückkommen würden.

Cayces Voraussagen trafen mit geradezu unheimlicher Sicherheit ein, sie erfüllten sich fast zu hundert Prozent. Er ging vielleicht ein- oder zweimal fehl, so bei Hitlers Beweggründen, die er anfangs im wesentlichen für gut hielt, und bei der Demokratisierung Chinas. Doch die meisten Weissagungen bewahrheiteten sich so wunderbar, daß manche Menschen auch in diesen Zweifelsfällen zu seinen Gunsten entscheiden und die letzte Entscheidung der Zeit überlassen wollen.

Cayce prophezeite nicht nur die beiden Weltkriege, sondern auch die Jahre ihres Beginns und Endes. Er sah nicht nur die große, weltweite Depression des Jahres 1929 voraus und schilderte den Börsenkrach mit verblüffenden Einzelheiten, sondern sagte auch, daß es ab 1933 wirtschaftlich wieder aufwärts gehen werde.

Eine seiner berühmtesten Prophezeiungen, die sich aber erst noch erfüllen muß, betrifft die Sowjetunion. Es dürfte seine letzte größere Weissagung gewesen sein, denn er machte sie wenige Monate vor seinem Tod. Er kündigte darin das Ende des Kommunismus in Rußland an und sah das Land sogar zur Hoffnung der Welt werden: „Aus Rußland kommt die Hoffnung der Welt. Nicht mit dem, was manchmal als Kommunismus oder Bolschewismus bezeichnet wird. Nein. Vielmehr Freiheit, Freiheit! Jeder Mensch wird für seinen Mitmenschen leben. Das Prinzip wurde dort geboren. Jahre werden vergehen, bis es eine konkrete

Form annimmt. Doch aus Rußland kommt wieder die Hoffnung der Welt."

Viele Menschen gelangten zu der einleuchtenden Ansicht, Cayce habe vorausgesehen, daß Rußland angesichts der wachsenden Gefahr, die dem Westen von China droht, eine freundschaftliche Bindung mit den Vereinigten Staaten eingehen werde. „Wovon es (Rußland) geleitet wird? Von der Freundschaft zu jener Nation, die sogar auf ihrer Währung stehen hat ‚In God We Trust'."

Cayce war vielleicht der erste, der die Rassenkonflikte in Amerika voraussagte; bereits in den zwanziger Jahren warnte er erstmals davor. 1939 prophezeite er den Tod zweier Präsidenten während ihrer Amtszeit, und er sagte, die Todesfälle würden zeitlich mit Rassenunruhen, Arbeitskämpfen und Krawallen zusammenfallen.

Das ist zweifellos alles eingetroffen. Franklin D. Roosevelt starb im April 1945, und John F. Kennedy wurde im November 1963 ermordet. Die Tumulte in Little Rock, Birmingham, Chicago und New York zeigten nur zu deutlich, wie recht Cayce gehabt hatte. Seine Prophezeiungen, die in den Akten der *Association for Research auf Enlightenment* in Virginia Beach weiterleben und dort jederzeit nachgeprüft werden können, zeichnen ein düsteres Bild für die Zukunft: „Dann wird dein eigenes Land Blut fließen sehen, wie in jenen Zeiten, da Bruder gegen Bruder kämpfte."

Cayce war kein Prophet im üblichen Sinn. Er genoß es nicht, Weissagungen zu machen oder Aufmerksamkeit zu erregen. Oft behielt er Wahrnehmungen für sich, um die Menschen nicht in ihrer Entscheidungsfreiheit zu beeinflussen. Cayce sah die Entscheidung, die der einzelne traf, als Möglichkeit zur Weiterentwicklung an, auch wenn das Ergebnis vorbestimmt sein mochte.

Die Aussicht auf materiellen Gewinn war ihm kein Ansporn; vielleicht ist das der Grund dafür, daß er nie reich wurde. Anderen brachten seine Vorhersagen über Finanzdinge Vermögen ein. Sogar noch nach seinem Tod verdienten manche Menschen Tausende, weil sie seine Prophezeiung über den Grundstücks-Boom im Gebiet von Norfolk und Newport-News kannten.

Die Bewohner seiner Heimatstadt, die ihm vertrauten, konnten zweimal Geld scheffeln. Für das Ende der zwanziger Jahre hatte er vorausgesagt, daß die Grundstückspreise im Norden von Virginia Beach anziehen würden; für 1966 kündigte er an, daß dieser Trend zu Ende gehen und das Interesse sich nach Süden verlagern würde. Genau das habe ich selbst miterlebt.

Einige Leute, die durch Cayce Geld verdienten, verloren es wieder, wenn sie nicht mehr auf ihn hörten. Sechs Monate vor dem Börsenkrach von 1929 riet Cayce Freunden aus der Wall Street, ihre Aktien bis auf die letzte zu verkaufen. Sie hatten jedoch so lange bei steigender Tendenz gute Geschäfte gemacht, daß sie ihre Erfolge zum Teil auch ihrer eigenen Klugheit zuschrieben. Weil sie nicht hören wollten, gingen sie Pleite.

Manche von Cayces Voraussagen wurden erst in der Retrospektive klar verständlich. 1925 hatte er in einem Lebens-Reading über einen jungen Mann gesagt: „In der gegenwärtigen Sphäre (Leben) wird er viel Geld haben, um das er sich kümmern muß. In der Zeit der widrigen Kräfte, die 1929 kommen werden, ist Vorsicht angeraten und größere Umsicht in kleinen Dingen, damit dem Wesen dieses Geld nicht genommen wird."

Wie die Depression, so sagte Cayce auch die Aufwärtsbewegung zeitlich genau vorher. 1931 verkündete er: „Im Frühling dreiunddreißig wird die wirkliche, endgültige Besserung einsetzen." Die meisten „narbenbedeckten" Veteranen der Depression werden sich erinnern, daß Franklin D. Roosevelt, der am 4. März 1933 sein Amt als Präsident antrat, im ganzen Land mit dem Ruf Vertrauen weckte und das Geschäftsleben ankurbelte: „Das einzige, was wir zu fürchten haben, ist die Furcht selbst."

Spekulanten fuhren gut mit Cayce. Als man ihn fragte, welche Landesteile wirtschaftlich zuerst reagieren würden, erwähnte er Pennsylvanien, Ohio und den Mittelwesten; die Ursache für die Aufwärtstendenz sah er in „Angleichungen in den relativen Werten der Aktien und Schuldverschreibungen von Automobil- und Stahlunternehmen", wozu noch die Eisenbahnen kamen.

Als Prophet war Cayce einmalig. Fast alle Medien verabscheuen es, sich in ihren Weissagungen zeitlich festzulegen; sie erklären, so etwas wie Zeit gebe es nicht. Cayce dagegen war ein schlummernder Kalender. Aus ihm sprudelten die Daten geradezu hervor, voller Vorbedeutung und nach Verifizierung schreiend. Schon lange vor dem Zweiten Weltkrieg bezeichnete er bekanntlich 1936 als das Jahr, das die entscheidende Abwendung vom Frieden bringen würde. Er hätte kein ausschlaggebenderes Jahr nennen können. 1936 enthüllte Hitler seine Absichten, indem er ins Rheinland marschierte, Italien räumte mit Abessinien auf, die einflußreicheren Länder ergriffen im Spanischen Bürgerkrieg Partei und der Völkerbund brach zusammen, womit der seit dem Ersten Weltkrieg geträumte Traum von der kollektiven Sicherheit zu Ende war.

Keiner sagte die wichtigsten Ereignisse seiner Zeit auch nur annähernd so genau voraus wie Cayce. Schon 1935, bevor die Außenministerien der

Welt überhaupt Verdacht schöpften, sprach er vom Zusammenschluß Österreichs und Deutschlands und davon, daß später „die Japaner sich dieser Macht anschließen" würden. Damals beteuerte Japan ständig seine Liebe zu den Vereinigten Staaten.

Wenn Cayce Readings für Einzelpersonen machte, nahm er am Rande oft Dinge wahr, die Millionen Menschen betrafen. Im August 1941, vier Monate vor Pearl Harbour, kam beispielsweise ein junger Mann zu ihm, der nicht wußte, ob er zu den Landstreitkräften oder zur Marine gehen sollte. Er wollte von Cayce wissen, wie lange er dienen müsse. „Wie viele Jahre werden diese Zustände (Krieg) bestehen?"

„Zumindest bis fünfundvierzig", antwortete der Prophet.

Cayce deutete auch den Wendepunkt des Krieges an, sogar noch vor Amerikas Eintritt, auf den er gleichzeitig hinwies. Im November 1939 sagte er: „Eine traurige Erfahrung wird dieses Land zweiundvierzig und dreiundvierzig machen müssen."

In einem anderen Reading prophezeite Cayce das Kriegsende wiederum richtig. Im August 1941 fragte ihn ein leitender Firmenangestellter nach der geschäftlichen Entwicklung. Cayce erklärte, seine zivilen Unternehmungen würden während des Krieges blockiert sein, aber danach Auftrieb erfahren. „Denn durch die Bemühungen des Wesens kann viel erreicht werden, wenn zwischen fünfundvierzig und sechsundvierzig wieder Friede die Welt beherrscht." Der Friede kam, als das Jahr 1945 zur Hälfte verstrichen war.

Amerikas Eintritt in den Krieg konnte man auch aus einem Reading herauslesen, das Cayce im Juli 1939 für einen pensionierten Fregattenkapitän machte. Der Mann hatte gefragt: „Kann es geschehen, daß ich in den nächsten zwei oder drei Jahren wieder zum aktiven Dienst eingezogen werde?"

Cayce sah den Krieg kommen, hielt aber voll Hoffnung nach einem Ausweg Ausschau. „Die einzige Wahrscheinlichkeit wird einundvierzig bestehen. Auch dies wird vorübergehen, wenn die Menschen beten und so leben, wie sie beten."

Meinte er, daß die Wahrscheinlichkeit vorübergehen werde oder der Krieg?

Cayces dramatischste Vision vom Zweiten Weltkrieg war wohl der „Pferdetraum". In lebendigen Farben zeigte dieser Traum die Millionen Toten des blutigsten aller Kriege. Und obwohl Cayce ihn im Sommer 1941 hatte, als die Nazi-Welle scheinbar unaufhaltsam nach Rußland hineinrollte, deutete er bereits den erfolgreichen Gegenangriff der roten Horden des Kommunismus gegen die „weißen Ritter" Deutschlands an. Cayce träumte den Traum, wie es manchmal geschah, in einem Reading, an das er sich beim Erwachen erinnerte. Der Traum erinnerte in seiner Symbolkraft an die Offenbarung des Johannes: „... Ich sah, daß der Mann Herr R. war (der Ratsuchende, für den er das Reading machte). Dann sah ich ein weiteres Pferd nahen, ein sehr rotes Pferd. Als es herankam, gewahrte ich, daß der Reiter Herr R. war, aber er trug eine weißblaue Rüstung, und es folgten ihm Horden von Menschen. Als dann die beiden Pferde zusammentrafen, schien Herr R. zu verschwinden, und die beiden Scharen prallten aufeinander. Die Gefolgsleute des ersten Pferdes waren gut bewaffnet, die anderen dagegen nicht. Doch dem roten Pferd folgten solche Horden, daß sie geradewegs durch die Reihen der gut bewaffneten Schar marschierten, obwohl dabei Millionen getötet wurden."

Das Schicksal Rußlands schien Cayce zu verfolgen, als ahnte er, daß der Weltfriede letztlich von diesem undurchschaubaren Braunbären abhängen werde. „Aus Rußlands religiöser Entwicklung", sagte er, als die stalinistische Tyrannei mit den Säuberungsprozessen ihren Höhepunkt erreichte, „wird der Welt größere Hoffnung erwachsen. Dann können derjenige oder die Gruppe, die engere Verbindung haben (zu Rußland), schrittweise Veränderungen und die endgültigen Festlegungen von Bedingungen hinsichtlich der Weltherrschaft erreichen."

Ein paar Jahre später, kurz vor dem Zweiten Weltkrieg, sah er zwar immer noch einen Aufstieg Rußlands voraus, aber erst, wenn im Land selbst die Freiheit eingekehrt sei. „Neues Verstehen wurde und wird einem verwirrten Volk zuteil. Es kam dort wegen des Jochs der Unterdrückung (unter den Zaren) zu einem anderen Extrem. Solange es keine Redefreiheit gibt und nicht das Recht besteht, Gott nach dem Diktat des Gewissens anzubeten, werden innere Unruhen auftreten."

Cayce wies oft darauf hin, daß sich das geistige Leben der Individuen in den Werten der Gemeinschaft oder Nation spiegle. „Jede Nation, jedes Volk", sagte er über die Zeit des Appeasements von München, „hat sich durch seinen Geist eine bestimmte Position in den Angelegenheiten der Welt, ja des ganzen Universums geschaffen. Die Menschen in Frankreich haben sich damals eine Abhängigkeit und Unabhängigkeit aufgebaut, die zum Genuß des Schönen führte, zur Heilighaltung des Körpers." Damit wollte er wohl zum Ausdruck bringen, daß die Franzosen als Nation größtes Gewicht auf sinnliches Vergnügen legten – eine sehr kostspielige „Beschäftigung" in Anbetracht der an ihren Grenzen stehenden Nazis. Auch überall anders war das Ganze die Summe seiner einzelnen Teile. „Ähnlich ist das Ergebnis in England, ähnlich ist es mit der geballten Kraft in Amerika. Ähnlich mit den herrschenden Kräften in Japan, China. Ähnlich kommt in Rußland die neue Geburt, aus der neues Verstehen erwachsen wird. Italien – verkauft sich für ein Linsengericht. Deutschland – eine Verunglimpfung seiner Kräfte zur Herrschaft über den Bruder, ein Blutegel am Universum, sich zu nähren."

Cayce hatte Hitler-Deutschland nicht immer in diesem unerfreulichen Licht gesehen. Kurz nach Hitlers Machtübernahme im Jahr 1933 fragte eine Gruppe von Deutschamerikanern, die mit dem Dritten Reich sympathisierten, Cayce nach dem Führer: „Wird es Hitler gelingen, den Juden die Kontrolle des deutschen Bankwesens aus den Händen zu nehmen?"

„Es ist praktisch schon so weit."

„Können Sie uns irgendwelche anderen Informationen über Hitler und seine Politik geben, die für uns von Interesse sind und uns helfen?"

„Studieren Sie das, was die Triebkraft im Menschen, in seinem Geist war, als er die Macht übernahm. Denn nur ganz wenige werden von der Macht nicht zerstört."

Hätte Cayce hier innegehalten, wäre er den anderen klar voraus gewesen. Aber er fuhr fort: „Doch dieser Mann wird sogar das überleben, wenn nicht eine wesentliche Veränderung vorgeht." Jene, die Cayce für unfehlbar halten, sind der Überzeugung, daß sich Hitler geändert haben muß.

Es dauerte nicht lange, bis Cayce Hitler und die Diktatoren prophetisch „zu fassen" bekam. Im Juni 1938, als er die Franzosen vor Weichheit warnte, sagte er auch das Ende der nazistischen, faschistischen und kommunistischen Regimes voraus. Er sah, daß diese Regierungen, einschließlich derjenigen in Spanien, China und Japan, ihre Völker unterdrückten. Das gesellschaftliche Experiment in Rußland konnte laut Cayce nicht von Dauer sein. Der Versuch, „nicht nur das wirtschaftliche, sondern auch das seelische und geistige Leben" des gewöhnlichen Russen zu beherrschen, sei schändlich, aber glücklicherweise zum Scheitern verurteilt. „Das bringt und bewirkt Härten, wo es keine geben sollte. Und dasselbe trifft in anderen Ländern zu, ob sie nun unter einem kommunistischen, faschistischen oder nazistischen Regime stehen. Wenn sich Unterschiede zwischen großen Gruppen bilden, gibt es einen Klassenkampf und kein ‚Liebe deinen Nächsten wie dich selbst'. Gott sieht die Person (der Diktatoren) nicht an, und diese Zustände können nicht lange bestehen."

Einige Zeit vor dem Krieg erkannte Cayces Unterbewußtsein die Nazis als niederträchtige Friedensbrecher, es kündigte zunehmenden Widerstand gegen Hitler an: „So muß sich eine unsichtbare, langsam wachsende Kraft entwickeln, die in fast direkter Opposition zum Faschismus oder Rassismus steht. Diese wird allmählich die Erbitterung und den

Haß schüren. Und wenn sich keine übernatürlichen Kräfte oder Einflüsse dazwischenschalten, wie sie in den Angelegenheiten der Menschen wirken, wird die ganze Welt in Brand gesteckt von militaristischen Gruppen und Völkern, die nach Macht und Expansion streben."

Für sein eigenes Land empfahl der Mann, der die Bildnisse von Abraham Lincoln und Robert E. Lee über seiner Tür hängen hatte, Unabhängigkeit in vernünftigen Grenzen. Er sagte, eine Reglementierung sei in Amerika niemals durchführbar, welches Ziel man damit auch verfolge. „Es muß eine solche Einstellung herrschen, daß das Land selbst definieren kann, was Freiheit ist, daß jedermann durch eigene Aktivität Gelegenheit findet, sich zu äußern, zu arbeiten und zu produzieren. Man darf den Menschen das Wo oder Was nicht vorschreiben; sie müssen selbst suchen, mit ihren eigenen Fähigkeiten, ihrer eigenen Tatkraft, die aus ihnen zu kommen hat."

Schon vor dem Zweiten Weltkrieg, im Juni 1938, umriß Cayce den Wohlfahrtsstaat der Zukunft, samt der amerikanischen „großen Gesellschaft": „Eine neue Ordnung der Lebensbedingungen wird entstehen. Dem Einzelmenschen muß größere Beachtung geschenkt werden, damit jeder der Hüter seines Bruders wird. Dann werden in den politischen, wirtschaftlichen und gesamten (menschlichen) Verhältnissen gewisse Umstände eintreten, die eine Nivellierung herbeiführen oder größeres Verständnis für deren Notwendigkeit wecken. Es gehört sich für alle, die ein Ideal haben – Individuen, Gruppen, Gesellschaften –, daß sie dieses Ideal getreulich anwenden." Cayce warnte: „Wenn sie nicht auf dem Posten und regsam sind, muß eine neue Ordnung ihre eigenen Verhältnisse und Aktivitäten regeln."

Cayce sympathisierte mit dem arbeitenden Menschen, stand ihm aber nicht kritiklos gegenüber. 1939 sah er einen fast unaufhörlichen Konflikt zwischen Arbeiterschaft und Unternehmertum voraus, in dem zuerst die Forderungen der Arbeiterschaft, dann jene des Unternehmertums das Feuer schüren würden. Er gab einen ziemlich direkten Kommentar zum Verlangen der Gewerkschaft, unnötige Arbeitskräfte anzustellen: „Es muß in steigendem Maß eine Rückkehr zur Landarbeit geben, und die Scheinbeschäftigung für die Arbeiterschaft auf besonderen Gebieten muß eingeschränkt werden. Wenn dies nicht geschieht, wird es zu Zerwürfnissen, Unruhen und Konflikten kommen."

Das Unternehmertum war nicht frei von Schuld: „Wenn kein stärkerer Ausgleich erreicht wird, keine größere Rücksicht auf jene, die produzieren und keine bessere Verteilung des Mehrgewinns aus der Arbeit, dann sind größere Unruhen im Land die unausweichliche Folge."

Als Südstaatler, der noch dazu aus einem Grenzstaat zwischen dem

Norden und Süden des Landes stammte, war sich Cayce des kommenden Problems der Rassenintegration klar bewußt. Er glaubte an die Brüderschaft der Menschen und hatte erkannt, daß die bevorstehende Konfrontation nur mit gutem Willen zu lösen war. Doch sein Unterbewußtsein sagte ihm, daß man die Sache schlecht angehen werde. In einer seiner bedeutsamsten Weissagungen umriß er die Konflikte, die mittlerweile in vielen Gegenden des Landes durch die Rassenfrage tatsächlich ausgelöst wurden: „Ihr werdet Unruhen haben, ihr werdet Konflikte zwischen Unternehmertum und Arbeiterschaft haben. Ihr werdet eine Spaltung im eigenen Land haben, noch bevor der zweite Präsident regiert, der das Ende seiner Amtszeit nicht erlebt. Eine Pöbelherrschaft."

Bereits damals sah er den Opportunismus der Politiker voraus, die Wahlen zu beeinflussen versuchten, anstatt die Ungerechtigkeit abzuschaffen, aus der so viele Unstimmigkeiten erwuchsen. Wirkliche Gleichheit, so bedeutete Cayce, besteht nicht im wahllosen Zusammenwerfen der Menschen zu Gruppen, in einer unechten, künstlich herbeigeführten Integration, sondern in der Beurteilung des einzelnen Menschen nach seinem Verdienst, ohne Ansehen der Hautfarbe.

„Wie soll unsere Haltung gegenüber dem Neger sein?" fragte man Cayce immer wieder.

Er antwortete: „Jene, die ihn in Knechtschaft stürzten, unüberlegt oder unabsichtlich, haben das erzeugt, was nun im Rahmen ihrer eigenen Prinzipien und ihres eigenen Selbst geregelt werden muß. Diese (die Neger) müssen Stellungen erhalten, die ihren Fähigkeiten entsprechen, wie es in jeder anderen Form einer Verbindung geschieht."

Cayce nannte den Neger stets „Bruder". Und in einer Vorhersage über den Rassenkonflikt, in der er den Bürgerkrieg als Vergleich heranzog, prophezeite er Geschehnisse, die sich offensichtlich noch nicht erfüllt haben. Diese Prophezeiung klingt in ihrem Ernst und ihrer Eindringlichkeit fast biblisch: „Wenn viele Inseln des Meeres und viele Lande unter das Joch jener gekommen sind, die weder Mensch noch Teufel fürchten, sich vielmehr mit derjenigen Kraft verbünden, durch welche sie Gewalt und Macht als Recht erklären können, als einen Übermenschen gebührend, der zum Ideal einer kommenden Generation gemacht werden soll – dann wird euer eigenes Land Blut fließen sehen wie zu jenen Zeiten, da Bruder gegen Bruder kämpfte."

In Cayces Vorhersagen hatten jedes Wort und jeder Satz eine bestimmte Bedeutung. „Bruder gegen Bruder" hieß Bürger gegen Bürger, also Bürgerkrieg. Cayce machte diese Prophezeiung 1940, während einer Konferenz der *Association for Research and Enlightenment* in Norfolk. Den Konferenzteilnehmern war ihre Bedeutung völlig klar. Die einzige

Ungewißheit bestand hinsichtlich der Zeit und der bösen Macht, von welcher die Prophezeiung sprach. Rußland, China oder auch X, der Unbekannte, konnten darauf aus sein, „Gewalt als Recht zu erklären".

Der Neger mußte seine Chance bekommen. Für Cayce selbst gab es keinen Zweifel darüber, wie seine Prophezeiungen über die Rassenfrage auszulegen seien. Er war auch im Wachzustand hellsichtig genug, um Jahre des Rassenaufruhrs vorherzusehen. „Meines Bruders Hüter zu sein, bedeutet nicht, daß ich ihm sagen muß, was er zu tun hat oder daß er dieses oder jenes ohne Rücksicht auf die Folgen tun muß. Es heißt vielmehr, daß vor dem Gesetz und vor Gott alle frei sind."

Zur Integration oder Harmonie der Rassen führt kein leichter Weg. „Es wird weitere innere Unruhen geben." Wiederholt bezichtigte er einige Menschen, die das Rassenproblem zu lösen versuchten, der Unaufrichtigkeit. „In den Herzen mancher, die die Sache einzelner Gruppen vertreten, fehlt es an Rechtschaffenheit."

Mitten im größten Krieg der Welt fragte man Cayce nach dem Frieden. In seiner Antwort sagte er warnend, die Verlierer – Deutschland und Japan – könnten sich bald wieder erheben, wenn ihre Länder nicht demokratisiert würden.

Man stellte ihm die Frage: „Wie sollen wir zur Schaffung einer internationalen Organisation beitragen, ohne den Widerstand derer zu wecken, die jetzt noch unsere Feinde sind?"

„Sie rechnen damit. Und wird nicht irgend etwas dieser Art geschaffen, so besteht immer wieder die Gefahr, daß es Menschen geben wird, die den Frieden gefährden."

Und man wollte wissen: „Läßt sich die Umerziehung des deutschen Volkes nach den Prinzipien der Demokratie so vornehmen, daß man es zur Mitarbeit bewegen kann?"

„Wer vermag schon Richtlinien für die demokratische Erziehung eines Volkes zu geben? Man soll vielmehr in Deutschland und in allen Ländern der Welt versuchen, Gott wieder heimisch zu machen. Es kommt darauf an, daß jedes Volk weiß, wie man den Herrn sucht und findet, wie man seine Gesetze im Umgang mit den Mitmenschen anwendet."

Im Frühling 1966, so viele Jahre später, stieß ich eines Tages, als ich müßig die Zeitung durchblätterte, auf einen Artikel über die Schändung jüdischer Friedhöfe im freien Deutschland. Es ist zu hoffen, daß es sich dabei um Ausschreitungen einzelner unbelehrbarer Fanatiker handelt. Aber wahr ist jedenfalls, was Cayce aufgezeigt hatte: „Deutschland und auch alle anderen Völker müssen noch viel über Gott lernen."

Cayce war nicht immer düster oder schaudererregend, nicht einmal, wenn er nach bevorstehenden Katastrophen gefragt wurde. Im Januar 1942 beispielsweise erkundigte sich ein mürrischer, wegen des Krieges besorgter New Yorker: „Kann ich mich in New York City vor Bombardierungen und Feindangriffen sicher fühlen?"

Cayce antwortete trocken und unpersönlich: „Warum sollte er nicht, wenn er richtig lebt?"

Oft wurden in Cayces Prophezeiungen Dinge hineingeheimnist, die er nie gemeint hatte. Als es einmal um das Problem der Reinkarnation in der Bibel ging, sagte er mit lincolnschem Humor: „Ich habe sie hineingelesen, und ihr habt sie herausgelesen." Vielleicht ist dieses „Hineingeheimnissen" schuld daran, daß nicht alle Prophezeiungen des schlafenden Propheten eintrafen. 1943 sagte er in einem Reading für einen Verleger, der in einer pädagogischen Mission nach China reisen wollte, daß sich China „in den nächsten fünfundzwanzig Jahren" dem christlichen Glauben nähern würde. Das erscheint heute, angesichts der Vorherrschaft des Kommunismus in Rotchina, unwahrscheinlicher denn je. Cayce fügte damals jedoch zwei einschränkende Sätze hinzu. Erstens: „Manchen mag es im Augenblick so vorkommen, als sei nichts davon zu bemerken"; zweitens: „Es wird eher in den letzten fünf Jahren geschehen als in den ersten zehn."

Cayce betonte, daß China eine Konsolidierung seiner verschiedenen Kasten und Sekten erleben werde und daß „diese zur Demokratie hin verschmelzen". Er fuhr fort: „Immer öfter werden jene, die christlichen Glaubens sind, politische Stellungen erlangen, und das wird in China vor allem in bestimmten Gruppen die Regel sein, je nachdem, wie stark diese in Erscheinung treten. Und diese Gruppen werden sich weiterentwickeln. Denn die Kultur bewegt sich nach Westen." Der westliche Trend der dominierenden Kultur war eine alte These Cayces. Letztlich soll dann Amerika die Führung übernehmen, wenn es die geistige Reife dazu besitzt.

Bei seiner Rückkehr aus China teilte der Verleger Cayce mit, die Voraussage über die Aufnahme, die man ihm in China bereiten würde, habe genau gestimmt. Auf globaler Ebene jedoch träfen Cayces Worte zweifellos nicht zu. Mao und Tschu En-lai seien bestimmt keine christlichen Führer eines demokratischen Volkes. Einige Cayce-Schüler aber sahen die Dinge anders. Sie entdeckten eine demokratische Tendenz. Das große chinesische Festland war geeint, die Japaner waren vertrieben, und China besaß eine „demokratische", freie Volksregierung mit einem sogenannten Parlament. „Es ist vielleicht nicht die Art demokratischer Staat, mit der wir leben könnten", sagte ein Cayce-Anhänger gelassen, „aber es ist bestimmt demokratischer als alles, was sie dort je zuvor hatten. Und es gibt Berichte über eine pro-christliche Untergrundbewegung in China und auch in Rußland. Wer weiß, was die nächsten paar Jahre bringen?"

Jenseits der Formosa-Straße, auf der Insel Formosa, genossen zwölf Millionen Menschen unter Tschiang Kai-schek die Wiedergeburt der Freiheit, wie *Reader's Digest* es nannte. Die große chinesische Masse aber konnte man noch nie „in Schwung" bringen. „Die Sünde Chinas?" überlegte Cayce. „Fürwahr, dort lebt die Gemütsruhe, die sich nicht verdrängen läßt, die sich durch langsames Wachstum erhält – wie ein Strom, der durch die Lande fließt, durch die Zeiten –, die in Ruhe gelassen und nur durch das befriedigt werden will, was sie in sich trägt." Aber war nicht der heilige Zopf durch das Christentum gefallen? „China erwachte einst und schnitt sich das Haar ab! Fürwahr, dort wird eines Tages die Wiege des christlichen Glaubens stehen, wie er im Leben der Menschen anzuwenden ist. Das dauert jedoch noch lange, nach menschlicher Zeitrechnung, aber nur einen Tag im Herzen Gottes. Denn morgen wird China wieder erwachen."

Cayce konnte aufreizend wortreich sein und dann wieder so knapp wie die Bibel, die er liebte. Auf dem Höhepunkt des Zweiten Weltkriegs, als Hitler überall Siege feierte, wurde er gefragt: „Was ist Hitlers Schicksal?"

Im gleichen Atemzug antwortete er: „Tod."

Cayce hatte Perioden, in denen er die absolute Prophezeiung für unwahrscheinlich hielt, weil sie den freien Willen und die Kraft des Gebetes ausschaltete, an die er im Tagbewußtsein glaubte. Alles, so betonte er dann, sei nur als Möglichkeit vorherbestimmt, nicht als Muß. Doch immer wieder bewies ihm die Absolutheit der Weissagungen, die er unterbewußt machte, daß der Einzelmensch wenig Wahlfreiheit hatte, daß ihm beispielsweise in einem Krieg oder einer Katastrophe lediglich freistand, heiter oder düster auf die Schicksalsschläge zu reagieren.

Nur selten machte er im Wachzustand Weissagungen, denn er glaubte, die Menschen durch ihre Suggestivkraft zu stark zu beeinflussen. Es gab jedoch Ausnahmen. So riet er einmal einer vorübergehenden Frau dringend, an diesem Tag in kein Auto zu steigen; der Wagen, in dem sie hatte fahren wollen, war wenige Stunden später ein Trümmerhaufen. „Seine Prophezeiungen waren als Hinweise auf vielversprechende Möglichkeiten oder als nützliche Warnungen gedacht", sagte ein vertrauter Freund. „Er gab sie nicht, um irgend jemanden zu beunruhigen oder zu beeindrucken oder um zu beweisen, daß er ein Prophet sei." Doch er hielt genug von seiner Gabe, um zutiefst erschüttert zu sein, als er sah, daß im Krieg drei junge Freunde von ihm fallen würden. Keine Sekunde tröstete er sich mit dem Gedanken, daß die drei ja ihren freien Willen einschalten könnten. Und er zweifelte auch seine Erleuchtung nicht an.

Vom praktischen Standpunkt sind Prophezeiungen sinnlos, wenn man sich nicht absolut darauf verlassen kann. Irreführende Weissagungen können jenen schwer schaden, die ihr Vertrauen in den Propheten setzen. In den zwanziger Jahren, als in Virginia Beach die Grundstücke am Südufer des Sees hoch im Kurs standen, hatte Cayce bekanntlich den Kauf von Grundstücken im Norden der Stadt angeraten, ohne das geringste vom Immobilienmarkt zu verstehen. Auch sein eigenes „Hauptquartier" wurde aufgrund dieser Vorhersage erworben. Jene, die an ihn glaubten, kauften alles Land, das sie in dieser Gegend bekommen konnten. Manche wurden reich, und sogar Eigentümer kleiner Parzellen erzielten ansehnliche Gewinne. „Ein Nordgrundstück, das ich vor zwanzig Jahren für fünfhundert Dollar kaufte", erklärte mir eine Hausfrau in Virginia Beach, „ist heute fast zwanzigtausend Dollar wert."

Hätte sich Cayce getäuscht, würden jene, die ihm am nächsten standen, vermutlich schmerzliche Erfahrungen gemacht haben. Andere Cayce-Anhänger, die übrigens nichts von einer Entfaltung freien Willens erkennen ließen, profitierten von Cayces „langfristiger" Vorhersage über einen Boom im Flutgebiet an der Meeresküste. 1958, etwa zur Zeit, da der Boom laut Cayce beginnen sollte, kaufte ein Geschäftsmann aus Virginia Beach achtzig Acres[1]) Farmland am Kap Henry, das niemand haben wollte. Er bezahlte hundertfünfundzwanzig Dollar pro Acre. 1965 bot man ihm das Zehnfache, das ergab einen Reingewinn von achtzigtausend Dollar bei zehntausend Dollar Investition. „Ich habe nichts getan", sagte er bescheiden, „als auf Cayce gehört."

1932 hatte man Cayce gefragt, ob es in der Gegend von Virginia Beach und Norfolk zu Veränderungen kommen werde, und wenn ja, zu welchen. Cayce antwortete damals, um 1958 würden Veränderungen das Gebiet „einträglicher als einen Hafen machen". Er sagte auch voraus, Norfolk und seine Umgebung – Newport-News, Hampton – werde innerhalb von dreißig Jahren „der wichtigste Hafen an der Ostküste, Philadelphia oder New York nicht ausgenommen". Vergleichszahlen zeigen, daß der Norfolk-Komplex 1964 alle Rivalen bei weitem übertroffen hatte; sein Güterumschlag an Kohle, Getreide und anderer Fracht überstieg sechzig Millionen Tonnen, gegenüber achtundvierzig Millionen in New York und einundzwanzig Millionen in Philadelphia.

Es ist interessant, die Entwicklungen zu verfolgen, durch die ein an Cayce glaubender Unternehmer einen großen Spekulationserfolg erzielte.

---

[1]) 1 Acre = 4046,8 m^2

1957, ungefähr zu der von Cayce vorhergesagten Zeit, wurde der *Hampton-Roads-Bridge-Tunnel* eröffnet, der eine große Erleichterung für den Pkw- und Lkw-Verkehr darstellte; und der mit zweihundert Millionen Dollar veranschlagte Bau des *Chesapeake-Bay-Bridge-Tunnel*, der längsten starren Tunnelverbindung der Welt, wurde genehmigt. Diese geplante Verkehrsader, die den langsamen Fährdienst über die Bay überflüssig machen sollte, bewirkte in dem Gebiet eine Konsolidierung und einen Bau-Boom. Die Grundstückspreise stiegen enorm. Ein ortsansässiger Unternehmer und Cayce-Anhänger kaufte 1960, während sich der Tunnel noch im Bau befand, in der Nähe der Tunnelmündung von Virginia Beach sechzig Acres. Kostenpunkt: fünftausend Dollar. 1965, als der Tunnel fertig war und die Bautätigkeit in der Gegend zunahm, hätte er seinen Grund für hunderttausend Dollar verkaufen können.

Die erfolgreichen Investoren sind dem toten Seher vielleicht nicht übermäßig dankbar, aber sie wären zweifellos zutiefst enttäuscht gewesen, hätten die Grundstückspreise nachgegeben, statt angezogen. Und bestimmt hätte kein Wort vom freien Willen sie trösten können. Da sie erfolgreich waren, sehen jedoch manche den freien Willen als entscheidenden Faktor bei ihrem Gewinn an. „Mehrere zusammenspielende Ereignisse führten dazu, daß ich den Grund kaufte", erklärte mir ein glücklicher Spekulant. „Cayces Hinweis auf 1958 und die Preissteigerungen, die er schon vor dreißig Jahren prophezeite, ließen mich aufmerken, als ich Pläne der neuen Tunnels und Brücken in dem Gebiet sah. Aber ich mußte Cayces Information erst mit dem in Einklang bringen, was sich tatsächlich abspielte, und dann meiner guten Nase folgen. Das ist freier Wille."

Und inwieweit war der freie Wille an dem beteiligt, was sich abspielte?

Diese Frage bereitete einem Cayce Kopfzerbrechen.

Die langen Jahre, in denen er nach einem Grund für seine einmalige Fähigkeit suchte, weckten in Cayce gesunden Respekt vor dem, was er „die Information" nannte. Er dokterte selbst nicht daran herum und wünschte nicht, daß andere sie nach Gutdünken „verborgen". Im Tagbewußtsein schrieb er klar mit lincolnscher Präzision, in einem von seiner Bibellektüre beeinflußten Stil; doch die umständlichen Sätze, die ihn sein unfehlbares Unterbewußtsein sprechen ließ, wollte er nicht redigieren oder verbessern. Deshalb verwirrte der komplizierte Satzbau des Sehers viele Ratsuchende. Der Interpretierende konnte jedoch die Antwort immer herauslesen, wenn ihn wirklich Bereitschaft erfüllte. Ein Klient, der sich mühsam durch Cayces unverbundene Partizipien tastete, fragte einmal, wie die Readings präsentiert werden könnten, damit sich ihre ganze Bedeutung erschließe.

„Bringt größeres Verständnis auf“, antwortete Cayce trocken.

Als ich die Readings studierte, vor allem die Prophezeiungen, entdeckte ich nach und nach ein Schema, das auf den ersten Blick nicht zu erkennen war. Trotzdem ließ sich bei einigen Vorhersagen der Nachweis der Richtigkeit nicht erbringen.

In der Bibliothek der *Association for Research and Enlightenment* stieß ich auf ein Reading über die Weltereignisse, das Cayce am 20. Juni 1943 gegeben hatte, auf dem Höhepunkt des Zweiten Weltkriegs. Er wies darin auf ein entscheidendes Geschehnis hin, das in den nächsten paar Tagen stattfinden sollte. So etwas war sogar für Cayce ungewöhnlich. Er hatte allgemein vom Frieden gesprochen, plötzlich aber mit besonderer Betonung erklärt: „Nächsten Freitag werden seltsame Dinge geschehen, die entscheiden, welche Zeit, wie viel und was noch notwendig ist.“

Konnte das eine Prophezeiung des Kriegsendes sein? Was sonst? Aber der Krieg hatte ja danach noch zwei Jahre gedauert.

Anschließend war Cayce gefragt worden: „Gibt es Hinweise darauf, wann die Feindseligkeiten zwischen unserem Land und Italien, Deutschland sowie Japan enden?“

Wieder hatte er den Wendepunkt für Ende Juni prophezeit.

„Diese sind in den Plänen und Prinzipien einiger Menschen zu finden. Sie vermögen im Hinblick auf mehr als eines dieser Länder bis zum 25. Juni eine ganze Menge zu entscheiden.“

Cayce meinte zweifellos eine Aktion, die bereits geplant war. Um eine Interpretation geben zu können, mußte man wohl Einblick in die Pläne der erwähnten Menschen haben. Ich suchte in Almanachen und Enzyklopädien, fand aber für Ende Juni 1943 nichts von Bedeutung.

Ich arbeitete an diesem Tag lange in der Bibliothek, brütete über den Cayce-Akten. Erst nach Mitternacht ging ich in mein Hotel. Um mich zu entspannen, griff ich trotz der späten Stunde zu dem Buch *Barbarossa,* einem maßgebenden Bericht über den russisch-deutschen Konflikt von dem Engländer Alan Clark. Barbarossa war der Deckname für die Invasion Rußlands, die Hitler am 22. Juni 1941 mit so großem Optimismus begonnen hatte.

Ich kam bald zu dem Kapitel „Die größten Panzerschlachten der Geschichte“. Es schildert den gewaltigen Kampf an der breiten Front um Kursk, in dem beide Seiten sehr viel Menschen und Material einsetzten. Die Spitzen der deutschen Militärs, angeführt von Hitler persönlich, hielten sich an der Front auf: Keitel, von Kluge, von Manstein, Model, Hoth, Guderian. „Hoths 4. Panzer-Armee war die stärkste Streitmacht, die im deutschen Heer jemals einem einzigen Befehlshaber anvertraut wurde." Auch den Russen standen ihre besten Militärs zur Verfügung: Marschall Schukow, Held der Sowjetunion, der nie eine Schlacht verlor, Wasiliewski, Sokolowski, Konjew und Popow. Die deutsche Operation um Kursk war so groß angelegt, daß man ihr einen eigenen Decknamen gegeben hatte: Zitadelle.

Das schien mir eine gute Lektüre zum Eindösen zu sein. Plötzlich aber fuhr ich hoch: „Von jeder anderen Warte als jener der sowjetischen Formationen, die den Deutschen gegenüberstanden", schrieb Clark, „sah die deutsche Schlachtordnung, wie sie in den *letzten Junitagen 1943* schließlich Gestalt annahm, wirklich furchterregend aus."

Ein leichter Schauder lief mir über den Rücken, als ich weiterlas: „In den Tagen vor dem Angriff erfüllte die deutschen Panzerstreitkräfte ein *seltsames* Gefühl, weniger ein Gefühl des Selbstvertrauens als des Fatalismus – wenn diese ungeheuren um sie zusammengeballten Kräfte die Russen nicht vernichten konnten, dann würde nichts es vermögen."

Verblüfft stellte ich fest, daß der Autor und Cayce sogar dasselbe Wort benutzt hatten, um die Stimmung vor dem Unternehmen anzudeuten: das Wort „seltsam".

Das Unternehmen war so entscheidend, daß Hitler sich in einer Sonderbotschaft an die „Soldaten des Reichs" wandte. Er sagte, sie würden an diesem Tag an einer äußerst wichtigen Offensive teilnehmen, von deren Ergebnis der ganze weitere Krieg abhänge. Mehr als alles andere würde ihr Sieg der ganzen Welt zeigen, daß Widerstand gegen die starke deutsche Armee sinnlos sei.

Doch die Russen waren bestens vorbereitet. Überall wurden die Deutschen zurückgeschlagen. Unterdessen geschahen auf anderen Kriegsschauplätzen Dinge, die sich auf die Kämpfe in Rußland auswirkten. Die Alliierten hatten ihre Invasion Italiens begonnen. Den Deutschen, die um Kursk bereits in Schwierigkeiten geraten waren, drohte eine Zersplitterung ihrer Hauptschlagkraft. „Hitler", so berichtete Clark, „schickte nach Manstein und Kluge und sagte ihnen, die Operation solle abgebrochen werden. Die Alliierten seien in Italien gelandet, und es bestünde Gefahr, daß Italien geschlagen werde. Kluge gab zu, daß man unmöglich weitermachen könne."

Cayce war nach Italien, Deutschland und Japan gefragt worden und hatte geantwortet, man werde „im Hinblick auf mehr als eines dieser Länder bis zum 25. Juni" Genaueres wissen. Der Angriff auf Italien begann zwar erst im Juli von Nordafrika aus, aber er war im Juni geplant, vorbereitet und zeitlich festgelegt worden.

Wie entscheidend war nun das Unternehmen Zitadelle für den Ausgang des Krieges? Dem scharfsinnigsten Nazi, Gestapochef Heinrich

Himmler, zufolge höchst entscheidend. „Ein Mitglied der Nazi-Hierarchie gab sich jedenfalls keinen Illusionen hin", stellte Clark fest. „Heinrich Himmler erkannte, daß mit dem Scheitern der Offensive Zitadelle der Krieg verloren war. Ihn beschäftigte nun die Frage, wie er die Niederlage mildern und seine eigene Haut retten könnte."

Cayce hatte einmal gesagt: „Es gibt nichts Neues, nichts Ungewöhnliches." Alles war offenbar Teil einer universalen Ordnung, in der es keinen Zufall gab, nicht einmal in der Form, daß man in einem Drugstore von Virginia Beach ausgerechnet ein Taschenbuch mit dem Titel *Barbarossa* aus dem Regal nahm.

In seinen Gesundheits-Readings war Cayce erwiesenermaßen prophetisch, denn er stellte nicht nur Diagnosen, sondern machte auch Prognosen. Er sagte voraus, ob, wie und wann ein Patient gesund würde. Dem Biographen Tom Sugrue erklärte er, von seiner deformierenden Arthritis werde er nur genesen, wenn er Geduld habe. Cayce warnte den Schriftsteller vor der Fiebertherapie, diese werde ihn völlig zum Krüppel machen. Später, noch bevor Sugrue mit der Cayce-Biographie begann, prophezeite der Hellseher, daß sich Sugrues Geist in einem verkrüppelten Körper glänzend entfalten würde – „ein Geist, der nur durch einen völlig inaktiven Körper wirkt". Sugrue wollte rasch gesund werden und schlug in seiner Ungeduld Cayces Rat in den Wind. Als er ein Jahr später, im Juni 1939, nach Virginia Beach kam, war er völlig hilflos und nicht mehr gehfähig. Er konnte weder seine Beine gebrauchen noch sich aufsetzen und hatte auch keine Kontrolle über seine Arme. Erst da unterzog er sich der in den Readings empfohlenen Behandlung. Als er Virginia Beach nach zwei Jahren verließ, hatte er zwei Bücher geschrieben, er konnte seine Arme und Hände zum Maschineschreiben gebrauchen und übte das Gehen mit Krücken. Die Readings verhießen ihm, daß seine Glieder wieder voll funktionsfähig würden, wenn er die Behandlung fortsetze. Doch der Ire Sugrue war ein ungeduldiger, impulsiver Freidenker, der nach seinen eigenen Launen leben und auch sterben mußte. Vor seinem Tod hatte Cayce, der ihn wie einen Sohn liebte, viele Weissagungen für ihn gemacht. Besonders denkwürdig war eine, in der Cayce den Titel *Starling of the White House* [1]) für ein Buch vorschlug, das Sugrue zusammen mit Oberst Starling machte, dem ehemaligen Chef des Secret Service; Cayce empfahl dann auch noch den Verlag Simon and Schuster und prophezeite, das Buch würde ein Bestseller, was tatsächlich eintraf.

Eine seiner ungewöhnlichsten Weissagungen machte Cayce in einem Gesundheits-Reading, das für die Patientin zu spät kam. Es wurde zwar

[1]) Starling aus dem Weißen Haus; Starling = Vogel Stärling.

bereits 1919 gegeben, aber noch heute haben wir lebendige Beweise für Cayces Kraft. Das Reading galt einer schwangeren Frau, die im Sterben lag. Im Gegensatz zu den Ärzten sagte Cayce, das Kind der Frau werde lebend geboren, obwohl sie selbst sterbe. Eine Schwester der Sterbenden erzählte vor kurzem: „Als wir Cayce konsultierten, hatten wir keine Hoffnung mehr für die Mutter und das Kind. Edgar Cayce hielt sich in Selma im Bundesstaat Alabama auf, meine Schwester war in Kentucky. Man sagte ihm nichts über die Art des Falles."

Trotzdem erfaßte Cayce die Lage in Trance sofort richtig. „Es muß an zwei Leben gedacht werden. Um die Mutter zu retten, ist es zu spät, aber sie wird lange genug leben, um das Kind zur Welt zu bringen. Das Kind wird leben, sie braucht sich nicht zu sorgen. Der Zustand, in dem sie während ihrer Schwangerschaft ist, wirkt sich nicht auf das Kind aus. Es kann ein normales, glückliches Leben führen."

Diese Prognose stand im Widerspruch zu dem einhelligen Urteil dreier bekannter Ärzte. „Der berühmteste Chirurg im Süden wurde zu Rate gezogen", berichtete die Schwester. „Zusammen mit unserem am Ort wohnenden Chirurgen machte er zwei Operationen, die aber zu spät kamen, um der Kranken zu nützen. Die drei behandelnden Ärzte – Dr. Haggard aus Nashville, Tennessee, Dr. Gant Gaither (der spätere Präsident der *Kentucky Medical Society)* und Dr. Ed Stone – sagten einstimmig, daß das Baby nicht leben werde."

Es war Mitte Juli, und das Kind wurde erst im August erwartet. So lange konnte die Mutter auf keinen Fall mehr durchhalten. Die verzweifelte Familie verschaffte ihr das von Cayce empfohlene Mittel, in der Hoffnung, wenigstens das Kind zu retten. „Cayce hatte einen unbekannten Trank aus verschiedenen Zutaten verschrieben, dessen Hauptbestandteil ein Gebräu aus Ulmenrinde war", erzählte die Schwester. „Wir holten im Wald Ulmenrinde, bereiteten den Trank und gaben ihn meiner Schwester nach Cayces Anordnung ein." Die sterbende Frau fühlte sich sofort wohler. Ein paar Tage später, am 18. Juni Schlag Mitternacht, kam das Kind als Frühgeburt zur Welt. „Meine Schwester starb leicht, nachdem sie ihrem Kind einen Namen gegeben hatte. Die Kleine war mitleiderregend schwach und so winzig, daß uns die Ärzte rieten, sie nicht so zu taufen, wie die Mutter bestimmt hatte, denn das wäre Verschwendung eines in der Familie üblichen Vornamens."

Der Rest der Geschichte ist höchst erfreulich. Das Kind erholte sich. „Eine gute, christliche Mutter hörte von unserer Not und erbot sich, das Baby zusammen mit ihrem eigenen Kind zu nähren. Nach etwa sechs Wochen bekam die Kleine einen Ernährungsplan verschrieben und nahm rasch zu. „Sie wuchs heran, heiratete und schenkte selbst zwei Mädchen das Leben. 1961, mit einundvierzig Jahren, wurde sie Mitglied der *Association for Research and Enlightenment*. Wieder hatte Cayce recht gehabt.

Mitunter sah Cayce auch Dinge für sich selbst vorher, vor allem in schweren Zeiten. Manchmal offenbarten sie sich ihm im Traum. Mit zunehmendem Alter machte er sich immer weniger Sorgen wegen des Geldes, obwohl er nie welches besaß. Eines seiner Readings hatte ihn ja zu der Überzeugung geführt, daß Gott in äußersten Notfällen stets helfen würde. Doch seine Angehörigen waren nicht immer von so unerschütterlichem Vertrauen erfüllt. Während der Depression, als Cayces Hauptgönner ausfielen, als das Krankenhaus und die Universität schließen mußten, verloren die Cayces ihre Wohnung. Hugh Lynn schlug ein Reading vor.

Sogar unterbewußt blieb Cayce gelassen. „Warum tut ihr nicht etwas dagegen?", fragte er.

Hugh Lynn bat trocken um Vorschläge.

„Warum nicht ein Haus kaufen?"

„Und wo sollen wir das Geld hernehmen?"

„Kaufe das Haus über dem See; für das Geld wird gesorgt werden."

Nachdem er aus der Trance erwacht war und sich das Reading angesehen hatte, besichtigte Cayce kurz das Haus am gegenüberliegenden Seeufer und kaufte es. Er verpflichtete sich, nach dreißig Tagen die erste Anzahlung zu leisten. Die Familie zog ein. Am Fälligkeitstag hatte Cayce kein Geld. Da bekam er eine überraschende Gnadenfrist. Der Verkäufer rief an einem Freitag an und sagte, er könne erst am Montag kommen, um die fünfhundert Dollar abzuholen. Er würde gegen Mittag eintreffen.

Am Montag morgen um zehn schaute Cayce nach der Post. Im Briefkasten stak ein Brief, er enthielt fünfhundert Dollar – einen Scheck von irgend jemandem, für den Cayce einmal ein Reading gemacht hatte.

Ein paar Jahre später geriet Cayce erneut in Schwierigkeiten, diesmal mit den Hypothekenzahlungen. Es sah so aus, als würde er sein Haus verlieren. Wieder gab es niemanden, an den er sich wenden konnte – außer Gott. Wie so oft während seiner persönlichen Krise, hatte er einen Traum. Dieser war seltsamer als die meisten, denn darin erschien ihm Jesus Christus, mit dem sich Cayce sein Leben lang eng verbunden fühlte. In dem Traum – Cayce hatte ihn im Mai 1937, als die ganze Welt gespannt die Romanze zwischen dem Herzog von Windsor und der Amerikanerin Wallis Simpson verfolgte – war er in einem Konzert. Nach der Vorstellung sah er vor sich den Herzog und Wallis aus dem Gebäude gehen. In diesem Augenblick näherte sich ihm lächelnd eine Erscheinung.

Ihre Gesichtszüge waren die Jesu Christi. Dann saßen alle vier in einem Straßenrestaurant – in Paris. Die Rechnung betrug 13,75 Dollar, doch Cayce fand in seinen Taschen nur drei Cents. „Ich kann die Rechnung nicht bezahlen", sagte er verzweifelt. Der Herzog und Wallis waren verschwunden.

„Schon gut", erwiderte die Erscheinung. „Hier sind die dreizehn Dollar fünfundsiebzig. Mach dir keine Sorgen. Am Hochzeitstag der beiden, die uns eben verlassen haben, werden deine Schwierigkeiten zu Ende sein."

Am 3. Juni trat eine Frau in Cayces Büro und übergab ihm einen versiegelten Umschlag. Er war ihr in Paris anvertraut worden, von einer Frau, der ein Cayce-Reading geholfen hatte. Cayce riß den Umschlag auf. Er enthielt 1375 Dollar, genau den Betrag, den Cayce für das Haus schuldete.

Am selben Tag heirateten der ehemalige König von England und Wallis Simpson.

Die Ärzte und Cayce

Auf dem Schild stand „Dr. med. Wesley H. Ketchum“, doch genausogut hätte es heißen können „Dr. Ketchum und Cayce“. Wesley Ketchum, heute noch gesund und munter, war der erste voll ausgebildete, zugelassene Arzt, der sich von Edgar Cayce beruflich helfen ließ. Er beschäftigte Cayce insgeheim und verriet den Patienten nicht, wer ihre Leiden in Wirklichkeit diagnostizierte und behandelte.

Eines Tages dann schilderte er einer Gruppe von Ärzten seinen ungewöhnlichen Fall – Cayce. Er erwartete wenigstens ein gewisses Verständnis, aber er erntete nur Kritik. „Warum jahrelang Medizin studieren“, rief ein schockierter Arzt, „wenn irgendein völlig Ungebildeter, der sich auf die Couch legt und die Augen zumacht, Krankheiten besser diagnostizieren und behandeln kann als jeder Mediziner?“

Sogar als sie Cayces erstaunliche Leistungen prüften und Dinge erfuhren, die wahre Wunder zu sein schienen, blinzelten die konservativen Doktores der Medizin nur ungläubig und schüttelten die Köpfe. Es gab natürlich Ausnahmen, und Ketchum hatte Cayce in mehr als hundert Fällen zu Rate gezogen – zur Bestürzung seiner Kollegen.

Vielleicht wandte sich der schlafende Cayce wegen der Ablehnung, auf die er bei den Medizinern damals stieß, unbewußt an Osteopathen, physikalische Therapeuten und Chiropraktiker, die seiner Behandlungsweise offener gegenüberstanden. Cayce war Empiriker, er wandte alles an, was wirkte. Wenn er im Wachzustand Selbstgespräche über seine Heilmethoden führte, sagte er oft, die gütige Natur berge eine Heilmöglichkeit für jedes Leiden, einschließlich Krebs, nur müsse die Behandlungsweise eben rechtzeitig gefunden werden. Bei jungen Leuten hatte Cayce mehr Chancen, günstig aufgenommen zu werden, denn die Jugendlichen wurzelten noch nicht so fest in der Tradition.

Ketchum ließ sich kurz nach der Jahrhundertwende in Hopkinsville nieder, er war Mitte Zwanzig und entschlossen, seinen Weg zu machen. Als verdammter Yankee oder Nordstaatler von der falschen Seite des Ohio-Flusses hatte er in einer Gemeinde, wo der Bürgerkrieg nie richtig zu Ende gegangen war, wenig zu verlieren, wenn er Cayce konsultierte. Er war in der Stadt ohnehin „nicht gesellschaftsfähig“, denn dort gehörte man nur als „Eingeborener“ dazu.

Von Cayce hörte Ketchum durch einen Mann, der ebenfalls aus dem Bundesstaat Ohio stammte: durch C. H. Dietrich, den Schulleiter von Hopkinsville. Cayce hatte Dietrichs Tochter wunderbarerweise geholfen. Ketchum war beeindruckt, daß ein Mann von Dietrichs Format das Unbegreifliche so widerspruchslos akzeptierte. Trotzdem verging noch ein Jahr, bevor er Cayce aufsuchte. Und auch dann tat er es nur, weil er einen ungewöhnlichen Fall übertragen bekam und damit die Chance erhielt, in Kreise einzudringen, auf die bislang die „eingeborenen“ Ärzte ein Monopol besessen hatten. Der Patient war ein Collegestudent aus einer reichen, vornehmen Familie. In einem Football-Spiel, beim Ringen um den Ball nach dem Anspiel, war er plötzlich bewußtlos zusammengebrochen. Als er wieder zu sich kam, schien er den Verstand verloren zu haben. Er konnte nur noch ein paar unartikulierte Worte murmeln. Sein Blick war unstet. Er bekam immer wieder heftige Anfälle, dazwischen saß er stundenlang in einem Stuhl und starrte vor sich hin. Die Familie konsultierte Spezialisten im ganzen Land. Sie bezeichneten ihn als hoffnungslosen Fall einer Dementia praecox oder eines Jugendirreseins.

Ketchum untersuchte den jungen Mann zwei Stunden lang. Physisch fehlte ihm nichts, doch er reagierte wie ein Pudding. „Er konnte die einfachsten Fragen nicht beantworten“, erinnert sich Ketchum. „Wenn man ihn ansah, sagte er wahllos ja oder nein und verstummte.“ Er stand unter ständiger Aufsicht von zwei Wärtern, aber meist saß er stumpfsinnig herum und zeigte an nichts Interesse. Ketchum hatte keine Ahnung, was ihm fehlte, erklärte sich jedoch bereit, den Fall zu übernehmen, wenn ihm die Familie ein Jahr lang freie Hand ließe. Da der Familie keine andere Wahl blieb, willigte sie ein. Geld spielte keine Rolle. Damals hielt Ketchum noch an der konventionellen Behandlungsmethode fest. Er fuhr mit seinem Patienten nach New York und ließ ihn von Gehirnspezialisten untersuchen. Sie brachten ihn in ein Krankenhaus und steckten ihn vierzehn Tage in eine Gummizelle, wo sie verschiedene Tests mit ihm machten und ihn beobachteten. Am Ende schüttelten sie weise die Köpfe und schlossen sich der Diagnose ihrer Kollegen an: „Hoffnungsloser Fall einer Dementia praecox.“ Als nächstes suchte Ketchum mit seinem Patienten einen führenden Neurologen in Cleveland auf, einen seiner ehemaligen Lehrer. Wieder Dementia praecox, doch diesmal mit einem Rat verbunden: „Setzen Sie sich im Zug dem jungen Mann gegenüber; er ist sehr kräftig.“ Auf der Rückfahrt nach Hopkinsville hatte Ketchum plötzlich eine Idee: „Wie wäre es mit Dietrichs Freund, diesem seltenen Vogel Edgar Cayce?"

Statt Cayce direkt anzurufen, wandte sich Ketchum an den Arzt T. B. House. Er wußte, daß House mit der Familie Cayce entfernt verwandt war. House warnte ihn jedoch davor, Cayce einzuschalten. „Je weniger Sie mit ihm zu tun haben, desto besser für Sie. Man hat schon fast vergessen, daß Sie ein verdammter Yankee sind. Aber wenn Sie sich mit Cayce einlassen, bekommen Sie Schwierigkeiten."

Doch Ketchum, der an die Heilung von Dietrichs Tochter dachte, war nicht so leicht von seinem Vorhaben abzubringen. Nach einigem Hin und Her erklärte sich House bereit, Ketchum mit Cayce bekannt zu machen. Er fuhr mit ihm nach Bowling Green, Kentucky, wo Cayce ein Photoatelier hatte, stellte Ketchum als Freund des Schulleiters Dietrich vor und erklärte, Ketchum habe einen Fall für Cayce. Sofort nahm Cayce seinen gestärkten weißen Kragen ab und legte sich auf die Couch. Ziemlich skeptisch schrieb Ketchum den Namen und die Adresse seines Patienten auf einen Zettel und reichte ihn House.

An dieses erste Reading erinnert sich der heute auf die Neunzig zugehende, in Südkalifornien lebende Ketchum noch nach sechzig Jahren genau. Als Cayce in leichter Trance lag und gleichmäßig atmete, sprach House völlig ungezwungen: „Du hast den Körper von M. aus Hopkinsville, Kentucky, vor dir. Untersuche diesen Körper und sage uns, was du feststellst."

Cayce lag eine Zeitlang still da, dann sprach er, als sei er gerade über etwas gestolpert: „O ja, ja, hier haben wir ihn." Er zögerte einen Augenblick. Obwohl man ihm nichts über den Zustand des Patienten verraten hatte, begann er mit einemmal rasch zu reden: „Sein Gehirn steht in Flammen. Die Gehirnwindungen sind ganz rot, feuerrot. Sein Verstand ist gestört. Wenn nichts getan wird für ihn, ist er in kürze ein rasender Irrer. Es liegt alles lange zurück."

Ketchum war von der Diagnose, mehr noch von der Prognose beeindruckt: Geistesstörung – und rapide Verschlechterung. Dasselbe hatten die Spezialisten in Rochester, New York und Cleveland vorausgesagt.

House bedeutete Ketchum, daß er den Schlafenden befragen könne.

„Was für eine Behandlung schlagen Sie vor?" erkundigte sich Ketchum.

Die Antwort kam klar und bestimmt: „Eine Spezialbehandlung, bei der bis zum Äußersten zu gehen ist." Er nannte ein kaum bekanntes Arzneimittel. Ketchum kannte es.

„Sonst noch etwas?"

„Das reicht."

Fasziniert beobachtete er, wie House dem schlafenden Seher suggerierte, daß er erwachen solle. „Du siehst den Kranken nicht mehr", sprach er, „du erwachst und fühlst dich vollkommen wohl."

Nach ein paar Minuten setzte sich Cayce auf und rieb sich die Augen. Ketchum brannte darauf, ihn auszufragen. „Sie gebrauchten einige sehr bemerkenswerte Ausdrücke", sagte er. „Nun, was wissen Sie über Gehirnwindungen?"

Cayce sah ihn kläglich an. „Nichts."

Ketchum musterte den schlanken, leicht gebeugten Mann scharf.

„Sie sind entweder der interessanteste Mann in Kentucky oder der größte Lügner", sagte er.

Cayce lächelte gutmütig. Er hatte das schon öfter gehört. „Ich habe keinen Ehrgeiz", erwiderte er milde.

Die beiden Männer schüttelten einander die Hände. „Sie werden von mir hören, so oder so", versicherte Ketchum.

Seinen Besuch bei Cayce erwähnte Ketchum nirgends, auch nicht der Familie des Jungen gegenüber.

Nach der Ankunft in Hopkinsville ging Ketchum sofort in eine Apotheke und besorgte das empfohlene Mittel. Unverzüglich begann er es seinem Patienten zu verabreichen. Zehn Tropfen morgens, elf mittags, zwölf abends. Langsam erhöhte er die Dosis auf zwanzig Tropfen. Die erste Flasche war leer, ohne daß bei dem Patienten eine merkliche Besserung eingetreten wäre.

Bei der zweiten Flasche setzte Ketchum die Dosis auf vierzig Tropfen hinauf. Normalerweise hatten starke Dosen Erkältungssymptome zur Folge, ein Anschwellen der zarten Membranen in Augen und Nase. Der Patient zeigte jedoch keinerlei Wirkung. Ketchum kaufte größere Flaschen und verdreifachte die Dosis, überschritt die Sicherheitsgrenze. Dann begann er wieder von vorn, bei der anfänglichen Tropfenzahl. Keine Reaktion, nicht die leichteste Entzündung der Augen. So vergingen drei oder vier Wochen, während derer Ketchum den Patienten zu Hause oder in seiner Praxis behandelte.

Eines Morgens aber klingelte das Telefon. Es war die Mutter des Jungen, ihre Stimme klang anders als sonst. Ketchum hielt den Atem an.

„Dr. Ketchum?"

„Ja".

„Guten Morgen, Wundermann", rief sie.

Wenige Minuten zuvor war ihr Sohn die Treppe heruntergekommen und hatte zum erstenmal seit einem Jahr normal gesprochen: „Guten Morgen, Mutti, was gibt's zum Frühstück." Er war wieder wie vor seinem Zusammenbruch auf dem Fußballplatz.

Ketchum heimste alle Anerkennung ein, denn er wagte damals noch nicht, von Cayce zu sprechen. Er verdiente allerdings auch Anerkennung, hatte er doch den Mut gehabt, Cayce zu konsultieren und die Behandlung trotz scheinbarer Wirkungslosigkeit weiterzuführen. Von nun an setzte sich Ketchum, wenn ein Fall nicht sofort zu diagnostizieren war oder ungewöhnlich schien, mit Cayce in Verbindung und bat ihn, „darüber zu schlafen". Eines Tages fiel ein Arbeiter namens Homer Jenkins, der in einer Ziegelei der Stadt schaufelte, bewußtlos um. Man legte ihn in einen Wagen auf Stroh und fuhr ihn nach Hause. Ketchum hatte keine Ahnung, was ihm fehlte. Cayce erklärte, es sei ein schwerer Fall von Fehlernährung: „Zuviel Maisbrei und Maismehl." Er empfahl eine ausgewogene Diät mit viel Frischgemüse.

Es war der erste Fall von Pellagra, den Ketchum sah. Dank diesem einen konnte er andere Fälle diagnostizieren und behandeln, an denen Kollegen ein Jahr lang herumgerätselt hatten, ohne etwas herauszufinden. „Bis dahin hatte ich von Pellagra nur im Zusammenhang mit Italien gehört", erinnert sich Ketchum. „Doch jetzt begann man im ganzen Land Fälle von Pellagra aufzuspüren, überall dort, wo sich die Menschen nur von Mais ernährten."

Wieder blieb Cayce die Anerkennung versagt. Ein Arzt aus Hopkinsville, dessen Pellagra-Patienten genesen waren, hielt vor der *Kentucky Medical Society* einen Vortrag über die Diagnose, doch er erwähnte nicht einmal Ketchum, geschweige denn Cayce.

Cayce steigerte weiterhin still und leise Ketchums Ansehen. Fünf Südstaatler-Ärzte, alles altgediente Veteranen, und dazu der „Neuling" Ketchum, wurden gerufen, als sich der reiche Unternehmer George Dalton bei einem Sturz das Bein brach. Nach der Untersuchung tauschten die Ärzte ihre Gedanken aus. Da kam Frau Dalton aus dem Krankenzimmer und sagte: „Mein Mann will sich dem Yankee-Boy anvertrauen."

Das bürdete Ketchum eine schwere Verantwortung auf – und Cayce. Es gab kein Krankenhaus, die Patienten wurden zu Hause oder in der Arztpraxis behandelt. Und Ketchum hatte noch nie einen komplizierten Bruch versorgt. In aller Eile konsultierte er Cayce, der dieses Mal eine ziemlich radikale Behandlung empfahl: ein Loch in die Kniescheibe bohren, die Knochen nageln, dann einen Streckverband anlegen.

Ketchum hegte einige Befürchtungen. Er hatte noch nie von einer solchen Methode gehört. „Damals verwendete man Schienen", berichtete er. „Metallnägel lagen noch in weiter Ferne. Ich ging also zum nächsten Schmied, der machte mir einen Eisennagel, so groß wie ein Dachnagel und mit breitem Kopf." Mit Hilfe eines anderen Arztes und zweier Schwestern bohrte Ketchum dann ein Loch in die Kniescheibe des

Patienten, nagelte den Bruch und legte den Streckverband mit einem über eine Rolle laufenden Gewicht am Fuß des Bettes an.

Als bekannt wurde, daß der Yankee-Doktor Nägel in Daltons Bein hämmerte, bedachte man ihn mit gehässigen Seitenblicken, und allenthalben hieß es: „Der verdammte Yankee. Er wird den alten Dalton umbringen." Ketchum ging zu Cayce, und der beruhigte ihn. Sicherheitshalber jedoch steckte Ketchum eine doppelläufige Flinte in seinen Wagen. Er wußte, daß er nur überleben würde, wenn Dalton genas. Es dauerte Monate, doch die Zeit rechtfertigte ihn. Das Bein wurde wieder fest wie eh und je, der Eisennagel blieb, wo er war. Dalton nahm ihn dreißig Jahre später mit ins Grab.

Noch immer wußte niemand, daß sich Ketchum von Cayce helfen ließ. Ketchum konnte sich noch immer nicht an den Gedanken gewöhnen, daß dieser schlafende, in der sechsten Klasse hängengebliebene Illiterat mehr von Medizin, Anatomie und Chemie verstand als er, der seine medizinische Ausbildung mit Auszeichnung abgeschlossen hatte, mehr auch als alle seine würdigen Kollegen und Professoren. Sogar Augenzeugen konnten nicht glauben, was sie sahen. Ketchum testete Cayce immer wieder. Einmal fragte er den Schlafenden, welches der kürzeste Muskel im Körper sei. Ohne zu zögern, erwiderte Cayce: „Levator labii superioris alaeque nasi – an der Oberlippe." Ketchum forderte ihn auf, den längsten Muskel zu nennen. Das schlafende Phänomen antwortete genauso richtig: „Sartorius." Das ist der Schneidermuskel, der das Hüft- und Kniegelenk bewegt. Manchmal sprudelte Cayce die Worte nur so hervor, auch komplizierteste Fachausdrücke. Dann wieder schien er umherzusuchen wie ein Spürhund, der seine Fährte verloren hat; doch immer sprach er bald wieder weiter, als habe er eine frische Spur gefunden. In diesen Augenblicken, so erinnert sich Ketchum, schien er in den Patienten hineinzuschauen und alles völlig klar zu sehen.

Nur selten riet Cayce zu Operationen. Das läßt darauf schließen, daß sein Unterbewußtsein sie als etwas ansah, das zu oft angewandt wurde. Jede Methode, die in einem bestimmten Fall positive Ergebnisse versprach, führte Cayce in seiner Hellsichtigkeit an. „Er wurde ein Anwalt der neuartigen Behandlung von Knochenleiden, die damals gerade aufgekommen war", berichtete Ketchum. „Hauptsächlich empfahl er sie in Fällen, die mit einer Einrenkung oder Manipulation der Wirbelsäule zu tun hatten. Oft fragten wir ihn, ob eine Operation notwendig sei, worauf er meist antwortete: ‚Keine Operation erforderlich.' Statt dessen sandte er den Patienten zum nächsten Osteopathen." Damals gab es noch nicht viele, deshalb nannte Cayce manchmal den Namen und die Anschrift eines solchen Therapeuten und beschrieb die Behandlung in allen Einzelheiten.

Genauso häufig ordnete Cayce Arzneimittel an, wenn sie für den besonderen Zweck geeignet waren. Ketchum beobachtete oft verblüfft die seltsame Leichtigkeit, mit der Cayce Arzneimittel aufspürte, die nicht allgemein bekannt, noch nicht oder nicht mehr auf dem Markt waren. „Eines Tages", erzählte Ketchum, „waren mehrere Ärzte und Apotheker in Cayces Arbeitsraum; es ging um einen schwierigen Fall, für den Cayce Schwefelbalsam verschrieben hatte. Die Herren kratzten sich die Köpfe. Keiner hatte je davon gehört. Einer der Apotheker, ein älterer Herr namens Gaither, war überzeugt, so etwas gebe es nicht. Sie blätterten ein Dispensatorium durch, das alle erhältlichen Heilmittel anführte. Kein Schwefelbalsam. Dann entdeckten sie in einem Speicher einen alten, ausrangierten Katalog, der vor fünfzig Jahren erschienen war. Sie staubten ihn ab, schlugen ihn auf und fanden den Schwefelbalsam."

In den Jahren ihrer Zusammenarbeit lernte Ketchum fast alle Seiten des Phänomens Cayce kennen. Doch jedes neue Wunder überraschte ihn neu. Nach einer Zeitlang war er überzeugt, Cayces Geist streife durch den Raum und lasse sich in unmittelbarer Nähe des Menschen nieder, für den er ein Reading machte. Das entscheidende Argument für diese Annahme erhielt Ketchum eines Abends, als Cayce in Hopkinsville ein Reading für einen Patienten in Cleveland vornahm. Plötzlich, mitten im Reading, brach Cayce ab. „Er ist fort", war alles, was er sagen konnte. Er schien ziellos umherzutasten.

Ketchum weckte ihn.

Später erhielt Ketchum Nachricht von einem befreundeten Arzt in Cleveland. Der Patient war um zwanzig Uhr zwanzig gestorben, genau in dem Augenblick, wo Cayce ihn verloren hatte.

Ketchum war ein selbstsicherer junger Mann, den nichts so leicht aus der Ruhe brachte. Das kam ihm sehr zustatten. Obwohl er selbst nicht darüber sprach, verbreitete sich im Lauf der Zeit das Gerücht, er stehe mit einem Hellseher in Verbindung, der beachtliche Heilkräfte besitze. Trotzdem wandten sich die Menschen gewöhnlich erst an Ketchum bzw. Cayce, wenn alle anderen Mittel versagt hatten. Ketchum erhielt die seltsamsten Anrufe, von Reichen und Armen, Gläubigen und Zynischen. Er kam sich fast wie Sherlock Holmes, der sich die interessantesten Fälle herauspicken konnte, vor.

Eines Tages klingelte das Telefon, und ein Mann verkündete, er wünsche die Dienste des Wunderknaben Cayce. Der Mann war Millionär, lebte in einer Stadt im Mittelwesten und wollte gut zahlen, sogar eine fürstliche Sonderprämie, wenn Cayce Erfolg habe.

Dieser Fall sollte Cayces Allwissenheit in einer Weise offenbaren, daß auch Ketchum nur überwältigt den Kopf schütteln konnte. Wie bei Holmes‘ besten Fällen war der Anfang ziemlich „gewöhnlich“. Die Frau des Millionärs litt angeblich an Paralysis agitans oder Schüttellähmung. Ihr aufopfernder Mann hatte sie in Kliniken, Krankenhäuser und Bäder der ganzen Welt gebracht und war schließlich mit ihr nach Hause zurückgekehrt, in der Hoffnung, daß häusliche Pflege und Ruhe ihr zumindest Linderung bringen würden. Als er von Cayce hörte, dachte er, die Sache sei einen Versuch wert. „Ich will nichts anderes“, erklärte er am Telefon, „als daß Sie Cayce in unsere Stadt bringen, damit er eine Diagnose stellt.“

Ketchum gab keine feste Zusage. „Nennen Sie mir den Namen Ihrer Frau und Ihre Adresse“, sagte er. „Ich verständige Sie dann.“ So viele erfolgreiche Readings Cayce schon gemacht hatte, Ketchum mußte sich jedesmal von neuem Gewißheit holen, daß seine Leistung echt war – und wiederholbar. Deshalb ging er nun mit der Bitte des Mannes und den Angaben über den Aufenthaltsort der Frau zu Cayce und ersuchte ihn um ein vorläufiges Reading. Kaum hatte die Stenotypistin Platz genommen, ratterte Cayce die ganze Geschichte des Leidens der Frau herunter. Ketchum studierte den getippten Bericht und rief dann den Mann an, um ihm zu sagen, daß er losfahre. Er war davon abgekommen, Cayce mitzunehmen, denn er wollte seine Verbindung mit Cayce möglichst wenig publik machen.

Nach seiner Ankunft quartierte er sich in einem Hotel ein und rief den Mann an.

„Haben Sie den Jungen mitgebracht?“ fragte der.

„Nein“, antwortete Ketchum.

Die Stimme des Mannes klang enttäuscht: „Was können denn Sie tun?“

„Ich habe eine maschinengeschriebene Schilderung des Falles bei mir.“ Sie stamme von Cayce, erklärte er.

Verlegenes Schweigen am anderen Ende der Leitung. Schließlich sagte der Mann: „Na gut, wenn Sie schon mal hier sind, kommen Sie meinetwegen herüber.“

Hunderte von Kilometern weit weg, in Trance, hatte Cayce die unbekannte Patientin als Frau in einem Rollstuhl beschrieben und über ihren Zustand gesagt: „Sie ist unbeweglich wie ein Stück Marmor. Sie kann weder nach rechts noch nach links schauen. Sie hat zwei ausgebildete Schwestern mit weißen Hauben.“ Obwohl Ketchum mittlerweile an Cayce gewöhnt war, riß er doch die Augen auf, als er vor dem Haus der Patientin vorfuhr. „Auf der Veranda, oben an der Treppe, saß eine Frau in einem Rollstuhl. Auf jeder Seite stand eine Schwester mit weißer Haube."

Dieser Anblick gab ihm die Sicherheit, die er bei dem, was der Bericht enthielt, dringend brauchte. Die Gruppe begab sich ins Wohnzimmer, die Schwestern gingen, und der Ehemann betrachtete Ketchum finster. „Wie können Sie ohne den Wunderknaben arbeiten?" fragte er.

Ketchum gestattete sich ein Lächeln. „Ich habe den Wunderknaben hier bei mir", sagte er und zog den maschinengeschriebenen Bericht aus der Tasche. Er dachte nicht daran zu erklären, wie Cayce seine Readings machte, zumal er es selbst nicht begriff.

Die Frau saß gleichmütig da, den Blick starr geradeaus gerichtet, ihre Hände zitterten leicht. Ihr Mann stellte sich neben sie und ließ den Besucher nicht aus den Augen. Ketchum setzte sich zu der Frau und las das Reading vor. Die Patientin habe ein Nervenleiden, aber nicht das diagnostizierte. Ketchum stockte; er schien verlegen zu werden, was bei ihm wahrlich selten geschah. „Die Patientin beging als junge Frau eine geheime Sünde", sagte er. Die Frau bewegte den Kopf ein wenig, zeigte zum erstenmal Interesse. Ketchum gab sich einen Ruck: „Diese geheime Sünde war Masturbation."

Die Patientin errötete vom Hals bis zur Stirn. Ihr Mann dagegen sah geradezu gelangweilt drein. Etwas derart Lächerliches hatte er noch nie gehört. Doch Ketchum war der verblüffte Blick der Frau nicht entgangen. Tapfer sprach er weiter. Wegen dieser Sünde, die in ihr ein Schuldgefühl erzeugt habe, sei sie bis zu ihrem neununddreißigsten Lebensjahr ledig geblieben. Dann habe sie eine scheinbar glückliche Ehe geschlossen, zwei Kinder bekommen und sei krank geworden. Bei diesen Worten regte sich das Interesse des Mannes kurz, denn Cayce hatte in groben Zügen das Zusammenleben der beiden geschildert.

Als Ketchum mit dem Bericht zu Ende war, wandte sich die Frau an ihren Mann: „Würdest du bitte ins Nebenzimmer gehen? Ich möchte mit dem Doktor allein sprechen."

Der Gatte ging. Sie richtete den Blick auf den jungen Arzt. „Dr. Ketchum", fragte sie, „was für ein Mensch ist dieser Cayce? Ich habe wirklich mit einer geheimen Sünde gelebt, von meinem achtzehnten bis zum neununddreißigsten Lebensjahr. Aber nur ich und mein Gott wissen davon. Wie, um Himmels willen, konnte Ihnen dieser Mann das sagen?"

Ketchum unterhielt sich eine Weile mit ihr und erklärte ihr, Cayce sei ein Hellseher, der irgendwie sein Unterbewußtsein einsetze. Offenbar sei er auf die unterdrückte Schuld gestoßen, die sich alle diese Jahre hindurch in der Frau angestaut und allmählich ihre körperliche Verfassung beeinträchtigt habe. Cayce habe oft angedeutet, daß Geist und Körper eins seien, und wenn das eine leide, werde das andere unweigerlich in Mitleidenschaft gezogen.

Cayce hatte verschiedene Arzneimittel gegen das Leiden angeraten. Die Aussprache schien ein übriges zu tun. Langsam genas die Frau, sie führte mehrere Jahre lang ein normales Leben. Der Mann freilich war nicht übermäßig beeindruckt. Er konnte den Unsinn mit der geheimen Sünde nicht glauben.

Ketchum staunte immer wieder von neuem über Cayces Universalwissen. Es war ein regelrechtes „Arsenal". Da Cayce hinter ihm stand, konnten ihm die Patienten kaum etwas verheimlichen. Sein allwissender Assistent verschaffte ihm Autorität bei den Patienten. Um was es auch ging, Ketchum war nun überzeugt, Cayce wisse am besten Bescheid.

Einmal, in den Weihnachtsferien, vereinbarte eine Frau mit ihm einen Termin für ihre Tochter, die in einem Zustand der Depression nach Hause gekommen war. Die beiden sollten am nächsten Morgen um neun bei ihm sein.

Am Abend vorher ging Ketchum zu Cayce. Er nannte ihm den Namen und die Adresse des Mädchens. Cayce war ein paar Minuten sehr still, als versuche er in Trance das zu bewerten, was er sah. Dann sagte er, fast seufzend: „Die Störung in diesem Körper ist klar zu erkennen, ganz klar. Im Becken entwickelt sich neues Leben. Als Folge davon haben wir Übelkeit und das sogenannte morgendliche Erbrechen bei Schwangeren."

Ketchum machte ein langes Gesicht. „Schöner Fall", dachte er.

Da er Cayce aber immer noch testete, wollte er es gleich richtig tun. „Welche Behandlung schlagen Sie vor?" Diese Frage stellte eine ziemlich harte Nuß dar, denn bestimmt war das Mädchen nicht verheiratet.

„Keinerlei Behandlung", antwortete Cayce. „Es ist rein psychologischer Natur. Die Natur regelt solche Dinge."

Bevor er Cayce aufweckte, verbannte Ketchum das Mädchen aus dem Bewußtsein des Mystikers. „Gut", sagte er, „Sie sehen sie nicht mehr."

Mutter und Tochter kamen pünktlich um neun. Das Mädchen war blaß und deprimiert, aber schön. Es hatte ein feines Gesicht und eine vornehme Art. Wenn es sich einem Mann hingegeben hatte, dann nur aus Liebe, das spürte Ketchum. Er wandte sich an die Mutter: „Kann ich mit Ihrer Tochter allein sprechen?"

In der Abgeschiedenheit seines Sprechzimmers sagte er sanft: „Nun erzählen Sie mir alles über sich."

Sie errötete, schluckte ein paarmal und sprach dann mit leiser, gepreßter Stimme: „Niemand weiß es, aber es ist seit zwei Monaten ausgeblieben." Die Geschichte war keineswegs ungewöhnlich, auch für die damalige Zeit nicht. Seit eineinhalb Jahren traf sie sich mit einem jungen Mann aus einem in der Nähe liegenden College; die beiden hatten sich ineinander verliebt, und nun war sie schwanger.

Obwohl Cayce gesagt hatte, die Natur werde alles regeln, beschloß Ketchum, der Natur ein wenig nachzuhelfen. „Als erstes müssen wir es Ihrer Mutter sagen", erklärte er.

Das Mädchen war entsetzt. „Bitte, nur das nicht."

„Natürlich! Ihre Mutter weiß genau, was zu machen ist."

Die Mutter blieb überraschenderweise ruhig. Sie fragte ihre Tochter, was sie für den jungen Mann empfinde. Das Mädchen brachte schluchzend heraus, sie liebe ihn, schäme sich aber zu sehr, ihm zu sagen, was passiert sei. „Ich will nicht, daß er mich heiraten muß."

Die Mutter schaute den jungen Arzt, der aussah, als würde er mit schwierigen Situationen spielend fertig, fragend an.

Ketchum half der Natur noch ein bißchen weiter nach. „Wenn Sie meinen Rat hören wollen, setzen Sie sich mit dem jungen Mann in Verbindung und lassen ihn zu einer Aussprache herkommen." Er redete dem Mädchen gut zu. „Ich würde niemals einen Mann auffordern, ein Mädchen zu heiraten, das nicht die richtige für ihn ist. Wenn Sie beide das gleiche fühlen, verschwinden Sie in einen anderen Staat, heiraten und machen es in allen Zeitungen publik. Wenn Sie die Sache verheimlichen, wecken Sie nur die Neugier der Leute." In achtundvierzig Stunden war alles geregelt. Das Paar inszenierte eine Entführung, dann nahmen beide ihr Studium wieder auf. Im Juni wurden sie fertig. Das Kind kam an dem Tag, an welchem die Feier anläßlich der Verleihung akademischer Grade stattfand.

Da Ketchum weiterhin mit Cayce zusammenarbeitete, konnte es nicht ausbleiben, daß die anderen Ärzte des Bezirks immer mehr über ihn und den „seltenen Vogel" erfuhren. Der stolze Ketchum wiederum empfand wachsenden Ärger auf die Medizinerschaft, die ihn mißtrauisch beobachtete. Er wußte, daß einige Kollegen, die ihn bei den örtlichen medizinischen Gesellschaften angeschwärzt hatten, heimlich selbst zu Cayce gegangen waren, um sich von ihm helfen zu lassen.

Cayce nahm den Medizinern gegenüber eine sehr reservierte Haltung ein. Sein entfernter Verwandter Thomas House, später Chef des *Cayce Hospital,* hatte ihn zugezogen, ohne zu verstehen, wie Cayces Kraft wirkte. Aber er gab wenigstens zu, daß sie wirkte; er machte nicht die übliche Bemerkung der Mediziner, das Leiden wäre ohnehin geheilt. Lange bevor Ketchum seine Praxis eröffnete, hatten die Mediziner durchgesetzt, daß Al Layne, mit dem Cayce einst angefangen und der keine Berechtigung zur Ausübung des Arztberufes besessen hatte, mit seiner Arbeit aufhören mußte. Das Ende der Zusammenarbeit mit Layne war Cayce damals sehr nahegegangen. Dennoch hatte er sich etwas später bereit erklärt, mit einem Komitee junger Ärzte zusammenzuarbeiten, dem Dr. John Blackburn vorstand. Blackburn war besonders von Cayces Erfolg bei dem Kind des Schulleiters Dietrich beeindruckt gewesen.

Das Ärztekomitee, das ihn ständig testete, war jedoch eine große Belastung für den grübelnden Mystiker. In jenem Stadium der Unsicherheit, in dem er sich damals befand, brauchte er Ermutigung, um weitermachen zu können, und nicht Mißtrauen oder Zweifel. Manche Ärzte stachen ihn mit Nadeln, wenn er schlief, um sicherzugehen, daß er sich nicht verstellte. Andere versuchten mit allen Mitteln zu beweisen, daß seine Behandlungsmethoden grundfalsch seien. Einmal glaubte das Komitee, ihn „überführen" zu können. Der Fall schien völlig klar: Spezialisten hatten bei einer Frau mit Bauchschmerzen und inneren Blutungen dringend zu einer Operation geraten. Die Frau war zu Cayce gegangen. Cayce sagte ihr, sie habe lediglich eine Reizung der Magenwand. Er empfahl täglich einen langen Spaziergang und eine rohe, mit Salz bestreute Zitrone. Das klang so absurd, daß die Ärzte beschlossen, Cayce mit diesem Fall als Betrüger zu entlarven. Sie verschoben die Operation, obwohl sie sie für dringend notwendig hielten. Drei Wochen später wanderte die Frau fünfzehn Kilometer am Tag und hatte keine Bauchschmerzen mehr. Sie war geheilt.

Kurz bevor er Ketchum kennenlernte, kam Cayce zu dem Schluß, seine Gabe, wenn es eine war, müsse auch allein bestehen können. Er wollte keine Experimente mehr dulden, in denen er die Rolle des Meerschweinchens zu spielen hatte. Ketchum und er waren zwar grundverschiedene Temperamente, doch er erkannte, daß Ketchum alles pragmatisch akzeptierte, was wirkte. Außerdem gab ihm Ketchum die Möglichkeit, den Menschen unter fachmännischer Aufsicht zu helfen. Natürlich profitierte Ketchum davon. Während der drei oder vier Jahre, in denen Cayce hinter ihm stand, machte er sich einen beneidenswerten Namen als Arzt; er kam in den Ruf, helfen zu können, wo es niemand anderer vermochte. Ketchum hatte nun nichts mehr dagegen, Cayce öffentlich als seinen Partner zu erklären, wenn Cayce dazu bereit war. Er wußte, daß die einzigen Einwände von Ärzten kommen würden, nicht von den Patienten, die nur Hilfe wollten. Er ließ also einen Versuchsballon los und wählte dafür mit seinem Spürsinn für dramatische Situationen die geeignetste Bühne – einen Ärztekongreß. Es war eine Tagung des Landesverbandes der Homöopathen in Passadena, Kalifornien. Ketchum hörte seinen Kollegen zu, die ihre ungewöhnlichsten Fälle diskutierten. Nach einiger Zeit stand er gemächlich auf und berichtete von Cayce, seinem „ungewöhnlichsten Fall". Das war im Juli 1910.

Die meisten Zuhörer waren natürlich höchst skeptisch. Einer jedoch, ein Dr. Krauss aus Boston, trat zu Ketchum und fragte ihn, ob er nicht für die *American Association for Clinical Research* (Amerikanische Vereinigung für klinische Forschung), die im September in Boston tagen sollte, einen Vortrag über Cayce ausarbeiten wolle. Ohne viel Umstände setzte sich Ketchum hin, schrieb mit Bleistift rasch einen Bericht über Cayce und gab ihn dem Arzt. Er dachte nicht mehr daran, bis er später ein Programm der Tagung erhielt, in dem er als Vortragender stand mit „Mein ungewöhnlichster Fall".

Ketchum machte sich nicht die Mühe, selbst nach Boston zu fahren oder gar Cayce hinzubringen. Er wußte, daß die Medizinerschaft – und das Laienpublikum – nicht aufnahmebereit waren für das, was er zu sagen hatte. Und hätte er sich die Sache nochmals überlegen können, würde er vermutlich auch den Vortrag zurückgezogen haben. Das ging jedoch nicht mehr. Den Vortrag verlas Dr. Henry E. Harrower aus Chicago, der oft für das *Journal of the American Medical Association* schrieb. Außerdem druckte ihn die *New York Times* ungekürzt ab. Die *Times* hielt es für angebracht, auf Dr. Ketchums Glaubwürdigkeit hinzuweisen. „Korrekterweise soll hinzugefügt werden, daß Dr. Wesley H. Ketchum ein namhafter, hochangesehener Arzt mit einer erfolgreichen Praxis im homöopathischen Zweig der Medizin ist. Er hat eine klassische Ausbildung, einen angeborenen Hang zur Wissenschaft und absolvierte eine der führenden medizinischen Fakultäten des Landes. Für ihn bürgen konservative Ärzte in Kentucky und Ohio, in beiden Staaten ist er gut bekannt. In Hopkinsville genießt kein Arzt irgendeiner Richtung höheres Ansehen als er, obwohl er noch ein junger Mann ist."

Die versammelten Ärzte reagierten unterschiedlich auf den Vortrag, der genausoviel über Ketchum selbst verriet wie über Cayce. „Vor etwa vier Jahren", hatte Ketchum geschrieben, „machte ich die Bekanntschaft eines jungen, achtundzwanzigjährigen Mannes, der in dem Ruf stand, ein ‚seltener Vogel' zu sein. Es hieß, er sage im Schlaf wunderbare Wahrheiten. Das interessierte mich, ich ging der Sache sofort nach, und da ich aus Missouri stamme, mußte ich alles mit eigenen Augen sehen. Jeder Laie ist doch, wenn es um irgend etwas Psychisches geht, von vornherein ein Ungläubiger; und die meisten Angehörigen unseres erhabenen Berufsstands lassen nichts gelten, was psychischer Natur ist, Hypnose, Mesmerismus oder was immer, sofern sich nicht irgendein namhafter, unbestritten konservativer Doktor der Medizin dafür verbürgt."

Ketchum erklärte, wie er Cayce in Trance versenkte, und fuhr fort: „In diesem Schlaf, der in jeder Hinsicht natürlich ist, bleibt sein objektiver Geist völlig inaktiv, und nur sein subjektiver Geist arbeitet. Durch Suggestion wird er unempfindsam gegen Schmerz jeder Art, und die beste Arbeit leistet er, so seltsam es klingt, wenn er scheinbar ‚tot für die Welt' ist."

Auf Cayces klinische Ausführlichkeit und seine genaue Terminologie wies Ketchum besonders hin. „Seine psychologischen Ausdrücke und seine Beschreibungen der Anatomie der Nerven würden jedem Professor für Nervenanatomie zur Ehre gereichen. In seiner Rede gibt es kein Stocken, alle seine Erklärungen sind klar und knapp. Die zungenbrecherischsten Wörter spricht er mit derselben Leichtigkeit aus wie ein Bostoner Arzt, und das finde ich ganz wunderbar in Anbetracht der Tatsache, daß er im Wachzustand ein ungebildeter Mann ist, vor allem auf dem Gebiet der Medizin, Chirurgie oder Pharmazie, wovon er so gut wie nichts versteht. Aus der Trance wird er durch die Suggestion geweckt, daß er die betreffende Person nicht mehr sehe; ein paar Minuten später ist er wach. Wenn man ihn fragt, weiß er absolut nicht, was er gesagt oder über wessen Fall er gesprochen hat."

Nie hatte Ketchum erlebt, daß sich Cayce bei einer Diagnose irrte. Nur einmal beschrieb er die falsche Person, die aber im selben Haus wohnte. „Die Patienten, bei denen ich ihn einsetzte, hatten meist schon die anderen Ärzte konsultiert, bevor sie sich an mich wandten. Bei sechs Fällen, die von den Kollegen als rein chirurgisch angesehen worden waren, erklärte er, es liege kein solcher Zustand vor; die Behandlungen, die er empfahl, führten in jedem der Fälle zu befriedigendem Erfolg."

Ketchum, der ja selbst eine herkömmliche Ausbildung hatte, konnte sich denken, wie die Ärzte auf seinen Vortrag reagieren würden. „Die zünftigen Mediziner stellen in Abrede, daß aus dieser Quelle etwas Zuverlässiges kommen könnte, denn die Mehrheit von ihnen bewegt sich in einem ausgefahrenen Geleise und hat sich nie mit etwas beschäftigt, das nicht streng konventionell ist. Vielleicht werden Sie fragen, warum ein Mann mit solchen Kräften nicht an die Öffentlichkeit trat, um die Billigung der gesamten Mediziner, unparteiischer Mediziner, zu erlangen? Darauf kann ich nur antworten, daß sie noch nicht reif dazu sind. Wurde doch sogar Christus abgelehnt! ‚Wenn ihr nicht Zeichen und Wunder seht, so glaubt ihr nicht.'"

Kurz nach dem Vortrag von Boston, der einen Überfall neugieriger Journalisten auf das verschlafene Hopkinsville auslöste, beschlossen die organisierten Mediziner im Bezirk Christian, etwas gegen den Emporkömmling zu tun. Im Verwaltungsgebäude von Hopkinsville wurde eine Sondersitzung abgehalten, zu der man Ketchum nicht einlud. Praktisch alle zugelassenen Ärzte des Bezirks Christian waren anwesend und forderten Ketchums Skalp. „Sie und Ihr seltener Vogel wurden durch den Wolf gedreht und verflucht", erzählte ihm später ein wohlwollender Arzt. „Man will eine Abordnung in die Staatshauptstadt schicken und Ihnen die Zulassung entziehen lassen, weil sich angeblich kein Arzt mit gesundem Urteilsvermögen mit einer so verrückten Sache beschäftigen würde."

Einige Zeit später erhielt Ketchum die offizielle Verständigung, daß eine zweite Sitzung stattfinde, auf der die Beschuldigungen gegen ihn öffentlich erhoben werden sollten. Der kluge Ketchum überlegte sich seine Handlungsweise ganz genau. In dem Bezirk gab es vierzig bis fünfundvierzig Ärzte, die wie ein Mann gegen ihn stehen würden. Er konnte mit keinem Fürsprecher rechnen, mit keiner einzigen Stimme bei einer Abstimmung. Wenige Stunden vor der Sitzung, an einem Dienstag, ging er zur *First National Bank* in Hopkinsville, wo er sein Geld deponiert hatte. Er sagte zu dem erstaunten Kassenbeamten: „Ich möchte tausend Dollar in zwei Packen zu je fünfhundert. Neues Geld." Als er später ins Verwaltungsgebäude der Stadt ging, hatte er die beiden Packen in den Jackentaschen. In der letzten Sitzreihe des Verhandlungsraumes nahm er Platz. Dr. Franz Steitz, der seine Praxis genau gegenüber von Ketchum hatte, eröffnete die Versammlung. Das Protokoll der letzten Sitzung wurde verlesen. Es führte die Beschwerden an und nannte die Abordnung, die in die Staatshauptstadt Frankfort entsandt werden sollte, um die Streichung Ketchums von der Liste zugelassener Ärzte durchzusetzen. Man warf ihm vor, daß er offen mit dem bekannten Betrüger Cayce arbeite und dadurch die ganze Medizinerschaft in Mißkredit bringe. Je eher ihm das Handwerk gelegt werde, desto besser.

Es gab keine Kommentare zum Protokoll, also war die Reihe an Ketchum, sich zu verteidigen. Er stand auf, ein großer, achtunggebietender Mann. Aller Augen waren auf ihn gerichtet, als er durch den Verhandlungsraum nach vorn schritt und sich neben Steitz setzte. Der listige Arzt begann ganz ruhig, beinahe besänftigend, wie Markus Antonius in seiner denkwürdigen Rede bei Cäsars Begräbnis vor den Verschwörern. „Meine Herren", sagte er in versöhnlichem Ton, „es tut mir aufrichtig leid, daß ich dies über die Ärzte des Bezirks Christian gebracht habe. Sie wurden hier geboren und sind hier aufgewachsen, die meisten von Ihnen. Ich nicht. Ich bin nördlich des Flusses (Ohio) aufgewachsen und vor ein paar Jahren mit Unterstützung einiger Ihrer führenden

Bürger hierhergekommen. Einer dieser Bürger, Professor Dietrich, der Schöpfer Ihres wunderbaren Schulsystems, erzählte mir von Cayce. Alles, was ich getan habe, war Cayce zu prüfen. Und das ist jetzt noch alles, was ich tue."

Mit gleichmäßig sanfter Stimme appellierte er dann an die Versammelten, ihm entscheiden zu helfen, ob Cayce ein Betrüger sei oder nicht. „Ich mache Ihnen einen Vorschlag", sagte er. „Ich möchte, daß Sie sechs Herren bestimmen, die alle ihren schwierigsten Fall heraussuchen und dann Cayce diese sechs Fälle diagnostizieren lassen. Im Beisein von zwei Stenotypistinnen, die alles wörtlich mitschreiben."

Er blickte in den Raum, seine Miene verriet nichts als guten Willen. Die Ärzte sahen ihn gespannt an. Langsam, mit dramatischer Geste, griff er in die Tasche und klatschte die beiden Packen neuer Geldscheine auf den Tisch. „Hier sind tausend Dollar gutes amerikanisches Geld", sagte er. „Wenn sich Cayces Diagnosen bei den anschließenden Untersuchungen nicht als absolut richtig erweisen, händige ich dieses Geld jeder Wohlfahrtsinstitution aus, die Sie benennen – natürlich nach Abzug Ihrer Honorare für die Untersuchungen."

Betroffenes Schweigen herrschte. Wieder wanderten Ketchums Augen durch den Raum, er genoß die Verwirrung, die sein kühner Vorstoß gestiftet hatte. Doch dann, nachdem er ausgiebig die Gesichter seiner Ankläger betrachtet hatte, änderte sich seine Haltung plötzlich. Der ganze gerechte Zorn des verletzten Löwen machte sich Luft. „Hier sind meine tausend Dollar", fauchte er und schlug auf die Geldscheine. „Entweder Sie gehen jetzt darauf ein, oder Sie geben Ruhe."

Es war so still, daß Ketchum die Ärzte in den ersten Reihen atmen hörte. Endlich brach einer das Schweigen. Er sagte mit feinem Humor, der zwar allen entging, Ketchum jedoch nicht: „Herr Vorsitzender, ich stelle den Antrag, das Objekt einschlafen zu lassen."

Ketchum grinste innerlich. Die Bemerkung würde Cayce gefallen haben. Vielleicht hätte er sich auf den Tisch gelegt und wäre eingeschlafen.

Das war das letzte, das Ketchum von den organisierten Medizinern im Bezirk Christian hörte. Was die Ärzte nicht getan hatten, versuchten die Anwälte. Ein paar Monate nach der „geplatzten" Medizinerversammlung führte Ketchum mehreren Anwälten aus den drei Staaten Kentucky, Tennessee und Indiana bei einem Bankett Cayce vor. Ehrengast war der oberste Justizbeamte von Kentucky. Ketchum und Cayce gaben eine einfache Demonstration von Cayces Universalwissen. Einige Anwälte schrieben Fragen persönlicher Natur auf einen Zettel, und Cayce beantwortete sie; er verblüffte die Anwälte durch seine intime

Kenntnis ihrer Privatangelegenheiten. Ihre ungläubigen Gesichter verrieten, wie treffend seine Antworten waren.

Der höchste Justizbeamte beobachtete die Demonstration mit besonderem Interesse, denn er wußte von der Klage gegen Ketchum, die beinahe auf seinem Tisch gelandet wäre. Ketchum musterte ihn scharf und war mit dem Ergebnis seiner Prüfung zufrieden. „Was halten Sie davon?" fragte er und deutete mit dem Kopf auf Cayce, der jetzt unter den Anwälten stand und immer wieder erklärte, er wisse nicht, was er im Schlaf gesagt habe.

Der Justizbeamte sah den Arzt einen Augenblick nachdenklich an, hob dann die Augen zum Himmel und sagte: „Wissen Sie, es ist nicht sehr weit von hier nach dort oben, und Cayce gleitet irgendwie hinauf."

An diese Bemerkung des Justizbeamten mußte Ketchum immer wieder denken. Cayce glitt tatsächlich in eine ganz andere Sphäre, über die gewöhnliche Sterbliche bestenfalls Spekulationen anstellen konnten.

Cayce, den seine Gabe beunruhigte, war es allmählich leid, ein „seltener Vogel" zu sein. Mißtrauen und Skepsis zermürbten ihn; sie waren ja auch an jenem nicht spurlos vorübergegangen, der vor zweitausend Jahren größere Wunder gewirkt hatte. Selbst wenn Cayces Diagnosen und Behandlungsvorschriften wahre Wunderleistungen darstellten, gab es immer Ärzte, die spöttisch behaupteten, das sei doch ausgemachter Schwindel. Denn was Cayce tat, galt ihnen als „einfach unmöglich". Obwohl Christus einst gesagt hatte, andere könnten genauso heilen wie er, wenn sie nur den Glauben an den Vater besäßen. Und den besaß Cayce zweifellos.

Auch Ketchums Glaube wurde immer wieder auf die Probe gestellt. Der Arzt war jedoch eine ganz andere Persönlichkeit als der introvertierte Bibelleser, der ständig an sich und seiner Gabe zweifelte. Er war ein reizbarer, extrovertierter Typ, der zurückschlug, wenn er geschlagen wurde. Und das tat er, weil er an Cayce glaubte.

Cayce hatte sein Photoatelier in Bowling Green ein Jahr vor Ketchums Kontroverse mit den Ärzten geschlossen, um in Alabama als Photograph zu arbeiten. Der Arzt überredete ihn, nach Hopkinsville zurückzukommen, richtete ihm ein eigenes Sprechzimmer ein und sorgte dafür, daß er täglich als medialer Diagnostiker Readings geben konnte. Neben Ketchum unterstützte der Hotelier Albert Noe dieses Unternehmen. Zum erstenmal arbeitete Cayce also berufsmäßig als Medium und erhielt Honorare dafür.

Die neue Firma gedieh prächtig. Jeden Tag trafen ganze Säcke Post ein, Ersuchen um Readings, denen unterschiedlich hohe Geldbeträge beigefügt waren. Zusammen mit der Post kam Ketchums Vater, ein

Pferdehändler aus Pittsburgh. Er hatte in den Zeitungen ein Bild von seinem Sohn und dem „seltsamen Vogel" entdeckt und fragte sich, in was sein Sprößling da nach der teuren Medizinerausbildung hineingeriet. Ketchum ging „dramatisch" vor wie immer, als er seinen Vater zu beruhigen versuchte. „Ich werde dir beweisen, daß der Junge kein Betrüger ist", sagte er und zeigte auf den etwa fünfzig Pfund schweren Postsack, der an diesem Tag gekommen war. „Lang hinein, bis auf den Boden, und zieh einen Brief heraus. Irgendeinen."

Vater Ketchum zog einen Brief heraus, der in Cincinnati abgestempelt war. Er enthielt einen Zwanzigdollarschein und ein Schreiben, das folgendermaßen lautete: „Sehr geehrter Herr Dr. Ketchum, wir haben von Ihnen und Ihrem wunderbaren Mann in Hopkinsville, Kentucky, gelesen. Beigefügt sind zwanzig Dollar, bitte senden Sie mir eine Diagnose." Außer dem Namen und der Anschrift beinhaltete der Brief keinerlei Angaben. Der Ratsuchende schilderte seinen Zustand nicht, denn in der *Times* hatte gestanden, Cayce benötige lediglich eine schriftliche Bitte um Diagnose und Behandlung.

Ketchum wandte sich an seinen Vater. „Steht in diesem Brief irgend etwas, das dir sagt, was mit dem Mann los ist?"

Der Vater schüttelte den Kopf. „Nein, absolut nichts."

Cayce war in seiner Praxis, ein Stück die Straße hinunter. Auf einen Anruf kam er sofort. Ketchum senior war nicht sonderlich beeindruckt von dem schmächtigen, bebrillten jungen Mann, er war aber gleichzeitig angenehm überrascht, daß Cayce zumindest nicht wie ein seltener Vogel aussah. Mit leichtem Unbehagen beobachtete er, wie Cayce seinen Kragen und seine Manschetten lockerte, die Schuhe auszog und sich auf der Couch in Ketchums Sprechzimmer ausstreckte. Der Arzt nannte einfach den Namen und die Adresse des Mannes und fragte, was für ihn getan werden könne. Nachdem er eine Weile ruhig dagelegen und gleichmäßig geatmet hatte, sagte Cayce mit geschlossenen Augen: „O ja, hier haben wir ihn. Das Leiden des Mannes liegt ganz in seinen Augen. Der Achsenzylinder seiner Augen ist tot. Er kann nur aus den Augenwinkeln sehen, durch die Sehstäbchen am Rand. Der Sehnerv scheint nur am Rand intakt zu sein. Der zentrale Teil des Sehnervs ist tot."

Er umriß dann kurz die Krankengeschichte des Mannes, erklärte, daß dieser schon bei einer ganzen Reihe von Ärzten und in vielen Kliniken gewesen sei, ohne irgendwo Hilfe zu finden.

„Schlagen Sie eine Behandlung vor?" fragte Ketchum.

Der schlafende Seher beschrieb in allen Einzelheiten, was zu tun sei; der Bleistift der Stenotypistin flog nur so übers Papier.

„Sehr gut“, sagte Ketchum und weckte Cayce aus seiner Trance: „Sie wachen auf und sehen ihn nicht mehr.“

Der ältere Ketchum war aber keineswegs überzeugt. Verdrossen saß er herum, während die Sekretärin ihr Stenogramm ins reine tippte.

Eine Kopie wurde an den Ratsuchenden in Cincinnati geschickt.

Um zu beweisen, daß er in keine undurchsichtige Sache verwickelt sei, lud Ketchum einen ortsansässigen Augenspezialisten, der gerade von einem dreijährigen Studienaufenthalt in Europa zurückgekehrt war, zum Lunch ein. „Ich glaube, er ist der richtige Mann, diese Diagnose zu überprüfen.“

Als das Geschirr abgeräumt war, holte Ketchum eine Kopie von Cayces Diagnose. Dr. Edwards las sie sorgfältig, las sie ein zweitesmal, noch sorgfältiger, und wandte sich dann an Ketchums Vater. „Hören Sie gut zu, Mister Ketchum. Ihr Sohn ist erst verhältnismäßig kurz hier. Er hat im allgemeinen ein gutes Urteilsvermögen. Er besitzt eine gründliche Ausbildung in Medizin und Krankenhauspflege. Je rascher er diese verdammte Sache vergißt, desto besser für ihn! Das ist der größte Schwindel, der mir je unterkam. Und zu denken, daß Ihr Sohn daran glaubt – das geht über meinen Verstand.“

Ketchums Vater war nun überzeugt, aber ganz anders, als sein Sohn geplant hatte. Auf dem Rückweg in die Praxis knurrte er ärgerlich: „Genau wie ich erwartet habe! Ich glaube kein Stück davon.“

Ketchum junior lachte etwas heiser. „Warte ab“, sagte er, „wir haben noch nichts von dem Patienten gehört.“

Drei Tage danach klopfte es leise an Ketchums Tür. Ein Mann stand davor, den der Arzt noch nie gesehen hatte. Er hielt den Kopf leicht abgewandt, als versuche er aus den Augenwinkeln zu sehen. „Sie kommen aus Cincinnati, nicht wahr?“ fragte Ketchum.

Er hatte recht. Der Mann war zu aufgeregt gewesen, um zu schreiben oder anzurufen. Er wollte Ketchum unbedingt persönlich sprechen, deshalb hatte er sich nach Erhalt des Readings gleich auf den Weg gemacht. „Das ist ganz phantastisch“, sagte er. „Ich habe ein Augenleiden, aber niemand hat meinen Fall je richtig diagnostiziert.“

Dr. Edwards wurde gerufen. Er erklärte sich bereit, den Mann zu untersuchen. Zwei Stunden später hatte er seine Untersuchung beendet. Er rief Ketchum an und sagte, dieses Mal lade er zum Lunch ein. Die Herren kamen wieder zusammen, auch der Patient war dabei. Edwards wandte sich mit einem reumütigen Lächeln an Ketchum. „Ich nehme alles zurück, was ich gesagt habe. Ich wußte nicht, daß ein solcher Zustand überhaupt möglich ist. Der zentrale Teil des Sehnervs ist tot, wie Sie sagten.“

Ketchum nahm seinen Sieg gelassen hin. „Aber er sieht aus den Augenwinkeln, was?"

„Natürlich. Doch nicht durch das Zentrum. Jedes Wort von Cayce ist absolut wahr." Er streckte dem verdammten Yankee von der anderen Seite des breiten Ohio die Hand hin. „Wenn irgendwelche Ärzte etwas dagegen haben, daß Sie den Jungen vorführen, schicken Sie sie zu mir. Dann sage ich ihnen, was ich von ihnen halte."

Für den Patienten konnte vorerst nicht viel getan werden. Einem aber wurde unermeßlich geholfen: Ketchums Vater. Er fuhr mit der Überzeugung nach Pittsburgh zurück, keinen Narren großgezogen zu haben.

Die Tatsache, daß er zum erstenmal mit seinen Readings Geld verdiente, bedrückte Cayce während seiner ganzen Zusammenarbeit mit Ketchum. Doch die Readings halfen den Menschen, was ihm die Gewißheit gab, daß sie dafürstanden. Unterdessen wuchs sein Ruhm ständig. Im Oktober 1911 wurde Ketchum aufgefordert, vor der *American Association for Clinical Research* in Boston zu sprechen. Ketchum, der jeden Tag mit Cayce arbeitete, hatte herauszufinden versucht, wie Cayces „Werk" zustande kam. „Da alle Naturphänomene bestimmten Gesetzen unterliegen", erklärte er der Versammlung, „ist es nur natürlich, dies auch vom Wirken des Mediums anzunehmen. Im Laufe meiner Untersuchungen habe ich nur eines entdeckt, das absolut unerläßlich zu sein scheint: daß der Patient auf irgendeine Weise in seinem besonderen Fall Hilfe wünscht. Ansonsten sind die Ergebnisse mager. Verschiedentlich, wenn mein ‚ungewöhnlichster Fall' Patienten zu helfen versuchte, die davon nichts wußten, führte er weitschweifende Reden und ‚traf' sozusagen nur gelegentlich das Wesentliche."

In gewissem Sinn war Ketchum seiner Zeit um Jahre voraus. Einmal weil er ein Phänomen akzeptierte, das er nicht verstand, zum anderen weil er begriff, daß Cayce irgendwie ein Naturprinzip verkörperte, das gleich der Elektrizität oder dem Fliegen Teil eines weiten, universellen Plans war und das die Menschen anwenden konnten, wenn sie die nötige Reife erlangt hatten. „Nach mehrjährigen Experimenten mit meinem Medium", sagte Ketchum, „kann ich die Parapsychologie nur mit der Luftfahrt vergleichen, die eben jetzt die Mechanikexperten der ganzen Welt beschäftigt; nur ein einziges Resultat gilt: Erfolg. Dasselbe trifft auch auf das Psychische zu. In der Natur herrschten für die Luftfahrt stets die gleichen Bedingungen wie jetzt. Doch die Menschen sagten: ‚Es ist unmöglich', und darum geschah lange nichts. Bis jetzt haben die Mediziner eine ähnliche Haltung eingenommen. Sie konnten sich kaum mit den Lehren der Kollegen befreunden, die anderen medizinischen Schulen angehörten; da sie einer dem anderen nicht glauben, ist es nur natürlich, daß sie Mißtrauen gegenüber Dingen psychischer Natur hegen.“

Ketchums und des Hotelier Noes Beziehung zu Cayce nahm schließlich ein Ende. Cayce, der vermutlich fürchtete, eine Geld verdienende Maschine zu werden, brach die Readings vorübergehend ab und wandte sich wieder der Photographie zu. Er hatte in dieser ganzen Zeit immer wieder unter Kopfschmerzen gelitten, so bei einem Besuch in Chikago, wo er seine Gabe für eine Zeitung demonstrierte. Er mußte sein eigener Herr sein und die Dinge auf seine Weise tun oder sie überhaupt lassen.

Ketchum zog aus Hopkinsville weg. Er machte einen Auffrischungskurs in Harvard und eröffnete dann eine Praxis auf Hawaii. Nach einer langen, erfolgreichen Karriere setzte er sich in Kalifornien zur Ruhe.

Obwohl Cayce die Ratsuchenden meist zu Osteopathen, Chiropraktikern und Psychotherapeuten sandte, zog er diese den Medizinern im Grunde nicht vor. Er war einfach der Überzeugung, daß auch sie ihren Platz in der Heilkunst hatten. Er ließ sich selbst von den einen wie den anderen behandeln. Tatsächlich ging er am liebsten zu Robert Woodhouse, dem Dekan der Ärzteschaft von Virginia Beach, der noch heute, mit über achtzig Jahren, gesund und munter ist. Woodhouse erinnert sich an Cayce als einen klugen Patienten, der beteuerte, im Wachzustand wenig oder nichts von der Medizin zu verstehen. Woodhouse genoß die Gespräche während der Konsultationen und fand es keineswegs seltsam, daß ein Mann, der für andere im Schlaf Readings machte, mit seinen eigenen Krankheiten zu ihm kam. „Wir Mediziner sagen“, erklärte der weise alte Arzt mit einem Lächeln, „daß ein Mensch, der sich selber behandelt, einen Idioten zum Patienten und einen Narren zum Doktor hat.“

Zwanzig Jahre später

Im März 1966, als ich im Fernsehen des *Columbia Broadcasting System* der ergreifenden Themamelodie zur Sendung „Nehru and India" lauschte, mußte ich daran denken, daß es diese musikalische Kostbarkeit, an der sich Millionen Menschen freuten, ohne Edgar Cayce nicht gäbe. Obwohl Cayce schon mehr als zwanzig Jahre tot war, rettete er immer noch Menschen, und zu den Geretteten gehörte glücklicherweise auch der begabte, fruchtbare amerikanische Komponist Alan Hovhaness. Das Musikgenie, halb verkrüppelt, gelähmt, kraftlos und von Hämorrhoiden geplagt, war 1964 nahe daran, aufzugeben. Eines Tages hörte er mit seiner Frau im Radio, wie der Sohn des Mystikers zum Interviewer Long John Nebel sagte, Edgar Cayce lebe in den Heilkundigen weiter, die seine Mittel und Methoden anwandten, um den Menschen zu helfen. „Hier in New York", erklärte Hugy Lynn, „arbeitet der Psychotherapeut Harold J. Reilly weiterhin nach den Behandlungsmethoden, wegen denen mein Vater einst die Menschen zu ihm schickte."

Bei diesen Worten leuchteten Nara Hovhaness' Augen auf. Sie wandte sich lebhaft an ihren Mann: „Alan, vielleicht kann er dir helfen."

Der Komponist lächelte traurig. Er war wesentlich älter als seine Frau – Mitte fünfzig – und nicht so leicht zu beeindrucken. Er blickte auf seine Hände und schüttelte nachsichtig den Kopf. Schon diese kleine Bewegung kostete ihn Mühe, er zuckte vor Schmerz zusammen. Sein Körper wurde von Bursitis und Arthritis zerstört; die lähmende Steifheit schritt in seinen Armen immer weiter voran, das Ende seiner Laufbahn war vorauszusehen. Seit Jahren suchte er einen Spezialisten nach dem anderen auf, doch keiner konnte ihm helfen.

Seine Frau sah ihn flehend an. „Mr. Cayce sagte, sein Vater habe besondere Übungen empfohlen, die Reilly schon jahrelang mit großem Erfolg verordne."

Der Komponist zuckte die Achseln. „Ich muß nicht zu Reilly gehen, um zu üben", meinte er.

In jenem Sommer 1964 schwamm Alan Hovhaness, um seiner Frau eine Freude zu machen, in einem Schwimmbad in Manhattan. Doch das war ein furchtbarer Fehlschlag. „Er hatte nicht genug Kraft in den

Armen, um sich am Beckenrand festzuhalten und wasserzutreten“, erzählte seine Frau.

Fünf Monate später war der Komponist der Verzweiflung nahe. Er mußte das Dirigieren aufgeben, weil er die Arme nicht mehr über Hüfthöhe heben konnte. Nachts konnte er nur noch auf einer Seite liegen, und auch das schmerzte. Die Bewegungsfreiheit jedes Fingers war beeinträchtigt. Das Komponieren bereitete ihm große Mühe, und bald wurde es ganz unmöglich.

„Alan“, sprach seine Frau, „es hatte seine Bedeutung, daß wir an dem Abend damals Radio hörten; laß mich einen Termin mit Reilly vereinbaren.“

Mittlerweile gab es keinen Zweifel mehr darüber, daß der Komponist nichts zu verlieren hatte. Er seufzte: „Wie du willst.“

Ein paar Wochen später war Alan Hovhaness ein neuer Mensch. Er konnte die Arme über den Kopf heben und zum erstenmal seit Jahren wieder bequem liegen. Langsam bekam er eine Vorstellung davon, was es hieß, sich wohl zu fühlen.

Was für ein Wunder hatte der siebzigjährige Reilly vollbracht?

Tatsächlich hatte er nur das getan, was er seit vierzig Jahren tat. „Es war ganz einfach“, sagte der jugendliche Siebziger. „Ich nahm ein paar Einrenkungen der Wirbelsäule und der Glieder vor, lockerte den Druck auf die Nerven; dann gab ich ihm Massagen, um den Blutkreislauf, die Lymphen und die Drüsen anzuregen, dazu Fichtennadel-Dampfbäder und Einläufe, um Giftstoffe durch den Darm zu entfernen; und ich ließ ihn ein paar simple Übungen machen.“

Es schien unglaublich, daß die Heilung eine so einfache Sache gewesen sein sollte.

Reilly zuckte die Achseln. „Er mußte die Behandlung mehrere Monate durchhalten, aber jetzt ist er wieder gut im Schuß, und die Übungen machen ihm Spaß.“

Ich war eigentlich zu Reilly gegangen, um mit ihm über Cayces Werk im allgemeinen zu sprechen, doch dann hatte mich der Fall Hovhaness gefangengenommen.

Zu Cayces Lebzeiten hatte Reilly Dutzende Patienten behandelt, die von Cayce zu ihm geschickt worden waren, und zwar ab 1931. Damals hatte Reilly noch kein Wort von Cayce gehört, und natürlich hatte auch Cayce im Wachzustand Reilly nicht gekannt. Die Patienten waren mit Zetteln erschienen, auf denen die Behandlung beschrieben wurde. Reilly hatte die Behandlung vorgenommen. Er wußte von keinem einzigen Fall, da das Leiden des Patienten, wenn er sich der Behandlung tatsächlich unterzog, nicht gebessert oder geheilt worden wäre. Nun, da Cayce nicht mehr lebte, behandelte Reilly nach Cayces Methode nur offen zutage liegende, bereits genau diagnostizierte Leiden; er war kein Diagnostiker, und Cayce konnte keine Diagnosen mehr stellen. Bei Hovhaness hatte er auf den ersten Blick gesehen, was fehlte: der Komponist war ein Fall völligen körperlichen Ruins.

Ich hoffte, den Komponisten, dessen Werke ich schon lange bewunderte, bei Reilly kennenzulernen. Reilly schaute auf die Uhr. „Er müßte jeden Augenblick hier sein; dann werden Sie selbst sehen."

Nicht lange, und der Komponist kam geschäftig zur Tür herein. Er hatte einen elastischen Schritt, einen wachen Blick und schwenkte locker die Arme. Er sah aus wie ein Mensch, dem das Leben Spaß machte. Zuerst schüttelte er Reilly die Hand, dann mir. Sein Griff war fest und kräftig.

„Ich bin so glücklich über mein Befinden", sagte er, „daß es mir egal ist, wer alles davon erfährt." Er lächelte. „An mir geschah ein Wunder, dank Mr. Reilly und Cayce."

Ein Jahr war vergangen, seit er Reilly zum erstenmal aufgesucht hatte. Inzwischen war er im Auftrag des Außenministeriums in Rußland gewesen, um die Musik des Landes zu studieren, und hatte in verschiedenen Städten als Gastdirigent gewirkt. Erst am Vortag war er aus Rochester im Bundesstaat New York zurückgekommen, wo er ein Symphoniekonzert geleitet hatte, und am folgenden Tag wollte er nach Seattle im Bundesstaat Washington, wo er ebenfalls dirigieren sollte. Er arbeitete täglich zehn, zwölf Stunden an seinen Kompositionen, die ihn zum vielseitigsten, fruchtbarsten Komponisten Amerikas machten.

Wie hatte Reilly das fertiggebracht?

Der Psychotherapeut war in einen anderen Raum gegangen, wo ein Patient auf ihn wartete. Wir waren allein. „Er hat mich mit Massagegriffen bearbeitet", sagte Hovhaness, „doch am meisten half wohl das Beugen und Strecken. Es verlieh meinen Armen und Beinen neues Leben." Seine Grundübungen waren einfach. Er machte Kopfrollen, eine Yogaübung, die Cayce oft empfohlen hatte; dann neigte er den Oberkörper nach vorn und ließ die Arme locker schwingen wie ein Pendel, was der Bursitis entgegenwirkte; und er streckte sich zur Decke, als wollte er in den Himmel greifen. Das Pendeln und die Massagegriffe hatten Blut in seine Arme gebracht, die dadurch so elastisch geworden waren, daß er sie bald wieder über Hüfthöhe heben konnte. Und von da an war es rasch gegangen.

Anfangs hatte er nicht viel tun können. Die Massagen und Dampfbäder hatten die Steifheit gelockert, die Einläufe den Körper entgiftet. Jeden Tag hatte er auf dem Massagetisch ein paar Minuten geübt, die

Arme und Beine gebeugt, hinter den Kopf und nach den Zehen gegriffen, die Beine ans Kinn und über den Kopf gezogen. Jeden Tag hatte er ein wenig mehr getan; er war bis zum Punkt der Anspannung, aber nie der Ermüdung gegangen. Seine Muskeln und Gelenke lockerten sich allmählich und begannen wieder zu leben, das Blut floß in jeden Teil des Körpers. Er überwand die Vorstellung, ein Invalide zu sein; der Gedanke an die Fähigkeiten, nicht an die Grenzen seines Körpers durchdrang ihn. Aus den ersten zimperlichen Versuchen wurden sichere Bewegungen. Alles schien mit einemmal möglich. Er war auf dem Weg zur völligen Genesung.

Hovhaness, im allgemeinen scheu und zurückhaltend, hatte keine Hemmungen, über seine Verwandlung zu sprechen. „Ich bin so unendlich dankbar, daß ich gern jedem helfe, der Hilfe will." Seine Übungen machte er nach wie vor gewissenhaft.

„Nicht um alles in der Welt würde ich die Übungen unterlassen. In Rochester neulich hatte ich zwischen der Probe und dem Konzert eine Stunde Zeit; ich begab mich auf dem schnellsten Weg in mein Hotelzimmer und übte."

„Welche Übungen helfen Ihrer Meinung nach am meisten?" fragte ich.

Er ließ sich bäuchlings auf den Boden fallen, stemmte die Füße an die Bodenleiste und richtete sich auf, als wollte er Liegestütze machen. Doch statt dessen begann er, auf die Arme gestützt, die Hüften zu kreisen, zuerst in der einen Richtung, dann in der anderen. „Das hebt nicht nur mein Allgemeinbefinden und kräftigt die Schultern, sondern es befreite mich auch von den Hämorrhoiden, wegen derer mich die Ärzte seit zwanzig Jahren operieren wollten." Er lachte fröhlich. „Das Strecken half der oberen Hälfte meines Körpers und das Rumpfrollen der unteren."

Er erhob sich mit der Anmut und Leichtigkeit eines jungen Mannes. „Ich habe neues Vertrauen in meine Fähigkeit gewonnen, gesund zu werden und zu bleiben. Wie Reilly sagt – und ebenso Cayce: der Körper ist ein sich selbst heilender Organismus. Alles, was er braucht, ist ein Auslöser plus richtige Stimulation, Assimilation und Zirkulation." Seine Worte klangen wie ein Cayce-Reading.

Ich sah den Komponisten danach noch zwei- oder dreimal und war von seiner robusten Einstellung zum Leben beeindruckt. Er hatte seinen siebenundfünfzigsten Geburtstag hinter sich, sah aber aus wie ein eifriger, erwartungsvoller Junge, der jede neue Erfahrung als Teil eines großen Abenteuers ansah. „Mir ist, als habe Edgar Cayce die Hand ausgestreckt und mich zu dem Mann geleitet, der mir helfen konnte – wenn es auch einige Zeit dauerte, bis ich begriff."

Reilly als „Cayce-Praktiker“ wurde nach dem Tod des Mystikers der Vermittler vieler Cayce-Heilungen. Mit am bemerkenswertesten war die Heilung einer reichen Frau aus Connecticut. Sie hatte in meinem Buch *The Door to the Future* über Cayce gelesen und Ärzte gesucht, die etwas über die Cayce-Methode wußten. Ihre Suche führte sie schließlich zu einem Arzt im Bezirk Fairfield, wo sie selbst wohnte. Dieser Arzt, der einst die Cayce-Readings studiert hatte, bestätigte ihr, daß sie an einem Vaginaltumor litt. Er erinnerte sich, daß Cayce in ähnlichen Fällen mit Erfolg Hochfrequenz-Ultraviolettbestrahlung verordnet hatte. Er schickte sie zu dem Psychotherapeuten Reilly, mit der Bemerkung, die Ultraviolettbehandlung sei vorsichtig zu dosieren. „Bei ihr wäre eine Beckenoperation fällig gewesen, doch da hörte sie von Cayce“, berichtete der Arzt. „Sie wollte nach den Readings behandelt werden. Einige Ärzte weigerten sich offenbar, das zu tun, und so kam sie zu mir. Ich stellte gemäß den Cayce-Unterlagen einen Behandlungsablauf für sie auf und sandte sie ins Institut Reilly in New York.“

Die Patientin stammte aus einer angesehenen Familie, die während des Krieges im Kabinett von Franklin D. Roosevelt vertreten gewesen war. Sie hatte viele Ärzte aufgesucht, ohne Hilfe zu finden; deshalb war sie in der richtigen Stimmung, um sich von einem toten Mystiker helfen zu lassen. Reilly verfuhr genau, wie Cayce einst angeordnet hatte. Nach ein paar Behandlungen begann der Tumor merklich kleiner zu werden, und ein paar Wochen später war er ganz verschwunden. Die dankbare Patientin spendete einen Betrag zur medizinischen Erforschung der Cayce-Readings.

Harold Reilly hatte Cayce genau studiert. „Nach einer Zeitlang“, so sagte er, „bekam ich den Eindruck, daß der Heilkundige einzig die Selbstheilung des Körpers einleiten müsse. Wenn Blut, Lymphe und Nervenimpulse erst einmal durch den Organismus strömten, wenn der Kreislauf, die Assimilation und die Ausscheidung einmal normal waren, machte der Körper automatisch überall dort ‚Gegenangriff‘, wo seine Verteidigung durchbrochen worden war.“

Einmal erwähnte ich Reilly in einem Gespräch mit Frau Louise Ansberry, die früher der Washingtoner Gesellschaft angehört hatte und Public-Relations-Beraterin war. Sie schien wirklich interessiert. „Vielleicht könnte er meiner Tochter helfen“, meinte sie.

Die zehnjährige Hale Ansberry litt an einer seltenen Hautkrankheit und war bei drei New Yorker Spezialisten gewesen. Die Dermatologen hatten nur von zwei oder drei ähnlichen Fällen gehört. Sie bezeichneten das Leiden als Lichen-Sklerose und als unheilbar.

Die Krankheit wirkte sich nicht nur auf die körperliche Verfassung der Kleinen aus, sondern auch auf ihre Persönlichkeit. Hale, Schülerin der Spence-Schule, wurde immer empfindlicher gegen die neugierigen Blicke ihrer Klassenkameradinnen und deren unschuldige Anspielungen auf die Infektion, welche die Haut ihrer Beine rissig, schuppig und kreidig gemacht hatte. Ihr Körper und ihre Arme sahen genauso aus. Ihr Fall war zwar nicht gerade tragisch, aber sie war ein hübsches Mädchen, das am Beginn der Pubertät stand. Eine chronische Infektion dieser Art konnte ihre Persönlichkeit sehr leicht verformen. Sie fing bereits an, mürrisch zu werden und sich zurückzuziehen; das fröhliche, extrovertierte kleine Mädchen, das ich so gern gehabt hatte, gab es nicht mehr.

Das Kind schlich herein, machte einen Knicks und ging rasch davon ins Bett. Frau Ansberry sah ihrer Tochter besorgt nach. „Bestimmt kann Reilly keinen Schaden anrichten“, sagte sie.

Am Wochenende fuhren wir zusammen zu Reillys Wohnung auf dem Land. Reilly lächelte Hale freundlich an und ging mit ihr ins Behandlungszimmer, das mit einem Gerät für Kurzwellen-Diathermie, einem Dampfbad und einem Massagetisch ausgestattet war. Eine dreiviertel Stunde später kamen die beiden wieder. Hale hatte ein gerötetes Gesicht und sah frisch und lebendig aus, schaute aber ein wenig dumm drein. Sie war noch nie auf einem Massagetisch gelegen.

Reilly wandte sich an die Mutter: „Sie könnten sie zu ein paar weiteren Behandlungen bringen.“

Fünf oder sechs Wochen vergingen. Frau Ansberry reiste nach Japan und Indien. Nach ihrer Rückkehr rief sie mich an. „Wie geht es Ihrer Tochter?“ fragte ich.

Ihre Stimme klang plötzlich aufgeregt. „Habe ich Ihnen das noch gar nicht gesagt?“ rief sie. „Hales Haut ist praktisch wieder wie früher. Nur ein paar kleine rote Stellen sind noch zu sehen, aber die scheinen ebenfalls zu verschwinden.“

Ich rief Reilly an, um herauszubekommen, was er hier für ein Wunder vollbracht hatte.

„Ich weiß nicht mehr, was ich getan habe“, sagte Reilly. „Draußen auf dem Land mache ich keine Aufzeichnungen. Warum bringen Sie die Kleine nicht nochmals her? Das wird meinem Gedächtnis sicher auf die Sprünge helfen.“

Ich untersuchte Hales Beine und Arme genau, bevor wir losfuhren. Die Risse in der Haut und das kreidige Aussehen waren völlig verschwunden. Hätte sie mich nicht auf ein paar blasse, rosarote Flecken aufmerksam gemacht, wären sie mir entgangen. Hale war wieder die

„alte“, entspannt und freundlich. Sie witzelte mit mir, als sei ich ihr Altersgenosse.

Wir hatten eine nette Fahrt, wir beide. Reilly erwartete uns. „Jetzt erinnere ich mich“, sagte er und führte Hale in den Behandlungsraum. „Ich habe ihr Rückgrat eingerichtet.“

Er legte die Kleine auf den Massagetisch, fuhr mit den Händen fachkundig über ihr Rückgrat und sagte ihr, sie solle sich entspannen. „Es ist immer noch nicht ganz in Ordnung“, erklärte er, während seine kräftigen Hände ihr Rückgrat behutsam bogen. „Vermutlich hat irgendein Druck oder eine Nerveneinklemmung die normale Vibration des Körpers gestört.“ Seine Hände glitten ihr Rückgrat auf und ab. Dreimal knackte es im Bereich der Rücken- und Lendenwirbel vernehmlich. Reilly grunzte zufrieden. „Das dürfte genügen“, sagte er.

Zwei Wochen später waren die letzten Anzeichen der seltenen Hautkrankheit verschwunden. Nun kam das Postskriptum. Frau Ansberry rief an und erzählte mir, sie habe einem der Dermatologen die Heilung gemeldet und erwähnt, daß das Leiden nach zwei Rückgrateinrichtungen völlig verschwunden sei.

„Das ist unmöglich“, erwiderte der gelernte Mediziner, dessen Rechnung fünfundsiebzig Dollar ausmachte. „Das Leiden ist unheilbar.“

„Aber es ist weg“, protestierte die Mutter.

Die Stimme des Spezialisten wurde kühl: „Dann ist die Diagnose falsch gewesen.“

„Aber die anderen Ärzte haben dieselbe gestellt“, erinnerte sie ihn. „Und sie nahmen Hautstückchen heraus und untersuchten sie.“

„Das Leiden“, erklärte er unwiderruflich, „ist unheilbar.“

Daraufhin rief die Mutter den Arzt an, der die erste Diagnose gestellt hatte. Er reagierte nicht ganz so ablehnend. „Es könnte ein spontaner Rückgang gewesen sein“, sagte er, „solche Dinge kommen vor.“

Als Reilly von Frau Ansberrys Unterredung mit den Ärzten erfuhr, überzog ein breites Grinsen sein Gesicht. „Seltsame Geschichte“, meinte er, „daß diese Spontanheilungen immer nur bei den Fällen anderer Ärzte vorkommen, nie bei ihren eigenen.“

Reilly erlebte zwar bei vielen seiner Cayce-Patienten dramatische Heilungen, am bemerkenswertesten aber war jene, von der er bei einer Tagung im alten McAlpin Hotel in New York erfuhr. Reilly saß mit dem Osteopathen Frank Dobbins aus dem Stadtteil Staten Island, mit Cayces altem Freund David Kahn und Cayce selbst auf der Rednertribüne. Kahn, ein in Kentucky geborener Geschäftsmann, dessen Leben durch die Cayce-Readings stark beeinflußt wurde, erhob sich, um von einem Wunder zu berichten, das Cayce an einem Mann in einer Nervenheilanstalt bewirkt hatte. Dank Cayce, sagte Kahn, sei der Mann nun frei; Cayce habe seinen Fall genau diagnostiziert und beschrieben, ohne wesentlich mehr von ihm zu wissen als den Namen und daß er sich in schlechtem Zustand befinde. Cayce habe den Mann nie gesehen und auch keine der von den Ärzten gestellten Diagnosen konsultiert. Der Mann war tatsächlich noch in der Heilanstalt gewesen, als Cayce in Virginia Beach das Reading für ihn gemacht hatte. Es war alles belegt. Eine Krankenschwester, die einst für David Kahn gearbeitet hatte, war an ihn herangetreten und hatte um Cayces Hilfe gebeten. Ihre Schwester war mit dem Opfer verheiratet, einem siebenundvierzigjährigen Mann, Vater von drei Kindern, höherer Postbeamter von Beruf.

„Ich habe einen sehr lohnenden Fall, für den ich Ihre Hilfe erbitte", schrieb Kahn damals an Cayce. „Dieser Mann erlitt im Postdienst einen Nervenzusammenbruch, wegen Überarbeitung, wie die Ärzte feststellten. Sie sagen, er würde in zwei Wochen aus einem staatlichen Krankenhaus entlassen und nach New York zurückkehren. Die Angehörigen machen sich nun Sorgen darüber, ob er in der Lage ist, seine neuen Pflichten zu übernehmen. Was sollen sie unter den gegebenen Umständen tun?" Die besorgte Frau und die Kinder hatten eine Reihe Fragen:

„Ist es das Beste für den Patienten, wenn er gleich nach seiner Entlassung aus dem Sanatorium den Dienst bei der Post wieder aufnimmt?

Besteht die Gefahr, daß die Schmerzen in seinem Kopf wiederkommen?

Ist in seinem Heim irgendeine Umstellung nötig, von der seine Frau und seine Kinder wissen müssen, damit sie bei der Rückkehr des Vaters die erforderlichen Veränderungen vornehmen können?

In welcher Weise kann man über seine Krankheit sprechen, damit er keinen Minderwertigkeitskomplex kriegt?

Wodurch kann er seine physische Gesundheit wiedererlangen?

Wie lange wird es dauern, bis er sein normales Gleichgewicht wiederfindet?

Kann er ganz geheilt werden?"

Der Mann war bereits drei Jahre in der Anstalt. Er wußte, daß er nur auf Probe entlassen und genau auf Anzeichen eines Rückfalls beobachtet wurde.

Zusammen mit Kahns Brief kam ein schriftliches Ersuchen um ein Reading von der Frau: „Mein Mann ist im *Rockland State Hospital,* Orangeburg, New York, Gebäude X, Station Z, die im Parterre des Gebäudes liegt. Er muß nicht in seinem Zimmer bleiben, hält sich aber ständig in der Station auf."

Wie gewöhnlich nahm Gertrude die hypnotische Suggestion vor, und Gladys Davis saß daneben, um mitzuschreiben, was Cayce sagte. Gertrudes Suggestion lautete wie immer: „Du hast den Körper von ... vor dir, der sich in Orangeburg, New York, befindet. Du wirst diesen Körper sorgfältig prüfen, gründlich untersuchen und mir sagen, in welchem Zustand er sich augenblicklich befindet; du wirst die Ursachen dieses augenblicklichen Zustands nennen, ebenso die Behandlung für die Heilung oder Linderung der Leiden dieses Körpers. Du wirst klar und in normalem Tempo sprechen und die Fragen beantworten, wie ich sie stelle."

Als Cayce in die seichte Trance sank, die stets dem tieferen Schlaf vorausging, wiederholte Gertrude die Suggestion mit leiser Stimme. Das Gesicht regungslos, nur die Lippen bewegend, antwortete Cayce klar und deutlich. „Ja, wir haben den Körper", sprach er wie so viele Male schon. Cayces folgende Worte zeigten, daß die ganze Diagnose und die festgestellten Ursachen der Krankheit falsch waren – entweder das, oder Cayce täuschte sich. Er sagte sofort warnend, der Mann könne einen Rückfall erleiden, wenn die Ursache nicht behandelt werde; dabei wies er auf ein körperliches Leiden als Ursache der Geistesstörung hin. „Wenn keine anderen Mittel angewandt werden, um das Gleichgewicht aufrechtzuerhalten oder die Aktivität der Nervenenergien des Organismus anzukurbeln, kann sich bei der Erkenntnis, daß ein aktiver Dienst (bei der Post) unmöglich sei, der Zustand wieder sehr verschlechtern."

Nun kam Cayce auf die unmittelbare Ursache des Leidens zu sprechen, doch erst später sagte er, wodurch diese unmittelbare Ursache ausgelöst worden war. Das Leiden hatte in der unteren Wirbelsäule begonnen. „Denn durch Druck auf die Nerven am Steißbein und in der Hüftgegend sowie durch Druck auf die Lumbalachse kam es zu einer Deflektion (Störung) der Koordination zwischen dem sympathischen und dem zerebrospinalen Nervensystem. Das rief, wie wir feststellen, übersteigerten Betätigungsdrang hervor. Die vorgenommene Hypnose und die Beruhigungsmittel dämpften den Zustand und erzeugten mittels zusätzlicher Suggestionen an dem Körper ziemliche Unterwürfigkeit in den Impulsen und der Aktivität des Körpers." Mit anderen Worten, der Zustand war nur verschleiert worden.

Cayce empfahl dann Einrichtungen des Rückgrats im Steißbein- und Lumbalbereich und die Verabreichung von Gold durch niedrig frequente elektrische Schwingungen, um „die Energien durch die Erzeugung jener Elemente in den Drüsen des Körpers wiederzubeleben, die zur Anreicherung der Impulse notwendig sind, damit eine Wiederherstellung der geistigen Kräfte und eine bessere Koordinierung erfolgen können".

Cayce war sehr bestimmt in seinen Angaben. Die Rückgrateinrichtungen sollten zehn Tage lang täglich, dann jeden dritten Tag vorgenommen werden. Goldchlorid sollte verabreicht werden, und zwar mittels einer Flüssigkeitszelle, drei Grän auf eine Unze destilliertes Wasser. Es war täglich eine halbe Stunde anzuwenden, und die Lösung mußte mindestens alle vierzehn Tage gewechselt werden. Cayce beschrieb sogar, wie das Goldchlorid angewendet werden sollte: „Zuerst ist die kleine Anode oder Platte am vierten Lumbalwirbel anzulegen, die größere Platte, durch welche die Goldlösung fließt, ist zuletzt anzulegen, am Nabel und Brustmilchgangplexus oder vom Mittelpunkt des Nabels in gerader Linie vier Fingerbreit nach rechts.“

Der beste Pathologe oder Anatom hätte die Fachausdrücke nicht genauer anwenden können. Sowohl für die Einrichtungen als auch für die Anwendung des Goldes war ein verständnisvoller Arzt notwendig, das hieß, irgendein Osteopath, da die Mediziner damals wohl alle über das Reading gelacht hätten.

Cayce wurden einige weitere Fragen gestellt, die das Reading nur noch unglaublicher klingen ließen.

Frage: Was war die ursprüngliche Ursache oder was rief diesen Zustand hervor?

Antwort: ein Sturz auf dem Eis, der das Steißbein verletzte.

F.: Was verursachte die ersten Kopfschmerzen?

A.: Ausstrahlungen der Verletzungen in Form von Druck auf das Zirbeldrüsenzentrum.

F.: Welcher Arzt in New York ist der geeignetste, um diesem Mann zu helfen, sein geistiges Gleichgewicht wiederzufinden?

A.: Jeder, der den Gegebenheiten verständnisvoll gegenübersteht. Die Einrichtungen müssen aber von ein und demselben vorgenommen werden.

F.: Wie lange wird es dauern, bis er nach der Entlassung aus der Anstalt seine Arbeit wieder aufnehmen kann?

A.: Es dürfte mindestens sechzig bis neunzig Tage dauern.

F.: Soll man ihm sagen, daß er von der Post in den Ruhestand versetzt wurde und sich um Wiedereinstellung bewerben muß, oder was soll man in Anbetracht seines Geisteszustandes im Augenblick tun?

A.: Den Körper darauf aufmerksam machen, daß er bislang völlig übergangen wurde; ohne die Einrenkungen und volle Wiederherstellung käme es zu einer größeren geistigen Störung, die Gewalttätigkeit verursachen würde.

Wie Cayce den Fall sah, war es notwendig, den Körper nach und nach wieder aufzubauen, damit er das Gleichgewicht erlangte, das der Mann für die Arbeit bei der Post brauchte.

Man fragte Cayce: „Welche Übungen zum Aufbau des Körpers wären die besten?"

„Soviel wie möglich an der frischen Luft sein, aber *nie* allein, bis zumindest die Wahrscheinlichkeit besteht, daß er durch die Minderung des Drucks und die Stärkung der Drüsen sowie der Aktivitäten mittels der elektrischen Kräfte und des Goldchlorids im Organismus wieder ein besseres Gleichgewicht hat."

Der Mann wurde von Dr. Dobbins gemäß dem Cayce-Reading behandelt. Die Behandlung begann am 26. März 1938. Zu diesem Zeitpunkt war der Mann bereits aus der Anstalt entlassen und sah sich der Aufgabe gegenüber, die Fäden seines Lebens neu zu knüpfen. Kahn lernte ihn in Dobbins Praxis persönlich kennen und stellte traurige Betrachtungen über die Einweisung des Mannes in die Heilanstalt an. „Ich wünschte, Sie könnten sehen, was für ein großer, kräftiger Mensch er ist", schrieb er an Cayce, der den Mann bereits mit seinen Röntgenaugen „durchleuchtet" hatte. „Er ist über einsachtzig groß und einer der breitschultrigsten, bestaussehendsten Männer, die mir je begegnet sind. Und sein Geist scheint normaler zu funktionieren als meiner. Doch die Ärzte hier steckten ihn in ein Irrenhaus, und er hatte schreckliche Mühe, wieder herauszukommen. Dabei hätte ihn doch laut dem Reading eine Einrichtung im unteren Teil der Wirbelsäule völlig normal gemacht. Die Geschichte ist höchst interessant, und der Jammer ist nur, daß so wenige Menschen das Wunderbare daran erfahren."

Man fragte den Postbeamten, bevor man ihm das Reading zeigte, ob er jemals auf dem Eis schwer gefallen sei. Er erinnerte sich an einen Sturz; eine Zeitlang hatte ihm danach das untere Rückgrat wehgetan, dann waren die Schmerzen vergangen. Cayce hatte alles gesehen.

Die ganze Sache lag nun acht oder neun Monate zurück. Kahn freute sich, dem Publikum im McAlpin Hotel sagen zu können, daß der Postbeamte, den man zur Geheimhaltung seiner Identität als Fall Nummer 1513 bezeichnete, glücklich wieder bei seiner Familie und in seiner Stellung sei.

In diesem Augenblick – Kahn wollte gerade Cayce vorstellen – stand ein großer, breitschultriger Mann in einer der hinteren Reihen auf und ging schwer durch den Gang zur Rednertribüne. Unverwandt sah er Cayce an, nicht Kahn, der ihn genau beobachtete. Cayce saß in der Nähe, bereit, das Wort zu ergreifen.

Gespannte Stille herrschte, denn das Publikum spürte die Entschlossenheit im Schritt des Mannes, der sich der Tribüne näherte. Als er sie erreicht hatte, wandte er sich um und sagte mit leiser, erstickter Stimme: „Jedes Wort, das Mr. Kahn gesprochen hat, ist wahr. Ich bin heute abend hierhergekommen, um dem Mann die Hand zu drücken, der mir mein Leben wiedergeschenkt hat."

Es war der Postbeamte. Tränen in den Augen, drehte er sich zu dem ebenfalls ergriffenen Cayce um und streckte ihm die Hand hin. Im Saal blieb kaum ein Auge trocken, sogar der phlegmatische Reilly kämpfte gegen die Rührung. Verlegen stand Cayce auf, um zu erklären, was für Hilfe er geleistet habe. „Ich fühle mich wie das Ausstellungsstück A", sagte er. „Ich selbst habe gar nichts getan. Ich bin nur ein Kanal für diese große Gabe, und ich glaube, daß ich Ihnen mehr nütze, wenn ich schlafe, als wenn ich wach bin."

Im Laufe der Jahre war Reilly gewissermaßen eine wandelnde Sammlung angewandter Cayce-Therapie geworden. Er wußte nicht immer, wie die Cayce-Behandlung wirkte, war aber damit zufrieden, daß sie wirkte. Zu Cayces Lebzeiten hatten alle, die Reilly aufsuchten, sei es auch nur wegen einer einfachen Massage oder eines Einlaufs, ihre Behandlung von Cayce genau vorgeschrieben bekommen. Die Massage war stets auf das körperliche Leiden abgestimmt, genauestens angegeben. Für Epilepsie beispielsweise wurden Erdnußöl und Olivenöl zum Einreiben nach bestimmten Regeln empfohlen: „Die Massage von der Schädelbasis bis zum unteren Ende des Rückgrats ausdehnen. In kreisförmigen Bewegungen auf jeder Seite des Rückgrats massieren. Dies ist regelmäßig vorzunehmen, einmal wöchentlich, während der Rizinusöl-Packungen."

Die Massage für Zuckerkranke, bei der ausschließlich Erdnußöl verwendet werden sollte, war etwas anders: „Über den unteren Rücken, das Kreuzbein, die Hüften, ja sogar entlang der Ischiasgegend massieren." Hier verwies Cayce kurz auf die Ursache: „Unausgewogene Zirkulation wegen des Fehlens einer ordnungsmäßigen Reaktion der Bauchspeicheldrüse. Zuviel Zucker." Ein Patient mit schwerer Anämie bekam eine kräftigere Erdnußöl-Massage verordnet. „Jeden Morgen nach dem Aufstehen wird der ganze Körper das Öl aufnehmen. Einmal wöchentlich über dem Magen in den Bauch einmassieren, sodann über dem ganzen Rückgrat und dem Kreuzbein massieren." Für Psoriasis gab es genaue Anweisungen: „Nach erstem Schwitzbad Einlauf machen. Osteopathische Einrichtungen. Dampfbäder (Fichtennadelöl oder Gaultheriaöl). Massage, Diät." Wieder ein Verweis auf die Ursache: „Giftstoffe in der Lymphe infolge mangelhafter Koordination in den Ausscheidungen. Eine Art Streptokokken, die sogar an der Oberfläche Eiterbildung bewirken."

Wohl das ungewöhnlichste von Cayces Reinigungsbädern, zu denen unter anderem Bäder mit Epsomer Bittersalz gegen steife, arthritische Gelenke gehörten, war ein heißes Kaffeebad. „Bei Müdigkeit die Füße in heißem Kaffee baden, der aus altem Kaffeesatz bereitet wurde, um die Zirkulation anzuregen und die Ausscheidungen im ganzen Organismus zu stärken. Die Schleimbeutel der Füße und Glieder gut reiben, damit die Säure die Zirkulation fördert.“ Die folgenden Worte spiegeln seinen Glauben an die Einheit des Körpers: „Das beseitigt Druck im Hals und Kopfbeschwerden.“

Sogar die Art der Massage war wichtig. Einmal war ein bekannter Industriekapitän aus der Werbebranche mit einer Verordnung für eine sanfte, beruhigende Massage zu Reilly gekommen. „Andernfalls“, hieß es in dem Reading, „wird er verfallen.“ Der Patient litt, wie Reilly sofort sah, unter hohem Blutdruck, Reilly hätte deshalb niemals eine harte oder tiefgehende Massage angewandt. Der Mann jedoch, ein Millionär, war gewöhnt, seinen Willen durchzusetzen. Die Massage paßte ihm nicht. „Ich möchte so gerieben werden, daß ich es spüre“, sagte er.

Reilly bestand darauf, die Massage gemäß dem Reading vorzunehmen. Der Mann ging woandershin; dort bekam er, was er wollte. „Weniger als einen Monat später“, erzählte Reilly, „war er tot. Völliger Verfall.“

Bei der Arbeit mit den von Cayce empfohlenen Ölen stellte Reilly fest, daß einige, wie Erdnußöl oder Kampferöl, beachtliche Heilwirkung besaßen. Das deutete darauf hin, daß sie durch die Haut aufgenommen wurden und keine reinen Emulsionen waren. Nach Cayces Tod fuhr Reilly zu Studienzwecken nach Virginia Beach. Er wollte die Readings genau durchgehen und Cayces Therapie mit anderen besprechen, die sie ebenfalls angewandt hatten.

In Virginia Beach wurde Reilly, wie ich bald entdeckte, wegen seiner Rehabilitierung der Cayceschen Heilmittel und -methoden ebenso gefeiert wie in New York City.

Trotzdem schmerzte mich der Gedanke, daß Cayces psychischer Beitrag mit seinem Tod verlorengegangen war. „Ein Jammer, daß soviel verloren ist“, sagte ich eines Tages zu Marjorie Bonney, einer älteren Dame aus Virginia Beach, Mutter von zwei Kindern.

Mrs. Bonney, eine anziehende Frau von Mitte Vierzig, warf mir einen forschenden Blick zu. „Das Wichtigste ist“, erwiderte sie, „daß soviel blieb.“

Ich sah sie fragend an.

„Kennen Sie Harold Reilly?“ fragte sie.

Ich nickte.

Sie zögerte. „Es ist eine sehr persönliche Geschichte, aber ich glaube, das sind sie alle, sonst würden wir wohl gar nicht darüber sprechen.“

Ich wartete ruhig.

„Die Geschichte betrifft meine Tochter, und sie liegt schon eine Weile zurück. Cayce war damals bereits tot, man konnte also kaum Hilfe von ihm erwarten. Wir hatten einen schrecklichen Autounfall, meine Tochter und ich. Das war 1948, Emily war drei. Man brachte uns beide in ein Krankenhaus. Nach wochenlangem Krankenhausaufenthalt kam Emily heim. Ihr Gesicht und ihr Körper waren mit gräßlichen Narben bedeckt, und ein Bein schien sich nicht weiterzuentwickeln. Es wurde wie ein Stock, und der Fuß wabbelte beim Gehen. Trotz einer Operation gab sich das Wabbeln nicht. Es sah so aus, als würde das immer so bleiben und im Lauf der Jahre sogar schlimmer werden."

Als das Gebrechen des Mädchens dieses Stadium erreicht hatte, besuchte Reilly Virginia Beach. Zufällig sah er in der Nähe des Gebäudes der *Association for Research and Enlightenment* ein paar Kinder spielen. Ein kleines Mädchen, das einem Ball nachhinkte, fiel ihm besonders auf. Mit fachmännischem Blick musterte Reilly das jämmerliche Bein. Die Stirn in Falten gezogen, wandte er sich an eine attraktive Frau, die unweit von ihm stand. Es war Marjorie Bonney, doch damals kannte Reilly sie noch nicht.

„Wissen Sie, wem das Kind da gehört?" fragte er.

Marjorie nickte. „Mir."

„Wenn nicht bald etwas mit dem Bein geschieht", sagte er, „werden die Muskeln völlig verkümmern, und sie ist für den Rest ihres Lebens ein Krüppel."

Marjorie Bonneys Magen zog sich zusammen. „Wir waren bei den besten Ärzten, aber nicht einmal die Chirurgen können im Augenblick etwas tun", erklärte sie.

Reilly sah sie freundlich an. „Warum sprechen Sie nicht mit Gladys Davis, Edgar Cayces Sekretärin?" fragte er. „Vielleicht erinnert sie sich an zwei oder drei Readings, die Muskelschwund betrafen."

Frau Bonney, der Cayce ein Begriff war, setzte sich sofort mit der Sekretärin in Verbindung. Drei oder vier Readings über ähnliche Leiden in einem Arm oder Bein wurden ausgegraben. Darin empfahl Cayce Massagen mit Erdnußöl und Kampferöl. Mit den beiden Ölen sollte täglich abgewechselt werden, und die Muskeln waren von den Zehen aufwärts zur Wade, zum Schenkel und zur Hüfte zu massieren.

Jeden Abend vor dem Schlafengehen bekam Emily ihre Massage. „An einem Abend massierte ich ihr Bein eine halbe Stunde lang, am nächsten Abend mein Mann." Die beiden Öle hatten noch eine zusätzliche Wirkung. Die Eltern verrieben ein wenig Öl auf den Händen der Kleinen, womit sie ihr narbiges Gesicht leicht massieren mußte. In den Readings hieß es, Erdnußöl rege die Bildung neuen Gewebes an. Zwei Jahre lang wurde die Kleine massiert. Im ersten Jahr trat eine schrittweise Besserung ein. Die Muskeln entwickelten sich und wurden stärker, bis beide

Schenkel wieder gleich groß und gleich in der Form waren. Der Knöchel festigte sich, das Wabbeln hörte auf und damit auch das Hinken. Die Narben im Gesicht schwanden, die großen ebenso wie die kleinen. Wieder einmal war Edgar Cayce sozusagen aus dem Totenreich zurückgekehrt, um einem seiner liebsten Bittsteller zu helfen – einem kleinen Kind.

Marjorie Bonney, deren Tochter dann normal aufgewachsen und als Mrs. E. F. Friedrich aus Buffalo im Bundesstaat New York glücklich geworden war, sah die Sache etwas anders. „Ich glaube nicht", sagte sie, „daß Edgar Cayce uns je verließ."

Reilly spricht heute ganz offen über Caye. Es gab jedoch eine Zeit, als Cayce noch lebte, da erwähnte er kaum, daß er Patienten Cayces behandelte. „Es kam mir idiotisch vor, den Leuten zu erzählen, mir sage irgend so ein schlafender Hexenmeister – für das hielt ich Cayce damals –, wie ich mein Geschäft betreiben solle. Die Leute hätten nur gelacht, und niemand hat es gern, wenn über ihn gelacht wird."

Jetzt ist es Reilly gleichgültig, was die Leute denken. Wenn nur die Behandlung wirkt. „Ich weiß inzwischen mehr über Cayce, denn ich begreife die Konzeption, die seinem Werk zugrunde liegt. Wenn alles richtig arbeitet, der Körper und der Geist, dann hat die Krankheit keine Chance."

Denkt er zurück, wundert sich Reilly heute noch über die Folge ungewöhnlicher Ereignisse, mit denen Edgar Cayce und dessen Patienten in sein Leben getreten waren. Er hatte nie von Cayce gehört, und Cayce kannte ihn, wie gesagt, im Wachzustand ebenfalls nicht. Trotzdem kam eines Tages ein von Cayce geschickter älterer Mann, der leicht unpäßlich aussah, in Reillys Praxis, die sich damals in New York an der Ecke 63. Straße und Broadway befand. Der Mann reichte ihm einen Zettel, den sich der gut aussehende Ire Reilly aufmerksam ansah. Der Zettel schien kaum anders als die vielen Verordnungen, die ihm verschiedene Ärzte, Osteopathen und Naturheilkundige sandten. Er enthielt die Diagnose eines Gallenblasenleidens, dazu eine Empfehlung für ein bestimmtes Bad und eine Manipulation. Da sich sein Institut auf Hydrotherapie, Elektrotherapie und manipulative Therapie spezialisiert hatte, schenkte Reilly dem Reading keine besondere Aufmerksamkeit. Er hielt Cayce einfach für einen Osteopathen, der ihm nicht bekannt war.

Als jedoch immer mehr Menschen mit Cayce-Readings zu ihm kamen, wurde Reilly allmählich neugierig. Dieser „Dr." Cayce schien sein Handwerk zu verstehen. Was immer er verordnete und ob die Patienten an Bursitis, Arthritis, Nervenspannung, Asthma oder etwas anderem litten – das Ergebnis war stets dasselbe: das Leiden besserte sich, die Patienten genasen.

Eines Tages nahm Reilly einen der Patienten beiseite und fragte ihn nach Dr. Cayce. Der Patient schüttelte den Kopf. Er habe den „Doktor" nie gesehen. Reilly sah ihn an, als sei er nicht ganz normal. Der Mann erklärte: „Meine Frau hat ihn um ein Reading gebeten, sie schrieb einfach, was bei mir nicht stimmte. Wir waren davor bei den verschiedensten Ärzten, und keiner hat mir geholfen."

Reilly mit seinem praktischen Verstand fiel es schwer, dem Mann das Reading-Verfahren zu glauben. Schließlich gelangte er doch zu der Überzeugung, nicht das Opfer eines Scherzes zu sein. Trotzdem blieb noch vieles geheimnisvoll. Wie hatte Cayce seinen, Reillys, Namen erfahren? Woher wußte er, welche Art von Behandlungen Reilly vornahm? Woher hatte er seine Kenntnis der Therapien, die Menschen mit unterschiedlichen Leiden halfen? Obwohl Reilly wahrlich viel Erfahrung besaß, war es ihm nicht möglich, an Cayces Behandlungsvorschlägen irgend etwas zu verbessern. Es schien unglaublich, daß Cayce einfach in Trance fallen und alle Informationen erhalten sollte. Nach zwei Jahren noch – die Cayce-Patienten kamen inzwischen in Scharen zu ihm – konnte er die Methode des sonderbaren Mannes nicht deuten. „Ich begreife nicht", sagte Reilly zu Freunden, „wie ein Mensch in Schlaf sinken und dann auf meinem Fachgebiet ebenso gute oder bessere Ratschläge erteilen kann als ich, wenn ich hellwach bin."

Reilly beschloß, den Hexenmeister kennenzulernen. Er arrangierte ein Treffen mit Cayce bei dessen nächstem Besuch in New York und erlebte eine weitere Überraschung. Er hatte sich Cayce als einen Menschen mit gebieterischem Aussehen, durchdringenden Augen, majestätischen Gesten und vielleicht einem Turban um den Kopf vorgestellt. Doch der einzige Mystiker, den er in seinem ganzen Leben zu Gesicht bekommen sollte, war ein schlanker, leicht gebeugter, wie ein Gelehrter aussehender Mann mit mildem Blick, sanfter Miene und leiser, schleppender Sprache. „Er erinnerte mich an den Pfarrer einer ruhigen Landgemeinde", sagte Reilly später.

Die beiden Männer plauderten, sie lunchten zusammen, und der schlaue Reilly beobachtete jede Bewegung des Mystikers. Als Cayce sein Essen bestellte, seine Wünsche nachlässig einem Kellner sagte, registrierte Reilly, daß sein Gast die Diätvorschriften, auf die er bei anderen so großes Gewicht legte, selbst kaum beachtete. Beim Anblick von Cayces Teller, der eine große Menge dick machender Stärken enthielt, konnte Reilly die Bemerkung nicht unterdrücken, dies sei doch gesundheitsschädlich. Cayce antwortete, in seinem Alltagsleben, im Wachzustand, habe er keine besonderen Kenntnisse über Diät und andere Gesundheitsvorschriften, und er sei auch nicht sonderlich um seine Gesundheit besorgt. Im tranceartigen Zustand jedoch schien er, wie Reilly bereits entdeckt hatte, die Weisheit aller Zeiten zu besitzen. Einmal empfahl er tausend Jahre alte Heilmittel, ein andermal so neuartige, daß sie noch gar nicht auf dem Markt waren. Während er mit Cayce beisammensaß, ließ Reilly alle die Behandlungen Revue passieren, die sein Gegenüber verordnet hatte: Bäder, Öle, Wärme, Licht, Einläufe, Massagen und andere Formen der manipulativen Therapie, Diät und gymnastische Übungen. Für Reilly war klar, daß Cayces Gesundheits-Readings nicht nur Krankheiten und Gebrechen überwinden halfen, sondern das Ziel hatten, Krankheiten überhaupt zu verhindern.

Reilly bombardierte seinen Gast, der zu seiner Verblüffung Kette rauchte, mit Fragen. Der Psychotherapeut kam zu der Erkenntnis, daß Cayces physische Therapie auf vier wesentlichen Elementen aufbaute: auf gesteigerter Zirkulation, Ausscheidung und Assimilation plus richtiger Einstellung zum Essen. Cayce belehrte Reilly: „Es ist besser, überhaupt nicht zu essen, als zu essen, wenn man erregt ist.“ Später sagte Reilly: „Lange bevor irgend jemand auf diese Idee kam, erklärte Cayce, der Geist und nicht der Magen verursache Magengeschwüre.“

Der wache Cayce wußte über die eigenen Behandlungen allem Anschein nach nicht mehr als Reilly. Deshalb analysierte Reilly nach dem Treffen mit Cayce alle Fälle, die Cayce zu ihm gesandt hatte. Er klassifizierte sie, so daß er noch heute, rund dreißig Jahre später, Cayces physische Therapie wirksam anwenden kann. Die Ausscheidung, wie Cayce sie verstand, war ein ganzer Prozeß, der eine erhöhte Tätigkeit der Nieren, Därme, Haut und Lungen umfaßte. „Um bei toxischen Menschen, im allgemeinen Rheumatikern oder Arthritikern, die Nieren und die Haut zu stimulieren“, bemerkte Reilly, „empfahl Cayce warme Packungen, hauptsächlich mit Rizinusöl.“ Ein zwanzig Zentimeter breiter Flanellstreifen wurde in das angewärmte Öl getaucht und auf die Gallenblase, die Leber oder die Nieren gelegt, je nachdem, wo der Sitz des Übels war. Bei Lumbago kamen auf die Hüften und den Rücken Packungen mit heißem Epsom-Bittersalz. Auch Packungen mit Glyco-Thymoline, das kaum bekannt war, bis Cayce es empfahl, verordnete der Seher in einigen Fällen, denn erhöhte Stimulation durch die Haut entlastete die überarbeiteten Nieren.

Die Readings rieten Dampfbäder und gelegentliche kalte Abreibungen an. Die Dampfbäder öffneten die Poren und steigerten auch die Ausscheidung durch die Luftwege. Reilly behandelte mit den lindernden Dämpfen aus Balsam, Eukalyptus, Fichte und Atomidine (ebenfalls einem Cayce-Spezialmittel). Das Mischungsverhältnis schwankte je nach den Krankheiten; im allgemeinen jedoch verwendete Cayce einen halben bis einen Teelöffel der Lösung oder des Öls auf einen bis zwei Liter siedendes Wasser. „Wenn der Kranke nicht in der Lage ist, in ein Institut zu gehen, um sich ein Dampfbad geben zu lassen, kann er sich auf ganz einfache Weise selbst eines bereiten." Er gab genaue Anweisungen. „Vier Decken zusammennähen oder ein großes Stück Zeltleinwand so zusammennähen, daß eine Öffnung für den Kopf und eine Überlappung dieser Öffnung bleiben – elastischer, nicht brennbarer Kunststoff ist vielleicht besser. Als nächstes nimmt man einen Hocker und stellt ihn über einen Elektrokocher mit einem Topf kochenden Wassers darauf. Handtücher auf den Sitz des Hockers legen und vorn herunterhängen lassen, um die Beine vor der Hitze zu schützen. Je heißer das Wasser ist, desto rascher wirkt der Dampf. Man setzt sich auf den Hocker, wickelt die Hülle fest um die Schultern und macht sie um den Hals fest, natürlich nachdem man sich ausgezogen hat. Ein Erkälteter kann die Verstopfung der Nase oder Bronchien lösen, wenn er vorn eine kleine Öffnung läßt, durch die er inhaliert. Er muß die Öffnung schließen, wenn die Inhalationsdämpfe zu stark werden."

Reilly legte großes Gewicht auf Gymnastik. Seit vierzig Jahren betreute er Gymnastikschulen, und Cayces einfache therapeutische Übungen weckten sein Interesse. Er stellte fest, daß der Mystiker, der selbst kaum übte, morgens Aufsitzübungen aus vertikaler Lage empfahl, später am Tag Bodenübungen. „Auf diese Weise", erklärte Reilly, „veränderte Cayce den Strom der lymphatischen und Blutzirkulation; er bringt den Menschen, der die ganze Nacht gelegen ist, auf die Beine und gibt ihm einen Start für den Tag." Cayce ließ die Menschen auch tief atmen, vorzugsweise am offenen Fenster, damit die verbrauchte Luft aus der Lunge ausgestoßen und der Körper mit Sauerstoff versorgt wurde, also zur Eröffnung des Tages eine richtige Ladung „Dampf" erhielt.

„Cayce", so führte Reilly aus, „erwähnte besonders oft eine Yoga-Atemübung, das alternierende Atmen." Man atmete mit geschlossenem Mund durch das linke Nasenloch ein, wobei man das rechte mit dem Daumen zuhielt; man zählte bis vier, hielt den Atem bis acht an, dann atmete man durch das rechte Nasenloch aus, wobei man wieder bis acht zählte. Nun atmete man durch das rechte Nasenloch ein. Die Übung wiederholte man drei- bis viermal.

Der Siebziger ging in die Knie, um die Cayce-Bodenübungen vorzuführen. Er bewegte seinen muskulösen Körper auf allen vieren durchs Zimmer wie eine große Katze. „Das ist der Katzengang", verkündete er.

„Man macht fünf Schritte vorwärts, fünf zurück, das streckt jeden Muskel im Körper und bringt die lebenswichtigen Scharnier- und Kugelgelenke in Aktion."

Reilly setzte sich mit einem Lächeln. Sein Gesicht war gerötet von der veränderten Körperlage, doch seine blauen Augen funkelten. „Die Rückkehr zur Natur macht die Nasennebenhöhlen frei. Es ist gar nicht so viele Millionen Jahre her, daß der Mensch normalerweise so lief."

Als nächstes kam die Cayce-Rolle an die Reihe. Reilly saß auf dem Boden, die Knie angezogen. Er rollte den Körper seitwärts von einem angewinkelten Ellbogen auf den anderen. „Das streckt die seitlichen Muskeln an den Rippen, beugt die Hüftgelenke und tut den Oberschenkeln gut." Er schüttelte den Kopf. „Erstaunlich, daß ein Mann, der bewußt nichts über Körperübungen wußte, diese einfache, aber wirkungsvolle Bewegung ersonnen hat."

Reilly ging nun zu einer alten Cayce-Übung über, dem Gesäßgang. Er saß aufrecht auf dem Boden, die Beine ausgestreckt, die Arme senkrecht nach oben. Der Siebzigjährige bewegte sich vorwärts, indem er erst eine Gesäßbacke hob, dann die andere. „Damit habe ich viele Frauenhüften schlank gemacht", sagte er, während er auf dem Hosenboden den Raum durchquerte. „Ich nenne das den Poposchrumpfer."

Reilly ging dann in Liegestützstellung und führte das Rumpfkreisen vor, das mir bereits früher Hovhaness demonstriert hatte. Seine Hüften beschrieben einen Kreis, erst in der einen, dann in der anderen Richtung.

Der Bärengang, in der Haltung dem Katzengang ähnlich, kam als nächstes. Reilly, wieder auf allen vieren, trat mit der ganzen Fußsohle auf, die Knie steif, die Hüften hoch in die Luft und die Handflächen flach auf dem Boden.

Wie unterschied sich diese Übung vom Katzengang?

„Eine steiferer Gang", erklärte Reilly. „Er dehnt die Beinsehnen, den Wadenmuskel und den Bereich des Ischiasnervs; gleichzeitig kräftigt er Arme und Schultern."

Reilly, noch immer demonstrierend, führte nun die tägliche Morgenübung durch. Nachdem er ein paarmal tief geatmet und die alternierende Atemübung gemacht hatte, schwang er einen Arm fünf- oder sechsmal vorwärts im Kreis, wie das Rad eines Mississippidampfers, dann rückwärts. Dieselbe Übung wiederholte er mit dem anderen Arm. „Der Mensch wird dadurch nach einer Nacht horizontaler Regungslosigkeit besser angekurbelt."

Nach dem Schwingen der Arme kreiste Reilly erst das linke, dann das rechte Bein aus der Hüfte fünf- oder sechsmal in jeder Richtung. Danach kam das Strecken. Er reckte sich mit erhobenem Arm hoch auf die

Zehenspitzen, wobei er die Gesäßbacken anspannte; darauf neigte er den Oberkörper nach vorn, hielt die Knie steif und berührte mit den Händen den Boden. „Das ist die Übung", sagte er, „die Hovhaness gegen die Hämorrhoiden half, diese Übung und das Rumpfkreisen."

Die Demonstration ging weiter. Die Arme wieder nach oben gestreckt, senkte Reilly den Kopf langsam auf die Brust und bog ihn dann in den Nacken. Es war der Anfang des Kopfrollens. Noch immer auf den Zehenspitzen, ließ er den Kopf langsam drei- oder viermal in jeder Richtung kreisen. Danach entspannte er sich und rieb sich den Schädel. Plötzlich sah ich, daß auf seiner Stirnglatze silbergraue Härchen sprossen. Er bemerkte meine Überraschung.

„Ich weiß nicht, wodurch das kommt", sagte er lächelnd, „aber seit ein paar Wochen wächst auf den kahlen Stellen Haar nach. Entweder ist es das Caycesche Kopfrollen, das ich seit einiger Zeit mache, oder das Rizinusöl, mit dem ich mir die Kopfhaut einrieb. Natürlich hat sich sonst nach meinem Siebzigsten nichts mehr geändert."

Einige der Cayce-Readings, die durch Therapie ohne Medikamente Heilung brachten, stammten aus einer Zeit, da die allgemeine Ausübung der Physiotherapie oder der physikalischen Heilkunde noch in weiter Ferne lag. Cayce konnte also mit der Physiotherapie nicht vertraut gewesen sein. Dennoch empfahl er in den Readings Elektrotherapie, Kurzwelle und Ultrakurzwelle. „So seltsam es klingt", erklärte Reilly, „das Gerät für diese besondere Therapie war gerade auf den Markt gekommen und das Gesundheitsinstitut Reilly besaß es knapp drei Wochen, als Cayce in den Readings davon sprach."

Die Ärzte holen auf

„Cayces Gesundheits-Readings“, sagte Dr. William O. McGarey, „bringen einen auf den verblüffenden Gedanken, daß jede Zelle ein eigenes Bewußtsein hat. Cayce war offenbar in der Lage, sich hellseherisch mit dem Bewußtsein der Zellen zu identifizieren und vom Inneren des Körpers aus in alle Drüsen, Organe, Blutgefäße, Nerven und Gewebe zu schauen. Sein Unbewußtes schien Verbindung mit dem autonomen Nervensystem zu haben und sich durch das von ihm gesteuerte sympathische und parasymphatische Nervensystem in jede einzelne Zelle zu bewegen.“

Das schmale, empfindsame Gesicht des Arztes verriet reges Interesse. Er streckte seinen schlanken Finger aus: „Eine sich unbehaglich fühlende Zelle in diesem Finger könnte Cayces Unbewußtem sagen, daß Druck auf ihr liegt, und das Unbewußte würde ein Öl empfehlen, das ihr Linderung und Erleichterung brächte. Die Zellen im ganzen Körper übermittelten allem Anschein nach diesem bemerkenswerten Unbewußten ihre Botschaft – denn wie es Kriege zwischen Nationen gibt, so bekriegen sich auch die Zellen.“ Und aus solchen Konflikten entstanden Krankheiten.

Gleich vielen anderen Ärzten, die Cayces Readings studiert hatten, wandte McGarey sie bei seinen Patienten an und erzielte befriedigende Ergebnisse damit. „Mitunter muß der praktische Arzt fast intuitives Wissen haben“, sagte er, „um zu spüren, wann welche von Cayces Maßnahmen am wirksamsten sind.“ Viele der Heilmittel besaßen jedoch einen breiten Anwendungsbereich.

McGarey kannte Cayce nur aus dem, was er über ihn gelesen hatte. Er selbst galt als solider praktischer Arzt und leitete zusammen mit seiner Frau Gladys, die ebenfalls Ärztin war, eine Klinik in Phoenix, Arizona. Genau wie die anderen Ärzte bedrückte es ihn, wenn die herkömmlichen Mittel und Methoden versagten; das erzeugte in ihm ein Gefühl der Hilflosigkeit. In der Therapie gab es soviel Unerklärliches. Da sich der Arzt seiner eigenen Unzulänglichkeit bewußt war, blieb er in seinem Kampf gegen die Krankheit bescheiden. Er sagte sich nicht von dem los, was er auf der Universität in Cincinnati und in den Jahren praktischer Ausbildung gelernt hatte, aber er ließ auch anderes gelten. Deshalb unternahm er etwas, als er auf Cayce stieß. Er studierte einige von Cayces Gesundheits-Readings und prüfte ihre Ergebnisse. Mehrere Behandlungsmethoden, die der ungebildete Mystiker in seinen Gesundheits-Readings beschrieb, adaptierte McGarey mit Erfolg. Das meiste Glück hatte er mit Rizinusöl-Packungen, die bei verschiedenen Bauchbeschwerden halfen: Magengeschwüren, Blinddarmentzündung, Kolitis, Gallenblasenleiden. Da er eine herkömmliche Ausbildung besaß, wandte er die Packungen erst an, wenn die herkömmlichen Mittel versagt hatten. Seine bemerkenswerteste Heilung nach der Cayce-Methode erzielte er bei einer achtzigjährigen Frau mit Verstopfung. Er fürchtete, daß die Darmreizung ein Gangrän verursachen könnte. Eine Operation war wegen des Zustandes der Patientin nicht ratsam. Als letzten Ausweg machte er deshalb Packungen auf den Bauch, der deutlich gebläht war und Schmerzen verursachte. Innerhalb von vierundzwanzig Stunden verging die Verstopfung wie durch Zauberei; ein paar Tage später war der Bauch der Greisin flach wie der eines Teenagers, zum erstenmal seit Jahren waren Blähung und Spannung verschwunden.

McGarey stellte auch fest, daß die Packungen, wie Cayce gesagt hatte, bei erhöhtem Blutdruck manchmal beruhigend auf das autonome Nervensystem wirkten. „Durch Beschleunigung des Lymphstroms", sagte er, „lösen die Packungen anscheinend die Überbelastung des sympathischen Nervensystems, das unmittelbar reagiert, wenn sich die Menschen aufregen oder ärgern; die Ärzte nennen das ‚Schrecken-Flucht-Symptom'."

Cayces Behandlung umfaßte im allgemeinen den ganzen Organismus, nicht nur bestimmte Bereiche. Nach den Rizinusöl-Packungen ließ er regelmäßig Olivenöl verabreichen, um die Gallenblase abzuklären und die Leber zu stimulieren; dadurch kam es offenbar zu einem Ausscheiden von Giftstoffen über die Leber, die Nieren, die Haut und die Lunge. Das Rizinusöl minderte offensichtlich die lokale Toxizität, lockerte steife arthritische Gelenke und linderte lokale Abszesse.

McGareys Theorie über das Wirken der Packungen wurde von anderen Ärzten übernommen und die Behandlung vervollkommnet. Dr. George O'Malley aus Galien im Bundesstaat Michigan behandelte mit Erfolg nach den Readings; er vertrat die Meinung, daß die Rizinusöl-Packungen die Chylusgefäße (winzige Lymphgefäße im Dünndarm) wohltuend stimulierten. „Einige Kapazitäten glauben", so sagte er, „daß die Lebenskraft des menschlichen Organismus ihren Ursprung in diesen Zellen hat."

O'Malley war Osteopath. Er wandte Cayces Heilmittel seit der Zeit an, da ihm ein Freund voll Bosheit Tom Sugrues Buch *There Is a River* gegeben hatte, in dem die Cayce-Heilungen beschrieben werden. Fasziniert beschaffte er sich Cayce-Readings über besonders schwer zu behandelnde Krankheiten. Er stellte fest, daß Rizinusöl-Packungen allgemein empfohlen wurden, ebenso das Jod-Derivat Atomidine. Ein Geschwür an der Augenhornhaut, an dem ein Augenspezialist gescheitert war, heilte O'Malley mit zwei Tropfen Atomidine täglich, genau wie Cayce angeraten hatte. Die größten Erfolge errang er jedoch mit Rizinusöl-Packungen. In einem Fall wollten Chirurgen einen vierundfünfzigjährigen Patienten wegen Verstopfung operieren; O'Malley aber machte beharrlich Packungen. Wegen eines Gewittersturms mußte die Operation verschoben werden, und eine Stunde vor der neu angesetzten Operation löste sich die Verstopfung plötzlich, die Operation war nicht mehr nötig. Von ähnlichen Erfolgen berichtet O'Malley bei chronischer Gallenblasenentzündung, chronischen Magenleiden, ulzerativer Kolitis, chronischer Blinddarmentzündung und sogar bei geschwollenen Füßen – alles sprach auf die Packungen an.

Aus den Cayce-Readings zog O'Malley den Schluß, daß das durch die Haut absorbierte Rizinusöl Verstopfungen löste, deren Ursache eine Trägheit des Lymphstromes war. Das Rizinusöl, häufig als Abführmittel verwendet, stammt von einer Pflanze, die auch Palma Christi genannt wird – Hand Christi. „Das Rizinusöl auf der Haut hat doppelte Wirkung", meinte der Arzt. „Es stimuliert den Lymphstrom unmittelbar durch die oberflächlichen und tiefen Lymphgefäße, und es kräftigt einige tiefliegende Bauchorgane."

O'Malley wandte die Packungen genauso an, wie Cayce vorgeschrieben hatte. „Drei Lagen weicher Flanell werden in heißes Rizinusöl getaucht und auf den Bauch gelegt, im Bereich der Leber und Gallenblase und bis hinunter über den Blinddarm (rechter unterer Viertelkreis des Bauches) und den Appendix. Mit einem Heizkissen oder einer Heizlampe wird die Wärme gehalten. Die Packungen sind an drei aufeinanderfolgenden Tagen aufzulegen, eineinhalb bis drei Stunden täglich. An den folgenden drei Tagen wird Olivenöl verabreicht. – Anscheinend", so theoretisierte der Arzt, „regt das Olivenöl die Produktion der Lymphe an, was den Zirkulationsstörungen bei den meisten Verdauungsbeschwerden entgegenwirkt. Gleichzeitig stimuliert es die Produktion von Lymphozyten, einer Vorhut im Verteidigungsmechanismus des Körpers."

Die Linderung von Leiden, mit denen sich die Kranken oft schon jahrelang herumschleppten, grenzte geradezu ans Wunderbare.

Eines Tages wurde O'Malley dringend zu einer Lehrerin gerufen, einer Frau in mittleren Jahren, die angeblich beim Mittagessen einen Herzanfall erlitten hatte. Er fand bald heraus, daß sie unter chronischen Schmerzen litt, die durch unvernünftiges, fettes Essen verschlimmert wurden. Eine Röntgenuntersuchung erbrachte, daß die Gallenblase entzündet war und nicht arbeitete. Ihr Herz war gesund. Sie wollte ihren Unterricht nicht versäumen, zumal das Semester nur noch zwei Wochen dauerte. „Herr Doktor", sagte sie, „es wäre schön für mich und meine Klasse, wenn wir das Jahr zusammen beenden könnten."

Rizinusöl-Packungen waren damals in O'Malleys „Arsenal" noch ziemlich neu. Er erzählte der Lehrerin davon, und sie erklärte sich bereit, einen Versuch zu machen. „Sie wurde instruiert, etwaige ungünstige Symptome sofort zu melden", sagte der Arzt, „und uns über ihre Fortschritte auf dem laufenden zu halten." Eine Woche später rief der Ehemann der Lehrerin an und berichtete, seine Frau fühle sich besser als seit Jahren. Der Druck in der Brust war praktisch verschwunden. Der nächste Bericht kam Wochen später vom Schuldirektor; er stellte am Beginn des neuen Schuljahres fest, die Lehrerin sehe blendend aus. In den folgenden drei Monaten erlitt sie keinen einzigen Anfall.

Ulzerative Kolitis empfinden die meisten Ärzte fast als Pest. Sie ist schwer zu diagnostizieren und schwer zu behandeln. Eine sechsundsechzigjährige Frau, die bei einem Autounfall verletzt wurde, kam in eine Klinik. Die Diagnose lautete: ulzerative Kolitis infolge Traumas und Schocks. Sechs Monate wurde sie behandelt, erst in der Klinik, dann zu Hause. Sie verlor viel Gewicht, denn sie hatte Angst zu essen, weil das sofort ihren Darm reizte. Als sie über starkes Herzklopfen klagte, fürchtete die Familie einen Herzanfall und rief O'Malley. Er verschrieb sofort Rizinusöl-Packungen. „Schon auf die erste Behandlung sprach sie an", sagte er. „Nach drei Wochen waren ihre Bauchschmerzen verschwunden, und sie schlief wieder ohne Medikamente."

Eine lohnende, völlig unerwartete Heilung erzielte O'Malley bei einem achtjährigen Mädchen, das immer wieder über Bauchschmerzen klagte, seit es die Masern gehabt hatte. Die Kleine wurde wegen chronischer Blinddarmentzündung operiert; bei der Operation stellte sich heraus, daß sie einen alten Blinddarmdurchbruch hatte, kompliziert durch einen akuten Abszeß. Wegen der Verwachsungen bereitete die Entfernung des Blinddarms Schwierigkeiten. Der postoperative Zustand des Kindes war kritisch. Die Kleine hatte einen geblähten Bauch, Fieber und erbrach sich. Antibiotika waren wirkungslos. Schließlich legte man Rizinusöl-Packungen auf, dreimal täglich eine Stunde. „In den ersten vierundzwanzig Stunden trat eine leichte Besserung ein", bemerkte O'Malley. „Am dritten Tag ließ die Blähung nach, und das Fieber sank." Zwölf Tage lang, während der Rekonvaleszenz, wurden die Packungen weiter gemacht. „Ich bin der Überzeugung", erklärte der Arzt, „daß die Rizinusöl-Packungen den Verteidigungsmechanismus des Körpers stimulierten und daß dank der besseren Zirkulation die Medikamente dazu beitrugen, die Homöostase (das Gleichgewicht zwischen den Zellen) wiederherzustellen. Interessant war, daß die Anämie, an der die Patientin litt, viel besser auf die Eisentherapie ansprach, solange die Rizinusöl-Packungen aufgelegt wurden."

Wie sie Verstopfungen lösten, so halfen die Rizinusöl-Packungen auch gegen Auswüchse wie Muttermale und Warzen, ferner bei Zysten, Psoriasis, Gicht und Nierensteinen. Gleich McGarey nutzte O'Malley die Packungen nicht nur zur Behandlung verschiedener Leiden, sie vermittelten ihm auch ein breiteres Wissen über einige Krankheiten. Die Rizinusöl-Packungen halfen bei jenen Leiden, wo mangelhafte Lymphzirkulation zu unzureichender Entfernung von „Toxinen aus dem Körper oder von der Krankheit" führte. Hier schien sich eine Möglichkeit aufzutun, die Packungen auf noch breiterer Basis anzuwenden. „Die tabellarisch zusammengestellten Readings über Psoriasis, Krebs und Arthritis", sagte O'Malley, „verweisen auf mangelhafte Absorption der Lymphzirkulation im Magendarmkanal."

Viele Heilkundige vertieften sich in Cayces Heilmethoden für so tückische Krankheiten wie Arthritis und Krebs; sie suchten nach Hinweisen, die ihnen therapeutisch bei der Behandlung helfen konnten. Die Cayce-Akten enthalten viele „Kuren" für Arthritis, außerdem sind die Jahre später gemachten Aussagen der genesenen Patienten von Bedeutung. Cayce griff die Arthritis auf breiter Front an, denn er wußte, was viele Ärzte erst seit kurzem akzeptieren: daß Arthritis die Reaktion des Körpers – und des Geistes – auf vielerlei Fehler und Schädigungen ist. Dr. Henry George III aus Wilmington im Bundesstaat Delaware, ein Nachkomme des bekannten Volkswirtschaftlers, sah sich die Readings über diese deformierende Krankheit genau an. In neunundvierzig von neunundfünfzig Fällen, die er studierte, empfahl Cayce Oliven- oder Erdnußölmassagen, allgemeine Osteopathie, bei der in achtunddreißig Fällen besonderes Gewicht auf Einrichtungen im Halswirbel- und unteren Rückenwirbelbereich gelegt wurde. Goldchlorid oder Atomidine wurden in elf Fällen zusammen mit diesen Therapien angewandt sowie Einläufe, die den Organismus reinigten, in vierzehn Fällen. In neun Fällen hatte Cayce den Patienten nahegelegt, ihre seelische und geistige Einstellung zu verbessern. Er bestand auf strengster Diät, verbot in der Hälfte der Fälle große Mengen Fleisch und in allen Fällen Schweinefleisch. Vielen Patienten riet er, Weißbrot, Kartoffeln, fette Speisen sowie Fett überhaupt zu meiden und viel Wurzelgemüse zu essen.

Die Berichte über die Fortschritte der Arthritis-Patienten sind interessant. Dreiundzwanzig wurden geheilt, oder es trat eine Besserung ein; elf fanden die Behandlungsvorschriften zu kompliziert, um sie einzuhalten; zwei starben, bevor sie mit der Behandlung beginnen konnten; und von den übrigen lagen keine Berichte vor, weil sie nicht aufzufinden waren.

Das Frage- und Antwortspiel, durch das Cayce seine frappierenden Heilungen gelangen, fesselte immer wieder. In einem Fall war die Patientin eine Krankenschwester mittleren Alters, die einen Arzt nach dem anderen aufgesucht hatte und sich schließlich an Cayce wandte.

Sie kam gleich zur Sache. „Was verursacht die harten Stellen oder Knoten auf oder an meinen Fingergelenken?“ fragte sie.

„Das Fehlen einer ordnungsgemäßen Ausscheidung durch den allgemeinen Organismus“, antwortete Cayce. „Die Stimulanz der Zirkulation im oberen dorsalen und im ganzen zervikalen Bereich (durch osteopathische Einrichtungen) sollte zu besseren Ausscheidungen durch den Magendarmkanal führen.“ Eine Diät-Empfehlung: „Essen Sie zusätzlich zur sonstigen Kost viel Brunnenkresse und Rübenkraut.“

Als Krankenschwester war sie gewöhnt, beharrlich zu sein. „Soll irgend etwas Besonderes gegen die harte Stelle am Gelenk meines kleinen Fingers getan werden, der jetzt schmerzt?“

„Packungen mit Epsomer Bittersalz werden diesem Bereich Linderung bringen, doch die besseren Ausscheidungen, herbeigeführt durch das angegebene Verfahren (Einläufe alle zehn Tage) werden die Zustände über den allgemeinen Organismus bessern.“

Es war Krieg, und sie war ein Mensch mit Unternehmungsgeist. „Wäre es schlecht für mich, wäre es schädlich für meine Gesundheit, für das Rote Kreuz Blut zu spenden?“

„Nicht schädlich unter den gegenwärtigen Umständen.“

Sie stellte noch eine weitere Frage, die mit dem Reading eigentlich nichts zu tun hatte: „Was ist die beste Behandlung gegen Wundliegen – das frage ich für meinen Patienten?“

Cayce machte es offenbar nichts aus, zwei Patienten für den Preis eines einzigen zu beraten. „Das beste Mittel ist im allgemeinen Ichthyolsalbe.“

Die Schwester hielt sich genau an die empfohlene Behandlung, und diese wirkte. Die Einrichtungen nahm Dr. André Aillaud vor, ein Osteopath aus Charlottesville im Bundesstaat Virginia, und das übrige machte die Schwester selbst. Etwa zehn Jahre später, im November 1952, gab sie einen begeisterten Bericht über ihren Zustand und auch über den des Patienten, der sich wundgelegen hatte. „Die Knoten an meinen Fingern sind verschwunden; ich habe in den Kriegsjahren sechsmal Blut gespendet. Das Mittel gegen das Wundliegen half wunderbar; mein Patient hatte nie mehr darunter zu leiden." Im Dezember 1965, bei der letzten Kontrolle, näherte sich die Schwester der Siebzig. Sie wurde als „die Verkörperung der Gesundheit" beschrieben.

Cayce stimmte die Wissenschaftler, die mit seinen Readings arbeiteten, oft nachdenklich. „Ich kann zwanzig oder dreißig Krankengeschichten von Arthritis-Patienten liefern, die gemäß den Readings behandelt wurden", berichtete der Osteopath M. L. Hotten aus Arvin im Bundesstaat Kalifornien. „Und ich kann gute Ergebnisse melden. Wenn man aber erst einmal damit anfängt, diese Readings zu verwenden, drängen sich Fragen über einige Lücken in der Information auf. Das Material enthält eine Herausforderung, die wir nicht ignorieren dürfen. Wir können beispielsweise kaum die Gesundheits-Readings akzeptieren und die geistigen und psychologischen Untertöne nicht zur Kenntnis nehmen. Wir dürfen nicht einfach das verwenden, was uns tauglich erscheint, und den Rest unbeachtet lassen."

Hotten hatte aus den Cayce-Readings über Arthritis ein therapeutisches Schema herausgearbeitet. „Wenn man die Sache vereinfacht", erklärte er, „ergeben sich vier wesentliche Schritte:

1. Verbesserung der Zirkulation durch Salzpackungen und Bäder.
2. Spezielle Massage mit bestimmten Ölen und Harzextrakten wie Myrrhe und Erdnußöl.
3. Veränderung der Kost, um das chemische Gleichgewicht zu ändern und die Einnahme gewisser Minerale zu reduzieren.
4. Osteopathische Manipulation des dritten Halswirbels, neunten Rücken- und vierten Lendenwirbels; diese drei Bereiche werden am öftesten erwähnt."

Gleich McGarey hatte auch Hotten die Überzeugung gewonnen, daß sich der Körper seines Zustandes genau bewußt war. „Wir wissen, daß es ein dem Wesen angeborenes ‚Bewußtsein' gibt, das gewöhnlich als Unterbewußtsein oder Unbewußtes bezeichnet wird. Es wird im allgemeinen mit der geistigen Aktivität in Zusammenhang gebracht, doch es gibt vielleicht noch eine andere Art ‚Bewußtsein' auf noch tieferer Ebene, das den Gleichgewichtszustand empfindet, der im sympathischen und im parasympathischen Nervensystem herrscht."

Weil offenbar niemand dieses Bewußtsein erforschen konnte, waren Cayces Readings – und die ihnen innewohnende Philosophie – doppelt wichtig. Deshalb vertiefte sich Dr. Hotten voll Eifer in Cayces Konzeption von Krankheitsursachen und Heilung. Cayce war einmal gefragt worden: „Ist es möglich, in psychischen Readings Informationen zu geben, durch die man Krankheiten heilen kann, die als unheilbar bekannt sind?"

Cayce hatte geantwortet: „Wie wir feststellen, werden alle Zustände in physischen Körpern durch etwas hervorgerufen, dem man entgegentreten kann. In Wirklichkeit gibt es keine unheilbaren Krankheiten. Denn jedes Leiden ist die Folge des Bruchs eines Gesetzes. Die Heilung wird notwendigerweise erfolgen, wenn andere den Erfordernissen entsprechende Gesetze erfüllt werden. Eine vollkommene Heilung wird ohne das Wirken einer psychischen Kraft nicht zu erzielen sein. Bei jeder Art von Heilung ist die Gegenkraft, sei sie nun operativ, medizinisch oder regenerierend, nicht mehr und nicht weniger als die durch psychische Kraft ausgeübte aktive Kraft."

Das dürfte einer der Gründe dafür gewesen sein, daß Cayce es am liebsten hatte, wenn die Menschen, die ihn um ein Gesundheits-Reading ersuchten, geistig bereits auf die Hilfe vorbereitet waren.

Viele Skeptiker wurden bekehrt, wenn man ihnen Cayce-Readings erläuterte. Hotten vertrat die Meinung, daß die Wissenschaft vom Heilen vieles hinzulernen könnte, wenn sie es über sich brächte, Ideen gelten zu lassen, die der orthodoxen medizinischen Auffassung fremd waren. „Es ist wirklich unwissenschaftlich und dogmatisch", sagte er, „irgendeine Behandlung, Auffassung oder Idee anzuprangern, weil man *glaubt,* sie sei wertlos." Wie Arthritikern geholfen wurde, so kann vielleicht auch Krebskranken geholfen werden. Spielten die Mandeln, die Cayce so oft erwähnte, in seiner Krebstherapie eine ähnliche Rolle wie das Erdnußöl bei Arthritis? Cayce sprach immer wieder mit Nachdruck von den Schwingungen verschiedener Substanzen, deshalb fragte sich Hotten: „Sind es die Schwingungen des ein- oder zweimal wöchentlich aufgetragenen Erdnußöls, die Arthritis heilen oder vermeiden helfen? Was haben die Mandeln für eine Schwingung, die die Physiologie des Körpers so verändern könnte, daß eine oder zwei Mandeln täglich Krebs verhüten helfen würden?"

Hotten sagte nicht, daß Mandeln Krebs verhüten oder heilen. Er schlug lediglich vor, die Möglichkeit wissenschaftlich zu erforschen. „Heute, da sich Krebszellen auf einem künstlichen Nährboden züchten lassen, könnte die chemische Zusammensetzung der Mandeln Gegenstand einer solchen Forschung sein. Wahrscheinlich aber", fügte er mit feiner Ironie hinzu, „ist das eine zu einfache Idee für Männer, die eine Droge zur Heilung der Krankheit suchen, anstatt über das delikate chemische Gleichgewicht nachzudenken, das bei der Verhütung einer gestörten Physiologie eine wesentliche Rolle spielen dürfte."

Die Tür zum Universalwisssen war jenen nicht verschlossen, die einen offenen Geist besaßen. „Ein Mensch unserer Zeit, Edgar Cayce, der den tiefen inneren Wunsch und eine vervollkommnete mediale Fähigkeit besaß, vermochte ein vollendeter Kanal zu sein, wenn er in hypnotischer Trance lag. Wir wollen die Tür zu diesem Kanal nicht zuschlagen."

Es überrascht jedoch nicht, daß Cayce mitunter sogar die aufgeschlossensten Ärzte verwirrte. Er besaß ein enzyklopädisches Wissen über Anatomie, Krankheiten und Drogen. Er verordnete nicht nur Drogen, sondern erklärte auch, wie sie herzustellen seien. Und er war eine Autorität auf dem Gebiet der Diät, der Kalorien und der Vitamine. Für seine Patienten stellte er genaue Speisepläne auf. Seine Behandlungen waren sehr vielseitig. Sie umfaßten neben Diät und Drogen auch Massagen, Manipulationen und therapeutische Bäder – was eben half. Der dokumentarische Bericht über einen seiner ungewöhnlichsten Fälle ist ein wahres Wunder an Details. Liest man ihn, so fragt man sich, wie jemand, der nicht über die sechste Klasse hinausgekommen war, eine so genaue Diagnose und Behandlungsvorschrift geben konnte, die für den gelehrtesten Arzt eine große Leistung gewesen wäre.

Für den schlafenden Cayce stellte der Körper eine enge Verbindung von Blut, Muskeln, Nerven und Knochen dar. War etwas davon gestört, war das ganze Wesen, wie er den Menschen nannte, gestört. In dem erwähnten Fall litt der Patient an Gliederlähmung und hatte bereits zahllose Ärzte aufgesucht, doch ohne Erfolg. Obwohl erst fünfunddreißig Jahre alt, war der Mann zur Invalidität verurteilt. Cayce machte für ihn, der fast fünfhundert Kilometer entfernt lebte und den er nie gesehen hatte, ein Reading. Er sagte, der Patient leide an einer Störung im unteren Lumbalplexus, was sich auf die Koordination des sympathischen und zerebrospinalen Nervensystems auswirkte. Unter Angabe genauer Einzelheiten verordnete er Einrichtungen des Rückgrates, besonders der Rücken- und Halswirbel; die dadurch wiederhergestellte Schwingung des Körpers, so erklärte er, würde die Blutzufuhr steigern und den Heilungsprozeß beschleunigen. Als zusätzliches Mittel empfahl er ein Gebräu aus Kräutern, dessen Herstellung er ganz genau beschrieb:

„Zuerst nehmen wir acht Unzen destilliertes Wasser. In dieses geben wir eine halbe Unze Gartensalbei und eine Viertelunze Ambrosienkraut, nicht viel Stengel, sondern Blätter." Dann kamen hinzu: „Gelbholzbaum und Hundskamille, eine Viertelunze, wilde Ginsengwurzel, eine halbe Unze." Weiter hieß es: „Auf die Hälfte der Menge einkochen, aber nicht zu stark kochen lassen, durchseihen und, solange das Ganze noch warm ist, eine halbe Unze fünfundachtzigprozentigen Alkohol dazugeben, in den man eine Drachme Tolubalsam geschnitten hat. Dann drei Tropfen

Kapsikumtinktur. Die Dosis beträgt viermal täglich einen halben Teelöffel, fünfzehn bis zwanzig Minuten vor den Mahlzeiten zu nehmen."

Anschließend beschrieb er jede Mahlzeit genau. Das Frühstück sollte hauptsächlich aus Zitrusfrüchten bestehen, dazu konnten jedoch Kornflocken gegessen werden, „besonders aus ganzem Weizen, aus Hafer oder solche, bei denen das Gluten des Reises und des Weizens kombiniert ist". Er gab sogar Anweisungen für die Behandlung des Patienten. „Positive Suggestion in einer behutsamen, ruhigen, ungezwungenen Art und Weise. Poltern würde nur irritieren. Schimpfen oder zu sehr kommandieren hieße das zerstören, was sich im Körper aufbaut." Er stellte sogar einen moralischen Grundsatz auf, der seiner Zeit viele Jahre voraus war: „Unterweisen oder trainieren Sie den Körper nicht nur darin, gut zu sein, sondern auch darin, für etwas gut zu sein."

Das erste Reading für den Gelähmten gab Cayce im September 1930. Um zu garantieren, daß die Behandlung richtig durchgeführt wurde, brachte man den Patienten am 6. Oktober ins *Cayce Hospital,* das damals in Betrieb war. Dort blieb er bis zum 24. Oktober. Anschließend wurde die Behandlung, da eine deutliche Besserung eingetreten war, zu Hause fortgesetzt. Die Person, die den Mann zu Cayce geschickt hatte, stellte zufrieden fest: „Die Ärzte haben eingestanden, nicht helfen zu können, und doch wird die Heilung nun verhältnismäßig rasch vor sich gehen."

Der Patient bekam Appetit, er nahm zu und begann seine Gliedmaßen zu bewegen. Bald machte er ein paar zögernde Schritte. Im November konnte er wieder gehen. Am 17. November sandte er der *Cayce Foundation* ein Dankschreiben: „Zu meiner Freude kann ich Ihnen melden, daß ich noch immer zunehme. Ich wiege 170 (eine Gewichtszunahme von dreißig Pfund). Ich kann ungefähr eineinhalb Kilometer am Tag gehen, werde aber natürlich schrecklich müde."

Seine Pflege wurde von Dr. Theodore J. Berger überwacht, einem New Yorker Osteopathen. Am 1. Dezember gab Cayce wieder ein Reading; wegen der eingetretenen Besserung änderte er die Behandlung. Er legte besonderes Gewicht auf die Massage zur Anregung des Kreislaufs. „Wir würden nun zu einer allgemeinen osteopathischen Behandlung je Woche übergehen und zu einer Massage mit Schwefelbalsam im Lumbal- und Sakralbereich; gründlich zu reiben sind die Gliedmaßen bis zu den Knien und Knöcheln, und dabei ist dem Verlauf der Muskeln eher zu folgen als dem der Nerven. Durch diese Behandlung gewinnt der Körper größere Kraft." Die Massage konnte von jedem Masseur oder auch von jemandem zu Hause vorgenommen werden, wenn sie gründlich gemacht wurde. Der nicht zu trockene Schwefelbalsam war gründlich einzumassieren „in die Lumbal- und Sakralgegend und den muskulären Teil der Gliedmaßen, bis zu den Füßen und Knöcheln, und in den oberen Teil des Körpers, zu den Hüften". Die allgemeine Diät war beizubehalten, dazu sollte der Patient Übungen im Freien machen. Nach diesen Anweisungen sagte Cayce voraus: „Es wird sich zeigen, daß der Körper früher als erwartet in der Lage ist, die tägliche Arbeit wiederaufzunehmen."

Aufschlußreich war die Antwort, die der Patient auf die Frage erhielt, ob er das Rauchen einstellen solle.

„Mit Maßen schadet es dem Körper nicht", erklärte Cayce.

Im Februar 1931, ein paar Monate nach dem ersten Reading, fühlte sich der Patient viel besser. Er ersuchte nun noch um ein Lebens-Reading, denn er sagte sich, wenn Cayce mit dem Körperlichen so recht hatte, würde er vermutlich auch mit allem anderen recht haben.

Cayce sprach zuerst wieder vom Körperlichen. Er änderte den Speiseplan, da der Patient nun zu schwer wurde. „Lassen Sie die nächsten dreißig bis vierzig Tage Stärke möglichst weg. Als einziges Fleisch essen Sie Zicklein- oder Lammfleisch; Fleisch, das die Nerven aufbaut, keine Süßigkeiten, keine Butter; nehmen Sie alle Nahrungsmittel möglichst im Naturzustand zu sich, ohne Zucker. Keine Kartoffeln." Die Medizinmenge wurde reduziert. „Wenn die Flasche wieder nachgefüllt werden sollte, hören Sie auf damit. Unterdessen verringern Sie die Einnahmemenge, bis der Rest aufgebraucht ist." Anschließend ein Rat fürs neue Leben: Sofort wieder die Arbeit aufnehmen, in zusagender Umgebung.

„Was für Arbeit?" fragte der Rekonvaleszent.

„Jene, die bereits getan wurde, oder eine, die der Natur oder den Neigungen des Körpers besser entspricht."

Der Patient hatte eine letzte Frage: „Irgendein Rat bezüglich des Geistigen oder Seelischen?"

Er wurde beruhigt. Bei der Disziplin, die er üben mußte, um wieder gesund zu werden, hatte er auch Geist und Seele entwickelt. „Als sich der Körper durch die Geisteskraft aufbaute, begann auch hier die Wiederherstellung. Erwählen Sie ein Ideal und versuchen Sie es zu verwirklichen."

Im Mai 1931 wurde die völlige Genesung des Patienten gemeldet. Die *Association for Research and Enlightenment* besitzt ein Dankschreiben von der Schwägerin des Patienten an Cayce: „Eine schwere Verantwortung ist uns von den Schultern genommen. Es geht ihm gut, er arbeitet jeden Tag und redet immer von Ihnen." Sechs Monate später sprach der Patient selbst seinen Dank aus: „Ich schreibe diesen Brief in Anerkennung alles dessen, was Sie für mich getan haben. Als ich mich in Ihre Pflege begab, konnte ich meine Hände nicht mehr zum Schreiben gebrauchen, und meine Beine waren teilweise gelähmt, ich konnte sie überhaupt nicht mehr ausstrecken. Ich wog nur 140 Pfund. Ich war damals bereits sechs Monate in diesem Zustand und fühlte mich immer schlechter. Ich war noch keine Woche im *Cayce Hospital,* da konnte ich Briefe nach Hause schreiben und meine Beine ausstrecken, und ich habe seither ständig zugenommen. Ich wiege jetzt 184 Pfund. Und die Ärzte hatten mir doch praktisch gesagt, es gebe keine Hilfe mehr für meinen Zustand. Am 5. Mai 1931 konnte ich die Arbeit wieder aufnehmen, acht Monate, nachdem ich Ihre Behandlung begonnen hatte, und ich fehlte seither keinen einzigen Tag. Als ich nach Hause kam, waren alle mehr als überrascht, daß ich wieder genauso gut gehen konnte wie früher. Ich finde nicht die Worte, um Ihnen meine ganze Anerkennung auszusprechen und genügend zu danken. Wie Sie wissen, vermögen die Menschen, wenn sie zum erstenmal von einem Reading hören, nicht daran zu glauben. Ich habe es zuerst auch nicht getan, und ich hoffe nur, daß andere Kranke sich von Ihnen helfen lassen und nicht zu lange warten."

Cayces Rezepte für Tränke versetzten die Apotheker in Erstaunen, denn sie hatten nie etwas Ähnliches gesehen. Milton H. Snyder hatte als junger, frisch vom College in Richmond, Virginia, kommender Apotheker in Virginia Beach gearbeitet. Er runzelte oft die Stirn über die Verordnungen von Kräutern und Wurzeln, die Cayce in die Apotheke sandte. Auf einem Rezept beispielsweise verordnete der Mann, der nie ein medizinisches Lehrbuch oder eine pharmazeutische Zeitschrift gelesen hatte, für einen Patienten: „Zwei Unzen gefilterten Honig in vier Unzen destilliertem Wasser zum Kochen bringen, dann – bevor es ganz abgekühlt ist, aber nachdem es zu kochen aufgehört hat – folgendes beifügen: Essenz aus wildem Ginseng, Stillingia-Tinktur, Essenz aus wilden weißen Rüben, Essenz aus wildem Ingwer (aus den Blättern bereitet), Essenz aus der Rinde des Fieberrindenbaums." Cayce gab ganz genaue Einnahmevorschriften: Die Lösung vor dem Einnehmen schütteln, zweimal täglich einen halben Teelöffel nehmen, möglichst vor dem Frühstück und vor dem Schlafengehen. Die ganze Menge aufbrauchen."

Snyder war nach einiger Zeit von der Apothekerei ins Juweliergeschäft übergewechselt, er betrieb einen Laden in Portsmouth, Virginia. Seine Gedanken kehrten jedoch oft zu dem Exzentriker Cayce zurück. Niemand, so überlegte er, hätte sich mehr um einen Patienten sorgen können als Cayce, der auch größtes Interesse an den Mischungen nahm, die er in seinen Readings verordnete. „Anfangs stand er neben mir", berichtete Snyder. „Er paßte auf, daß ich die Mischung in einem Email- und keinem Metalltopf kochte, damit keine Gefahr einer Verunreinigung bestand." Snyder war zwar der Meinung, daß seit den Alchimisten im Mittelalter niemand mehr solche Tränklein gebraut habe, aber die Wurzeln und Kräuter schadeten zweifellos nicht. Er füllte den Trank also ohne Gewissensbisse ab. „Cayces Aufrichtigkeit stand außer Frage", sagte er gedehnt, „er wollte alles genau nach Anordnung haben."

Hatte Snyder je um ein Reading gebeten?

Er konnte sich an eines erinnern, das Cayce im Januar 1931 für ihn gegeben hatte, kurz bevor das *Cayce Hospital* schließen mußte. Ein Blasenleiden und Kopfschmerzen hatten ihm damals zu schaffen gemacht, deshalb vereinbarte sein Arbeitgeber S. J. Benstock mit Cayce einen Termin für ihn. Snyder war von dem Reading nicht sonderlich beeindruckt gewesen. „Ich glaube nicht, daß er mir half", meinte er nachdenklich, „aber er war ein netter Mann, ziemlich ungewöhnlich."

„Meines Wissens", entgegnete ich, „halfen seine Behandlungen praktisch jedem, der tat, was er sagte."

„Na, ich erinnere mich heute nicht mehr, was er mir sagte", erklärte Snyder. „Es ist ziemlich lange her, aber ich bin schließlich nach Charlottesville hinübergegangen, und dort kurierte mich irgendein Arzt."

„Darf ich mir Ihr Reading ansehen?" fragte ich.

Snyder lachte. „Ich bin selber neugierig und möchte gern wissen, was er damals sagte."

Das Reading ließ sich leicht finden. Snyder war seinerzeit vierundzwanzig Jahre alt gewesen. Die Akten enthielten nichts über eine Klage, keinen Hinweis auf sein Leiden, lediglich eine Bitte um ein physisches Reading.

Ich las das ziemlich kurze Reading. Cayce sagte, der Ratsuchende sei im großen und ganzen in guter Verfassung und organisch gesund, wenn auch einige Funktionen gestört seien. Einige der Störungen schrieb er dem Verdauungs- und dem Nervensystem zu, die zeitweise Kopfschmerzen und Schwierigkeiten mit den Augen und dem Hals verursachten.

Die Kopfschmerzen hatte Cayce auf jeden Fall richtig erkannt.

In dem Reading hieß es weiter, durch diese Zustände würden sich im ganzen Organismus Toxine verbreiten, die in verschiedenen Körperteilen Druck verursachten. Er empfahl eine Diät, die gegen die „Säurekräfte im Körper" ankämpfen sollte, und dazu osteopathische Einrichtungen im Hals- und Rückenwirbelbereich, um den unter schädlichem Druck stehenden Nervenimpulsen ihre normale Funktion wiederzugeben.

Soweit das Reading. Snyder hatte noch einige Fragen gehabt: „Was verursacht das spezielle Leiden?"

„Durch die Schaffung eines Gleichgewichts im Verdauungs- und Assimilationssystem", antwortete Cayce, „werden wir diese Störungen überwinden. Auch den Druck im unteren Teil des Organismus, denn dieser entstand durch die Füllung der Drüsen."

Ich erinnerte mich, das Snyder mir von Schwierigkeiten beim Urinieren erzählt hatte.

„Sind die Nieren in gutem Zustand?" war seine nächste Frage an Cayce gewesen.

„Sie sind durch den übergroßen Druck, den die Gifte (Toxika) erzeugen, sympathisch gestört. Wenn wir den Druck lösen, wird der Zustand wieder normal."

Snyder fragte, wie oft die Einrichtungen des Rückgrats gemacht werden sollten.

„Zumindest zweimal wöchentlich, bis die Muskelkräfte und Nervenzentren durch das zerebrospinale System wieder in Ordnung gebracht sind."

Snyder, der schon einen Arzt aufgesucht hatte, fragte nun: „Ist die augenblickliche Behandlung richtig?"

Cayce antwortete trocken: „Wenn sie das wäre, hätten wir sie nicht geändert."

Beim Studium des Readings gewann ich den Eindruck, daß Cayce mindestens zur Hälfte recht gehabt hatte. Seine Diagnose war richtig gewesen: Kopfschmerzen und Druck in den unteren Bereichen konnte man zweifellos mit den Nieren in Verbindung bringen. Wo und wie hatte er versagt?

Ich wandte mich noch einmal Snyder zu. Er war wieder recht freundlich.

Plötzlich kam mir ein Gedanke. „Was hat der Osteopath bei Ihnen gemacht?" erkundigte ich mich.

„Welcher Osteopath?" fragte Snyder

„Der die Einrichtungen vornehmen sollte, die Cayce anordnete."

Gelassen erklärte er: „Ich habe nie viel von diesen Dingen gehalten."

„Nun", entgegnete ich, „Cayce hatte es empfohlen."

„Wirklich? Stimmt, jetzt erinnere ich mich dunkel daran. Ich habe dem keine große Bedeutung beigemessen."

„Sie hielten also die Behandlungsvorschrift nicht ein?"

„Vermutlich, denn ich bin zu keinem Osteopathen gegangen und habe keine Einrichtungen vornehmen lassen. Ich habe das damals einfach nicht eingesehen."

Snyder wurde plötzlich nachdenklich. „Ich wüßte gern, was einer von diesen Osteopathen von dem hält, was Cayce mir verordnet hat. Sagen Sie es mir, wenn Sie es herausfinden?"

Eine Woche später ging ich mit dem Snyder-Reading zu Harold J. Reilly. Er warf einen fachkundigen Blick darauf. „Die Einrichtung, die Cayce empfahl", sagte er, „hätte sehr gut einen Druck auf die Nieren beheben können. Das war die unmittelbar betroffene Gegend."

Cayces Universalgeist kümmerte sich um die Gesundheit der breiten Öffentlichkeit genauso wie um die einzelner. Im Zusammenhang mit der gegenwärtigen Kontroverse über die Fluorisierung ist interessant, daß sich Cayce gegen eine wahllose Fluorisierung der öffentlichen Trinkwasserreserven aussprach. Er sagte warnend, das Fluor könnte eine gefährliche Verbindung mit den bereits im Wasser vorhandenen Mineralien eingehen.

Cayce kam im September 1943 erstmals auf das Problem zu sprechen, als ihm ein Zahnarzt, der wissenschaftliche Forschungen betrieb, in einem Reading die Frage stellte: „Ist die Vermutung richtig, daß die Einnahme einer bestimmten Form und Menge von Fluor im Trinkwasser fleckigen Zahnschmelz verursacht?"

„Das ist natürlich richtig", antwortete Cayce. „Aber es ist auch unrichtig, wenn man die anderen Eigenschaften des Wassers außer acht läßt, die damit zusammenhängen." Der Schlafende führte aus: „Wenn ein bestimmter Prozentsatz an Fluor mit freiem Kalkstein vorkommt, ist es nützlich. Wenn ein bestimmter Prozentsatz mit Magnesium, Schwefel und ähnlichem vorkommt, haben wir erstens fleckigen Zahnschmelz und zweitens Schlechtwerden des Gaumens."

Der Zahnarzt fragte: „Verursacht zuviel Fluor ein Faulen der Zähne und wo liegt die Grenze?"

„Sehen Sie sich das an, worauf soeben hingewiesen wurde", sagte Cayce. „Das hängt mehr von den Kombinationen ab als von der Fluormenge selbst." Ein Zuviel an Fluor könnte jedoch im Körper eine schädliche Reaktion verursachen, die sich vor allem in den Zähnen offenbaren würde. „Selbstverständlich würde zuviel Fluor im Wasser nicht so sehr auf die Zähne wirken, sondern auf andere Funktionselemente, was sich in den Zähnen widerspiegelt; nicht als Ursache der Fäule, sondern durch Verursachung einer Störung, die den Zustand der Zähne verschlechtert."

Cayce wiederholte seine Warnung vor Magnesium und Schwefel in Kombination mit Fluor und fügte noch eine Warnung über zu hohen Eisengehalt hinzu. „Bei Eisen oder Schwefel oder Magnesium seien Sie vorsichtig!"

Da Cayce keine bewußten Kenntnisse über das Fluorisierungsproblem besaß, ist der Teil des Readings besonders bemerkenswert, in dem er kurz auf das natürliche Vorkommen des Fluors im Wasser zu sprechen kam. Er wies darauf hin, daß Wasser mit nützlichem Fluorgehalt als Sicherheitskontrolle für die künstliche Fluorisierung des Trinkwassers dienen könnte. „In den Vereinigten Staaten gibt es Gegenden", sagte er, „wie Teile von Texas, Arizona oder Wyoming, wo die Zähne selten kariös sind (und wo Fluor in sicheren Grenzen vorkommt). Untersuchen Sie das Wasser dort auf das Fehlen von Eisen oder Schwefel oder auf den Schwefelanteil."

Cayce betonte, der Erfolg jedes Fluorisierungsexperiments hänge vollständig von den Eigenschaften des Wassers ab, dem das Fluor beigegeben werden sollte. „Es gibt viele Gebiete, in denen die Beifügung von Fluor zum Wasser, neben vielen anderen Chemikalien, höchst nützlich wäre. Dann gibt es andere, in denen sogar eine kleine Menge sehr schaden würde. Deshalb kann man nicht einwandfrei sagen, daß diese oder jene Menge beigefügt werden soll, außer es ist ein bestimmter Grad anderer, sich mit ihm im Trinkwasser verbindender Chemikalien (die eine nützliche Verbindung bilden) vorhanden." Er nannte einige Orte in Mitteltexas, im Nordwesten Arizonas und in der Umgebung von Cheyenne im Bundesstaat Wyoming, wo Fluor eine Verbindung mit anderen natürlichen Elementen einging und die Karies verhinderte. Doch Wasser, das zusätzlich von anderen Gegenden herangepumpt wird, könnte diese „natürliche Therapie" zunichte machen. „Wo Wasser aus anderen Quellen hinzukommt, werden Schwankungen im Gehalt von Magnesium und anderen Chemikalien – wie Arsen und ähnliches – festgestellt werden, und diese verursachen eine Zerstörung der Zähne."

Auf die Frage, wie man die Zähne am besten schütze, antwortete Cayce, von vorrangiger Bedeutung sei ein ausgewogener Eisenhaushalt. „Den Körper bei bester physischer Gesundheit halten und ihn vor einem Übermaß an Eisen oder Eisenprodukten schützen, die auf die eine oder andere Weise Bestandteil des Körpers werden. Diese (die Eisenablagerungen) sind zwar notwendig, aber wenn falsche Verbindungen entstehen, herrscht in den Zähnen nicht das richtige Verhältnis und es kommt zu einem Verlust der benötigten Eisenmenge."

„Welche anderen Faktoren", fragte der Zahnarzt, „wirken sich auf fleckigen Zahnschmelz und Karies aus und halten sie im Zaum?"

Der Empiriker Cayce antwortete: „Die allgemeine Gesundheit des Körpers und die chemischen Prozesse, die Teil des Verdauungssystems sind, der Verdauungsprozeß selbst, der dabei stattfindende chemische Vorgang und der Blutstrom."

Der Zahnarzt kam wieder auf die Fluorisierung zurück: „Sollte das Trinkwasser an bestimmten Orten zur Verhinderung von Karies und des fleckigen Zahnschmelzes mit einem Prozentsatz Fluor präpariert werden? Wenn ja, wie und wo?“

Wieder betonte Cayce, daß der Nutzen der Fluorisierung ganz vom Typ des fluorisierten Wassers abhänge. „Dieses müßte in den verschiedenen Gebieten selbst getestet werden, wie bereits angedeutet. „In Ohio gibt es kaum einen Ort, wo das Fluor nicht nützlich wäre, denn es trägt zur Beseitigung dieses Leidens bei und verursacht eine bessere Funktion der Schilddrüsen; dagegen wäre es in einem Gebiet wie Illinois, besonders im äußersten Norden, bei allgemeiner Anwendung schädlich. Diese (die etwaige Fluorisierung) würde Tests erforderlich machen, und zwar im Hinblick auf die Mengen anderer Mineralien oder Elemente im Wasser.“

Obwohl Cayce wahrlich Bemerkenswertes leistete, waren nicht alle seine Patienten zufrieden. Ich lernte einen Psychologen kennen, der völlig unglücklich über die verordnete Behandlung war. Sogar jetzt noch, fünfundzwanzig Jahre später, nannte er Cayce einen Betrüger. „Die Behandlung brachte mich fast um“, sagte er mit blitzenden Augen. „Cayce wußte nicht, was er tat.“

Da ich bereits mit vielen Menschen zusammengetroffen war, denen Cayce in wunderbarer Weise geholfen hatte, kam mir der Gedanke, daß hier irgendwo etwas schiefgegangen sein mußte. „Vielleicht“, sagte ich, „haben Sie nicht alles getan, was Sie hätten tun sollen.“

Mein mißgelaunter Freund hatte unter Geschwüren gelitten. „Ich habe getan, was ich laut dem Reading tun sollte“, brummte er. „Cayce schickte mich mit meinen Geschwüren zu einem Chiropraktiker, und der brachte mich praktisch um.“

„Vielleicht“, wandte ich ein, „hat der Chiropraktiker nicht getan, was er tun sollte.“ Die Anweisungen waren oft kompliziert, so daß leicht ein Irrtum geschehen konnte. Das war mehr als einmal vorgekommen. Außerdem gab es überall eine zulässige Fehlertoleranz. Cayce hatte in siebenundneunzig Prozent seiner physischen Readings recht, was ein phantastisch hoher Durchschnitt ist, wenn er tatsächlich stimmt.

Der Wissenschaftler sah mich finster an. „Gehen Sie mir doch mit diesem Blödsinn“, sagte er. „Wenn die Ärzte nicht gewesen wären, stünde ich heute nicht hier.“

Ich fand heraus, daß sich mein Freund einer Reporterin gegenüber kritisch über Cayce geäußert und daß die Dame seiner Kritik eine eigene über die von Cayces Leuten erhobenen Gebühren angefügt hatte. Ihr

Angriff war schlechthin absurd, denn die *Cayce Foundation* erhob keine Gebühren für Behandlungen, da dort gar keine vorgenommen wurden!

Angesichts dieser Kritik beschloß ich, mir das fragliche Reading anzusehen. Der ganze Vorgang befand sich in den Akten der *Association for Research and Enlightenment* in Virginia Beach. Das erste Reading stammte vom 2. November 1938. Cayce stellte darin fest, daß bei dem damals vierzigjährigen Wissenschaftler „beträchtliche Störungen im Magen, Zwölffingerdarm und gesamten Darmkanal" auftraten. Der Patient hatte noch keine Geschwüre, mußte aber offenbar bald welche bekommen. Ich hielt das für eine sehr gute Diagnose, zumal Cayce lediglich den Namen und die Adresse des Mannes gekannt hatte. „Bis jetzt haben sich am Pylorusteil des Magens noch keine Schleimhautentzündung oder Ulzerationen gebildet", sagte Cayce und fügte bedeutungsvoll hinzu: „Es besteht jedoch im Duodenum und Pylorus (Zwölffingerdarm und Pförtner) ein katarrhalischer Zustand."

Er empfahl eine ausgewogene Diät: „Nicht zuviel Weißbrot, nicht zuviel Fleisch und niemals Gebratenes oder in Fett Gebackenes." Mein Freund war, genau wie ich, ein cholerischer Typ. Cayce empfahl: „Bei großer Sorge oder Anspannung nicht essen, vor allem keine rohen Äpfel oder Bananen oder Obst, das Säure produziert." Zusätzlich riet er zur Hydrotherapie, einem Einlauf und elektrotherapeutischer Behandlung „zur Anregung des Organismus, hauptsächlich über dem Magen, dem Zwerchfell und den Zentren des zerebrospinalen Nervensystems, von dem die Assimilations- und Verdauungsorgane ihre Impulse erhalten".

Ich blätterte weiter in dem Akt. Vier Tage nach dem ersten Reading hatte mein Freund dankbar an Cayce geschrieben, daß das Reading „bemerkenswert ist und voll und ganz mit der Diagnose meines Arztes übereinstimmt". Er erklärte: „Ich habe seit einigen Wochen große Schmerzen, wie Sie feststellten, und zwar wegen teilweisen Verschlusses des Magenausgangs durch nervöse Spannungen." Er setzte große Hoffnung auf die Behandlung. Einen Monat später meldete er sich wieder, aber nicht, um von einer wesentlichen Besserung zu berichten. Er bat um ein Kontroll-Reading und ersuchte Cayce, sich deutlicher zu äußern: „Wieviel Elektrotherapie – welche Art?"

Am 23. Dezember 1938 gab Cayce ein zweites Reading. Er wies darauf hin, daß „noch immer leichter Rückfluß vom Duodenum durch den Pylorus in den Magen stattfindet". Er empfahl mehr Hydrotherapie, warnte jedoch vor der Elektrotherapie: „Vorsicht mit den angewandten elektrischen Kräften. Diese waren etwas zu stark. Dieselbe Art anwenden, aber nicht so hoch, nicht so viel." Drei Wochen später, am 17. Januar 1939, schrieb mein Freund an Cayce und ersuchte ihn um ein weiteres Kontroll-Reading. „Sie sind großartig und helfen mir sehr", lobte er und fragte: „Ist die früher empfohlene Behandlung derzeit noch ratsam?"

Cayce war mit der angewandten Elektrotherapie nicht einverstanden und ordnete ihre Absetzung an. „Die Reaktionen, die fast eine Blutung verursachen", sagte er, „resultieren aus einer zu großen Menge elektrischer Kräfte." Er empfahl jedoch osteopathische Einrichtungen und einen neuen Therapeuten.

Wieder war mein Freund beeindruckt. Cayce hatte alles richtig gesehen, obwohl er den Patienten, der sich die ganze Zeit in New York aufhielt, nicht kannte.

„Ihr Kontroll-Reading war ausgezeichnet", bestätigte mein Freund. „Ich hatte vor etwa zwei Wochen eine Blutung und vermutlich schon davor einmal, als ich auf dem Tisch lag und eine zu drastische elektrische Behandlung bekam." Er ging nun wieder zu seinem alten Arzt, der den Readings wohlwollend gegenüberstand und selbst ein Test-Reading wünschte.

„Ihre Readings", fuhr mein Freund fort, „waren erstaunlich genau und treffend – vor allem offen, sogar bis zur Kritik gutgemeinter Behandlungen. Und sie waren sehr hilfreich."

Mein Freund bat nun um ein Lebens-Reading, eine Verabredung wurde getroffen. Zwei Wochen später berichtete er wieder über seinen Zustand: „Es geht mir viel besser. Mehrere Röntgenuntersuchungen wurden gemacht, die den Inhalt Ihrer Readings bestätigten. Sie bestätigten auch Ihre Behauptung, daß die Blutung durch zu intensive elektrische Behandlung verursacht worden sei." Mein Freund kritisierte den Therapeuten schwer, aber Cayce überschüttete er mit Lob. „Der ulzerative Zustand war tatsächlich vorhanden", schrieb er, „aber bei richtiger Behandlung hätte die Blutung vermieden werden können, wie Ihre Readings andeuteten."

In den nächsten Jahren wechselten mein Freund und Cayce liebenswürdige Briefe. Erst 1952, sieben Jahre nach dem Tod des Mystikers, kam das erste Anzeichen von Kritik. „Ich gab Edgar Cayce damals keine Schuld", schrieb er. „Ich gab mir selber die Schuld, weil ich den Readings blind gefolgt war, ohne eine Gegenkontrolle zu machen."

Irgend etwas war schiefgegangen, das stand außer Zweifel. Es mußte jedoch bei der Behandlung geschehen sein. Diese Möglichkeit bestand immer, in jeder Klinik, jedem Krankenhaus oder jeder anderen sanitären Institution, überall, wo Menschen arbeiteten, denen Fehler unterlaufen konnten.

Die Kritik, wo früher eitel Lob gewesen war, irritierte mich.

„Kennen Sie meinen Freund?“ fragte ich einen Vertrauten Cayces.

Er nickte. „Ja, und ich mag ihn gern.“

„Erinnern Sie sich an seinen Fall?“

Er zögerte einen Augenblick. „Wenn ich mich nicht täusche, hat Cayce Elektrotherapie empfohlen, und der Therapeut war gründlicher, als er sollte.“ Mit einem Lächeln hob er den Kopf. „Meines Wissens gab er aber Cayce keine Schuld, denn er wollte später einmal unbedingt ein Buch über Cayce schreiben, doch dann bekam Tom Sugrue den Auftrag.“

Die unheilbaren Krankheiten

Der Cayce-Ordner über Krebs ist ziemlich abgegriffen, die verschiedenen Therapien zur Reinigung des Organismus fanden weite Beachtung. Eine von Cayces Behandlungsmethoden aber versetzte sogar seine gläubigsten Anhänger in Erstaunen. Denn, man stelle sich vor, Cayce empfahl die Verwendung eines Serums, das aus Kaninchenblut hergestellt wurde! Er tat das zwar nur in fünf von den achtundsiebzig Fällen, in denen er Krebs diagnostizierte, aber es war trotzdem höchst seltsam. Zu dem Kaninchen riet er allem Anschein nach bei Drüsenkrebs, Schilddrüsen- oder Brustkrebs. In zwei oder drei Fällen sollte das Kaninchen frisch enthäutet und die rohe, noch warme Haut auf die betroffene Stelle gelegt werden, beispielsweise auf die Brust einer Frau.

In einem Reading, das er bereits 1926 für einen Krebspatienten in New York machte, gab er ziemlich klare Anweisungen über die äußere und innere Anwendung des Kaninchens. Er war gefragt worden: „Soll das Fell mit der rohen Seite auf den Körper gelegt werden?“ Darauf antwortete er: „Mit dem Fell *nach außen,* denn die Tierwärme nützt zusätzlich.“

Dann beschrieb er, wie das Krebsserum herzustellen sei: „Oder es kann ein Serum durch Injektion von Eiter aus diesem Körper hergestellt werden, der dem Kaninchen zwischen die Schultern zu injizieren ist, und wenn daraus eine Infektion entsteht, wird diese, injiziert oder auf die Wunde gelegt, das Leiden heilen. Oder eine Kultur kann daraus gemacht und ins Blut dieses Körpers injiziert werden.“

Vier Jahre später gab er ein Reading für eine krebskranke Frau, er empfahl das Kaninchenserum und erteilte wiederum Anweisungen für seine Herstellung. Nach dem Hauptteil des Readings fragte man ihn: „Durch wen ist dieses Serum erhältlich?“

Er antwortete: „Ist noch nicht hergestellt.“

„Wie kann es hergestellt werden?“

In der Antwort nannte er zusätzlich zum Kaninchen das Rind als mögliche Impfstoffquelle. „Flüssigkeit muß abgezogen werden – das heißt vom Wolf (oder Krebsgeschwür des Kaninchens) – mit einer subkutanen Nadel punktiert. Mit dem Abgezogenen wird dann eine Kultur ins Fleisch desselben Tieres gemacht, dem es entnommen wurde, ob Rind oder Hase. Dann die Kultur für den menschlichen Körper verwenden oder Blut entnehmen und eine Kultur für den menschlichen Körper machen und dann für den Körper verwenden. Natürlich müssen Experimente über die richtige Wärme gemacht werden und über die zu ergreifenden Vorsichtsmaßnahmen hinsichtlich der Zellenart, die in der hergestellten Kultur zerstört wird, und über die Wirkung im Tier und im Menschen, wenn das Serum angewandt wird. Aber bei dieser Art Krankheit (offenbar Brustkrebs) wäre es in zumindest fünfzehn Prozent der Fälle höchst wirksam."

Im April 1966, mehr als zwanzig Jahre nach Cayces Tod, erschien auf den Titelseiten der Zeitungen eine aufsehenerregende Meldung: Einem Ärzteteam der *Wayne State University* in Detroit war angeblich eine Krebsheilung mit einem Serum gelungen, das man aus Kaninchenblut und den Krebszellen des Patienten gewonnen hatte.

Genau das hatte Cayce wohl vorausgesehen. Besonders bemerkenswert war seine Warnung bezüglich der „zu ergreifenden Vorsichtsmaßnahmen hinsichtlich der Zellenart".

Das Ärzteteam hatte nur zwanzig Patienten mit dem Serum behandelt, deshalb warnte die *American Cancer Society* (Amerikanische Krebsgesellschaft) vernünftigerweise vor übertriebenen Hoffnungen. Alle nach der neuen Methode Behandelten waren moribund gewesen. Dennoch meldete das von den Doktoren Paul L. Wolf und Norbert Czajkowski angeführte Forschungsteam zwei vollständige Heilungen und „Hemmung oder Verlangsamung des Tumorwachstums" bei acht Patienten. Die restlichen zehn starben. Zur völligen Rückbildung kam es bei einem Brustkrebs und einem Hautkrebs am Kinn. Aufgehalten wurden Haut-, Lungen- und Bauchspeicheldrüsenkrebs.

Die Detroiter Ärzte hatten mit ihrer Forschung vier Jahre zuvor begonnen. „Die Methode besteht darin", schrieb die *New York Times*, „den Körper des Krebskranken durch List dazu zu bringen, daß er seinen Krebs als Fremdkörper erkennt und das Immunsystem zur Abwehr des Krebses veranlaßt." Das Verfahren war ähnlich wie jenes, das Cayce einst beschrieben hatte. „Der Tumor des Patienten wird entfernt. Die Tumorzellen werden dann chemisch mit einem Fremdeiweiß, Gammaglobulin, aus dem Blutserum der Kaninchen verbunden. Die Verbindung Gammaglobulin-Krebszellen wird dem Patienten im Abstand von mehreren Wochen injiziert."

Die *New York Herald Tribune* meldete: „Dr. Wolf setzte die Krebszellen des Patienten einem Derivat aus Kaninchenblut zu. Die Krebszellen erhielt er, indem er dem Patienten etwas krebskrankes Gewebe entnahm und es zu einzelnen Zellen verarbeitete. Nachdem er die Zellen mit dem Kaninchenblut und einem verbindenden chemischen Präparat behandelt hatte, spritzte er die Mischung dem Patienten ein.“ Genauso hatte Cayce es angegeben.

Im Blut der so behandelten Patienten entdeckte das Ärzteteam Antikörper gegen den bestimmten Krebs. „Dr. Wolf hoffte, eine Krebsallergie hervorrufen zu können, d. h. Antikörper gegen den Krebs, wie sie der Körper manchmal gegen Penicillin erzeugt. Er rechnete sich eine Chance aus, den Krebs damit zu vernichten. Er wußte auch, daß es möglich war, den Körper zur Produktion von Abwehrstoffen gegen ein ‚unschuldiges‘ chemisches Präparat anzuregen, indem man dieses mit einem dem Körper völlig fremden Eiweiß verband.“

Bei Krebs stellte sich vor allem das Problem, wie Cayce in mehreren Krebs-Readings andeutete, daß die Krebszellen ein unkontrollierbares Wachstum fast normaler Zellen sind. Sie wiegen das Immunsystem des Körpers in den Glauben, daß sie ein Recht haben, im Körper zu sein. „Bei diesen Patienten“, schrieb die *Times,* „erachtet das Immunsystem das Tumorgewebe nicht als Fremdkörper und erzeugt keine Antikörper dagegen.“

Gespannt wandte ich mich wieder dem Cayce-Ordner zu. Was hatte Cayce sonst noch empfohlen und wie „an den Haaren herbeigezogen“ wirkte es? Würde die Wissenschaft weitere zwanzig, dreißig oder fünfzig Jahre brauchen, um mühsam das zu entdecken, was er im Schlaf erfahren hatte?

Auf dem Ordner stand die Warnung, Auszüge dürften von Laien „nicht als Verordnung zur Behandlung einer Krankheit benutzt werden“. Zugelassenen Ärzten standen die Informationen jedoch jederzeit zur Verfügung, wenn sie sie verwerten wollten.

Einige der Krebs-Readings hatte Cayce schon vor fünfzig Jahren gegeben, das letzte vor mehr als zwanzig Jahren. Damals war über diese zerstörerische Krankheit noch wenig bekannt gewesen. Insgesamt machte Cayce dreihundertsechzig Readings über Krebs für achtundsiebzig Patienten. Nach seinem Tod wurden die Readings zu einem Gesamtbild der tödlichen Krankheit zusammengestellt. Cayce hatte gesagt, es gebe mehrere Krebsarten, neunzehn verschiedene, äußere und innere, hervorgerufen durch Drüsen- oder organische Störungen oder durch Infektionen als Folge von Prellungen.

Lange vor der modernen Auffassung vom Krebs beschrieb er den Unterschied zwischen gutartigen und bösartigen Gewächsen. „Ein Geschwür ist eher wucherndes oder infektiöses Fleisch, während Krebs von der Zellkraft lebt, durch eigenes Wachstum.“ Das gefürchtete Sarkom, erklärte er, werde „durch internes Aufbrechen des Gewebes verursacht, das wegen mangelnder Lebenskraft des Organismus nicht ausreichend mit Leukozyten (keimtötenden weißen Blutkörperchen) bedeckt ist". Es sei zwar nicht unbedingt erblich, aber die Anlage dazu werde vererbt, deshalb sollten direkte Nachkommen ihr Blutplasma kräftigen.

Für manche Krebsarten empfahl Cayce Quecksilber-Ultraviolettbestrahlung durch grünen Glasfilter und dazu oft „Lebende Asche", die in Wasser genommen wurde. Er riet auch dringend zu zwei Unzen Betensaft; die Beten sollten in wasserundurchlässigem Papier gekocht werden, damit die Salze und der Saft nicht verlorengingen.

Cayces Therapie vermittelte eine breite Vorstellung vom Ursprung des Krebses, der in Toxinen zu suchen war, die den Organismus überlasteten. Das Ultraviolett, vom oberen Rückenwirbelbereich bis zum unteren Rückgrat verabreicht, „wird im Blutstrom das erzeugen, was wie ein Filter oder Ausscheider der Verunreinigungen durch verbrauchtes Gewebe wirkt".

Er deute an, was er mit verbrauchtem Gewebe meinte: „Jeder Teil des Organismus verbraucht so und soviel Lebenskraft; dies wird verbrauchtes Gewebe, genau wie die Körperchen im Blutstrom verbraucht werden." Gewöhnlich entstanden an geprellten Stellen Ansammlungen solchen Gewebes, doch es wurde entweder abgestoßen oder so von weißen Blutkörperchen umschlossen, daß es keinen wesentlichen Schaden anrichten konnte.

Viele fanden Cayces Bemerkungen zur Röntgentherapie höchst interessant. Er hielt Ultraviolettstrahlen durch einen grünen Glasfilter für besser, denn „Grün ist die heilende Schwingung" und sogar wirksamer als der durchdringende Röntgenstrahl. Dieser „zerstört Gewebe, ist aber nicht in der Lage, das Zerstörte zu entfernen, und neigt deshalb dazu, nach gewissen Bestrahlungen selbst schädlich zu werden". Mit anderen Worten, auch das zerstörte Gewebe wurde schädliches „verbrauchtes Gewebe".

Cayce war immer ein Pionier. 1929 empfahl er erstmals „Lebende Asche" bzw. Kohlenstoffasche für eine krebskranke Frau. Ein Freund, der wissen wollte, wie die Asche herzustellen sei, erhielt die Auskunft: „Wenn Kohlenstoff in einem nahezu völligen Vakuum verwendet wird und wenn der Rest, der durch Verbrennung (in einer Quecksilber-Bogenlampe aus Quarzglas) entsteht, gerettet werden kann, erweist er sich als ein Produkt, das bei Einnahme wertvoller wäre als mit Radium behandeltes Wasser." Der Freund experimentierte mit der Asche und stellte sie zehn Jahre lang her, bis zu seinem Tod. „Das Produkt", berichtete er, „erhält man, indem man eine Bambusfaser nimmt und starken elektrischen Strom durchschickt, um eine teilweise Verbrennung zu erzielen. Der Wert der daraus resultierenden Energie liegt in einer Schwingung von der Art, wie sie in den Aktivlebensmitteln auftritt, die deutsche Wissenschaftler herstellen."

Mit Schwingungen waren im allgemeinen elektrische Schwingungen gemeint; sie widerspiegelten die Gesundheit und Lebenskraft des Menschen. Wieder war Cayce hier seiner Zeit um Jahrzehnte voraus, denn die gelehrten Professoren entdeckten erst vor kurzem, daß der menschliche Körper ein einziges großes Magnetfeld ist. „Das Leben in seiner Äußerung im menschlichen Körper", sagte Cayce, „ist elektrischer Natur. Die Schwingungen von niedrigen elektrischen Kräften, weniger die hohen Schwingungen (die in dem behandelten Fall Gewebe zerstörten), haben lebensfördernde Wirkung."

Sowohl bei Sarkomen als auch bei Melanomen riet er zu bestimmten reinigenden Nahrungsmitteln, denn er vertrat ja die Auffassung, daß Krebs eine Nebenerscheinung der Ansammlung von Abbaustoffen sei. „Leben Sie eine Zeitlang", sagte er einem Kranken, „größtenteils von Wassermelonen, Karotten, Beten; essen Sie diese fast täglich." Er erklärte: „Die Wassermelone ist für die Tätigkeit der Leber und Nieren, die Beten und Karotten sind für die Reinigung des Bluts, kombiniert mit Wegerichtee und Wegerichsalbe."

Tee und Salbe sollten aus den zarten oberen Blättern der Wegerichpflanze bereitet werden. Die Salbe brachte „Warzen oder Muttermale, die sich infiziert haben, wund wurden und eiterten", zum Eintrocknen, der Tee reinigte innerlich.

Vorbeugen ist natürlich besser als heilen. Cayce erwähnte die Mandel häufig als Vorbeugungsmittel. „Aus bestimmten Nüssen – wie der Mandel – ist eine Vitaminart zu erhalten, die als Vorbeugungsmittel nützlich wäre." An anderer Stelle drückte er sich deutlicher aus: „Und wenn Sie jeden Tag eine Mandel nehmen und dies beibehalten, werden Sie nie Tumore oder ähnliche Leiden haben. Eine Mandel täglich hält den Doktor viel eher aus dem Haus – besonders eine bestimmte Art Doktor – als ein Apfel." Die Mandel ließ ihn fast poetisch werden: „Um den Apfel kam es zum Sündenfall, nicht um die Mandel; die Mandel blühte, als alles andere starb."

Immer wieder kam Cayce auf Mandeln zu sprechen. Jemand fragte ihn, ob er die Einreibungen mit Erdnußöl wiederaufnehmen solle. Darauf antwortete Cayce: „Nichts besser als das. Sie liefern dem Körper Energie. Und genau wie ein Mensch, der täglich zwei oder drei Mandeln ißt, nie Krebs zu fürchten braucht, brauchen jene, die jede Woche eine Erdnußöl-Einreibung machen, nie Arthritis zu fürchten." Er machte auf noch einen anderen „Edelstein“ aufmerksam: „Außerdem lassen sich aus dem Schildkrötenei jene Stoffe für die Langlebigkeit erhalten, die auch in bestimmten Körperzellen erzeugt werden.“

Da Cayces Diagnosen nur selten von Medizinern bestätigt wurden, argumentierten Skeptiker, seine „Krebsheilungen“ könnten Heilungen von allem möglichen sein, angefangen von Hysterie bis zum Schluckauf. Doch zu ihm kamen auch „erwiesene“ Krebsfälle, von Ärzten geschickt, und ihnen wurde geholfen. Das ist aus den Akten der *Association for Research and Enlightenment* zu ersehen, die diese Menschen jahrelang beobachtete. Eine Patientin, eine Frau in mittleren Jahren, war von ihrer Ärztin überwiesen worden, weil diese eine von anderen Ärzten empfohlene Radikaloperation für unheilvoll hielt. Wie immer gab Cayce sein Reading, ohne die Patientin persönlich zu kennen. Es fand im Dezember 1937 statt. „Das Leiden wird zwar sehr richtig erkannt, nicht aber die Ursache und das, was ihm entgegenwirken würde.“ Cayce beschrieb den Krebs und seinen Charakter: „Es ist, so stellen wir fest, ein Sarkom, ein heimtückisches Leiden, das sich von der Lymphe und der Blutzirkulation ernährt.“ Er sprach von einer Art Tauziehen zwischen dem Krebs und den natürlichen Widerstandskräften des Organismus: „Doch im Organismus gewinnt zu Zeiten das aufbauende und versorgende System an Boden, und zu anderen Zeiten sind es die schädlichen Faktoren oder der Körpersaft, die in der Zellzerstörung durch ihre Verbreitung (im ganzen Körper) die Oberhand über die physischen Kräfte des Körpers erlangen.“

Er zeichnete den Ursprung dieses besonderen Krebses auf. „Sie (der Krebs) entstanden ursprünglich, in erster Linie, durch zuviel Fleisch, das infektiöse Kraft hatte und, in Zusammenwirkung mit den Milchdrüsen, durch Reizung und durch den Zusammenbruch der Zellkräfte die Verhärtung in den Brustdrüsen hervorrief.“ Von dort, so erklärte er, sei der Krebs mit verschiedenen Knoten oder Knötchen, die durch den Zusammenbruch gewisser Zellkräfte in der Lymphe entstanden, in den Organismus gedrungen und habe den Blutstrom beeinflußt. Durch all das sei es zu einer Schwächung der Organe gekommen.

Cayce empfahl für diesen besonderen Krebs eine Behandlung, welche die natürlichen Widerstandskräfte der Lymphe stimulierte und die Zirkulation sowie die Ausscheidung verbesserte. „Stimulieren Sie jene Zentren im zerebrospinalen System, die den Abfluß aus der Lymphe durch das Ausscheidungssystem fördern.“ Dies sollte durch Elektrotherapie geschehen, durch niedrigfrequente Schwingungen. Dann: „Zumindest einmal wöchentlich eine Höchstdosis Atropin verabreichen, und zwar durch elektrische Anoden (Flüssigkeitszellen), die am neunten Rückenwirbelplexus, am Brustmilchgang (wo die Lymphe entsteht) und am Nabel anzulegen sind. Der Strom darf am Anfang nicht länger als eine Minute durch den Bereich fließen. Das auf diese Weise vibratorisch verabreichte Atropin wird die Widerstandskräfte in der Lymphe stimulieren, *aus der das kommt* (diese Worte betonte Cayce), was den Zerfall der Zellen im Körper bewirkt und so die effektive Lebenskraft in ihnen zerstört." Die Behandlung verlangte Fingerspitzengefühl. „Die Höchstdosis Atropin, doch es kann mit der Mindestmenge in den Anoden begonnen werden. Die Vibration anwenden, keine Injektionen, denn das Alter oder die Zustände würden ein Zusammenwirken der Injektionen und der Lymphe verhindern." Die Krankheit wurde auch an anderen Fronten angegriffen. Cayce empfahl eine reinigende, kohlenhydratarme Kost, wie sie die Ärztin schon verschrieben hatte. Wieder betonte er die Bedeutung der Ausscheidung. „Diese sollte viel eher normale Zustände herbeiführen, und bei entsprechenden Vorsichtsmaßnahmen, ohne Infektionen oder Erkältung oder Kongestion oder andere hinzukommende Leiden könnte sie eine Linderung bringen." Mit anderen Worten, der Krebs war eine Krankheit, die mit dem Allgemeinzustand des Körpers zusammenhing.

„Wann kann die Besserung einsetzen?" fragte man ihn.

„Während des ersten Zyklus, innerhalb siebenundzwanzig Tagen."

In einem Brief, den Cayce eine Woche später an die überweisende Ärztin schrieb, kam die Demut zum Ausdruck, mit der er seine Gabe betrachtete. „Es hat keinen Sinn zu versuchen, die Information zu kommentieren", sagte der wache Cayce, „sie spricht für sich selbst. Ich hoffe, Sie halten zumindest einiges davon für gesundes Urteil."

Nach sechs Wochen erhielt der schlafende Geistesriese einen Bericht von der behandelnden Ärztin. „Sobald ich die Maschine in Betrieb nehmen konnte (das Flüssigkeitszellen-Gerät), führte ich Ihre Instruktionen aus. Die Patientin hatte fast sofort das Gefühl, daß die Behandlung helfen würde. Wir glauben wirklich, daß der Fall ungeheure Fortschritte macht, und ich hoffe auf eine vollständige Heilung." Die Patientin fügte dankbar an: „Das Bewußtsein, daß ich in gewisser Weise mit Ihnen zusammenarbeite, macht mich glücklich."

Sechs Monate nach dem ersten Reading bat die Patientin um ein Kontroll-Reading. Sie fühlte sich wohler als seit Jahren. „Jetzt", so schrieb sie, „geht es mir viel besser, und ich bin dankbar für Ihre Ratschläge an die Ärztin, die ich nicht genug loben und preisen kann für ihre treuen, unermüdlichen Bemühungen, welche sie unternahm, um die höchst wunderbare Heilung einer potentiell unheilbaren Krankheit zu erreichen."

Sie hatte eine Reihe Fragen an Cayce: „Wieviel von dem Krebsleiden befindet sich gegenwärtig noch im Blutstrom? Sind weitere Atropin-Gaben ratsam? Hat die Krankheit irgendwelche Organe oder innere Teile in Mitleidenschaft gezogen? Wenn ja, welche Behandlung ist anzuraten? Wird die Krankheit später irgendwann wieder auftreten? Wenn ja, wie wird sie sich äußern?“

Cayces Kontroll-Reading war sehr genau. „Die allgemeinen physischen Kräfte des Körpers haben sehr zugenommen. Die infektiösen Kräfte wurden ausgeschieden. Doch es bestehen noch Neigungen oder Anlagen. Der Organismus braucht, um sie zu bekämpfen, mehr jener Schwingungskräfte, die zur Beseitigung der Ursachen des Leidens beitrugen.“ Die Behandlung mit dem Flüssigkeitszellen-Gerät konnte schrittweise reduziert und dann eingestellt werden. Das Atropin konnte weggelassen werden, wenn keine Reizung in der Lymphzirkulation vorlag. Bis zu ihrer völligen Wiederherstellung sollte sich die Patientin keiner übermäßigen körperlichen oder geistigen Anstrengung aussetzen.

Auf die Frage nach dem Wiederauftreten der Krankheit war Cayce nicht eingegangen. Sie wurde ihm noch einmal gestellt. Er legte sich in der Antwort nicht fest: „Das hängt ganz davon ab, welche Reizung auftritt und wie weit die Ausscheidung vollzogen ist, bevor es zu einem Wiederaufflackern des Leidens kommt.“ Die Anfälligkeit bestand weiter, doch wenn das Leiden einmal besiegt und die Kräfte wiederaufgebaut waren, so daß im Organismus normales Gleichgewicht herrschte, würde die Patientin über den Berg sein. Allem Anschein nach klappte es. Vier Jahre später war der Krebs noch nicht wiederaufgetreten, und die offenbar völlig genesene Patientin war ins sonnige Kalifornien gezogen.

Cayce betonte mehrmals, nichts sei unheilbar, wenn man zur Grundursache vordringe. Es habe keinen Sinn, Symptome zu behandeln. Ich diskutierte Cayces Heilphilosophie einmal mit einem guten Freund in Los Angeles, einem Phonetiklehrer, der fast sein ganzes Leben an der entstellenden Hautkrankheit Psoriasis litt. Das Leiden hatte sich auf seine Persönlichkeit ausgewirkt und einen Minderwertigkeitskomplex mit der dazugehörigen Abwehrhaltung und Unsicherheit verursacht. Manchmal trug er bei größter Hitze langärmelige Hemden, um die schlimmen roten Schuppen an den Armen zu verbergen. Dann wieder, wenn seine Verstimmung zu stark wurde, zog er etwas an, das die häßlichen roten Stellen so ungünstig wie möglich aussehen ließ. Damit wollte er zeigen, daß es ihm im Grunde gleichgültig sei. Doch man spürte trotzdem deutlich, daß ihm sein Leiden gefühlsmäßig immer zu schaffen machte. „Ist doch egal“, sagte er einmal bitter zu mir. „Ich bin ein fetter alter Mann, mich würde ohnehin niemand lieben.“

Psoriasis war eines der ersten Leiden, nach dem ich in den Cayce-Readings suchte. Als ich mit dem Studium des dünnen Ordners über dieses Hautleiden fertig war, sagte mir jemand, ein ortsansässiger Osteopath habe Psoriasisfälle nach den Readings des toten Sehers mit Erfolg behandelt.

Ich beschloß, den Osteopathen aufzusuchen. Es war Dr. Olis M. Wakefield, ein angesehener Arzt, der vor drei Jahren meine Ischias mit einer Reihe einfacher Einrichtungen geheilt hatte.

Doch zuvor wandte ich mich noch einmal den Cayce-Readings über Psoriasis zu. Ein Reading galt einer fünfundzwanzigjährigen Frau, die seit Jahren an Psoriasis litt. Ihre Mutter, eine Naturärztin, hatte Cayce gefragt: „Was ist die Ursache der Psoriasis? Durch welche Mittel oder Behandlungen ist sie zu heilen? Wie lange dauert es, bis die völlige Genesung (der Tochter) erreicht wird?"

Die Mutter gelangte zu einem naheliegenden Schluß: „Wenn Sie dieses Reading geben können, wird es nicht nur unserer Tochter helfen, sondern vielen anderen, die ebenfalls an dieser Krankheit leiden, für welche die medizinische Wissenschaft bisher anscheinend kein Heilmittel gefunden hat."

Wie immer in seinen Gesundheits-Readings, kam Cayce schnell zur Sache. Er stellte Leiden vielfältiger Natur fest, die zu mangelhafter Koordination im Ausscheidungssystem führten. „Es liegt ein Dünnerwerden der Dünndarmwände vor, und dadurch nimmt der Organismus Gifte auf, die bei dem Versuch des Organismus, sie durch die Oberflächenzirkulation auszuscheiden, auf der Haut sichtbar werden. Wir stellen aber auch fest, daß in den Bereichen des sechsten und siebten Rückenwirbels Druck herrscht, der die Koordination der Zirkulation durch Nieren und Leber stört. Dieser Druck trägt zu dem Leiden bei und verursacht die Hautschäden, die immer wieder als rote Flecken erscheinen."
Er empfahl osteopathische Einrichtungen, drei Wochen lang zweimal wöchentlich und dann in immer größeren Zeitabständen. „Wenn sie richtig gemacht werden, sollten nur zwölf Einrichtungen nötig sein, um die Muskelkräfte in jenen Bereichen wieder zu koordinieren, wo das sympathische und zerebrospinale Nervensystem in größerem Maße aufeinander abgestimmt sind."

Nach sechs osteopathischen Behandlungen riet er zu einem Präparat, das aus jeweils gleichviel Eßlöffeln Schwefel, Seignettesalzen und Weinsteincreme bereitet werden sollte. „Jeden Morgen einen Teelöffel nehmen, entweder in Wasser oder trocken auf der Zunge, bis die ganze Menge aufgebraucht ist." Weitere Empfehlungen folgten: „Dann mit Tee aus gelbem Safran beginnen. Ein Quentchen in eine Tasse mit kochendem Wasser geben, dreißig Minuten stehen lassen, durchseihen und jeden Abend vor dem Schlafengehen trinken. Gelegentlich, etwa zwei-, dreimal die Woche, Ulmenwasser trinken, ein Quentchen zerriebener Ulme (zwischen Daumen und Zeigefinger) in eine Tasse geben, mit heißem (nicht kochendem) Wasser übergießen. Gründlich umrühren und dreißig Minuten ziehen lassen. Am besten morgens trinken, nicht zu der Zeit, da der Safran genommen wird." Hinzu kamen ein paar Diätratschläge: „Fett, Süßigkeiten und Backwerk weglassen. Viel Obst und Gemüse essen."

Die Mutter fragte, ob Psoriasis immer dieselbe Ursache habe.

„Nein", antwortete Cayce, „häufig entsteht sie durch ungenügende Koordination in den Ausscheidungssystemen. Manchmal kann in jenen Bereichen Druck herrschen und das Gleichgewicht zwischen Herz und Leber oder zwischen Herz und Lunge stören. Aber immer wird sie durch mangelhafte Lymphzirkulation im Magendarmkanal und durch Übernahme ihrer Funktionen durch den Körper verursacht."

Das Reading wurde im April 1944 gegeben. Ich las rasch weiter, um zu erfahren, wie es der Patientin ergangen war. Leider hatte die junge Frau die Behandlung nicht vorgenommen. Jahre später berichtete die Mutter auf eine Erkundigung im Rahmen der späteren Überprüfung des Falles: „Das Reading wurde nie in die Praxis umgesetzt. Sie ging zu zwei Osteopathen, die beide darüber lachten, und da gab sie auf."

Mehr Glück hatte Cayce mit seiner zweiten Psoriasis-Patientin, einer achtundzwanzigjährigen Frau. Die Diagnose war ähnlich: „Die Zustände, die infolge eines Dünnerwerdens der Darmwände herrschen, lassen Gifte in die Lymphzirkulation gelangen und erzeugen die Reizung der Haut. Durch das warme Wetter zeigen sie Tendenz zu größerer Aktivität im perspiratorischen System, was größere Reizungen verursacht."

Wieder verordnete Cayce Tee aus gelbem Safran, doch diesmal sollte mit Tee aus frisch gesammelter Königskerze abgewechselt werden: „Eine Unze Blüten und Blätter der Königskerze auf einen Liter kochendes Wasser nehmen. Aufbrühen und ziehen lassen wie gewöhnlichen Tee. Er kann eine Woche aufbewahrt werden, vorausgesetzt, man stellt ihn in den Eisschrank oder an einen sehr kühlen Platz." Er erteilte auch Anweisungen für äußerliche Behandlung: „Am Abend, wenn das Bad genommen wird, würden wir Cuticurasalbe auftragen und anschließend Resinol, beides, wissen Sie, eines nach dem anderen auftragen. Besonders auf die geschädigten Stellen. Nicht im Haar auftragen, sondern am Rand, auf allen anderen Körperteilen, wo die Haut gereizt ist."

Sein Diätvorschlag war diesmal etwas ausführlicher, weil bei der Frau Fettleibigkeit als Komplikation hinzukam: „Die Nahrungsmittel einschränken, die viel Kalorien haben, und jene mit hohem Vitamingehalt essen, vor allem die mit B1 und B4, das in allen Nahrungsmitteln von gelber Farbe vorkommt. Gelbes Maismehl, zu Brot und Kuchen verbakken, als Brei oder ähnliches; Karotten sowohl roh als auch gekocht; gelbe Pfirsiche, die praktisch die einzigen Süßigkeiten bleiben sollten." Er riet zu viel Grapefruitsaft und verbot mit Kohlensäure versetzte Getränke und Zucker. Wenn die Frau den Safran- und den Königskerzentee drei Wochen lang getrunken hatte, sollte sie ein stabförmiges Ultraviolett-Strahlungsgerät in jede Hand nehmen, jeweils drei Minuten, um die elektrischen Schwingungen zu steigern. Erforderlich waren außerdem „Geduld, Ausdauer und auch rechtes Denken".

Die Frau begann sofort mit der Behandlung. Nach einer Woche gab sie einen glücklichen Bericht: „Ich kann Ihnen gar nicht sagen, wieviel besser ich mich körperlich und seelisch fühle. Die Stellen an meinem Körper verblassen, und ich habe in sechs Tagen sieben Pfund verloren." Fünf Monate später berichtete sie erneut über ihre Fortschritte: „Das Psoriasisleiden ist völlig verschwunden, außer an einigen Stellen auf der Kopfhaut; dort ist es wieder leicht aufgeflackert, als ich die Diät vernachlässigt habe."

Nun war ich bereit für Dr. Wakefield. Ich hatte ihn als nüchternen Arzt in Erinnerung, dessen Praxis zu den bestgehenden im Ort zählte. Er war ein großer, magerer, aber robust gebauter Mann, der Gary Cooper in den mittleren Jahren gleichsah. Er kam gerade von einer Tagung des *Rotary-Club* zurück und hatte als Präsident der *Virginia Osteopathic Medical Association* (Medizinische Gesellschaft für Osteopathie) viel mit den Detailarbeiten zu tun.

Dr. Wakefield machte mir seinen Standpunkt klar: „Wenn etwas einem Patienten hilft, bin ich dafür. Auch wenn es eine Behandlung sein sollte, deren Zuverlässigkeit medizinisch nicht erwiesen ist. Schließlich ist es meine Hauptsorge, den Menschen zu helfen und nicht die Überlegenheit einer medizinischen Auffassung über die andere zu beweisen."

Erst kurz vorher hatte er mit einer Psoriasisbehandlung Glück gehabt; ihm war die Heilung eines zweiundzwanzigjährigen College-Studenten gelungen, des Sohnes eines bekannten Rechtsanwalts aus Virginia Beach. Vergebens hatte der junge Mann Spezialisten im ganzen Land konsultiert. Wakefield behandelte ihn nach den Cayce-Readings, auf die er durch einen seltsamen Vorfall aufmerksam geworden war.

Im April 1962 kam ein Patient mit häßlichen roten Flecken auf Ellbogen und Knien zu ihm. Nach dem Aussehen und den befallenen Stellen zu schließen, ein klarer Fall von Psoriasis. Der Patient hieß Lewis Love und war Ingenieur. Dr. Wakefield sagte ihm, er leide an Psoriasis, richtete sein Rückgrat ein und verschrieb eine Quecksilbersalbe. Die Rückgrateinrichtungen halfen, brachten aber nur vorübergehende Besserung. In seiner ganzen Laufbahn als Arzt hatte Wakefield noch nie eine Psoriasis heilen können. Love ging und ließ nichts mehr von sich hören. Neun Monate später, im Januar 1963, kam er wieder, diesmal wegen einer Schulterluxation. Wakefield untersuchte ihn vorsichtig, aber gründlich. Plötzlich fuhr er hoch. Loves Knie und Ellbogen wiesen keinerlei Flecken mehr auf. Auch am übrigen Körper war kein einziger Flecken zu entdecken. „Was ist aus Ihrer Psoriasis geworden?" fragte Wakefield.

Love lächelte rätselhaft. „Ist geheilt."

Wakefield strahlte: „Sie meinen, durch die Behandlung?"

Love schüttelte den Kopf. „Ihre Behandlung habe ich gar nicht erst probiert."

Er war statt dessen, da er sein Leiden nun kannte, in die Bibliothek der *Association for Research and Enlightenment* gegangen und hatte dort die Readings über Psoriasis studiert. Er hatte dann Cuticuraseife und das Resinol verwendet und die Tees aus gelbem Safran und Königskerze getrunken. Fast sofort waren die Schuppen verschwunden.

Am Tag nach dem Gespräch mit Love ging der aufgeschlossene Osteopath selbst in die Bibliothek und blätterte den Psoriasis-Ordner durch. Von da an wandte er die Caycesche Behandlung mit verblüffenden Ergebnissen an. Wenn die Patienten die Behandlungsvorschriften genau beachteten, trat fast immer sofortige Besserung und völlige Heilung ein.

Die osteopathischen Einrichtungen trugen zur Heilung bei. Mittlerweile hatte der Osteopath auch herausgefunden, daß Cayce bei den empfohlenen Einrichtungen sehr oft den dritten Halswirbel und den neunten Rückenwirbel erwähnte, wo die Spinalnerven zu wichtigen Drüsen abzweigten. „Die Stimulierung der Drüsen spielte in der Cayce-Therapie offenbar eine lebenswichtige Rolle", meinte Wakefield.

Seither waren vier Jahre vergangen. Wie hatte sich die Cayce-Therapie wohl auf lange Sicht bewährt? Ich rief bei Love an. Seine Frau war am Apparat. „Oh, ja", sagte sie, „Lewis hat keine Beschwerden mehr, nur manchmal flackert das Leiden leicht auf, wenn ihn irgend was nervös macht. Ich glaube, wenn das der Fall ist, erzeugt er übermäßig viel Toxine. Die dringen dann durch die dünnen Darmwände, wie Cayce sagte, und zeigen sich auf der Haut, die offenbar sein ‚schwacher Punkt' ist." Sie lachte. „Aber seit er weiß, was ihm schadet, bleibt er ruhig."

Was hatte Cayce gesagt? Rechtes Denken. Das schien ein Mittel gegen viele Arten menschlicher Leiden zu sein.

Obwohl Cayce, soweit mir bekannt, nie etwas wie das Salk-Serum erfand, war er auf dem Gebiet der Poliomyelitis oder Kinderlähmung führend. Er vertrat die Ansicht, daß Gammaglobulin das Blut stärke und Manipulationen und Massagen kräftigend wirkten.

Im Mai 1934 machte er ein dringend angefordertes Reading für ein zehnjähriges Mädchen, das im *Mount Sinai Hospital* in New York lag. Ohne etwas über ihren Zustand zu wissen, diagnostizierte er ihn als Kinderlähmung. Er sprach von einem Schwund „der Plexuskräfte entlang des Rückgrats und einem Angriff vor allem auf die lokomotorischen Zentren". Als Teil der Therapie verordnete er eine „Transfusion aus einem Körper, bei dem das geheilt oder gebessert wurde, was als Kinderlähmung bekannt ist". Mit anderen Worten, Jahre vor der Einführung des Gammaglobulins empfahl er es, um den Widerstand des Körpers gegen die Infektion zu stärken.

Da der Zustand des Mädchens kritisch war, sandte Cayce ein Telegramm mit den Behandlungsvorschriften. Sie umfaßten innere und äußere Medikation: „Dreimal täglich drei bis fünf Tropfen Atomidine geben", riet er. „Sofort mit einer Massage beginnen, nicht zu fest, aber so, daß sich die Haut rötet, von der Schädelbasis abwärts, nicht aufwärts, auch an den unteren Gliedmaßen. Dabei folgendes Mittel verwenden, das in der aufgeführten Reihenfolge zu mischen ist: Russisches weißes Öl, zwei Unzen; Zedernholzöl, eine halbe Unze; Senföl, zwanzig Tropfen; Benzointinktur, eine Unze; Sassafrasöl, drei Drachmen."

Er gab genaue Anweisungen: „Jedesmal gut schütteln; einmal täglich, wenn sich das Leiden nicht bessert, öfter, die Menge einmassieren, die aufgenommen wird." Bei anhaltendem Fieber empfahl er die oben erwähnte Bluttransfusion, also mit gekräftigtem Blut.

Die Ärzte in New York hatten unterdessen das Leiden des Kindes als spinale Meningitis diagnostiziert, deren Symptome jenen der Kinderlähmung oft ähnlich sind. Cayces Ratschläge wurden zurückgewiesen, obwohl das Kind im Sterben lag und sonst nirgends Hilfe zu erwarten war.

Das traurige Ende meldete ein Freund der Familie, der das Ersuchen um das Reading gestellt hatte. Eine Transfusion wurde zwar gemacht, aber mit normalem Blut. „Ich kam um drei Uhr nachmittags ins Krankenhaus", berichtete der Freund. „Erst um acht hatte ich die Ärzte so weit, daß sie das Atomidine gaben und die Einreibung erlaubten, doch die Transfusion wurde mit ‚reinem Blut' gemacht. Die Kleine starb um neun Uhr fünfzehn, eine Stunde später. Ich bedauere sehr, daß man das Reading für sie nicht schon früher bei Ihnen anforderte. Sie war schön, zehn Jahre alt, neun Wochen krank und sah aus wie Alice im Wunderland. Sie alle (die Angehörigen) waren dankbar für Ihre Bereitwilligkeit und Hilfe, doch sie nützt ja nichts, wenn Ärzte so eigenmächtig sind."

Das Kind hatte tatsächlich kaum eine Chance gehabt, denn Cayce sagte, zwischen vierundzwanzig und sechsunddreißig Stunden würden vergehen, bis die Behandlung wirke. Zu spät ...

In jüngster Zeit schenken die Ärzte Cayce viel mehr Aufmerksamkeit als zu seinen Lebzeiten. Still und leise vertieften sich viele Mediziner in seine Readings und suchten Hinweise auf Leiden, gegen die mit der herkömmlichen Therapie nichts auszurichten war. Vor kurzem erst studierte ein rühriger junger Arzt von der medizinischen Fakultät der *Harvard University* Auszüge aus den Cayce-Unterlagen über unheilbare Krankheiten wie Epilepsie, Leukämie und multiple Sklerose. Er gab eine Zusammenfassung über die von Cayce genannten ätiologischen und kausalen Faktoren und das Behandlungsprogramm. Sein Referat bedeutete in keiner Weise eine Billigung von Cayces Auffassung, versuchte aber festzustellen, ob sich ein Schema ausarbeiten ließ, das medizinische Forschungen auf breiter Basis ermöglichte.

Der Arzt prüfte die Unterlagen über fünfundneunzig Epilepsiefälle. Bei den meisten waren Verletzungen des Brustmilchgangs (der die Lymphgefäße versorgt) und des Rückgrats als eigentliche Krankheitsursache angegeben. „Die Verletzungen in den spinalen Segmenten und im Brustmilchgang", stellte er fest, „verursachten einen Zustand, der als mangelnde Koordination zwischen dem zerebrospinalen und dem autonomen Nervensystem bezeichnet wird. Aus den Unterlagen ist zu entnehmen, daß eine Art Wechselwirkung zwischen den Verletzungen in den spinalen Segmenten und im Brustmilchgang bestand."

Die Drüsen mit innerer Sekretion waren bei etwa einem Viertel der Fälle betroffen. „Die Störungen im Brustmilchgangbereich und in den spinalen Segmenten wirkten sich auf die Nebennieren und die Keimdrüsen aus. Diese Drüsen wiederum lösten eine Reaktion der Zirbeldrüse und der Hirnanhangdrüse im Gehirn aus. Das Endergebnis war ein Überfließen der neuronalen (Nervenzellen-)Flüssigkeit über das zentrale Nervensystem im Falle eines Grand-mal-Anfalls oder vorübergehende Bewußtlosigkeit bei einem Petit-mal-Anfall." Der medizinische Forscher betonte, die Erklärung sei unvollständig und werde durch das gegenwärtige medizinische Wissen nicht bestätigt. „Die Readings befaßten sich mehr mit der Behandlung als mit der Ursache", stellte er fest, „und sie enthielten gewöhnlich nur soviel Theoretisches, als zum Verständnis und zur Durchführung der Behandlung notwendig war." Trotzdem ließen Cayces Readings Zweifel an der Meinung aufkommen, daß Epilepsie unweigerlich mit einer Störung des Gehirns verbunden sei. Der Arzt zitierte aus einem Reading:

Frage: Stellen Sie irgendeine Veränderung im Gehirn fest, oder ist es ein Reflex?

Antwort: Die Akkumulationen, die sich dort finden, sind eher reflektorisch, erzeugt von dem Zustand im Brustmilchgangbereich (Bauchbereich).

F. Welcher Art war die Verletzung, die diesen Zustand im Brustmilchgangbereich hervorrief?

A. Es war Druck, oder eine Tracht Prügel.

In einer anderen Diagnose äußerte sich Cayce viel deutlicher zu den Krankheitsursachen: „Das Leiden entstand durch eine Verletzung, die sich der Kranke vor Jahren im Steißbeinbereich zuzog, wozu später Schäden an der Lumbalachse des Rückgrats kamen. Diese verursachten eine Verlangsamung der Zirkulation im Brustmilchgangbereich, was dort eine kalte Fläche hervorrief, die wiederum teilweise Verwachsungen des Gewebes zur Folge hatte. Wenn die Ausscheidungen durch den Magendarmkanal nicht richtig erfolgen, wird die Koordination zwischen dem sympathischen und dem zerebrospinalen Nervensystem gestört, das die Impulse zum Gehirn regelt, oder es kommt zu einer Art spasmodischer Reaktion, die epileptisch genannt werden kann." Warnend sagte er, die herkömmliche Behandlung würde das Leiden nur verschlimmern und eine Steigerung der Attacken bewirken, die „durch diese Ablenkung der Impulse auftreten".

Als man ihn nach der Art des ursprünglichen Unfalls fragte, antwortete sein Universalgeist, ohne zu zögern: „Anstoßen des Steißbeins an einem Treppengeländer."

In ganz wenigen Fällen wurde ein Gehirnschaden als Ursache genannt und noch seltener geistige Behinderung. In den Fällen, wo er die mangelhafte Koordination zwischen dem autonomen und dem zerebrospinalen Nervensystem als entscheidenden Faktor bezeichnete, empfahl Cayce, wie der Arzt feststellte, meist Rizinusöl-Packungen im Rahmen der sonstigen Therapie. „Um die Verletzungen im Brustmilchgangbereich zu heilen und das verwachsene Gewebe zu lösen", berichtete der Arzt, „wurden heiße Rizinusöl-Packungen, Massage, eingenommenes Olivenöl und Manipulationen des Rückgrats kombiniert. Angeblich sollten auch richtige Ausscheidung und Diät auf den Brustmilchgangbereich wirken. Die heißen Rizinusöl-Packungen wurden gewöhnlich in dreitägigem Rhythmus gemacht und zwischen einer und drei Stunden auf der ganzen rechten Bauchseite belassen." Der junge Arzt, der die halbe Zeit seines bisherigen Lebens schulisch ausgebildet worden war, beschrieb die Anwendungsweise der Packungen nicht „technischer" als der ungebildete Cayce: „Sowohl anterior wie posterior vom rechten Rippenbogen bis zum Beckenkamm, den ganzen Bereich des Cöcums (Blinddarms) und Nabels bedecken." Er erläuterte die vermutliche Wirkungsweise: „Die heißen Packungen, so hieß es, könnten die Heilung der Wunden im Brustmilchgang und die Lösung der Verwachsungen einleiten. Schon die Wärme allein dürfte die Zirkulation in dem Bereich intensivieren. Außerdem wurde zu verstehen gegeben, daß das Rizinusöl, das durch die Haut aufgenommen werde, eine günstige Wirkung habe. In manchen Fällen sollte unmittelbar nach den Packungen die rechte Bauchseite geknetet werden, um die Heilung der Verletzungen und die Lösung der Verwachsungen zu fördern. Diese Massage erfolgte entweder mit Erdnußöl oder einer Mischung aus Olivenöl und Myrrhe, manchmal auch einer Kombination aller drei."

Der Arzt gab eine Zusammenfassung der restlichen Behandlung, die in einigen Fällen phantastisch wirkte: „Das Olivenöl (gewöhnlich zwei Teelöffel) sollte jeweils am letzten Tag des dreitägigen Packungsrhythmus genommen werden. Das Olivenöl als Fett würde von den Brustmilchgängen absorbiert und könnte den Durchfluß durch sie steigern. Osteopathische Massage und Manipulation auf und neben dem Rückgrat sollten am Tag nach der Serie von Rizinusöl-Packungen folgen. Durch die Manipulationen wollte Cayce nicht nur etwaige mechanische Abnormalitäten in den spinalen Segmenten korrigieren, sondern auch das autonome Nervensystem anregen, damit es das gestörte Gleichgewicht zwischen ihm selbst und dem zerebrospinalen Nervensystem durch eine Steigerung der Zirkulation und eine Lösung der Nervenspannung wiederherstellen helfe. Die heißen Packungen waren anscheinend ein wichtiger vorbereitender Schritt, nach dem die Manipulationen größte Wirkung hatten."

Cayces Behandlungsvorschriften für Epilepsie erstreckten sich auch auf die Kost, die Ausscheidung, körperliche Übungen und die Einnahme von Kräutern. Olivenöl wurde als natürliches Abführmittel verschrieben. Zu Einläufen riet er jenen Menschen, die Schwierigkeiten mit dem Stuhlgang hatten. Die Kost mußte leicht verdaulich sein und die Ausscheidung fördern. „Die Diät war fettarm", berichtete der Arzt von der *Harvard University*. „Auf der Verbotsliste standen gebratene Speisen, Schweinefleisch, fettes Fleisch und süße Milch. Empfohlen wurden alkalibildende Nahrungsmittel und Gemüse, verboten dagegen die meisten Knollengemüse. Von säurebildenden Nahrungsmitteln wie Fleisch, Zucker, Stärke und Gewürzen wurde abgeraten." In einem Fall verordnete Cayce etwas besonders Ungewöhnliches: ein gekochtes Konzentrat der Passionsblume an Stelle der normalen Beruhigungsmittel. „Die Readings billigten zwar die vorübergehende Verabreichung von Beruhigungsmitteln wie Dilantin oder Phenobarbitol", erklärte der Arzt, „aber das Endziel der Behandlung war, solche Drogen überflüssig zu machen, die im Organismus als Gifte wirkten." Er kam auf die Passionsblume zu sprechen: „Diese Mischung wurde als Kräuterpräparat beschrieben, das kein Suchtmittel sei, kein eigentliches Beruhigungsmittel, obwohl es eine beruhigende Wirkung auf das Nervensystem habe, die Ausscheidung fördere und Muskelkontrakturen hemme."

Übungen im Freien wurden zum Abreagieren überschüssiger Energien empfohlen und auch um eine völlige Entspannung während der Ruhestunden zu sichern. Der Arzt zitierte Cayce: „Der Körper soll jeden Tag so viel wie möglich im Freien üben, aber sich nicht überanstrengen. Gymnastik oder irgend etwas, das mit der allgemeinen Bewegung des Körpers zu tun hat, ist gut. Gehen ist eine der besten Übungen, Schwimmen, Tennis, Handball, Federball, irgendeine dieser Betätigungen."

Das Ziel der Behandlungen war, wie der Arzt ausführte, eine vollständige Heilung. „Deshalb mußten auch alle Spuren verborgener Störungen beseitigt werden, ebenso Faktoren, die neue Anfälligkeit schaffen konnten. In den meisten Fällen erstreckte sich die empfohlene Behandlung über sechs Monate."

Die Heilung war nicht einfach – aber die Epilepsie war auch keine einfache Krankheit.

Die Angaben über Leukämie in den Cayce-Unterlagen fesselten den Harvard-Arzt. Die Readings behandelten nur elf erwiesene Blutkrebsfälle, und die meisten davon waren tödlich verlaufen. Doch Cayce deutete immerhin die Ursache an und machte einen Behandlungsvorschlag. „Die Ursache der Leukämie wurde nicht detailliert beschrieben", stellte der Arzt fest, „aber es wurde von einer Störung im Katabolismus (im normalen Stoffwechsel) des Körpers gesprochen, verbunden mit einem Verlust der anabolischen Energien (des normalen Aufbaus im lebenden Gewebe). Zur Infektion der Milz kam ein Überschuß an zerstörerischen Kräften in der Lymphe." Die Milz hat die Funktion, die Blutstruktur zu ändern, und es geschah vermutlich zum erstenmal, daß man ihr die Schuld an der Leukämie gab. „Eine medizinische Tatsache ist", erklärte der Arzt, „daß die roten Blutkörperchen bei Leukämie abnehmen und die weißen zunehmen. In den Readings wurde dieser Zerstörungsprozeß vorwiegend der roten Blutkörperchen mit einer übermäßigen Aktivität und Infektion der Milz in Zusammenhang gebracht."

Der Arzt fand heraus, daß seltsamerweise in einem der vier Fälle von Hodgkinscher Krankheit oder Lymphogranulomatose in den Readings (die Diagnose war durch Autopsie bestätigt) die Schilderung der Ursache und die Behandlung jenen in den Leukämie-Readings glichen. „Diese Ähnlichkeit", meinte der Arzt, „deutet vielleicht auf gleichartige grundlegende biologische Mechanismen hin, die bei verschiedenen Blutkrankheiten mit den endokrinen Drüsen und der Milz zu tun haben."

Die Kranken wandten sich alle zu spät an Cayce – wenn ihnen überhaupt hätte geholfen werden können. Die Behandlung war vielseitig und läßt sich folgendermaßen zusammenfassen: Ultraviolettlicht (Quecksilber-Quarzlampe) sollte angewandt werden, einen Meter über dem Körper und mit einer grün gefärbten Glasplatte (zumindest fünfundzwanzig auf dreißig Zentimeter groß), die zwischen der Lichtquelle und dem Körper aufzuhängen war. Das Licht sollte nicht mehr als eine bis eineinhalb Minuten auf irgendeiner Stelle konzentriert werden, es war besonders auf den Milz- und Rippenbereich zu richten, und die Bestrahlungszeit sollte insgesamt fünf Minuten nicht überschreiten. Jeden zweiten Tag sollte Infrarotlicht (dreißig bis vierzig Minuten) auf dem zerebrospinalen Bereich und besonders entlang der Rippenzone angewandt werden. Empfohlen wurden auch Massage, osteopathische Manipulationen, Jodtrichlorid (Atomidine), Zusatzkost, bestehend aus Rindfleischsaft, halbroher Kalbsleber und frischem Orangensaft in großen Mengen. Die Behandlung zielte auf das ab, was Cayce als eigentliche Ursache der Krankheit bezeichnete. „Der ganze Krankheitsprozeß", erklärte der Arzt, „wurde angeblich von einer Drüsenstörung infolge unausgewogener chemischer Reaktionen im Körper verursacht. Dies könnte auf eine biochemische Krankheitsursache hindeuten. Ein Reading erwähnt Jodmangel. Das dürfte der Grund dafür sein, daß Cayce Jodtrichlorid als Drüsenstimulans anriet. In einem Fall wurde die Schilddrüse eigens angeführt. Mangelhafte Aktivität der Strukturteile des Körpers könnte sich auf die Fähigkeit des Knochenmarks beziehen, besonders der Rippen (die ausdrücklich erwähnt sind), rote Blutkörperchen zu erzeugen. Diese Körperteile können wiederum von den Drüsen beeinflußt werden. Gesagt wurde auch, daß die Aktivität in den Zentren des zerebrospinalen Nervensystems, das die Knochenmarkproduktion der Rippen steuerte, stehengeblieben sei. Offenbar wurde der Versuch unternommen, diese Zentren durch Ultraviolett- und Infrarotlicht sowie manuelle Massage zu stimulieren."

Der Harvard-Arzt untersuchte auch Cayces Behandlung der multiplen Sklerose. Er machte jedoch dieselben Vorbehalte wie in seinen anderen Referaten und schlug kontrollierte klinische Erprobungen vor. „Meine Zusammenfassung der Behandlung darf nicht als Billigung verstanden werden", warnte er. „Die Tauglichkeit der Unterlagen kann nur durch sorgfältige Forschung in Form kontrollierter Experimente durch qualifizierte Ärzte ermittelt werden. Die geschilderten ätiologischen (ursächlichen) Mechanismen sind als zu beweisende Theorien anzusehen."

Der Arzt ging hundert Readings für neunundsechzig Kranke durch. Besonders beeindruckt war er von einem Reading, das Cayce auf die Bitte des Mediziners Dr. Charles Goodman Taylor gegeben hatte, denn dieser Fall von multipler Sklerose konnte wissenschaftlich überprüft werden. Bei der Forschung nach den Ursachen der Krankheit gliederte der Arzt das Material aus den anderen Readings in dieses eine Reading ein. „In dem Reading wurde von einem grundlegenden biochemischen Mechanismus gesprochen; es hieß, daß multiple Sklerose die Folge eines Goldmangels sei, der das Gleichgewicht der Drüsen störe, was wiederum zu einem Hormonmangel oder einer hormonalen Unausgewogenheit führe. Dieses Hormon sei notwendig für die richtige Funktion der Nerven."

Das normale Gleichgewicht der Metalle im Organismus war vor allem durch Goldmangel gestört. In vierzig Fällen wurde Gold als Faktor erwähnt, der dem Körper zugeführt werden müsse. „Den Grund für den Goldmangel", erläuterte der Arzt, „suchte Cayce in einer Störung des Assimilationssystems (damit war vermutlich das Verdauungssystem gemeint), dessen ordnungsgemäße Funktion durch das richtige Hormongleichgewicht aus den Drüsen sichergestellt wurde." Alles war Teil eines feinen Ineinanderspiels, von dem das Wohlbefinden des Körpers abhing. „Weil die Drüsen von der richtigen Goldmenge im Organismus abhängig waren, entstand ein Kreislauf gegenseitiger Rückbeeinflussung von Gold, Drüsen und Assimilationssystem. Obwohl es nicht ausdrücklich erwähnt wurde, konnte man annehmen, daß die Krankheitsursache nicht einfach im Fehlen von Gold in der Nahrung zu suchen sei, sondern vielleicht in der mangelnden Fähigkeit des Verdauungssystems, das Gold zu assimilieren, oder auch in der Unfähigkeit des Körpers, das assimilierte Gold zu verwerten. Dieses Reading deutet an, daß ein genetischer Faktor die Grundursache des gestörten Gleichgewichts zwischen den drei Faktoren Gold, Drüsen und Assimilation sein könne." Es gab einen Weg, dies herauszufinden. „Ein Zusammenhang zwischen der Krankheit und dem Gleichgewicht von Metallen im Organismus konnte in dem Mann durch das Fehlen von Spermien (d. h. einen gewissen Grad an Sterilität) entdeckt werden. Es war jedoch nicht klar, ob dies einfach auf einer niedrigeren Spermienzahl oder auf fehlender Potenz der Spermien infolge eines Mangels an Metallen, besonders Gold, in den Spermien beruhte." Der Arzt fügte hinzu: „Es gibt keine medizinischen Unterlagen, welche die Theorie bestätigen, daß Sterilität eine Folge der multiplen Sklerose ist." Er wies aber darauf hin, daß Impotenz registriert worden sei.

In zahlreichen Fällen von multipler Sklerose erwähnte Cayce eine bestimmte Art Drüsenstörung. In dem einen besonderen Fall stellte man ihm die Frage: „Welche Drüsen sind betroffen?"

Er antwortete: „Jene um den Leber- und Gallengang."

Über die Leber hieß es wiederholt, sie hänge unmittelbar mit der Fehlfunktion des Nervensystems bei multipler Sklerose zusammen. Es bestand ein Hormonmangel, doch das fehlende Hormon wurde nicht genannt. Die fehlende Drüsensubstanz war angeblich ein Nährstoff des

Nervengewebes, und den Nerven fehlte, wie Cayce mehrfach sagte, das richtige Maß an Nervenenergie oder Lebenskraft. Die Schilderung einiger Krankheitserscheinungen folgte. „Das Reading gab an, daß dieses Fehlen der Nervenenergie die Bildung eines Gifts in gewissen Nervenzellen verursache und daß dann andere Nervenzellen in der Umgebung vergiftet würden. Es beschrieb das Zerreißen und Längerwerden der ursprünglich runden Zellen. Vielleicht spielte sich hier derselbe Prozeß ab wie bei jenem Fall, wo der Hormonmangel angeblich einen Zusammenbruch der Zellkräfte in den Nervenwänden verursachte und zu einer Entzündung und Reizung durch Wirkung auf den Nervenplexus und die Ganglien zwischen dem zentralen und dem autonomen Nervensystem führte." Das entspricht dem, was die Medizin seither über das Leiden gelernt hat. „Dieser Zusammenbruch der Nervenwände, gekuppelt mit einem Zerfall oder einer Auflösung der Nerven, könnte als die Schilderung des pathologischen Verlustes des Myelinüberzugs oder der weißen Substanz bei multipler Sklerose angesehen werden. Pathologisch tritt bei dieser Krankheit Schaden sowohl am ‚weißen' Myelinüberzug als auch an dem ‚grauen' Achsenzylinder auf." Cayce erwähnte interessanterweise ein Fehlen „grauer" Substanz.

Der Arzt analysierte die drei Behandlungswege: Stärkung der atomaren Wirkung des Goldes durch eine Flüssigkeitszellen-Batterie, Massage und Diät. „Die atomare Wirkung des Goldes war angeblich notwendig für die glanduläre Produktion des Hormons, das den richtigen strukturellen Zustand und die Funktion der Nerven aufrechterhielt. Das Gold sollte dem Organismus jedoch nicht direkt durch Einnahme oder Injektion zugeführt werden, sondern vibratorisch durch die Verwendung einer Flüssigkeitszellen-Batterie." Die Flüssigkeitszelle war eine schwache Batterie, bestehend aus zwei Polen; das Kabel eines Pols wurde in die Goldchlorid-Lösung gehängt und dann am Körper befestigt. Die Readings deuteten an, daß die Schwingung des Goldes in der Lösung dem Körper elektrisch übermittelt werde und die (erforderliche) Wirkung auf die Drüsen hätte. Die Schwingung wirkte nicht unmittelbar, sondern versetzte andere Elemente (vielleicht das bereits in inaktiver Form im Körper vorhandene Gold) in die Lage, aktiv zu werden und die gewünschte Wirkung zu erzielen. Die Flüssigkeitszelle sollte alle dreißig Tage aufgeladen (Nachfüllen neuer Lösung) und täglich angewandt werden, am besten vor dem Schlafengehen, dreißig bis sechzig Minuten lang.

Die Massage mit nährenden Ölen spielte in Cayces Behandlung eine wichtige Rolle. Jahre nach den ersten Cayce-Readings wurde die Massage eine gängige medizinische Behandlungsart (als unterstützende Therapie) bei multipler Sklerose. Der Arzt führte aus: „Sie trägt zweifellos dazu bei, den Tonus der Muskeln aufrechtzuerhalten, die ihre normale Innervation (Versorgung mit Nerven) verloren haben. Der Vorteil hierbei ist, daß die Muskeln, wenn die Funktion wiederkehrt, nicht atrophiert und verkürzt sind."

Es bestand jedoch ein grundlegender Unterschied zwischen der medizinischen und der Cayceschen Auffassung von der Funktion der Öle. Während die Medizin den Ölen im wesentlichen eine Schmierwirkung zuschrieb, sagte Cayce, sie nährten geschwächtes Gewebe. Das beweisen seine eigenen Fälle und ebenso die von Hotten in Kalifornien, McGarey in Arizona und Reilly in New York.

Es gab zwei Grundmischungen. „Die einfache Mischung", registrierte der Arzt, „bestand gewöhnlich aus Olivenöl und Erdnußöl zu gleichen Teilen, plus geschmolzenem Lanolin in folgendem Verhältnis: zwei Unzen Olivenöl, zwei Unzen Erdnußöl, eine Viertelunze Lanolin. Die kompliziertere Mischung hatte eine Olivenölbasis, dazu kamen Erdnußöl, verschiedene Kombinationen von russischem weißem Öl, Zedernholzöl, Öl aus der Sassafraswurzel, Kiefernnadelöl, Lanolin, Gaultherienöl, Benzointinktur, Myrrhentinktur, Kampferspiritus, Terpentinspiritus, Hammeltalg und/oder Senföl."

Die Anwendungsweise war unterschiedlich: „In den meisten Fällen wurde empfohlen, vom Rückgrat zu den distalen (äußersten) Teilen der Glieder, in manchen Fällen jedoch von den Gliederspitzen zum Rückgrat zu massieren. Am häufigsten waren zwar die Glieder erwähnt, aber auch die Brust und der Bauch sollten bearbeitet werden. Die Massagebewegung sollte kreisend sein."

Da Cayce nicht mehr lebte, war natürlich nie ganz klar, welche Behandlungen – wenn auch alle generell wirkten – in einem bestimmten Fall angewandt werden sollten. Wie Dr. McGarey bei der Erläuterung seiner Cayce-Forschungen gesagt hatte: Man mußte fast eine intuitive Verbindung mit Cayces Unterbewußtsein haben, um zu wissen, wann man welche Behandlung bei wem anwenden sollte.

Die verordnete Kost hielt sich im Rahmen von Cayces üblicher Diät für Kranke oder auch Gesunde: fettarm, nicht stopfend. „Sehr empfohlen wurden Nahrungsmittel, die Vitamin B enthalten", stellte der Arzt fest, „manchmal auch Bierhefe und Weizenkeim. Meerestiere, Leber, Wild und Geflügel als Fleisch waren erlaubt, aber nicht gebraten, sondern gekocht. Gebratenes war ganz verboten. Dafür sollten die Kranken viel Gemüse wie Brunnenkresse, Karotten, Sellerie und Beete essen, dazu Salate mit Gelatine. Überhaupt mehr Gemüse, Obst und Kornflocken als Fleisch. Von keinem der empfohlenen Nahrungsmittel wurde gesagt, daß es Gold in irgendeiner Form liefere. Von den Meeresfrüchten hieß es ausdrücklich, sie seien wegen des Jodgehalts besonders wichtig – behaupteten die Cayce-Readings doch, Jod wirke auf alle endokrinen Drüsen, nicht nur auf die Schilddrüse."

Dem erfahrenen Cayce-Leser sagte die Tatsache etwas, daß Gold nicht erwähnt wurde. Das Problem lag offenbar weniger an einer mangelnden Goldaufnahme als vielmehr in der Aktivierung des Goldes im Körper, die durch den vibratorischen Einfluß der Flüssigkeitszelle erreicht werden sollte. Der Harvard-Arzt erklärte, Cayces Behandlung sei folgerichtig aufgebaut: Die Massage folgte unmittelbar auf die Behandlung mit der Flüssigkeitszelle, wenn der Körper sehr aufnahmefähig für äußere Impulse war. Doch wissenschaftlich gesehen, so fügte er fast bedauernd hinzu, könne man nur hoffen, daß die Cayce-Readings „Hinweise geben und die Richtung für weitere Forschungen weisen, die vielleicht einiges von dem enträtseln, was in der Ätiologie und Behandlung der multiplen Sklerose im Augenblick noch unbekannt ist".

Cayces Hausmittel

Eines Sonntags war ich zum Dinner bei Freunden in New Jersey, ungefähr eine Stunde Fahrt von New York.

Am Tisch erzählte einer der anderen Gäste, daß er nach Europa reisen wolle.

„Vergessen Sie nicht, eine Flasche von Cayces Tropfen gegen Seekrankheit mitzunehmen", riet ihm ein Mann mittleren Alters. Seine Frau nickte beipflichtend und erklärte: „Wir reisen nie ohne die Tropfen. Sie sind sogar noch nützlicher, als Cayce gesagt hatte. Unlängst in New Orleans hatte Al", sie deutete auf ihren Mann, „zuviel gegessen und fühlte sich nicht wohl. Der Gedanke, in ein Flugzeug steigen zu müssen, war ihm so unangenehm, daß er am liebsten die Flugkarte zurückgegeben hätte. Er nahm die Tropfen, und die Übelkeit verschwand."

„Wo bekommen Sie die Tropfen?" fragte ich.

„Wir machen sie selbst, nach Cayces Rezept", antwortete Barbara Anton. „Wir haben sie bereits zwanzig Freunden gegeben." Sie lachte. „Leuten, die schon grün wurden, wenn sie ein Schiff nur ansahen. Jetzt fürchten sie keine Ozeanreise mehr. Genauso gut helfen die Tropfen gegen Übelkeit beim Fliegen oder Autofahren."

Die Tropfen gehörten unbedingt in den Reise-Verbandkasten. Doch es gab noch etwas anderes, ohne das die beiden nicht verreisten: ein mildes antiseptisches Mittel namens Glyco-Thymoline. Cayce hatte es für Packungen, Spülungen und zum Gurgeln empfohlen. Al Anton, ein Juwelier, fuhr sich über die Augen. „Manchmal hatte ich das Gefühl, mir würden die Augen aus den Höhlen fallen. Drei Teile destilliertes Wasser und ein Teil Glyco-Thymoline, Wattebäuschchen tränken, fünf oder zehn Minuten auf die Augen legen, und der Schmerz, das Stechen und Brennen verschwinden. Es ist phantastisch."

Alle hatten interessiert zugehört. Ein Mann weiter unten am Tisch schaltete sich ein: „Und vergessen Sie die Zaubernußtinktur gegen Fußpilz nicht. Es gibt nichts Besseres; Cayce wußte zweifellos, was er empfahl."

Wie kam es, daß so lange nach Cayces Tod noch so viele seiner Hausmittel in Gebrauch waren?

„Das ist ganz einfach", erklärte der Gastgeber. „Haben Sie noch nie von dem berühmten Schwarzen Buch gehört? Da steht alles drin, erklärt und geordnet, für jeden, der es wissen will."

Das Schwarze Buch enthielt Auszüge aus verschiedenen Readings. Alle Leiden, von Kahlheit bis zum Stottern, und die Heilmittel dafür waren aufgeführt. Das Buch wurde geholt, und ich blätterte es pflichtschuldigst durch. Ich suchte das Glyco-Thymoline und seine verschiedenen Verwendungsmöglichkeiten.

„Was soll ich gegen meine Augenschmerzen tun", hatte jemand Cayce vor dreißig Jahren gefragt.

Cayce hatte geantwortet: „Baden Sie sie in einer schwachen Glyco-Thymoline-Lösung. Verwenden Sie eine Augenbadewanne, am besten zwei Teile destilliertes Wasser auf einen Teil Glyco-Thymoline. Diese Reizung ist eine Folge der Nierenstörung, zu der es durch eine Verstimmung der Verdauungskräfte kam."

Auch die übrigen Gäste beteiligten sich nun an dem Gespräch. Eine Frau sagte leicht verlegen: „Ich weiß nicht, ob ich in Anwesenheit der Herren so etwas erwähnen sollte, aber wenn ich nach der Menstruationsperiode ein wenig Coca-Cola trinke, fühle ich mich rasch wieder besser."

Mir fiel etwas ein: „Ich dachte doch, Cayce lehnte Getränke ab, die mit Kohlensäure versetzt sind."

Sie lächelte. „Der Coca-Cola-Syrup wird mit Wasser gemischt."

Ich blätterte in dem großen Schwarzen Buch, bis ich zum guten alten Coca-Cola gelangte. Cayce hatte es für Männer und Frauen zur Reinigung des Körpers empfohlen. Offenbar befreite es den Körper von Toxika. „Trinken Sie gelegentlich Coca-Cola, zur Anregung der Nierentätigkeit", hatte er einer neunundzwanzigjährigen Frau geraten, „aber nicht mit kohlensäurehaltigem Wasser. Kaufen Sie den Syrup oder lassen Sie ihn bereiten und geben Sie einfaches Wasser dazu. Nehmen Sie etwa eine halbe oder eine Unze Syrup und füllen Sie ihn mit klarem Wasser auf. Das sollte ungefähr jeden zweiten Tag getrunken werden, mit oder ohne Eis. Das wird die Nieren und die Blase reinigen helfen und besser sein für den Körper."

Cayce hatte Coca-Cola nicht eigentlich als ständige Diät empfohlen.

In der Tischrunde erinnerte sich jetzt jeder an irgendeinen Fall, wo jemandem wunderbar geholfen worden war. „Ein Bekannter von mir", sagte eine Frau, „warf seine Brille weg, nachdem er die Halsroll-Übung eine Weile gemacht hatte."

Man wollte näheres hören, also fuhr sie fort: „Er litt an einer Überanstrengung der Augen. Da erwähnte irgend jemand ihm gegenüber, daß er diese einfache Halsroll-Übung täglich ein paarmal mache. Er tat es auch, und seine Sehkraft besserte sich in einem solchen Maß, daß die Kopfschmerzen verschwanden und er die Brille wegwerfen konnte – nach einer Woche!“

Das war vor zwei Jahren geschehen, zwanzig Jahre nach Cayces Tod.

Ich erinnerte mich nun, daß mir Gladys Davis erzählt hatte, wie sie als junge Frau durch ein paar einfache, in einem Reading empfohlene Halsroll-Übungen ihre Lesebrille losgeworden war. Erst mit fünfzig mußte sie wieder eine Brille tragen, obwohl sie ständig eine für die Augen anstrengende Arbeit tat.

Wieder suchte ich in dem Schwarzen Buch.

„Wie kann ich meine Sehkraft verbessern?“ hatte eine vierundfünfzigjährige Frau Cayce gefragt.

„Die Halsroll-Übung wird sehr viel helfen“, erwiderte er. „Machen Sie diese regelmäßig, jeden Morgen und jeden Abend, sechs Monate lang, und wir werden einen wesentlichen Unterschied feststellen.“

Dann beschrieb er die Übung, die einem alten Yogi wie mir als bekannte Yogaübung erschien.

„Aufrecht sitzen, den Kopf dreimal nach vorn beugen, dreimal nach hinten, dreimal nach rechts, dreimal nach links und dann in jeder Richtung dreimal kreisen. Nichts hastig machen, sondern sich dabei Zeit lassen. Wir werden Ergebnisse erzielen.“

Manchen Menschen empfahl Cayce eine Variante dieser Übung; sie sollten sie während eines flotten Spaziergangs machen: „Nehmen Sie die Halsroll-Übung im Freien vor, jeden Morgen, während Sie zwanzig bis dreißig Minuten spazierengehen. Aber nicht den Spaziergang an einem Morgen machen und am anderen dann sagen: ‚Es hat geregnet, ich konnte nicht hinaus‘, oder: ‚Ich mußte woanders hin.‘“

Ich legte das Buch weg. Mittlerweile war der Tisch schwer beladen worden. Da meine Gastgeber Gesundheitsfanatiker waren, hatte ich so halb vermutet, sie würden Vegetarier sein. Doch erfreulicherweise wurde ein dickes, brutzelndes Steak aufgetischt, umringt von mehreren Gemüsen. Nach Beendigung des Mahls verlieh ich meiner Verwunderung darüber Ausdruck, daß sie Fleisch aßen.

Der Hausherr lachte. „Wir halten uns an das“, sagte er, „was man als normale Cayce-Diät bezeichnen könnte. Schweinefleisch war ungefähr das einzige Fleisch, das er strikte verbot. Er empfahl, von allem ein bißchen zu essen, mit Maßen, eine ausgewogene Kost mit vielen natürlichen Vitaminen. Von Künstlichem hielt er wenig. Er war ja voller Überraschungen. So vertrat er beispielsweise die Ansicht, daß Kaffee, ohne Milch oder Sahne getrunken, ein Nahrungsmittel und nicht unbedingt schädlich sei. Mit Milch bilde Kaffee im Magen eine lederige

Masse, sagte Cayce, und es sei auch besser, ihn allein zu trinken, ohne etwas dazu zu essen."

Er griff nach dem Schwarzen Buch und schlug über Kaffee nach. „Kaffee", erklärte Cayce, „ist ein Stimulans für das Nervensystem. Der Abfall des Kaffees ist Koffein, das im Organismus nicht verdaulich ist. Wenn man dem Koffein gestattet, im Dickdarm zu bleiben, sondert es Gifte ab. Wird es ausgeschieden, wie bei diesem Individuum, ist Kaffee ein Nahrungsmittel und vielen anderen Stimulanzien vorzuziehen."

Mein Gastgeber hatte Cayces Diätratschläge genau studiert: „Cayce sagte nicht nur, was man essen sollte, sondern auch, wie man es essen sollte. Der Mensch müsse bei Tisch immer entspannt sein, sonst werde das Essen fast sofort toxisch. Als Verdauungshilfe empfahl er ein Glas warmes Wasser beim Aufstehen. Nicht so heiß, daß es widerwärtig ist, und nicht so lau, daß einem übel wird; aber es befreit den Organismus von Giften. Gelegentlich sollte man diesem Wasser eine Prise Salz beifügen."

Mir schien, wir kamen etwas vom Thema ab. Welches war nun die richtige Kost?

Mein Gastgeber zuckte die Achseln. „Auch Cayce stimmte sie auf den einzelnen und seine Bedürfnisse ab. Er legte großen Wert auf Schellfisch, der natürlichen Jodgehalt hat, was seiner Meinung nach die Schilddrüse anregte. Und er empfahl leichteres Fleisch, Fisch, Geflügel, Lamm, dazu frisches Gemüse und Obst." Diese Kost war in unserer „ernährungsbewußten" Zeit nichts Ungewöhnliches, aber Cayce hatte sie schon vor fünfzig Jahren empfohlen, als einseitige Maisnahrung in den Südstaaten geradezu eine Pellagra-Epidemie verursachte.

Manchmal umriß Cayce für jemanden eine ideale Diät, beispielsweise für ein sechsjähriges Mädchen: „Am Morgen Getreideflocken oder Zitrusfrüchte, aber nie zusammen bei derselben Mahlzeit essen, sondern abwechseln, an einem Tag das eine, am nächsten das andere. Reiskuchen in jeder Form oder ähnliches, Eigelb. Mittags: irgendeinen rohen Gemüsesalat. Suppe mit Schwarzbrot, Brühe oder ähnliches. Abends: eine gut ausgewogene Gemüsekost mit drei Gemüsen, die über der Erde wachsen, und einem Wurzelgemüse. Meerestiere, Geflügel oder Lamm; kein anderes Fleisch. Gelatine kann mit allen diesen Gemüsen verarbeitet werden, ebenso bei den Salaten fürs Mittagessen oder auch in Milch- und Rahmspeisen."

In der Pfanne gebratene oder gebackene Speisen gestattete Cayce der Kleinen nicht, nur am Rost gebratene, gegrillte oder gekochte. Seine normale Diät für Erwachsene war nicht viel anders, doch er riet sehr zu Meerestieren zweimal wöchentlich, besonders zu Muscheln, Austern,

Krabben oder Hummer. „Die Auster oder Muschel sollte möglichst roh gegessen werden, die anderen dagegen können mit Butter geschmort oder gekocht werden.“ Er befürwortete „Nahrungsmittel des blutbildenden Typs ein- oder zweimal wöchentlich – Schweinsknöchel, Kutteln und Kalbsleber oder Hirn und ähnliches“. Ganz bestimmt war er kein Vegetarier, denn als er einmal bestimmte Gemüse und Früchte angab, betonte er: „Diese Nahrungsmittel und gelegentlich eine ausreichende Portion Fleisch zur Kräftigung ergeben eine wohlausgewogene Diät.“

Ich hielt diese ganze Diätgeschichte für nicht sehr interessant, doch der Hausherr erklärte: „Cayce glaubte nie, daß man nur das sei, was man esse, sondern eher das, was der Körper mit dem Gegessenen anfange oder was man selbst mit seinem Körper und seinem Geist anstelle.“

Der Hausherr, der zur Beleibtheit neigte, hatte eine von Cayces Diätkuren versucht, um abzunehmen: rohe Äpfel. Nach drei Tagen, in denen er beliebig viele Äpfel aß, war er zwölf Pfund leichter und auf dem besten Wege, das gesetzte Ziel von zwanzig Pfund zu erreichen. „Die Äpfel enthalten irgend etwas, das dem Organismus das Wasser entzieht“, sagte er. Als Ergänzung der Diät hatte er jeden Abend ein paar Eßlöffel Olivenöl zur Reinigung des Organismus geschluckt.

Ich fragte ihn, was für Äpfel er gegessen habe.

„Gelbe, hellrote, dunkelrote, Macintosh, Delicius, Baldwin, Northern Spy. Ich mischte sie, aber Apfel bleibt Apfel.“

War er nicht schwach oder hungrig geworden?

„Wenn, dann brauchte ich ja nur einen Apfel zu essen.“

Die Zigarettenhersteller befreit Cayce wenigstens teilweise von ihrem Alptraum wegen der Krebsgefahr. Er sagte einmal, mäßiges Rauchen – fünf oder sechs Zigaretten am Tag – würde niemandem schaden. Cayce war selbst Gewohnheitsraucher, die Zigaretten entspannten ihn.

Ein gelegentlicher Drink richtete seiner Meinung nach ebenfalls keinen Schaden an, aber er sagte, Wein sei das einzige wirklich nützliche alkoholische Getränk. „Wein ist für alle gut, wenn er allein getrunken wird oder mit Schwarz- oder Roggenbrot. Nicht mit Fleisch, vielmehr mit Brot. Er kann zwischen den Mahlzeiten getrunken werden oder als Mahlzeit, aber nicht zuviel und nur einmal am Tag. Nur Rotwein.“

Die Tafel wurde aufgehoben und die Gäste brachen auf. Alle waren sich darin einig, daß Cayce heute das Wohlbefinden von mehr Menschen beeinflußte als zu seinen Lebzeiten.

Während sich die anderen verabschiedeten, zog ich mich mit dem kostbaren Schwarzen Buch in mein Zimmer zurück. Ich blätterte das Inhaltsverzeichnis durch, bei Asthma hielt ich inne. Das Kind eines guten Freundes von mir litt an dieser Krankheit. Was konnte Cayce für es tun?

In dem Buch war der Fall eines dreizehnjährigen Mädchens geschildert, dessen Mutter geschrieben hatte: „Das Asthma macht ihr seit zweieinhalb Jahren zu schaffen."

Cayce war genauer als genau. „Gegen das Asthmaleiden", sagte er, „lassen Sie folgendes zu einem Inhalationsmittel mischen: Geben Sie in vier Unzen reinen Äthylalkohol (keinen 85prozentigen, sondern reinen Äthylalkohol, 190 probehaltig): Eukalyptusöl, zwanzig Tropfen; Benzol, zehn Tropfen; Terpentinöl, fünf Tropfen; Tolubalsam in gelöster Form, vierzig Tropfen; Benzointinktur, fünf Tropfen. In einen zumindest zweimal so großen Behälter oder eine Achtunzenflasche mit einem Glasstopfen gießen. Die Lösung durch Schütteln mischen und zwei- oder dreimal täglich tief in die Lungen und Bronchien inhalieren."

Unter „Geisteshaltungen und Emotionen", dem nächsten Kapitel, das meine Aufmerksamkeit erregte, erteilte Cayce in wenigen einfachen Sätzen regelrecht Unterricht in psychosomatischer Medizin. Mein Gastgeber, selbst ein bekannter Heilkundiger, hatte am Rand vermerkt: „Hier liegt die Wurzel fast jeder Krankheit – Cayce war seiner Zeit um eine Generation voraus."

Ich las, was Cayce einem Mann gesagt hatte, dessen gärende Ressentiments seine Gesundheit beeinträchtigten: „Die Geisteshaltung beeinflußt oft die physischen Zustände im Körper. Niemand kann seinen Nachbarn hassen, ohne Magen- oder Leberbeschwerden zu bekommen. Niemand kann eifersüchtig und verärgert sein, ohne daß er eine gestörte Verdauung oder Herzbeschwerden bekommt. Keine dieser Störungen liegt hier vor, und doch haben diese Geisteshaltungen viel mit den Akkumulationen zu tun, die langsam entstanden sind, Neigungen zu neuritisch-arthritischen Reaktionen." Das alles kam durch eine emotionelle Nachwirkung, welche die ordnungsgemäße Funktion von Drüsen, Blut, Lymphe und Nerven beeinträchtigte. „Zu Zeiten treten Steifheit in den Beinen, Übelkeit oder Störung des Verdauungssystems auf; Kopfschmerzen scheinen durch eine Störung von Leber und Nieren verursacht zu werden, doch gewöhnlich lassen sich diese durch eine Verbesserung der Ausscheidung lindern." All dies waren Symptome, nicht die Ursache. Nun schnitt Cayce den Kernpunkt seiner Heilkunst an: „Die ganze Heilung, die für den Körper erreicht werden kann, liegt im eigenen Selbst. Denn jedwede Heilung muß aus dem Göttlichen kommen. Wer heilet deine Leiden? Die Quelle des Universellen." Er gab zu verstehen, alles liege bei dem Patienten und in dessen Auffassung: „Wie wohl möchten Sie sich fühlen? Sind Sie bereit, mit den göttlichen Einflüssen zusammenzuwirken, die durch Stimulation der Zentren mit latenter natürlicher Aktivität in Ihnen und durch Sie wirken können? Denn alle diese Kräfte müssen aus der einen Quelle kommen, und ihre Anwendung besteht lediglich darin, die Atome des Körpers zu stimulieren. Denn jede Zelle repräsentiert in sich selbst ein Universum."

Da ich Yogi war, wußte ich genau, was Cayce meinte. Dank Yoga hatte sich bei mir ein neuer, positiver Geisteszustand eingestellt, Freisein von Krankheiten und Vertrauen in die eigene Kraft. Schmerzen, Beschwerden und Erkältungen waren verschwunden. Die Yoga-Kopfroll-Übungen, die den Cayceschen ähnelten, hatten mich von arthritischer Steifheit im Hals befreit, deren Ursache eine Verletzung durch eine Peitschenschnur gewesen war. Dank meiner neu gewonnenen Ruhe war ich toleranter, weniger kritisch, produktiver und energischer. Nun, da ich mich der Fünfzig näherte, fühlte ich mich wohler als je zuvor. Jede Zelle in mir schien von stolzem Vertrauen in ihre Fähigkeit erfüllt, sich unversehrt zu erhalten.

Ein Arzt aus Virginia Beach, der an einer kurzen Yoga-Demonstration teilnahm, sagte anschließend zu dem Yogi: „Sie können das Unvermeidliche hinausschieben, aber schließlich werden Sie doch einen Arzt brauchen." Der Yogi antwortete mit derselben Überzeugtheit: „Nur zum Ausstellen des Totenscheins." Er war sich seiner Gesundheit sicher, denn er schöpfte aus dem Universellen.

Als ich in dem Schwarzen Buch weiterblätterte, stieß ich auf die Überschrift „Kahlheit". Wenn Cayce tatsächlich Kahlköpfigkeit heilen konnte, hätte er wohl selbst keine Stirnglatze gehabt. Doch es gab Menschen, die behaupteten, durch die Readings sei bei ihnen verfrühter Haarausfall aufgehalten worden. Cayces Ratschläge für die Haarpflege hatten vorwiegend Männern geholfen, deren Haar plötzlich ausgefallen war, was auf einen Mangel in der Chemie des Körpers hindeutete. Ein sechsundzwanzigjähriger junger Mann hatte sich verzweifelt an Cayce gewandt: „Besteht eine Chance, daß ich mein Haar wiederbekomme? Ich bin der einzige von sechs Brüdern, der kahl wird."

„Ja", antwortete Cayce. „Es liegt eine mangelhafte Drüsentätigkeit im Schilddrüsenbereich vor. Das verursacht eine schwache Aktivität im Körper, bis zu Nägeln und Haaren." Er ordnete eine umfassende Behandlung an: „Wir würden eine kleine Dosis Atomidine zur Bereinigung der Schilddrüsentätigkeit empfehlen. Nehmen Sie fünf Tage nacheinander jeden Morgen einen Tropfen. Dann setzen Sie fünf Tage aus. Während dieser Periode massieren Sie die Kopfhaut gründlich mit Rohöl, dabei den elektrisch betriebenen Vibrator mit Sauggerät verwenden. Das muß sehr gründlich gemacht werden, nicht hastig, und sollte mindestens dreißig bis vierzig Minuten dauern, nämlich die Massage mit dem Rohöl. Anschließend weiße Vaseline auftragen und wieder den Vibrator verwenden. Dann wieder mit dem Atomidine beginnen, fünf Tage lang jeden Morgen einen Tropfen. Während der nächsten fünf Tage wieder die Rohölmassage vornehmen, gefolgt von der Behandlung mit der weißen Vaseline und dem Vibrator. Danach zwei Wochen aussetzen. Dann eine neue vollständige Serie durchführen, aber zwischen zwei Serien immer zwei Wochen verstreichen lassen. Wird das getan, so stellen wir fest, daß dadurch in sechs oder acht Monaten eine Stimulierung des Haarwuchses auf der Kopfhaut und dem Körper einsetzt.

Eine Kost essen, die Jod in natürlicher Form enthält. Nur Seetangsalz oder Tiefseesalz verwenden, viel Meeresfrüchte essen. Nicht viel Süßigkeiten. Eigelb, aber kein Eiweiß, sollte gegessen werden. Dies führt zu besseren Zuständen im Körper."

Einem anderen Mann mit trockener Kopfhaut, der die Haare verfrüht verlor, riet er, die Kopfhaut alle zwölf Tage mit Schweineschmalz zu massieren. Es sollte zwanzig Minuten einwirken und dann mit lauwarmem Wasser und einem Schuppenmittel abgewaschen werden. Er erteilte auch hier einige Diätanweisungen: „Essen Sie Suppe aus den Schalen von weißen Kartoffeln, ferner Gemüse wie Gartensalat, Sellerie, Brunnenkresse, Rettich, Zwiebeln, Senfblätter und alle, die als Salat und ähnliches zubereitet werden können. Karotten bessern den Zustand, lassen auch die Augen glänzen und stärken die allgemeine Sehkraft."

„Was macht das Haar dichter?" fragte ihn jemand anderer.

„Massieren Sie die Kopfhaut mit Rohöl", antwortete er, „und waschen Sie es mit einer zwanzigprozentigen Äthylalkohollösung ab. Das macht das Haar dichter und bessert den Zustand der Kopfhaut."

Cayce verlor nie den Humor.

„Was sollte ich jetzt tun", wollte der Ratsuchende wissen, „damit das Haar vorn auf der Stirn wächst?

„Sie werden eben dort nicht viel Gehirn haben, also auch nicht viele Haare", erwiderte Cayce trocken, fuhr aber dann ernst fort: „Dazu trägt jede Dampfmassage bei, und die Verwendung von Listerin hält das Haar in gesundem, normalem Zustand."

Dieselbe Person fragte weiter: „Was verursacht das Kopfjucken?"

„Reizung, hervorgerufen durch Akkumulationen im Organismus. Die Verdauung ist schlecht und die Nerven sind angespannt. Verwenden Sie Listerin zweimal wöchentlich auf den Haaren."

Ich war große Teile des Schwarzen Buches durchgegangen, als der Hausherr zu einem Gute-Nacht-Plausch bei mir hereinschaute. „Ich möchte behaupten", sagte er, „daß eine Menge Ärzte brotlos wären, wenn es mehr von Cayces Sorte gegeben hätte. Nehmen Sie nur mal die gewöhnliche Erkältung: nichts verursacht größeres Elend und Trübsal als Erkältung und Grippe, doch ich habe seit dreißig Jahren keine gehabt."

Ich betrachtete seine robuste Gestalt. „Vielleicht sind Sie widerstandsfähiger als die meisten."

Er lachte. „Natürlich, aber ich meide die Situationen, von denen mir Cayce gesagt hat, daß ich sie meiden soll. Und ich halte mich alkalisch. Cayce meinte einmal, die Menschen sollten bei sich selbst einen Lakmustest machen. Wenn sie blau werden, sind sie in Ordnung. Bei Rosarot besteht ein Säurezustand, der gewöhnlich Vorläufer einer Erkältung ist." Er nahm das Schwarze Buch und schlug unter „Erkältung" nach. Sein suchender Finger hielt bei „Anfälligkeit" inne.

„Ein Körper mit einem Übermaß an Säure", las er, „ist anfälliger gegen Erkältung. Ein alkalisierender Effekt wirkt zerstörend auf den Erreger der Erkältung. Übermäßige Erschöpfung der Lebensenergien erzeugt eine Neigung zu übermäßiger Säure. In solchen Zeiten wird ein Mensch, wenn er mit Schnupfenkranken oder Erkälteten in Berührung kommt, leichter angesteckt."

Der ganze Ursachenkomplex wurde erforscht. Cayce befaßte sich eingehend mit Zugluft, krassem Temperaturwechsel, ungewöhnlicher Veränderung in der Kleidung, nassen Füßen. „Dies alles beeinflußt die Zirkulation durch Minderung des körperlichen Gleichgewichts oder der Körpertemperatur. Wenn der Körper müde ist, erschöpft, übersauer – oder, was seltener vorkommt, überalkalisch –, ist er anfälliger gegen Erkältung, wie auch beim Aufenthalt in einem warmen, überheizten Raum. In überheizten Räumen fehlt Sauerstoff, was die Zirkulation der lebensspendenden Kräfte schwächt, die jedweden Krankheitserreger zerstören oder jeder Ansteckung entgegenwirken."

Mein Gastgeber schaute auf und sagte lebhaft: „Ich halte meine Räume immer kühl, hüte mich vor Zugluft, kleide mich im Winter leicht und meide schweres Essen oder übermäßiges Trinken, das meinen Magen sauer machen würde. Und keine Süßigkeiten – sie sind das Schlimmste."

Ich konnte das Grinsen nicht unterdrücken. „Sie haben bestimmt keine Zeit, auch noch an etwas anderes zu denken."

Er brummte: „Ich habe keine Zeit zum Kranksein."

Seine Stimmung wechselte. „Wissen Sie, ich kannte Cayce ziemlich gut. Er machte mehrmals Readings für mich. Meist gab er mir ein Lebens-Reading und Ratschläge in Geschäftsdingen. Ich war nur selten unpäßlich, denn ich hielt mich an seine hygienischen Empfehlungen."

Während wir so plauderten, erinnerte ich mich, daß ein befreundeter Arzt eine neue Theorie entwickelt hatte, der zufolge die Egalisierung der Körpertemperatur wichtig zur Verhütung von Erkältungen war. Cayce aber hatte schon vor einer Generation gesagt: „Viel hängt auch davon ab, daß der Körper immun gegen plötzliche Temperaturwechsel wird, und zwar durch Verwendung von Kleidung, die den Druck auf dem Körper egalisiert. Einer, der oft im Freien ist und sich nach den herrschenden Bedingungen oder Temperaturen anzieht, wird weniger anfällig sein als einer, der sich zu sehr vermummt."

Vitamine, so sagte er, könnten in der kalten Jahreszeit als Vorbeugungsmittel genommen werden, aber nicht, wenn die Infektion einmal erfolgt sei. „Denn das Nützliche kann auch schädlich sein, wenn es falsch angewandt wird, sei es durch die bewußte Aktivität im Körper oder durch unbewußte Aktivität in den Assimilationskräften des Organismus."

Bei der Analyse der Widerstandskraft des Körpers betonte Cayce, der Organismus funktioniere als Einheit, er zapfe einen Bereich an, um einen anderen zu stützen. Deshalb sei es von Vorteil, wenn man eine natürliche Reserve an Vitaminen und Mineralen habe, von der man im Notfall zehren könne.

Der Hausherr erklärte: „Oft überwinden die Menschen ihre Erkältung nur, um dann eine Sekundärinfektion zu bekommen, weil sie sich verausgaben. Darum legte Cayce so großes Gewicht auf Ruhe in den ersten Tagen einer Erkältung." Um aufzuzeigen, wie die Wiederherstellung des Körpers funktionierte, führte Cayce folgendes an: „Bei einem Knochenbruch erzeugt der Körper selbst jenen Stoff, der zur Kittung dieses Bruchs oder dieses Bruchbereichs notwendig ist. In den Zeiten, wo kein Bruch vorliegt, liefert oder erzeugt er jedoch nicht soviel von diesem Stoff. Wenn es also zu einem Bruch kommt und nicht genügend von dem vorhanden ist, was benötigt oder aus dem Assimilierten entnommen wird, leiden andere Teile des Körpers."

Bei der Behandlung einer Erkältung sollte man auf breiter Basis vorgehen. „Man kann nasse Füße haben und eine Erkältung im Kopf bekommen. Man kann aber auch einen nassen Kopf haben und trotzdem eine Erkältung im Kopf bekommen."

Cayces Erkältungstherapie entspricht im wesentlichen der heute gültigen. „Nicht versuchen, weiterzumachen, sondern ruhen. Denn die Krankheit ist ein Anzeichen für eine Erschöpfung irgendwo, sonst wäre der Körper nicht anfällig gewesen." Die Anfälligkeit des Opfers für die Sekundärinfektion wurde erläutert: „Außerdem schwächt auch die Entzündung der Schleimhaut den Körper, so daß größere Anfälligkeit in den geschwächten Teilen des Organismus besteht, in den besonderen Einflußbereichen der Lymphe und des Kopfes, des Halses, der Lungen, des Darmkanals. Wenn in irgendeinem der Strukturteile des Körpers eine Verletzung vorliegt, die eine Schwächung in dieser Richtung verursacht, besteht Anfälligkeit für schädliche Einflüsse von einer solchen Erkältung."

Die verschiedenen Erkältungen wurden verschieden behandelt. „Bestimmen Sie bei der Behandlung einer Erkältung, wo die Schwäche liegt. Rührt sie von mangelhafter Ausscheidung her, die viele Leiden verursacht? In diesem Fall tragen große Mengen Wasser, etwas, das alkalisiert, und die Stärkung der Assimilationskräfte zur Herstellung des Gleichgewichts bei, so daß die Erkältung und ihre Folgen leichter von Grund auf geheilt werden können."

Cayce hat zur Erkältung fast nur Dinge gesagt, die jeder vernünftige Arzt auch sagen würde.

Der Hausherr lächelte: „Cayce kannte nur Heilbehandlungen für wirkliche Krankheiten. Ein Organismus mit Erkältung war ein heruntergekommener Organismus; die Erkältung, der Schnupfen, die Halsschmerzen, oder was Sie wollen, waren nur das Symptom, im allgemeinen ein Warnsignal."

„Sie meinen, Cayce sei wie jener Arzt gewesen, der wartete, bis sich eine Erkältung zur Lungenentzündung ausgewachsen hatte, damit er sie heilen konnte?"

„Oh, Cayce wurde auch rasch mit einer Erkältung fertig, wenn die grundlegende Widerstandskraft gut war." Er schlug ein Reading auf, das Cayce vor dreißig Jahren für einen Mann mit einer schweren Erkältung gemacht hatte. Der Patient war ein New Yorker Industrieller, der sich nicht leicht „umwerfen" ließ. Seine Sekretärin hatte um das Reading gebeten und gesagt, ihr Chef sei so erkältet, daß er nur noch flüstern könne.

Cayce kam sofort auf das Heilmittel zu sprechen. „Nehmen Sie zuerst ein Abführmittel, achtzehnhundert Tropfen (zwei Flaschen Castoria), aber nicht auf einmal, sondern in sehr kleinen Dosen, jede halbe Stunde einen halben Teelöffel. Wenn die erste Flasche auf diese Weise geleert wurde, nehmen Sie ein türkisches Bad; zuerst das Schwitzen, dann die Salzabreibungen, dann die Alkoholabreibungen, nach den Ölabreibungen. Halten Sie eine alkalischere Diät. Kein Weißbrot. Vor allem Fruchtsäfte trinken, besonders aus Zitrusfrüchten. Etwas Kaffee ohne Sahne kann als Stimulans getrunken werden oder später am Abend ein wenig Whisky mit Soda. Der Körper müßte sich bis zum nächsten Morgen physisch fit fühlen."

Offenbar klappte die Kur, denn an das Reading schloß sich ein Bericht des Patienten an: „Ich fühlte mich miserabel, aber dann ruhte ich den einen Tag, ich nahm die Flasche Castoria und ließ mir die Abreibungen machen. Am nächsten Morgen konnte ich wieder sprechen, und ich arbeitete den ganzen Tag."

Die Abreibungen hatten sich auf den unteren Dorsal- und Lumbalbereich konzentriert, obwohl die Erkältung sich in der Nase und im Hals offenbarte. Der Körper bildet eben eine Einheit.

Mein Gastgeber blätterte in dem Schwarzen Buch. „Cayce sagte den Leuten, wie sie hübsch aussehen, ihr Haar zum Wachsen bringen, ihre Nieren abklären und ihre Migräne loswerden konnten. Doch die Leute hassen es, selbst etwas für sich zu tun. Frauen beispielsweise wollen nur in einem Sessel sitzen und sich von irgend jemandem mit Kosmetika bearbeiten lassen, wo doch wirkliche Schönheit aus guter Gesundheit entsteht."

Eine kurze Bemerkung veranschaulichte Cayces Einstellung zur Eitelkeit.

„Wie können die Menschen verhindern, äußerlich zu altern?" wurde er gefragt.

„Durch Geist", antwortete er trocken.

Die Fragerin, eine zweiunddreißigjährige Frau, ließ nicht locker: „Wie kann das Erschlaffen der Gesichtsmuskeln verhindert werden? Wie korrigiert?"

Cayce gab nach. „Durch Massage und die Verwendung der angegebenen Cremes (Black und White Genuine) auf Kinn und Hals, um die Augen und auf den erschlaffenden Partien. Die gelegentliche Anwendung von Boncilla oder Schlammpackungen wäre sehr gut." Für eine dreißigjährige Frau ersann er folgendes: „Etwa zweimal im Monat die Schlammpackungen, auf Gesicht und Hals, die Schultern und die oberen Partien in Halsnähe; besonders ausdehnen über den Bereich der Schilddrüse, als Adstringens und als Stimulans für eine bessere Zirkulation im Organismus."

Cayce hatte ein Spezialpräparat für mädchenhaften Teint und erklärte einer Dreißigerin, deren Haut auszutrocknen begann, wie es zu verwenden sei. Die Behandlung amüsierte meinen Gastgeber. Lachend sagte er: „Ich kenne ein Dutzend Frauen, die dank des Präparats und der Gymnastik, die sie beim Einmassieren machen, zehn Jahre jünger aussehen."

„Für einen guten Teint, ebenso für die Haut der Hände, Arme und des Körpers", ordnete Cayce an, „bereiten Sie eine Mischung, die von Ihnen selbst mindestens ein- oder zweimal wöchentlich zur Massage zu verwenden ist. Geben Sie zu sechs Unzen Erdnußöl hinzu: Olivenöl, zwei Unzen; Rosenwasser, zwei Unzen; gelöstes Lanolin, einen Teelöffel. Dies nach einem lauwarmen Bad verwenden, in dem der Körper mindestens fünfzehn bis zwanzig Minuten geblieben ist, dann den Körper, während des Bades, mit einer guten Seife zur Anregung der Körperkräfte gründlich abreiben. Sweetheart oder irgendeine Olivenölseife oder Ivory kann benützt werden.

Danach mit dieser Lösung, die lange reicht, massieren. Die Lösung gründlich schütteln, etwas in eine Untertasse gießen, die Finger eintauchen. Mit dem Gesicht, dem Hals, den Schultern und Armen beginnen und dann den ganzen Körper gründlich mit der Lösung massieren, besonders im Bereich der Glieder, über den Hüften und dem Zwerchfell. Dies hat nicht nur zusammen mit anderen, gelegentlich durchzuführenden Behandlungen (Hydrotherapie und Osteopathie) eine stimulierende Wirkung und gibt dem Körper eine gute Grundlage für die Stimulierung der Oberflächenzirkulation, sondern die Lösung trägt auch dazu bei, den Körper schön zu halten, frei von Makeln aller Art."

Als Ergänzung dazu konnte das Gewebe des Gesichts geklopft werden; das sei zuträglicher, sagte Cayce, als jede Gesichtsgymnastik.

Der Hausherr gab mir das Schwarze Buch zurück. „Haben Sie Freunde, die an Mundgeruch leiden?" fragte er leichthin. „Ich bekam meinen durch Cayce weg."

Ich schlug das Buch bei dem Kapitel „Mundgeruch" auf. Der Hausherr wünschte mir nun gute Nacht. „Schlafen Sie nicht zu lange", fügte er fröhlich hinzu. „Cayce betonte, Geist und Körper würden sich durch bewußte Stimulierung entwickeln."

Ich war neugierig, was Cayce zu dem Leiden zu sagen hatte, auf das einen nicht einmal die besten Freunde aufmerksam zu machen wagten. „Den Mundgeruch", erklärte er, „verursachen der Magen, der Hals und der Kehlkopf. In der Blutversorgung, in der Lunge, erhält der Körper nicht genügend Kohlenstoff. Deshalb steht der ganze Körper zu Zeiten unter Spannung, und das wirkt störend auf die Blutversorgung ein. Diese ist dadurch nicht in der Lage, die Organe in ihrer Funktion ausreichend zu versorgen und die Koagulation im Organismus wirksam zu halten, wo die Organe bei ihrer Funktion Kraft und Energie verbrauchen. Deshalb bleibt die Ausscheidung oft aus, und dadurch entsteht größtenteils der katarrhalische Zustand in Darm und Magen."

Ich hatte immer gedacht, Mundgeruch komme einzig aus dem Mund; und nun betonte Cayce hier wieder, der Körper funktioniere als Einheit, er funktioniere schlecht, wenn äußere Umstände und innere Zustände zusammenwirken und eine Schwäche erzeugten.

Das Heilverfahren entsprach Cayces Glauben an eine allgemeine Abhärtung. „Nehmen Sie zuerst das, was auf die Verdauungsorgane und die geistige Reaktion im Organismus als Anreiz zur Korrektur im Körper wirkt." Es mußten jedoch andere Anreize hinzukommen. „Wenn der

Körper nicht wünscht, seinen Zustand zu bessern, wird er weiterhin eine schlechte Gesundheit genießen." Der Ratsuchende war Hypochonder, und das schon seit Jahren.

An anderer Stelle äußerte Cayce deutlicher: „Den schlechten Atem werden Sie los, indem Sie bessere Zustände in den Ausscheidungssystemen schaffen. Nehmen Sie Glyco-Thymoline als inneres Antiseptikum, geben Sie zwei-, dreimal am Tag sechs Tropfen Glyco-Thymoline ins Trinkwasser.

Dies ist ein Zustand, bei dem Gifte in die Lungen gelangen (in die Körperkräfte), und zwar durch die Veränderung in der Zellaktivität von Lymphkräften, die fäkal geworden sind."

Mit der Hypochondrie befaßte sich Cayce ständig, aber er beschwichtigte oder verzärtelte keinen der Ratsuchenden. Manche Ärzte, die sein Werk nicht kannten, behaupteten, er habe einen Großteil seiner Heilungen durch Suggestionskraft erzielt. Sie gaben jedoch zu, daß es ihnen selbst höchst selten oder gar nie gelungen war, jemanden mit ähnlichen Suggestionen zu heilen.

Für Cayce existierte kein unheilbares Leiden; der Patient mußte nur bereitwillig und der Therapeut verständig sein. Cayce war auch mit den unheilbaren Kopfschmerzen der Migräne vertraut, von denen viele glauben, sie seien eine Folge nervöser Spannung; Cayce aber erklärte, diese seien ebenfalls nur ein Symptom und nicht die Ursache.

Doch sogar ein Cayce konnte wenig für chronisch Kranke tun, die sich verzweifelt an ihre Krankheit klammerten, sei sie nun eingebildet oder nicht. Ein paar Stunden vor meiner Fahrt hierher hatte ich ein langes Gespräch mit einer etwa fünfundvierzigjährigen Frau, die seit Jahren mit einem gewissen Stolz, wie mir schien, über Migräne klagt. Seit ich sie kenne, benützt sie die Kopfschmerzen als Entschuldigung dafür, sich ganze Tage ins Bett zu legen. Sie stellt das Telefon ab und lädt das Nachtkästchen mit Tablettenschachteln voll.

Hatte sie sich wieder einmal von einer Attacke erholt, schloß sie die Augen und seufzte: „Ich weiß nicht, wie ich das beim nächstenmal durchstehen soll." Dann sah sie ihren Gesprächspartner an und sagte strahlend: „Migräne ist unheilbar, wissen Sie das nicht? Und niemand kennt die Ursache – niemand."

Dem Schwarzen Buch zufolge täuschte sich meine Migränefreundin. Cayce wußte offenbar alles über Migräne, bis zu dem weisen Rat: „Bleiben Sie in den geistigen Aktivitäten optimistisch, auch wenn alles schiefgeht."

In dem Buch wurden mehrere Migränefälle behandelt. Ich stellte fest, daß sie alle nicht von Druck im Kopf, sondern vielmehr von Druck im

Bauchbereich herrührten. „Die meisten Kopfschmerzen bei Migräne gehen, wie in diesem Fall, von Darmverstopfungen aus", sagte Cayce. „Die Gifte verursachen toxische Zustände, die Druck auf die sympathischen Nervenzentren und auf das zerebrospinale Nervensystem bewirken. Dieser Druck verursacht die heftigen Kopfschmerzen und mitunter fast irrationale Aktivitäten. Auf Einläufe sollten sie ansprechen. Zuerst würden wir aber den Dickdarm durchleuchten und die Bereiche in den aufsteigenden und querlaufenden Abschnitten ermitteln, wo fäkalische Kräfte auftreten, die wie Knollen sind."

Ob das meiner Migränefreundin zu schaffen machte und ob ihr Cayces Heilmittel wohl halfen?

„Es sind mehrere vollständige Darmentleerungen mit Salz und Soda als Reinigungsmittel erforderlich; wir stellen fest, daß diese Zustände damit beseitigt werden. Bei der ersten Reinigungslösung sollten zwei gestrichene Teelöffel Salz und ein gestrichener Teelöffel Soda auf eine Gallone (3,78 l) körperwarmes Wasser kommen. Und in das Nachspülwasser, ebenfalls körperwarm, mindestens zwei Teelöffel Glyco-Thymoline auf eineinhalb Quarts (1 quart = 0,94 l) geben."

Im Rahmen seines massierten Angriffs gegen das Unwohlsein empfahl Cayce zusätzlich die Anwendung von Radioaktivität, zusammen mit einer Stunde Meditation zur Selbstanalyse. „Halten Sie die Platten, die angelegt werden, sehr sauber; polieren Sie sie vor dem Anlegen an den Knöchel und das Handgelenk jedesmal mit Schmirgelpapier, ebenso nach dem Abnehmen."

Er empfahl auch osteopathische Einrichtungen zur Entspannung des Halsbereiches, ferner am sechsten Rückenwirbel, in der Rückenmitte, und im unteren Rücken, an der Lumbalachse. „Lassen Sie diese vornehmen", sagte Cayce, „und damit sollten wir diesem Körper Hilfe bringen."

Die Ratsuchende erinnerte mich an meine Freundin, denn sie wollte einfach nicht an die Möglichkeit einer Heilung ihrer Migräne glauben.

„Rührt irgend etwas an diesem Leiden von einer Allergie her?" fragte sie.

Ich sah Cayce geradezu im Schlaf die Achseln zucken. „Einiges rührt von einer Allergie her, aber was ist Allergie? Es sind die Auswirkungen der Imagination auf irgendwelche Einflüsse, die auf die Geruchs- oder sympathischen Nerven reagieren. Wenn wir den Organismus wie angegeben reinigen, sollten wir bessere Zustände herbeiführen."

Die Ratsuchende war anscheinend nicht davon zu überzeugen, daß die schrecklichen, bohrenden Kopfschmerzen aus einem anderen Teil der Anatomie kamen. „Welcher geistige Faktor", fragte sie hartnäckig, „ist für die Störung in meinem Kopf verantwortlich?"

Cayce war geduldig. „Der Druck im sympathischen und im zerebrospinalen Nervensystem, wie bereits gesagt, und dieser entsteht durch Verstopfung im Dickdarm. Röntgen Sie den Dickdarm, und Sie werden sie finden."

Ich nahm mir vor, die Seiten über Migräne abzulichten und sie meiner Freundin zu präsentieren, wenn sie das nächstemal mit ihrer unheilbaren Migräne prahlte. Vielleicht brachte sie das wenigstens zum Schweigen.

Ich wollte das Buch schon schließen, da fiel mein Blick auf „Menstruation". Als zweimal verheirateter Mann hatte ich die Martern der Menstruationskrämpfe und -kopfschmerzen hinlänglich miterlebt und mich schließlich irgendwie schuldig gefühlt, weil ich selbst nichts dergleichen litt. Deshalb las ich mit mehr als üblicher Neugier, was Cayce hierzu zu sagen hatte.

„Bitte erklären Sie genau den Grund für die Krämpfe bei der Menstruation", hatte eine Patientin gebeten.

„Kontraktion des Uterus", antwortete Cayce mit bewundernswerter Knappheit. „Und diese wird durch Muskelkräfte verursacht, die den Eileitern und der Muttertrompete Nahrung zuführen. Lassen Sie deshalb die angegebenen osteopathischen Entspannungen vornehmen und sorgen Sie für die allgemeinen, den Körper aufbauenden Zustände, die für die Korrektur notwendig wären."

Die Sache schien ganz einfach, wenn die betreffende Frau die Vitamine und das Eisen nahm, das sie brauchte, um einen Mangel in der Kost auszugleichen.

Nun kam Cayce zum zweiten Ungeheuer – den Menstruationskopfschmerzen. Wie viele unglückliche Ehemänner litten darunter!

„Warum habe ich während meiner Monatsregel Kopfschmerzen?" fragte eine vierzigjährige Frau.

Cayce brachte die Ursache mit jener der Migräne in Verbindung. „Diese sind Teil der Verstopfung im allgemeinen Ausscheidungssystem. Es gibt Kanäle oder Öffnungen für die Ausscheidung von Giften, das heißt verbrauchten Energien, wo die Zirkulation auf fremde Kräfte einwirkt, die mit dem Atem, mit Staub, mit Partikeln in der Nahrung oder was damit verbunden ist – Gerüchen und dergleichen –, aufgenommen werden. Diese erzeugen durch Aufspaltung im Organismus Kräfte, die ausgeschieden werden müssen. Wir scheiden natürlich hauptsächlich durch die Aktivität der Lunge aus und durch das perspiratorische System, den Magendarmkanal und die Nieren. Dann, wie bei Frauen, wie hier, stellen wir fest, daß die Menstruationsperioden in bestimmten Bereichen Verstopfungen verursachen, bis die Blutung eingesetzt hat oder bis sie nachzulassen beginnt. Dies verstopft einige Teile des Organismus. Die Kopfschmerzen sind Zeichen oder Warnungen, daß nicht für die richtigen Ausscheidungen gesorgt ist. Das meiste rührt in diesem Körper vom Magendarmkanal und von Zuständen her, die in Teilen des Dickdarms bestehen und Druck auf jene Zentren ausüben, auf die sich solche Perioden auswirken. Daher die Empfehlung der osteopathischen Korrekturen, die helfen, aber nicht alle jene Zustände beseitigen, welche als Akkumulationen in Teilen des Dickdarms auftreten. Folglich sind die Darmspülungen gelegentlich notwendig sowie die allgemeine Hydrotherapie und Massage."

Cayce hatte offenbar das Gefühl, seine Patientin brauche mehr als nur physische Ratschläge, denn er sagte: „Stellen Sie sich geistig darauf ein, ein nützliches, sinnvolles Leben zu führen; verwenden Sie Ihre Fähigkeiten, um anderen zu helfen." Mit anderen Worten, hören Sie auf, sich zu beklagen!

Mit leichtem Bedauern legte ich das Buch weg. Ich vergaß es jedoch nicht. Einen Monat später rief mich meine Migränefreundin an, um über ihre unerklärlichen, unheilbaren Kopfschmerzen zu jammern. Ich erwiderte, es würde sie vielleicht interessieren zu lesen, was Cayce über die Heilung von Migräne sagte.

Sie hatte schon von Cayce gelesen und war von den Schilderungen seiner Hexenküche gebührend beeindruckt gewesen. Jetzt aber klang sie seltsam reserviert und skeptisch.

„Cayce sagte", bohrte ich weiter, „Migräne könnte geheilt werden, wenn der Kranke sich selbst reinige, osteopathische Einrichtungen des Rückgrats machen lasse und die allgemeine geistige Einstellung bessere. Wollen Sie den Bericht sehen?"

Die chronisch Leidende sog scharf die Luft ein.

„Wie lächerlich", rief sie. „Niemand kann Migräne heilen, niemand!"

Als sie einhängte, fiel mir eine Zeile aus dem Schwarzen Buch ein. Was hatte Cayce gesagt? Ja, so hieß es: „Denn das, was sich in der geistigen Vorstellung eines Menschen aufbaut und einnistet, wird zum Zustand."

So war es auch.

In Cayce-Land – das ist ein anderer Ausdruck für Virginia Beach – waren die Cayceschen Hausmittel etwas völlig Alltägliches. Sogar der namhafte Geologe, der mitten in seinen Erdveränderungen stak, kannte einige. „Wenn die Kinder Madenwürmer haben, reibt meine Frau rohen Kohl und gibt ihn ihnen zum Frühstück, Mittagessen und Abendessen. Bis zur Schlafengehenszeit oder zum nächsten Morgen sind die Würmer verschwunden." Kohl war das einzige, was sie an diesem Tag zu essen bekamen. Nur Tee, den Cayce ebenfalls empfohlen hatte, durften sie dazu trinken.

„Cayce sagte", erklärte der Geologe, „ein Kohlblatt würde hunderttausend Madenwürmer töten."

Auch die Kermesbeere stand bei Cayce hoch in Gunst. Treue Cayce-Anhänger verwendeten sie regelmäßig als Reinigungsmittel. „Kochen Sie sie", sagte einer. „Sie schmeckt besser als Spinat und Grünkohl, hat aber die Wirkung von Schwefel und Molasse." Er lachte. „Es ist seltsam, unlängst auf einer Tagung des Landwirtschaftsverbandes von Virginia erklärte man uns, wie wir durch Beseitigung der Kermesbeerensträucher am Feldrand höhere Getreideerträge erzielen könnten. Dabei nützt die Kermesbeere einem doch mehr, als Getreide es je könnte."

Wo ich mich in Cayce-Land auch hinwandte, überall befolgte irgend jemand Cayces Ratschläge. In einem Haushalt stellte ich fest, daß gedämpfter Gartensalat und in Scheiben geschnittene rohe Tomaten praktisch als Hauptgerichte gegessen wurden. Tomaten, erklärte die Dame des Hauses, seien das vitaminreichste Gemüse. Das hatte Edgar Cayce gesagt. Der Gartensalat wurde nur abends serviert, und zwar aus gutem Grund. „Er wirkt so unmittelbar beruhigend, daß mein Mann am Tisch einschläft."

Ich wollte das leichtfertig abtun, bis ich irgendwo las, Ärzte jenseits des Ozeans hätten entdeckt, daß Gartensalat, in Mengen genossen, narkotische Wirkung habe.

Viele Haushalte im Flutgürtel um Virginia Beach kannten Cayces Tips über das Essen. „Um auf bequeme Weise abzunehmen", berichtete eine schlank gewordene Frau, „brauchen Sie nur eine halbe Stunde vor jedem Essen ein halbes Glas Welch's naturreinen Grapefruitsaft zu trinken. Es befriedigt das Verlangen des Körpers nach Zucker und räumt mit der Gewohnheit auf, dickmachende Nachspeisen zu essen."

Diese Hausfrau aß auch gerne Gelatinesalate mit rohen Gemüsen wie Brunnenkresse, Sellerie, Gartensalat, Tomaten und Karotten. „Die Gelatine", erklärte sie, „wirkt als Katalysator und steigert die natürliche Aufnahme der Vitamine in den Gemüsen. Cayce sagte, mit Knox-Gelatine sei die Vitaminaufnahme aus den Gemüsen siebenmal höher als gewöhnlich." Wie meine Freunde in New Jersey, kannte auch sie eine Erklärung in dem Schwarzen Buch. „Es ist nicht der Vitamingehalt der Gelatine", erläuterte Cayce, „sondern ihre Fähigkeit, mit den Drüsen zusammenzuwirken. Sie veranlaßt, daß die Drüsen von dem, was absorbiert oder verdaut wird, jene Vitamine aufnehmen, die inaktiv blieben, wenn der Körper nicht genügend Gelatine besäße."

Sogar unter alten Leuten, die nicht gerne Gymnastik machten, fand ich seltsamerweise Anhänger der Halsroll-Übung. Und auch jüngere Menschen hatten davon profitiert. Tom Hungerford, ein Chicagoer Geschäftsmann in mittleren Jahren, versuchte die einfache Übung, weil ihn die Zweistärkenbrille störte, die er verschrieben bekommen hatte. Er machte eine so verblüffende Erfahrung, daß er sich noch heute darüber wundert. „Es kam mir zwar ein wenig komisch vor, daß eine solche Übung auf die Augen wirken sollte", erzählte er, „aber ich beschloß, lieber alles zu versuchen, als diese Zweistärkenbrille zu tragen. Also nahm ich die Brille ab und begann mit den Übungen." Während der folgenden sechs Monate war er kaum in der Lage, ohne die Brille irgend etwas deutlich zu sehen. Doch Hungerford glaubte an Cayce, gab nicht nach, sondern machte die Übung eisern zweimal am Tag. „Allmählich sah ich klarer, und dann wurde mein Augenlicht besser als je seit meiner Jugend." Er berichtete voller Begeisterung: „Das alles war vor fünf Jahren, und seither muß ich keine Brille mehr tragen. Ich habe sogar nicht einmal mehr einen Vermerk auf meinem Führerschein."

In seiner Begeisterung hatte er die Übung fast hundert Leuten weiterempfohlen. „Manche sagen, sie würde nicht helfen (und sie half auch nicht); aber der Angestellten einer Fluggesellschaft auf Hawaii und ihrer Mutter half sie. Ebenso einem neunundsiebzigjährigen Mann in Las Vegas, der seinen Führerschein zu verlieren drohte und nun dem letzten Bericht zufolge die Morgenzeitung ohne Brille lesen kann." Die Übung besserte nicht nur die Sehkraft", erklärte Hungerford, sondern machte auch die Nasennebenhöhlen eines Freundes frei und erlöste einen anderen von seiner Migräne.

Der Cayce-Schüler Hungerford pflichtete seinem Lehrer darin bei, daß „das, was man in der Vorstellung bewahrt, ein Zustand wird". Er schloß seinen Bericht mit der Feststellung: „Zusammenfassend läßt sich sagen: Jenen, die daran glauben und die Übung regelmäßig machen, hilft sie – für die Augen und auch für anderes."

Die Traumwelt

Für viele Menschen ist die Traumwelt aufschlußreicher als die scheinbar wirkliche Welt. „In jedem Menschen“, erklärte Hugh Lynn Cayce einmal, „gibt es einen weiten, unbekannten und unerforschten Bereich, der manchmal in der Verkleidung eines Engels, manchmal als Ungeheuer erscheint. Dies ist das Unbewußte, und seine Sprache bezeichnen wir als Träume.“

Edgar Cayces Sohn hatte zwar nicht viel von der medialen Kraft seines Vaters geerbt, aber er führte die Forschungen der *Association for Research and Enlightenment* gemäß den Anweisungen seines Vaters emsig weiter. Er rief in Virginia Beach ein Traumseminar ins Leben, wo Psychiater und Psychologen die Träume analysierten, die sein Vater im Schlaf gedeutet hatte.

Edgar Cayce gab sechshundert psychische Readings über Träume, und zu den bemerkenswertesten Träumen zählten seine eigenen. Die Cayceschen Traum-Readings befaßten sich hauptsächlich mit der Deutung einzelner Träume, doch die Symbole, die Cayce beschrieb, und die Vorschläge, die er den Ratsuchenden zur Auswertung der eigenen Träume machte, sind heute noch gültig.

Beim Studium der Traum-Readings seines Vaters kam Hugh Lynn zu dem Schluß, daß Träume nicht nur eine Tür zum Unterbewußten seien, sondern daß diese Tür von jedermann geöffnet werden könne, der sich an seine Träume erinnert und wissen möchte, was sie bedeuten.

Aus Erfahrung wußte der jüngere Cayce, daß diese Tür für den Durchschnittsmenschen in einem Bleistift und einem Block auf dem Nachtkästchen bestand. Anfangs erinnert man sich beim Erwachen möglicherweise nicht einmal an ein Traumfragment, doch mit der Zeit wird das Unbewußte durch den bereitliegenden Bleistift und Block angespornt, es beginnt für den Menschen zu arbeiten und erschließt ihm ein völlig neues Gebiet der Selbsterforschung. „Durch seine Träume“, betonte Edgar Cayce einmal, „lernt der Mensch seine Kräfte besser verstehen, welche die wirkliche Existenz ausmachen – woraus sie sich zusammensetzen und wofür sie gut sind –, wenn er nur die offenbarten Zustände begreift.“

Träume sind natürlich eine Begleiterscheinung des Schlafs, und Cayces Schilderung des Schlafs weist deutlich darauf hin, daß diese Unterbrechung im Wachleben eines Individuums weit mehr ist als nur eine Ruhezeit für Geist und Muskeln. Im Schlaf überprüft das Unterbewußte, das – wie die Hypnose gezeigt hat – stärker ist als das Bewußte, alles, was tagsüber durch das Bewußtsein gegangen ist. In Form von Träumen gibt es die Botschaften oder Warnungen, die es für nötig hält.

„Schlaf", sprach der schlafende Cayce, „ist die Periode, in der die Seele Bestandsaufnahme von dem macht, was sie zwischen zwei Ruheperioden erlebt hat; sie wägt sozusagen ab zwischen Harmonie, Frieden, Freude, Liebe, Langmut, Geduld, brüderlicher Liebe und Freundlichkeit – Früchten des Geistes – und Haß, harten Worten, unfreundlichen Gedanken, Niedergeschlagenheit – den Früchten des Satans. Die träumende Seele verabscheut entweder, was sie durchgemacht hat, oder sie geht in die Freude ihres Herrn ein."

Edgar Cayce war möglicherweise der einzige Mensch, der sein eigenes Unterbewußtsein zur Deutung der Träume einsetzte, die er durch dieses Unterbewußtsein hatte. Der Wunsch, die in seinem Bewußtsein lebendig gebliebenen Träume zu verstehen, weckte in ihm auch Interesse für die Träume anderer.

In einigen Träumen sah er unmittelbare Symbole, Jahre bevor sie von den Psychiatrieprofessoren erkannt und allgemein akzeptiert wurden. Im Januar 1925 hatte Cayce den vielleicht ersten Traum, für den er eine Deutung suchte. Er stand mit einem guten Bekannten in einem felsigen Gebiet. Viele Personengruppen befanden sich in der Nähe, aber sie waren von ihm und auch voneinander durch fließendes Wasser getrennt. Nun geschah etwas scheinbar Ungereimtes, wie so oft in Träumen: Edgar Cayce sah einen Fisch aus dem Wasser springen, er wollte ihn fangen; doch bei dem Versuch zerbrach der Fisch in kleine Stücke, und Edgar begann die Stücke wieder zusammenzusetzen.

Der Traum ging Cayce am nächsten und auch am übernächsten Tag nicht aus dem Sinn. Er beunruhigte ihn irgendwie. Doch so sehr Cayce auch darüber nachdachte, er fand keinen Sinn dahinter. Schließlich sank Cayce in Trance, und seine Frau suggerierte ihm, er solle den Traum analysieren und deuten. Gladys Davis saß dabei wie immer, um die Deutung für die Nachwelt festzuhalten. Die Deutung dieses Traums und seiner Symbole nützen heute noch den Menschen, die ähnliche Traumbilder sehen.

Cayce sprach: „In dem Traum vom Wasser, das die Bekannten und den Körper trennte, finden wir wieder die Offenbarung unbewußter Kräfte; das Wasser stellt das Leben dar, die Lebensart, welche die Menschen jeder Gesellschaftsschicht trennt und um jedes Wesen oder jede Gruppe das errichtet, was in eine geistige Sphäre strahlt, die Taten, die der Körper tut."

Seine Erklärung der heute allgemein akzeptierten Symbole ging weiter: „Im Fisch ist die Darstellung des Herrn zu sehen, der Leben wurde, Wasser des Lebens, gegeben zum Heilen der Nationen; im Zerbrechen und in der Trennung aber entsteht jene Kraft, die dieses Leben wiedererweckt, sie sind die vollkommene Darstellung der Kraft, deren es bedarf, um allem Leben zu geben."

Der Traum, wie Cayce ihn auffaßte, gehörte unter die Überschrift „geistige Führung". Der Fisch symbolisierte natürlich Christus, ein fast weltweit anerkanntes Symbol, und das Wasser symbolisierte Leben. Der Traum bedeutete also Frieden nach einem Krieg – doch zuerst würde ein Krieg kommen.

Die Träume waren in vier allgemeine Gruppen einzuteilen. Viele betrafen die physischen Probleme des Körpers, andere die Selbstbeobachtung, wieder andere die psychische Wahrnehmung und die letzten schließlich die geistige Führung.

Die üblichsten Träume gehen anscheinend vom Körper aus, als Reaktion auf unrichtige Kost, zuwenig körperliche Betätigung, ungeregelte Lebensweise. Der Körper meldet seinen Protest beim Unbewußten an und bedient sich dazu des Mediums des Traums. Einen dieser ziemlich häufigen Träume schrieb ein Mann beim Erwachen auf, einer von zwei Brüdern, denen Cayce geraten hatte, ihre Träume zu studieren. Mit dem Traum ging der Mann zu Cayce.

„Ich träumte, mein Bruder und ich seien mit unseren Frauen auf einer Party bei B. B. Ich schlief am Tisch ein. Wir fuhren sehr spät nach Hause. Mein Bruder stieg aus dem Auto und ging zu Fuß heim. Wir machten beide halt, um uns eine Flasche Milch anzusehen, auf der ‚undestillierte Milch' stand."

Für Cayce lag die Botschaft, die der Traum vermittelte, klar auf der Hand. Er interpretierte den Traum fast wörtlich und bezeichnete ihn als Warnung an den Träumenden, daß sein Körper durch langes Aufbleiben (Einschlafen am Tisch) und falsche Kost leide – mit der undestillierten Milch war offenbar unreine Milch gemeint.

Der Bruder übte mehr Disziplin; er ging lieber zu Fuß, als daß er das Risiko auf sich nahm, mit jemandem zu fahren, der ziemlich viel getrunken hatte. Die Milch bedeutete eine Aufforderung, den Milchlieferanten zu wechseln. Auf eine besondere Frage über den Teil des Traums, in dem die Milchflasche vorkam, antwortete Cayce: „Gehen Sie zu einem anderen Milchhändler, dieser panscht."

Viele Träume befaßten sich, wie Cayce betonte, mit der Selbstbetrachtung. Dazu gehörten Träume über die Erfüllung von Wünschen, symbolische Konflikte zwischen Gut und Böse in unserem Charakter, Hemmungen, Arbeits- und Familienprobleme. Diese Träume hatten oft etwas Prophetisches und offenbarten sich in schrecklichen Bildern, um den Ernst der Warnung zu unterstreichen. Immer wieder entwirrte Cayce die verschlungenen Fäden von Träumen, medial deutete er Situationen, die sich später verwirklichten.

Einen der erregendsten Träume dieser Gruppe hatte ein Geschäftsmann aus Florida, dem die Wirklichkeitsnähe des Traums und ein schlechtes Gewissen zu schaffen machten.

Von Cayce hörte er durch einen Nachbarn, für den Cayce ein Fern-Reading gegeben hatte; der Geschäftsmann fand es wunderbar, daß er nicht selbst vor jemanden hintreten mußte, um Hilfe zu erhalten, sondern nur den Traum mit einem Ersuchen um Deutung einzusenden brauchte.

In allen Einzelheiten schilderte der Mann, der verheiratet und Vater zweier Kinder war, seinen beängstigenden Traum: „Ich stand auf dem Hof hinter meinem Haus, hatte den Mantel an. Ich fühlte etwas im Stoff, am Aufschlag des linken Ärmels. Ich versuchte es herauszubekommen, aber es hing am Stoff fest und riß ab, als ich es herauszog; ein Teil blieb drin. Es war ein Kokon, und aus der Bruchstelle kroch eine kleine schwarze Spinne. Der Kokon war schwarz, aus ihm fielen zahllose Eier – kleine – auf meinen Mantelärmel, den ich abstreifte. Die Spinne wuchs rasch und lief weg; während sie das tat, sprach sie in klarem Englisch, aber was sie sagte, weiß ich nicht mehr, ich erinnere mich nur, daß es etwas über ihre Mutter war. Das nächstemal sah ich sie als große schwarze Spinne; ich wußte, daß es dieselbe war, nur ausgewachsen, fast so groß wie meine Faust – sie hatte einen roten Fleck und war sonst tiefschwarz.

Sie saß jetzt in meinem Haus, hatte innen über die ganze Rückseite ein Netz gesponnen und beobachtete mich gemütlich. Ich holte einen Besen, fegte sie herunter und zum Haus hinaus. Ich glaubte sie getötet zu haben, doch wieder sprach sie. Als ich sie das drittemal sah, hatte sie im Hinterhof ein großes Netz vom Boden bis zum Dach gebaut, in der Nähe der Stelle, wo ich sie aus meinem Ärmel geholt hatte. Als sie mich gewahrte, rannte sie schnell zur Dachrinne. Ich konnte sie nicht erreichen, warf aber meinen Strohhut, der zerriß das Netz, und die Spinne fiel auf den Boden; wieder sprach sie, und dieses Mal zerhackte ich sie mit meinem Messer."

Der Traum faszinierte mich, vielleicht weil ich als Junge schreckliche Abscheu vor Spinnen empfunden hatte. Ich war kurz nach meiner ersten Begegnung mit den Cayce-Readings auf diesen Traum gestoßen. Mich interessierte, was Psychoanalytiker dazu sagten und inwieweit ihre Ansicht mit Cayces Deutung übereinstimmte.

Ich schrieb den Traum ab und ging damit zu einem bekannten Psychoanalytiker, einem Schüler des ersten großen Traumexperten, Sigmund Freud. Ich sagte ihm nichts Näheres über den Traum, er konnte gestern geträumt worden sein, vorgestern ... Ich verriet auch nicht, daß Cayce bereits eine Deutung gegeben hatte – vor rund fünfunddreißig Jahren.

Der gelernte Psychoanalytiker las den Traumtext sorgfältig und nahm dann seine Analyse vor. Der Träumende, sagte er, sei von dem zerstörerischen Gedanken besessen, sein Heim aufzulösen. Seine Meinung über Frauen, auch über seine eigene, sei von einer Kindheitsaversion gegen die Mutter geprägt, und dies stehe hinter dem Auflösungsdrang – die Spinnwebe oder der Kokon seien das Nest oder Heim, die Spinne der Zerstörer des Heims, der Träumende selbst.

Als der Psychoanalytiker geendet hatte, zeigte ich ihm das Cayce-Reading. Er erinnerte sich dunkel, schon etwas von Cayce gehört zu haben, und las Cayces Deutung mit Interesse, zumal er mediale Fähigkeiten als wissenschaftlich erwiesen ansah. „Bei meiner Arbeit mit Dr. Freud", erzählte er, „begegneten mir viele Beispiele von hellsichtigen und vorausschauenden Träumen. Sie überzeugten sogar Freud."

Cayces Deutung stimmte mit jener des Psychoanalytikers verblüffend überein, nur behandelte Cayce die Situation im Heim des Träumenden weit ausführlicher – und prophetischer. Er sah deutlich, daß der Träumende aus seiner Ehe ausbrechen wollte, und sagte warnend, die Fortsetzung eines heimlichen Verhältnisses würde ihn um sein Heim und sein Geschäft bringen.

Cayces Deutung war so klar, wie der Traum rätselhaft war: „In dem Traum sind die symbolischen Zustände jener Kräfte zu sehen, die im Leben dieses Körpers wirken. Die Spinne und ihr Charakter sind Warnungen an den Körper hinsichtlich der Beziehungen zu anderen, die dem Körper auf hinterhältige Weise das Heim wegnehmen würden – gewissermaßen schon wegnehmen –, wenn er nicht einen anderen Standpunkt einnimmt. Denn die im Traum gesehenen Zustände sind symbolisch für das Verhältnis dieses Körpers mit dem anderen Körper (der Frau); dieses beschränkte sich anfangs nur auf allgemeine Dinge, die sich gut auswirken konnten, in gesellschaftlicher und finanzieller Hinsicht; doch, wie zu sehen war, kam es zu ständiger Inanspruchnahme des Wesens, und zwar nicht nur seines Geldbeutels, sondern auch seiner Zuneigung.

Und nun bedroht das Verhältnis das Fundament des Heimes und droht den Körper von seinem Heim und seiner Umgebung zu trennen. Wenn das Wesen nichts gegen diese Zustände unternimmt, wird das Gesehene eintreffen."

Cayce konnte nicht bewußt wissen, daß sich der Geschäftsmann finanziell mit seiner Sekretärin eingelassen hatte; sie unterstützte sein Unternehmen in irgendeiner undurchsichtigen Weise. Ursprünglich war ihre Beziehung rein geschäftlicher Natur gewesen, doch dann weitete sie sich aus, bis der Geschäftsmann erwog, seine Frau und seine Familie zu verlassen. Noch konnte er sich zurückziehen, wie Cayce es sah. Deshalb faßte Cayce den Traum als Warnung auf und fügte selbst eine Warnung hinzu:

„Rüsten Sie sich. Treten Sie der Situation als Mann, nicht als Schwächling gegenüber und denken Sie an die Pflichten, die der Körper zuerst jenen schuldet, denen er heilige Gelübde gegeben hat und denen das Wesen und der Körper ihre Position in jeder Hinsicht verdanken; denken Sie an die für den Körper obligatorischen Pflichten oder an jene, für die der Körper als Verteidiger auftreten sollte, statt durch solche Beziehungen heimliche Reden jener zu verursachen, die ihn unterminieren wollen, und jener, von denen der Körper glaubt, daß ihnen die Beziehung verborgen sei; doch diese Beziehung hat ein solches Ausmaß angenommen, daß sie eine Gefahr für Herz und Seele des Körpers dieses Wesens darstellt." Mit anderen Worten, die Ehefrau war sich über die Lage im klaren. Das Reading schloß mit einer für Cayce ungewöhnlichen Warnung: „Hüten Sie sich! Hüten Sie sich!"

Wie fast zu erwarten war von einem Menschen, der sich in solche Dinge verstrickte, beachtete der Geschäftsmann die Warnung nicht. Er trennte sich nicht von der Sekretärin und verlor seine Frau, sein Heim, seine Familie und sein Geschäft.

Nach der Scheidung heiratete er die Sekretärin. Er war nun so beeindruckt von Cayces Scharfblick, daß er mit seiner zweiten Frau nach Virginia Beach zu dem Mystiker fuhr. Cayce konnte ihm nur den Rat geben, aus den Fehlern der ersten Ehe zu lernen. Der Mann gründete im Norden ein neues Unternehmen und konsultierte Cayce regelmäßig. Seine Ehe und sein Geschäft entwickelten sich gut, er starb vor kurzem als erfolgreicher Mann.

Lange vor den Psychoanalytikern entdeckte Cayce den psychischen Gehalt der Träume. Ihre prophetische Erkenntnis ähnelte jener von den sieben fetten und sieben mageren Jahren in Josephs Interpretation von Pharaos Traum und jener in der Deutung der Handschrift an der Wand durch den Propheten Daniel.

Der prophetische oder vorausschauende Traum konnte sehr irdische Dinge betreffen. Als Cayce einmal einen solchen Traum deutete, riet er dem Träumenden dringend, aus dem Börsengeschäft auszusteigen. Er sagte einen unerwarteten Börsenkrach innerhalb weniger Monate voraus.

Diese Prophezeiung machte er im April 1929; sechs Monate später, am 29. Oktober 1929, dem „Schwarzen Freitag", traf sie ein.

Der Träumende, ein Makler aus der Wallstreet, hatte auf Cayces Rat alle seine Träume aufgeschrieben. Jeden Morgen deutete Cayce die Träume des Mannes aus der vorhergehenden Nacht. Der Makler hörte in der Regel sehr genau auf ihn, denn er war mit Cayces Hilfe durch den Kauf und Verkauf von Aktien zu einem Vermögen gekommen.

Am 5. März 1929 hatte er zum erstenmal einen Traum, der Unbehagen über die Hausse verriet. Der Makler schrieb den Traum auf und gab ihn am Morgen Cayce telefonisch durch. „Träumte, wir sollten alle unsere Aktien verkaufen, einschließlich der Fonds-Anteile (die als sehr sicher galten). Ich sah einen Stier hinter meiner Frau herrennen, die rot gekleidet war."

Cayce packte den Stier gleich bei den Hörnern. „Dies kündigt einen kommenden Zustand an, eine langdauernde fallende Tendenz, die auch keinen Spielraum für die als sicher geltenden Aktien läßt. Verkaufen Sie alles, auch die Fonds-Anteile, es kommt eine große Veränderung."

Der Makler machte die Kanäle seines Unterbewußtseins durch die bewußte Anstrengung, sich jeden Morgen an die Träume zu erinnern, empfindlich für vorausschauende Träume. Am 6. April, einen Monat nach dem ersten Börsentraum, hatte er einen zweiten, der ihn sehr erregte.

Dieser Traum war kürzer, aber viel komplizierter als der erste: „Träumte, ein junger Mann beschuldigte mich des Mordes an einem Mann. Eine Gang fragte: ‚Gibt es noch jemanden auf der Welt, der davon weiß?' Ich antwortete: ‚K. Cornell.' Sah einen toten Mann. Die Gang spritzte mir ein Gift subkutan, das an dem Toten angewandt worden war. Ich fühlte den Nadelstich und wartete auf den Tod."

Der Träumende schrak an dieser Stelle aus dem Schlaf auf und sank dann wieder in unruhigen Schlummer. Sein Traumapparat stand unterdessen in so enger Verbindung mit seinem Bewußtsein, daß er nun die Deutung des Traumes träumte. „Dies", berichtete er, „bedeutete einen Kampf in der Reservebank – künstliche Ankurbelung des Marktes."

Noch am selben Tag gab Cayce eine prophetische Deutung des Traums: „Es muß zweifellos ein Krach kommen, der Panik in den Finanzzentren nicht nur der Wallstreet verursacht, sondern eine Schließung der Behörden in vielen anden Zentren und eine Wiederanpassung der gegenwärtigen Geldwährung – höhere und niedrigere Kursnotierungen wechseln einige Monate lang, während die Angleichungen vorgenommen werden –, dann kommt der Zusammenbruch."

Was folgte, ist Geschichte. Nach dem Börsenkrach im Oktober wurden in der Wallstreet und anderswo die Börsen geschlossen. Es kam zu einer Angleichung der Währungen, die Vereinigten Staaten und eine Reihe anderer Länder gingen von der Goldwährung ab.

Cayces Interpretation der Symbolik des ersten Traumteils würde heute allgemein akzeptiert. Das rote Kleid war zweifellos eine Warnung vor Gefahr, der Stier versinnbildlichte den „ausbrechenden" Aktienmarkt. Aber nicht nur der Stier brach aus, sondern auch die Frau. Sie ließ sich wenig später von dem Träumenden scheiden.

Cayce wandte sich dem zweiten Traumteil und der „Gang" zu, die als Bundesreservebank identifiziert worden war. Die subkutane Spritze legte er als „Spritze" für den fallenden Markt aus. Der Angriff richtete sich gegen die finanzielle Stabilität des Träumenden und bedeutete seinen finanziellen Tod. Für die Erwähnung der bekannten Schauspielerin Katharina Cornell gab Cayce keine Erklärung, dennoch traf seine Deutung zweifellos ins Schwarze.

Träume vom Tod wirken auf die Menschen besonders beunruhigend, für Cayce aber war der Tod oft ein Symbol der Hoffnung. Am 25. Juni 1925 schrieb ihm ein Ratsuchender; sein Traum erschütterte ihn so, daß er nichts zu Papier brachte als :„Träumte, ich sei gestorben."

Cayce tröstete ihn: „Dies ist ein Zeichen für die Geburt des Gedankens und den Beginn einer geistigen Entwicklung in dem Individuum. Dieses wiederum ist das Erwachen des Unterbewußten, offenbart im Tod physischer Kräfte."

Ich muß gestehen, daß mich Cayces Traumdeutungen nicht immer befriedigten. Einmal beispielsweise gab er ein physisches Reading für eine Frau angelsächsischer Abstammung aus Virginia. Sie litt unter Fettleibigkeit und einer Nierenstörung. Mitten während des Readings ersuchte sie um die Deutung eines Traumes. Sie hatte ihn 1932 geträumt, vor Hitlers Aufstieg, als die Lage auf der internationalen Bühne relativ ruhig war. Rückschauend schien er ein klarer Hinweis auf die harten Zeiten, denen Großbritannien entgegenging.

Die Frau schilderte den Traum: „Mein Mann und ich waren in einem großen Wohnhaus, wir schauten zum Himmel hinauf und sahen große schwarze Kreise durch die Luft schwimmen. Das erschien uns sehr seltsam, und bald entdeckten wir, daß die Kreise wie schwarze Autoreifen oder große Lastwagenreifen aussahen. Plötzlich kam aus dem Himmel eine große schwarze Maschine zur Erde herab, ähnlich den großen Raupenfahrzeugen aus dem Weltkrieg. Wir beschlossen, lieber fortzugehen, denn wir wußten irgendwie, daß das Fahrzeug Menschen zermalmen wollte. Und wir erkannten auch, daß bewegte Zeiten nahten, also versuchten wir, dem Ding so rasch wie möglich aus dem Weg zu gehen. Wir begaben uns zum Flußufer, und dort sahen wir ein britisches Schiff, das am Kai festgemacht hatte. Jemand sagte, es habe auf den einsamen Wächter geschossen, während er in seinem Büro auf dem Kai war. Später aber stellten wir fest, daß der Wächter auf das britische Schiff geschossen hatte – was uns irgendwie sehr gefiel. Wir erkannten, daß stürmische Zeiten bevorstanden, und ich hatte große Angst. Wir gingen weiter den langen Kai hinunter und sahen viele britische Schiffe."

Dachte man an die Geschehnisse vor dem und im Zweiten Weltkrieg, erschien der Traum als deutliches Warnsignal im Hinblick auf die innere Spaltung, die in England vor dem Krieg herrschte; Winston Churchill, der einsame Wächter, stand im Kreuzfeuer seiner gerüsteten britischen Kollegen und feuerte selbst auf sie. Oder konnte mit dem einzelnen Schiff das alleinstehende Großbritannien gemeint sein, das der Zerstörung vom Himmel widerstand, ganzen Schwärmen von Raketen und Bomben, bis sich ihm viele Schiffe zugesellten – viele Verbündete?

Cayce erkannte zwar die Schwierigkeiten, denen Großbritannien entgegensah, aber seine Erklärung blieb ziemlich allgemein. „Dies ist eine prophetische Vision, welche sich auf jene Menschen bezieht, die am häufigsten gezeigt wurden (die Briten), und auf die Not, die diese Menschen durchmachen werden. Die verspürte Angst ist natürlich in Anbetracht der Beziehungen des Landes (Großbritanniens) zur ganzen Welt und den Bindungen des Selbst an dieses Land.

Die gesehenen Zustände – woher die Hilfe oder die Macht kamen, von hoch oben, in Form von Kreisen, die größer wurden, als sie sich ihren Weg durch den Himmel bahnten – deuten die Art und Weise an, in der sich diese Menschen selbst helfen, in der Anrufung des Geistigen und nicht der Gewalt, die in der Tat des einsamen Wächters lag."

Man konnte natürlich sagen, daß Churchill und die Briten damals auf Gott vertrauten, aber meinem Empfinden nach hätte eine Prophezeiung über einen Krieg, zumal sie in einem so detaillierten Traum enthalten war, klarer ausgelegt werden müssen. Vor allem hätte angedeutet werden sollen, welche Folgen für die Erde daraus entstehen würden.

Ich erwähnte meine Unzufriedenheit oder vielmehr meine Enttäuschung gegenüber einem Traumexperten der *Association for Research and Enlightenment*, Everett Irion. Er sah mich überrascht an.

„Begreifen Sie das nicht? Cayce sah die Sache auf breiter Ebene. Denn schließlich war es ja der Geist, der die Engländer durchhalten ließ, als praktisch alle anderen vor den Deutschen zusammenbrachen."

„Warum aber", fragte ich, „freuten sich diese Menschen, die doch englischer Herkunft waren, als ein britisches Schiff beschossen wurde?"

Irion zuckte die Achseln. „Ich müßte die Einstellung der beiden genauer kennen und wissen, was diese Symbole für sie bedeuteten. Es könnte gut sein, daß der Beschuß des Schiffes durch – sagen wir den einsamen Wächter Churchill folgendes Gefühl vermittelte: Die britische Marine, von jenen herabgesetzt, die Beschwichtigungspolitik betrieben, sollte durch diesen ‚Angriff' aufgeschreckt werden, damit sie die wirkliche Lage erkannte. Das hätte einen Englandfreund bestimmt gefreut." Er lachte. „Ich versuche folgendes auszudrücken: Cayce sah es intuitiv, und mit der Intuition dürfte das Unterbewußte zweifellos am besten zu erfassen sein."

Wenn ein Traum prophetisch war, stand dann das vorhergesehene Ereignis bereits unabänderlich fest?

Gladys Davis hatte einmal einen vorausschauenden Traum, der sich ein Jahr später verwirklichte: Sie trat in einen Raum und fand dort genau die Menschen und die Möbel vor, die sie im Traum gesehen hatte. Daraufhin ersuchte sie Cayce zu erklären, wie es kam, daß sich Träume erfüllten. „Werden die Zustände bereits geschaffen, wenn man davon träumt", fragte sie, „und wie kommt es, daß man von feststehenden Zuständen träumt?"

Cayce antwortete, das Gesetz von Ursache und Wirkung sei unveränderlich; genauso wie „Gedanke und Absicht und Ziel und Wunsch durch den Geist ausgelöst werden", stehe das Resultat fest und sei deshalb voraussehbar. „Denn das Endergebnis wurde insofern festgesetzt, als der Herr, Schöpfer des Himmels und der Erde und der Dinge darin, deren Ende bestimmte."

Die Träumende, erklärte Cayce, habe sich wegen ihres Interesses an bestimmten Personen auf deren Kreis eingestellt. „Der Traum ist nur die Einstellung eines einzelnen Geistes auf die einzelnen Schatzkammern an ausgelöster Erfahrung. Zeitweise kann eine vollkommene Verbindung bestehen, dann wieder kann ein Stillstand des Sicheinschaltens auftreten, nämlich durch die Unfähigkeit, die eigenen Gedanken mit der ausgelösten Erfahrung oder Gegebenheit oder Tatsache zu koordinieren." Es gab verschiedene Gründe für verschiedene Träume: „Die Traumgesichte sind für einige Verdeutlicher des Unsichtbaren, für andere dagegen Prophezeiung, für manche Heilung und für manche Mahnung, doch alle erfüllt derselbe Geist."

In seinen Readings legte Cayce besondere Betonung auf den psychischen Gehalt der Träume. Hugh Lynn Cayce stellte durch seine Studien fest, daß für die meisten von uns der Traumzustand tatsächlich der sicherste und schnellste Weg ist, den Sinnen nicht zugängliche Wahrnehmungen zu machen, und zwar durch Wirkung unseres eigenen Unterbewußtseins. Telepathie, Hellsehen und Vorausschau sind in der Traumwelt gang und gäbe; sie bedürfen lediglich der richtigen Deutung. Und diese Deutung gab Edgar Cayce.

Im Dezember 1926 kam eine Frau mit einem beunruhigenden Traum über ihre Freundin Emmie, die sie seit Jahren nicht gesehen hatte, zu Cayce. In dem Traum hatte Emmie Selbstmord begangen.

Cayce sank in Trance und erklärte, der Traum sei eher telepathisch als prophetisch und nicht „wörtlich" zu verstehen. „Solche Zustände sind durch diesen Geist gegangen – oder er hat solche Überlegungen angestellt. Sie sind vorüber."

Als man bei Emmie nachfragte, stellte sich heraus, daß sie vor einiger Zeit ernsthaft an Selbstmord gedacht hatte. Doch die Krise war überwunden.

Ein seltsamer Traum, denn die Träumende hatte sich auf einen Gedanken eingestellt, der abgetan, vergraben und nicht länger im Bewußtsein des anderen Geistes war. Wie hatte sie diese Information erlangt? Das war ein Rätsel, auch wenn man die anomale Fähigkeit der Sinneswahrnehmung als gegeben ansah. Man ersuchte Cayce zu erklären, wie diese telepathische Botschaft zustande gekommen war. Seine Ausführungen lassen sich auf alle psychischen Träume anwenden: „Andere Träume sind eine Korrelation zwischen den Mentalitäten oder unterbewußten Wesen, womit physisch oder geistig eine Korrelation einzelner Ideen oder gedanklicher Expressionen erreicht wird, die bestehende Zustände, nach denen man handelt oder die stets gegenwärtig sind, von einem Unterbewußten zum anderen direkt oder indirekt übermitteln." Die Zeit war, wie Cayce betonte, bestenfalls eine Illusion. „Daher haben wir Visionen der Vergangenheit, Visionen der Gegenwart, Visionen der Zukunft. Für das Unterbewußte gibt es keine Vergangenheit oder Zukunft – alles ist Gegenwart. Daran sollte man bei einem großen Teil der Information denken, die durch Kräfte wie diese erhalten wird."

Normalerweise ließ sich die Quelle telepathischer Träume kaum bestimmen. Wenn Cayce jedoch unfehlbar war, wie manche behaupteten, konnte er bestimmt Beweise dafür erbringen, daß die Seele nicht nur fortlebte, sondern sich auch für die Freunde und Angehörigen interessierte, die sie auf der Erde zurückgelassen hatte.

Im September 1926 berichtete ein Träumender dem schlafenden Cayce: „Meine tote Mutter erschien mir. Sie sagte: ‚Ich bin am Leben.'"

Der schlafende Cayce warf ein: „Sie ist am Leben."

Dieser Einwurf erschütterte den Träumenden mehr als der Traum selbst, doch tapfer fuhr er fort, seine Mutter habe ihm eingeschärft: „Mit dem Bein oder der Schulter deiner Schwester ist etwas nicht in Ordnung. Sie soll zum Arzt gehen."

Erforscher des Psychischen, die das Mediale des Traums anerkennen, könnten vorbringen, es handle sich hier um eine Dramatisierung des Unterbewußten beim Träumenden und nicht um einen Beweis für das Fortleben eines Geistes. Anders Cayce. Er riet dem Träumenden, die Traumwarnung zu beachten, und betonte: „Die Mutter ist durch den Geist des Wesens die Mutter aller im Haushalt. Sie warnt vor Zuständen, die entstehen können, und vor bereits bestehenden Zuständen. Warnen Sie also die Schwester im Hinblick auf dieselben."

Der Bruder wußte von keinen körperlichen Beschwerden seiner Schwester. Er erkundigte sich bei ihr, ohne ihr von dem Cayce-Reading zu erzählen. Sie bekannte ziemlich überrascht, daß ihr das Bein und die Schulter zu schaffen machten.

Die Mutter – oder vielleicht das unterbewußte Selbst, eingestellt auf das Unterbewußte der Schwester – hatte Bescheid gewußt. Und Cayce ebenfalls.

Der Traumzustand, wenn Körper und Geist verhältnismäßig ruhig sind, ist der beste Kanal für psychische Botschaften. Manche Menschen, die im Wachzustand keine ausgeprägte psychische Fähigkeit besitzen, werden in der Schlafphase überraschend empfindlich. Eine Zeitlang war Cayces Heim in Virginia Beach ein wahres Traumlabor, das auch den größten Zweiflern unter jenen, die an den Traum-Readings teilnahmen, die Möglichkeit des Vorausschauens im Traum bewies.

Eine junge Frau hatte allein in vier Jahren acht Readings, in denen Cayce mehr als dreihundert Träume analysierte. Viele davon kündigten mit bemerkenswerter Präzision kommende Erlebnisse an.

Am 6. Juni 1925 sah diese einundzwanzigjährige Frau im Traum eine namenlose Freundin (zweifellos das Selbst) an einem Dinnertisch heftig mit einem alten Freund flirten. Cayce warnte vor der Rückkehr eines ehemaligen Verehrers. Mehrere Jahre später ließ sich die Träumende scheiden, wie eine Nachprüfung ergab, um einen alten Verehrer zu heiraten. Der Verehrer aber ließ sie sitzen. Cayces Warnung war also nur allzu berechtigt gewesen.

Laut Cayce träumt man praktisch alles, bevor es geschieht. Deshalb überraschte es ihn kaum, daß er aus den Träumen der Frau praktisch jedes wichtige Geschehnis vorhersagen konnte, das ihr in den nächsten dreißig Jahren widerfahren sollte.

Am 7. Juni 1935 träumte sie einen scheußlichen Traum von einem schwachsinnigen Kind. Damals hatte sie noch keine Kinder.

Cayce war nie prophetischer und taktvoller. „Jeder Zustand", erklärte er, „wird zuerst geträumt, bevor er sich verwirklicht."

Es dauerte einige Zeit, bis sich dieser Traum erfüllte, und die Frau hatte ihn inzwischen vielleicht sogar vergessen. Etwa fünfundzwanzig Jahre später wurde eines ihrer Kinder, das mittlerweile erwachsen ist, geisteskrank.

Das Träumen der Frau hatte System. Sie legte stets Bleistift und Papier ans Bett und erinnerte sich beim Erwachen immer deutlicher an die Träume. Am 18. Juni 1925 träumte sie, ihr Mann käme nicht mehr nach Hause. Es bedurfte kaum eines Cayce, um in diesem Traum die Ankündigung von Schwierigkeiten zu sehen. Cayce übermittelte ihr jedoch die Warnung. Fünf Jahre später kam ihr Mann nicht mehr nach Hause – zu ihr nach Hause. Die Ehe wurde geschieden.

In ihren Träumen, die sie getreulich aufschrieb, trat das Prophetische immer deutlicher zutage. Am 27. Dezember 1925 beispielsweise stand sie im Traum mit ihrer Schwester am Bett ihrer Mutter. Die Mutter war bewußtlos, und die Träumende und ihre Schwester schluchzten beide: „Verlaß uns nicht."

Wieder eine fast „wörtliche" Vorankündigung, diesmal des Todes ihrer Mutter.

Obwohl ihre Ehe damals friedlich schien, besaß das Unterbewußte offenbar genügend Material, um darüber zu brüten, denn am 17. Juli 1926 träumte sie gewissermaßen „explosiv" über ihr Verhältnis zu ihrem Mann. Sie sah sich und ihn auf einem Schiff fahren. Es regnete, und ein Blitz traf das Schiff, der Kessel flog in die Luft.

Cayce sah darin wieder eine klare Warnung vor einer drohenden ehelichen Auseinandersetzung.

Damals war die junge Frau im Traumzustand bereits so medial, daß sich einige Cayce-Anhänger schon fragten, ob sie vielleicht in ihr eine künftige Schülerin gefunden hätten. Am 17. November 1926 träumte sie von der Hochzeit ihres Vetters. Cayce deutete den Traum als Vorankündigung. Der Vetter heiratete tatsächlich einige Monate später.

Cayce meinte, alle Menschen sollten ihre Träume beachten. Jene, die ihre Träume auswerten wollten, wies er darauf hin, daß man jeden Traum nach seiner Art bestimmen könne.

Einmal fragte ihn ein Ratsuchender: „Sind alle meine Träume ein Beweis für geistiges Erwachen?" Darauf antwortete Cayce noch etwas weitschweifiger als üblich:

„Wie das Wesen erfuhr, gibt es Träume und Visionen und Erlebnisse. Wenn es nur Träume sind (ohne geistige Botschaft), so haben sie dennoch Bedeutung, aber eher für die physische Gesundheit. Bei Visionen, wo es zu geistigem Erwachen kommt, drückt sich dieses am häufigsten in Symbolen oder Zeichen aus. Wenn Sie sich darin üben, Ihre Visionen zu deuten, müssen die Ausdrucksformen von Auge, Hand, Mund, Haltung oder ähnlichem in Ihrer eigenen Sprache verstanden werden. Sind diese dann symbolisch, steht das Erwachen (des Geistes) bevor."

Das Schwierige an den Traumsymbolen ist natürlich, daß sie sich entsprechend der Auffassung der einzelnen Menschen ändern. Deshalb muß jeder Mensch, wie Hugh Lynn Cayce so richtig erklärte, bei der Deutung seiner Träume daran denken, daß das Symbol des einen Intellekts bei einem anderen nicht notwendigerweise dasselbe bedeutet.

Cayces Traumanalysen ergaben jedoch, daß einige Symbole fast immer denselben Gehalt haben:

Wasser: Quelle des Lebens, Geist, Unbewußtes. Schiff: Reise durchs Leben. Feuer: Zorn, Reinigung, Zerstörung. Totes Laub: körperliche Exkremente oder Unrat. Schmutz, Schlamm, verflochtenes Unkraut: Reinigung oder Säuberung ist nötig. Eine nackte Gestalt: ungeschützt, der Kritik preisgegeben. Fisch: ein fast weltweites Symbol für Christus, Christen oder geistige Nahrung.

Ein im Traum gesehener Mensch, ob er erkannt wird oder nicht, veranschaulicht oft die Gefühle des Träumenden diesem Menschen gegenüber; die Kleidung zeigt an, wie eine Person auf eine andere wirkt, gewöhnlich auf den Träumenden.

Manche Tiere widerspiegeln eine Phase des eigenen Ich, je nachdem, wie der Betreffende das Tier empfindet. Hält er den Fuchs für durchtrieben und träumt er dann von einem Fuchs, kann er sich selbst als eine im tiefsten Inneren ziemlich zweifelhafte Person ansehen; ein solcher Traum kann auch auf große innere Konflikte hindeuten, von denen das Bewußtsein nichts weiß. Die Rassen-, Gruppen- oder Gesellschaftszugehörigkeit eines Menschen beeinflußt die Vorstellung, die er von einem Tier hat. Für den Hindu oder jemanden, der in der Yoga- oder orientalischen Kultur aufgewachsen ist, stellt eine im Traum gesehene Schlange ein Symbol für Weisheit und Sex dar. Der Stier symbolisiert für manche die Geschlechtsdrüsen, also sexuelle Aktivität.

Das Caycesche „Traumbuch" deutet noch mehr Symbole. Selbstenthüllende Träume, die Sehnsüchten, unerfüllten Wünschen oder anderen Sorgen und Konflikten entspringen, sind voller Symbole. Ein Gorilla kann die niedrigere, tierische Natur des Menschen versinnbildlichen, ein Verrückter zügellosen Ärger, ein Schiffskapitän oder unerschütterlicher

Steuermann das höhere Ich oder gesunde Prinzipien. Ein Haus, in dem man einst lebte, weist oft auf traumatische Erfahrungen hin, die man darin machte. Eine holprige Straße bedeutet meist durchgestandene harte Arbeit oder Seelenqual.

Oft sind wir nicht stark genug, der häßlichen Seite unseres Wesens unmittelbar gegenüberzutreten. Deshalb bedienen sich die Träume eines schützenden Symbolismus, der es ihnen ermöglicht, unerfreulich zu sein, ohne uns in grauenhafte Alpträume zu stürzen.

Der folgende Traum, seiner Natur nach selbstenthüllend, war ziemlich dunkel. Die Träumende schrieb ihn genau auf und ließ nicht die kleinste Einzelheit aus: „Ein Polizist führte einen Mann, dessen beide Hände über der Brust gefesselt waren. Der Polizist brachte ihn zum Galgen hinauf, um den sich eine große Menschenmenge versammelt hatte. Als sie ihm die Schlinge über den Kopf werfen wollten, glitt er eine lange Rutschbahn hinunter. Der Polizist klammerte sich an ihn. Der Mann kroch verzweifelt und sehr rasch auf dem Bauch durch die sich ständig bewegende Menge und entkam so dem Polizisten."

Die Träumende beschrieb nun den Gefangenen: „Ich konnte seine schwarze nackte Gestalt sehen, als er sehr schnell auf dem Boden entlangkroch. Schließlich kam er in den Hof eines Ziegelhauses, er kroch noch immer sehr schnell auf dem Bauch. Er tat es so lange, bis er mit dem Kopf an die Ziegelwand des Hauses stieß. Das warf ihn zurück und betäubte ihn. Als er so auf dem Rücken dalag, kam eine alte Frau aus dem Haus und betrachtete ihn. Sie ging auf ihn zu, doch da stand der Mann auf, und von hinten sah er für mich plötzlich wie ein nackter Neger mit einem Tierschwanz aus. Er glich einem Neger und gleichzeitig einem Tier."

Die Träumende war eine achtundvierzigjährige Frau, deren Sohn ein Mädchen aus den Südstaaten heiraten wollte. Sie glaubte, kein starkes Vorurteil gegen Neger zu haben, doch wegen der bevorstehenden Hochzeit hatte sie über die Fälle von Lynchjustiz nachgedacht, die im Süden damals, vor etwa dreißig Jahren, vorkamen.

Cayces Traum-Reading deutete die dunkle Gestalt – den Neger, der gleichzeitig Tier zu sein schien – als Symbol, das sich nach innen wandte zur Erforschung des Selbst – dem Ausgangspunkt fast jedes Traums, an den sich der Träumende erinnert. Was der Neger für die Frau darstellte, war nur insofern wichtig, als es ihre versteckte Geisteshaltung widerspiegelte und auf dramatische Weise die Vorurteile offenbarte, die sie vor sich selbst und vor anderen verbarg.

„Da es die Tiergestalt annimmt", erklärte Cayce, „sieht das Wesen in sich selbst einen noch furchtbareren Zustand. Im Eröffnungsteil des

Traums sieht das Wesen die dunkle Gestalt als jemanden, der sich durch eigenes Tun in Schwierigkeiten bringt. Diese Wahrheit entflieht sozusagen der Kritik der Massen und wird dann von der Mauer aufgehalten. Als sie aufsteht, erkennt das Wesen das eigene Selbst – oder die niedrigere Natur des Selbst. Die Frau wird ermahnt (in dem Traum), ‚alle Elemente der Wahrheit' zu studieren, auch jene über das eigene Selbst, die ‚unangenehm' und ‚häßlich' sind."

Auf Befragen gab die Frau zu, daß der Gedanke an sexuelle Beziehungen zwischen Schwarzen und Weißen sie innerlich sehr beunruhigte. Doch sie schämte sich deswegen, und so kam es, daß sie im Traum zu dem Neger wurde, den sie insgeheim für erbärmlich hielt. Als sie die Wahrheit einmal gestanden hatte, schien das Problem sie nicht mehr so stark zu beschäftigen, zumindest träumte sie nicht mehr davon.

Die Cayce-Readings offenbarten eine gewisse Einheitlichkeit im Symbolismus der Träume. Sie dürfte daher rühren, daß in der vorherrschenden angelsächsischen Kultur der Durchschnittsmensch in der größten Gesellschaftsschicht bei der Arbeit, in der Schule oder beim Spiel ziemlich den gleichen Haltungen und Ansichten ausgesetzt ist, ob er sie nun akzeptiert oder nicht.

Das Symbol der dunklen Tiergestalt, das den Eindruck finsterer, ungezügelter Macht vermittelt, tauchte in den von Cayce analysierten Träumen verblüffend häufig auf. Cayce sah in diesen Gestalten – zu Recht, wie die Psychoanalytiker heute bestätigen – einen ungünstigen Charakterzug des Träumenden, der vom Bewußtsein abgeblockt und vom Unbewußten verdunkelt wurde.

Es konnte sich dabei um ein Vorurteil handeln, wie bei der Frau, die von dem Neger träumte, um unterdrückte animalische Sexgelüste oder um Habgier, schlechte Laune, Neid, irgend etwas Negatives, das die Selbstachtung eines Menschen beeinträchtigte.

Eine Frau mittleren Alters kam mit einem beängstigenden Traum zu Cayce. Sie regte sich ziemlich auf, denn sie meinte, der Traum sei vielleicht prophetisch gewesen: „Mein Mann, seine Mutter und ich lebten zusammen in einem Haus in New Jersey. Ich hörte Schießereien und Tumult. Alle Fenster unseres Hauses standen offen, draußen regnete und stürmte es. Wir liefen zu den Fenstern, um sie zuzumachen und zu verriegeln. Ein gräßlicher Mann schien durch die Stadt zu laufen, zu schießen und große Unruhe zu verbreiten. Die Polizei jagte ihn."

Cayce konnte die Frau beruhigen. Sie brauchte keinen Sturm und keine Schießerei zu fürchten. Der Sturm tobte in ihr selbst. Sie hatte einen Hang zur Niederträchtigkeit, und wenn sie ihn nicht zügeln lernte, mußte sie mit Schwierigkeiten rechnen. Oder wie Cayce es darstellte:

„Der große Mann, das Schreckgespenst, das dem Wesen in dieser symbolischen Gestalt wie hier und in anderen erscheint, befindet sich im eigenen Selbst und im Naturell des Selbst. Verstehen Sie?"

Sie verstand.

Weil die Symbole aus der eigenen Perspektive des Träumenden gesehen werden müssen, kann er sie besser deuten als jeder andere, vorausgesetzt, er begreift ihren Gehalt. Manche Symbole sind allgemein, wie bereits erwähnt. In einem Cayceschen Traum-Reading versinnbildlichte ein Haus den Körper; ein brennendes Haus könnte Ärger bedeuten oder das Ende einer Ehe, wenn das Haus ganz niederbrannte und das Feuer alles verzehrte. Natürlich kann ein Traum viele verschiedene Dinge ausdrücken. Eine Hausfrau aus Norfolk, die sich für die Arbeit der *Association for Research and Enlightenment* interessierte, träumte einmal, ihr Haus brenne. Alles, was übrigblieb, war die Zahl 912. Sie hatte schon andere Träume gehabt, die eingetroffen waren – die Scheidung einer Freundin, Schwierigkeiten eines Verwandten mit der Polizei.

Zwei Tage nach dem Traum ging sie in ein Geschäft, um ein Kleid abzuholen. Da ihr die Zahl keine Ruhe ließ, erzählte sie ihren Traum in dem Geschäft.

Zufällig hörte sie der Inhaber. „Wie, sagten Sie, hieß die Zahl?"

„Neunhundertzwölf", wiederholte sie.

Er blätterte eine Zeitung durch und riß plötzlich die Augen auf. „Warum haben Sie mir das nicht gestern erzählt?" fragte er ärgerlich.

Die junge Frau zuckte die Achseln. „Was hätte das genützt?"

„Genützt? Ich hätte zweitausend Dollar gewonnen, es ist die Gewinnzahl."

Sie erklärte, daß sie von solchen Dingen nichts verstünde.

„Sie sollten das Kleid gestern abholen", erwiderte der Geschäftsinhaber anklagend.

Er warf ihr das Kleid über die Theke zu. „Wenn Sie das nächstemal von drei Ziffern träumen, sagen Sie es jemandem!"

Wochen später, als sie ihre Träume studierte, fragte sich die junge Frau, ob wohl alle prophetisch seien. Ihre Ehe war gerade in die Brüche gegangen, wie das brennende Haus angedeutet hatte.

Viele von Cayce gedeutete Symbole waren leicht zu verstehen und im allgemeinen einfach auf die Träume zu übertragen. Das Versäumen eines Zugs oder Autobusses hieß: bringen Sie rasch Ihr Leben in Ordnung; Stacheldrahtverhau oder schlechte Straße: Schwierigkeiten stehen bevor; ein Schuh: schwaches Fundament; Wendung nach rechts: der richtige Weg; Wendung nach links: der falsche Weg; Biber: ein fleißiger Mensch oder ein Job; Schmutz: Skandal oder „schmutzige Wäsche"; Kaninchen: Schüchternheit oder Sex; eine Wand: Schranke gegen neue Ideen, mangelnde Aufgeschlossenheit; das Reparieren eines alten Hauses: eine Änderung der Auffassung. Mit der Überquerung eines Stromes oder Flusses verband sich gewöhnlich der Beginn eines neuen Unternehmens.

Ein Baby oder Kind drückte im allgemeinen einen neuen Start aus. Assoziierte sich aber im Bewußtsein des Träumenden der Gedanke an ein Kind mit Problemen, bedeutete es meist kleine Probleme. Mrs. Sally Coty, die Besitzerin der Schenke „Gigi" in Norfolk, träumte vorausschauend, seit sie sich erinnern konnte. Wenn sie im Traum Kinder sah, kündigte das nichts Schöpferisches an, sondern geringfügige Probleme, denn das hatten ihre Kinder für sie immer bedeutet.

„Wenn ich von einem Kind träume, weiß ich, daß es am nächsten Tag irgendwelche kleineren Schwierigkeiten geben wird – beispielsweise eine Beanstandung durch die Gesundheitsbehörden oder die Behörden für Alkoholika."

Sie versuchte sich gegen die Träume zu verschließen, doch das ging nicht.

Auch sie träumte einmal von einer Zahl, noch in New York, wo sie in der Mulberry Street ein Geschäft gehabt hatte. Sie wußte, was sie mit der Zahl anfangen mußte. Als sie den Traum hatte, befand sie sich in einem Zustand emotioneller Spannung. Sie sollte zu einer größeren Operation ins Krankenhaus, und ihr war eröffnet worden, daß ihre Krankenversicherung hierfür nicht gelte. Sie brauchte mehr als tausend Dollar und hatte keine Ahnung, woher sie das Geld nehmen sollte. In der Nacht träumte sie die Zahl 4-11-66. Als sie am nächsten Morgen darüber nachdachte, was dies bedeuten könnte, fiel ihr Blick auf die Straße vor ihrem Geschäft. Dort stand ein Mann namens Charlie, den sie noch nie hier gesehen hatte. Charlie war Bote der Italienischen Lotterie, die in der Nachbarschaft sehr beliebt war.

Sie ging zur Tür. „Was tun Sie denn hier, Charlie?"

„Ich habe heute frei", antwortete er.

Sie gab ihm drei Dollarscheine. „Und hier", sagte sie, „sind drei Zahlen. Bitte spielen Sie sie für mich in der Lotterie." Sie nahm sein Erscheinen als „Zeichen".

Die Ziehung der Lotterie fand am Wochenende statt, und es war erst Montag.

„Ich komme morgen wieder, Dienstag", erwiderte Charlie.

Sie wollte ihm nicht erst lange erklären, daß sie ins Krankenhaus müsse. „Nehmen Sie es gleich mit", bat sie.

Er willigte endlich ein.

„Am folgenden Wochenende", erzählte die Frau, „rief mich mein Bruder im Krankenhaus an und sagte: ‚Charlie sucht dich, er hat fünfzehnhundert Dollar für dich.'" Die Zahlen waren gezogen worden.

Cayce ist tot, aber die Träume leben in der *Association for Research and Enlightenment* weiter. Nach der Teilnahme am Traumseminar in Virginia Beach schrieb ein junger Mann alle seine Träume auf und deutete sie gemäß seiner eigenen Einstellung und den Standardsymbolen, die Cayce aufgeführt hatte. Was er mit einem Traum machte, kann jedermann mit seinen Träumen tun; dadurch eröffnen sich vielleicht neue Einblicke in das eigene Leben. Der folgende Traum wurde Monate nach dem Traumseminar analysiert. Der junge Mann – er war Anfang Zwanzig – sah sich am Meer stehen und fischen. Das Wasser war klar, aber unruhig. Neben ihm auf dem Sand stand eine kleine Gestalt, die ihm aufs Haar glich und weinte. Sein größeres Selbst fing einen Fisch, eine orangefarbene Flunder, und reichte sie dem kleineren Selbst, das prompt zu weinen aufhörte. Doch die Flunder sprang der kleineren Gestalt aus den Händen und landete in einem Gebüsch. Das kleinere Selbst fing wieder zu weinen an. Das größere Selbst des Träumenden ging zum Gebüsch, um den Fisch zu suchen, doch als es das Laub teilte, entdeckte es, daß zwei Tiere den Fisch fraßen, ein weißes Kaninchen und ein Biber. Der Biber lief davon und verschwand; das Kaninchen sprang ins Meer, schwamm eine Weile umher und kroch dann müde und tropfnaß heraus.

Als der junge Mann den Traum aufgeschrieben hatte, studierte er jedes Symbol für sich. Einige Symbole, deren Bedeutung nicht klar auf der Hand lag, ließ er aus. Auf diese wollte er in einem oder zwei Tagen noch einmal zurückkommen. Sooft er Zeit fand, befaßte er sich mit dem Traum. Nach zwei Tagen hatte er eine Liste der darin vorkommenden Symbole zusammengestellt; er brachte nun jedes Symbol mit dem in Verbindung, was er dabei empfand. Auf diese Weise hoffte er herauszufinden, was sein Unbewußtes beunruhigte.

Er begann mit dem Meer: „Ich habe gelesen, daß Wasser Geist oder Quelle des Lebens oder das Unbewußte bedeutet." Dann machte er eine Aufstellung:

Fischen: Akt des Suchens im Geistesreich.

Ein Fisch: Etwas aus dem Geistesreich.

Das Selbst (das größere): Ich in meinem gegenwärtigen physischen Zustand.

Kleineres Selbst: Könnte das meine Kindheit sein? Darbte oder hungerte ich in der Kindheit (Schluchzen, weil es den Fisch nicht bekam)?

Weinen: Etwas wünschen, bei Erhalt des Fischs hört Weinen auf.
Fisch entkam: Verlor etwas, worüber das kleinere Selbst wieder zu weinen anfing.
Biber: Arbeite wie ein Biber.
Kaninchen: Schüchtern.
Dies war die erste Aufstellung. Nun ging er seinen Traum noch einmal durch, um ein erkennbares Bild herauszuarbeiten.
Meer: was immer es bedeutete – geistige Quelle des Lebens oder das Unbewußte –, es war wundervoll klar, aber turbulent.
Ein Fisch: Der Fisch war ein Symbol der ersten Christen; könnte es Christus oder geistige Nahrung bedeuten?
Das Selbst (das größere): Ich scheine zu fischen oder zu suchen, wie ich es jetzt im wirklichen Leben tue, und zwar nach einer Richtung, in die ich mein Leben lenken soll, und nach Lösungen für meine Probleme.

Das Selbst (das kleinere): Es ist kein Kind. Es ist ein genaues Ebenbild von mir. Kann es der Teil von mir sein, der geistige Nahrung braucht, klein, unentwickelt, ein Teil von mir, der weint und der zufrieden ist, wenn er den Fisch erhält? Vielleicht ist dies nicht meine Kindheit (wie zuerst vermutet), sondern ein Teil von mir, wie ich jetzt bin, der Hilfe braucht.
Fisch entkam: Irgendwie entgeht mir meine geistige Nahrung.
Biber: Wenn ich an einen Biber denke, dann denke ich an Arbeit. Vielleicht ist dies mein Job.
Um den Traum richtig analysieren zu können, mußte man mehr über die Lage des jungen Mannes wissen. Er arbeitete damals in einer Fabrik, stellte Geschoßteile her. Der Gedanke, Munition zu fertigen, die eines Tages zerstörend wirken konnte, beunruhigte ihn. Deshalb hatte er begonnen, sich in schlechter Gesellschaft herumzutreiben, er fluchte unbekümmert und trank nach der Arbeit in Bars. Als Folge davon gab es zu Hause mit seiner jungen Frau immer wieder Streit.

Die nichtmedialen Traumdeuter erkannten, daß der Biber (seine Arbeit) tatsächlich seine geistige Nahrung auffraß.

Gleich vielen idealistisch und puritanisch erzogenen jungen Amerikanern schaltete er das Sexsymbol aus – dabei war es in der Form des weißen Kaninchens deutlich vorhanden. Nach dem Traum schrieb er, daß er als Junge Kaninchen gezüchtet hatte. „Manchmal mochte ich sie. Aber meistens war es harte Arbeit, sie zu versorgen."

Bei einer Befragung stellte sich heraus, daß er die Geschlechtsgewohnheiten der Kaninchen damals fasziniert beobachtet und dadurch einiges gelernt hatte. Sein sexuelles Verhalten – das Kaninchen – verzehrte die geistige Nahrung – den Fisch.

Betrachtet man den Traum und den mit seiner Deutung verbundenen Denkvorgang, drängt sich der Gedanke auf, das sei doch viel Mühe für einen einzigen Traum. Aber der Traum und seine Deutung bewirkten eine Umgestaltung im Leben des jungen Mannes. Er begann über sich selbst nachzudenken, über die Warnung, die er erhalten hatte, und er handelte entsprechend. Er gab seine Stelle auf (der Biber lief weg) und suchte sich andere Arbeit, die er als konstruktiver empfand.

Er legte sich auch Rechenschaft über seine Ehe sowie die sexuellen Gewohnheiten ab, durch die sie in Gefahr geraten war (das Kaninchen schwamm eine Zeitlang umher), und versuchte sich zu ändern. Das Träumen hatte ihn aufgeweckt und wahrscheinlich seine Ehe gerettet.

Im Jahre 1965 hielt die *Association for Research and Enlightenment* ihr erstes Traumseminar ab. Geleitet wurde es von dem Pittsburgher Psychiater Dr. W. Lindsay Jacob, der Patienten bei der Analyse ihrer Träume half, und von Dr. Herbert B. Puryear, einem klinischen Psychologen an der *Trinity University* in San Antonio. Beide kannten Cayces Traum-Readings genau, und beide hielten Träume für einen wertvollen Weg zur Lösung innerer Konflikte von Menschen, die sich emotional zerfleischten. Cayce hatte wiederholt betont, die Träume seien sehr nützlich. Dr. Puryear pflichtete ihm darin bei, er sagte: „Kein Traum kommt aus dem Nichts." Menschen mit gestörtem Gefühlsleben träumen oft, daß sie im Wasser versinken, oder sie erleben schreckliche Unfälle mit, ja sogar Atomangriffe; letzteres ist charakteristisch für düstere Melancholie, bei der oft Selbstmordgefahr besteht.

Was Cayce vor vierzig oder fünfzig Jahren über Träume gesagt hat, nimmt die Wissenschaft – auch die moderne – heute als gegeben an. „Das Physische, Psychische und Geistige widerspiegeln sich in Träumen verschiedener Art", erklärte Dr. Jacob. Fliegende Untertassen beispielsweise konnten etwas bedeuten, das über unseren Verstand ging, ein Rad war Ausdruck der Geistigkeit, ein Kamel stellte das Unterbewußte dar, ein Automobil den Körper des Träumenden; sein höheres Selbst repräsentierten ein Geistlicher, Richter, Justizbeamter oder ein alter Mann mit weißem Bart. Alle diese Symbole waren für die Traumstudenten von Bedeutung.

Etwa dreißig Personen verschiedener Altersgruppen nahmen an dem Traumseminar teil. Die Jungen, Eifrigen schienen besonders „auf Draht" zu sein. Mehrere College-Studenten, die per Anhalter durchs ganze Land gefahren waren, um mitmachen zu können, berichteten von einer Reihe Träume innerhalb der Träume. Das sei eine Einrichtung, führte der Fachmann Everett Irion aus, vermittels derer das Unterbewußte von einer psychischen, im allgemeinen vorausschauenden Botschaft in Kenntnis gesetzt werden sollte. Andere Träume offenbarten Konflikte, die Suche der Studenten nach Selbstbefreiung zum besseren Verständnis ihrer selbst. Sie gehörten einer neuen Generation an, die das Psychische als ebenso selbstverständlich nahm wie den Mondflug; ihre begeisterte Offenheit regte sie anscheinend zu bedeutsamen Träumen an.

Die Seminarteilnehmer lernten viel über das Träumen. War ein Traum unerfreulich, blockte das Unterbewußte oft jedwedes Träumen ab. Eine jugendlich wirkende Großmutter, die normalerweise regelmäßig träumte, konnte sich plötzlich morgens nicht mehr an ihre Träume erinnern, so sehr sie es auch durch Autosuggestion versuchte und so eifrig sie Bleistift und Papier ans Bett legte. Die anderen aus der Traumklasse saßen fröhlich umher und erzählten ihre Träume, sie aber hatte nichts zu berichten. Doch in der Nacht, wo jedes Seminarmitglied unter Beobachtung stand, bewegten sich die Augäpfel der Schlafenden hinter den geschlossenen Lidern – ein Zeichen, daß sie träumte. Hielten ihre Augen still, weckte man sie sofort auf, damit ihr die Träume noch frisch im Gedächtnis seien. Sie schüttelte nur den Kopf, sie erinnerte sich an nichts. Die Klasse beschuldigte sie gutmütig des Abblockens. Everett Irion, der die Klasse leitete, versuchte aus ihr herauszubekommen, welches die letzten Träume waren, an die sie sich erinnerte. Vielleicht gaben diese einen Anhaltspunkt. Nach langem Nachsinnen fiel ihr endlich ein Fragment aus einem Traum ein, den sie eine Woche vor Seminarbeginn gehabt hatte. Dann erinnerte sie sich noch an einen anderen Traum. Anscheinend hatte sie mit der Eröffnung des Seminars abzublocken begonnen; sie wollte vermutlich ihre Träume nicht mit anderen besprechen oder nicht an eine Situation rühren, die ihr Unterbewußtes aufwühlte. In einer Gruppenbefragung gestand sie dann, daß sie erst vor kurzem eine leichte Gefühlskrise durchgemacht habe. Ihre Enkelin, die einige Zeit bei ihr gelebt hatte, war von der Mutter zurückgeholt worden, und die Großmutter fühlte sich einsam und verlassen. Sie sehnte sich so nach dem Kind, daß sie schon in Tränen ausbrach, wenn sie nur darüber sprach.

Die Frau hieß Belva Hardy, sie wirkte sehr jugendlich und war eine bekannte Musiklehrerin. Träume interessierten sie generell, und sie hatte nichts dagegen, mir das Traumfragment und den Traum zu erzählen, die im Seminar behandelt worden waren. Den Traum hatte sie in der Nacht nach der Anmeldung für das Seminar bei der *Association for Research and Enlightenment* geträumt. Sie nannte ihn den Delphintraum. Zwei Delphine spielten im Wasser, in einer Gegend ähnlich dem *Marine Land* im Pazifik. Sie sprangen, schossen umher, sprachen miteinander und waren sehr glücklich. Belva stand am Ufer und beobachtete sie. Plötzlich kam jemand mit einem umgekehrten Strohhut, hielt ihr den Hut hin und bat sie um Nahrung für die Delphine. Sie ließ drei Maiskörner in den Hut fallen und sagte: „Bringen Sie es aber bestimmt zurück, denn ich habe nicht viel.“

Sogar für einen Neuling schien die Bedeutung klar. Zweifellos war Belvas Traum-Unterbewußtes durch das bevorstehende Seminar aktiviert worden und hatte das Problem durchforscht. Wen die beiden Delphine symbolisierten, lag auf der Hand. Und Belva stand abseits.

Nun erzählte Belva das Traumfragment: „Ein junges Paar hält sich in einiger Entfernung von mir. Die junge Dame ist blau gekleidet. Im Traum sagt man mir: ‚Mach dir nicht die Mühe, das aufzuschreiben – es kommt noch mehr.‘“ Sie blockte also bereits ab.

Nach diesem Fragment hatte Belva vier Nächte nicht geträumt. Everett Irion erklärte, wenn jemand Traummaterial ignoriere oder unterdrücke, träume er eine Zeitlang nicht.

Irion hatte die Symbole des Delphintraums, nachdem er Belva wieder eingefallen war, in allen Einzelheiten gedeutet. Der Stille Ozean bedeutete Frieden; Mais war die höchste geistige Nahrung, die drei Körner stellten den Vater, den Sohn und den Heiligen Geist dar, und mit den Worten: „Bringen Sie es aber bestimmt zurück“, sagte Belva sehr deutlich, daß sie das Kind wiederhaben wollte.

Belva war dann selbst auf die naheliegende Deutung gekommen. Die beiden Delphine verkörperten ihre Tochter und ihre Enkelin. Das Wiedersehen machte beide sehr glücklich, sie freuten sich aneinander. Belva sollte ihre Fesseln abstreifen und die Situation preisen. Das würde ihren Geist befreien, auch das aufgewühlte Unterbewußte, und sie auf das vorbereiten, was am besten für sie war.

Belva verstand die Botschaft. Sie setzte sich hin und betete, erflehte das Beste für das Kind. Durchdrungen von gutem Willen, besuchte sie nach dem Seminar ihre Tochter und Enkelin in Kalifornien. Die Tochter reagierte mit Wärme und Verständnis. Als die Sprache auf die Ausbildung des Kindes kam, meinte die Tochter überraschenderweise, eine Schule im Osten sei wohl vorteilhafter für das Mädchen. „Ich hatte meine Macht über das Kind selbst gebrochen“, berichtete Belva, „und nun kam es zu mir zurück – dieses Mal zu seinem eigenen Besten und nicht, um meine kleinen Sehnsüchte zu befriedigen.“ Das Kind war wieder bei der Großmutter, und Belva träumte jede Nacht gute, solide Träume. Sie hatte nichts mehr vor sich zu verbergen.

Atlantis

Derselbe Beweggrund, der den Menschen fasziniert ins Meer schauen, atavistisch in seine eigene Vergangenheit blicken ließ, trieb ihn auf eine rastlose Suche nach Atlantis. Im Ozean, erklärte die Naturwissenschaftlerin Rachel Carson, fand er seinen Ursprungsort und in Atlantis den Traum von einer höheren Kultur, die den wenigen Jahrtausenden bekannter Geschichte vorausging, mit welchen er seine mageren Fortschritte mißt.

Seit Platon vor zweitausendfünfhundert Jahren erstmals den verlorenen Kontinent des atlantischen Meeres beschrieb, sind mehr als zweitausend Bücher über das sagenhafte Land erschienen, das niemand je gesehen hat. Ein Teil der Bücher wollte die Existenz von Atlantis beweisen, der andere widerlegen. Manche stammten von nüchternen Wissenschaftlern, manche von Träumern, die ein Paradies suchten.

Ozeanographen, Geologen und gewöhnliche Taucher schwärmten seit Jahrhunderten über den ganzen Ozean aus, um seine Tiefen zu erforschen. Edgar Cayce aber brauchte sich nur schlafen zu legen, um den geheimnisvollen Kontinent zu sehen, der drei Untergangsphasen durchlief, die letzte vor elftausend bis zwölftausend Jahren.

Im Wachzustand wußte Cayce nichts über verlorene Kontinente. Als er Atlantis in Trance zum erstenmal erwähnte und man ihn hinterher darauf ansprach, rieb er sich die Augen und sagte in seiner üblichen sanften Art: „Nun, wo das wohl herkommt, und ob etwas dran ist?"

Zu gewissen Zeiten rühmte sich Atlantis, wie es Cayce und auch Platon beschrieben, einer hochstehenden technischen Kultur, die schließlich dermaßen entartete, daß die letzten Bewohner Opfer ihrer eigenen zersetzenden Kraft wurden.

Cayce gab seine Readings über Atlantis während einer Periode von zwanzig Jahren, vor dem Abwurf der ersten Atombombe, bevor der Mensch entdeckte, daß er die Macht besaß, sich selbst ins finstere Mittelalter oder in die Steinzeit zurückzubefördern und zum Höhlenleben zu verurteilen. Konnte es sein, daß das alles schon einmal geschehen war?

„Wenn wir an die Evolution glauben", erklärte der namhafte Geologe, „müssen wir auch daran glauben, daß schon vor unserer dürftigen bekannten Geschichte eine Art höherer Gesellschaft bestand, da wir ja seit den Zeiten Moses', Platons Aristoteles' oder Christi nicht sehr weit gekommen sind."

Die Periode von etwa fünftausend bis achtundzwanzigtausend vor Christus stellt eine anthropologische Lücke dar, in der praktisch alles geschehen sein kann. Ganze Städte und „Stadtfolgen" wurden schon begraben, wie die vielen Schichten Trojas beweisen, warum also nicht ein ganzes Land oder ein Kontinent? Aus Magnetkörnern, fossilen Überresten und Schichten der Erdkruste wissen wir, daß die Erde Millionen Jahre alt ist, und doch haben wir keine Kenntnis davon, was – geologisch gesehen – gestern passierte. Hat irgendein Kataklysmus, der irgendwann einmal fast die ganze Menschheit vernichtete, auch die Aufzeichnungen dieser Menschheit vernichtet? Und kann das wieder geschehen, jederzeit, da der Mensch nun die Waffen zu seiner eigenen Vernichtung besitzt? Oder genügt vielleicht ein Kippen der Erdachse, das Billionen Tonnen schmelzendes Gletschereis vom Pol auf uns werfen würde?

Cayces und Platons Atlantis stimmten in vielen Details überein, obwohl Cayce nie die beiden Dialoge las, in denen der größte Geist des Altertums die Geschichte des Inselreiches jenseits der Säulen des Herakles schilderte.

Cayce nannte drei Untergangsperioden, die ersten beiden etwa 15.600 v. Chr., als sich das Hauptland in Inseln spaltete, und die letzte 10.000 v. Chr., als eine Gruppe von drei großen Inseln zusammen mit mehreren kleinen über Nacht vom Meer verschlungen wurde, wie auch Platon andeutete.

Die genauen Umrisse des Kontinents vor der Aufspaltung in Inseln beschrieb Cayce niemals in einem Reading. Er sagte jedoch, es habe sich vom Gebiet des heutigen Sargassomeeres im Westen bis zu den Azoren im Osten erstreckt. Seine Größe verglich er mit „der Europas, einschließlich Asiens in Europa; nicht Asien, sondern Asien in Europa".

Vor der letzten Massenvernichtung hatten sich Cayce zufolge ganze Wellen von Atlantiden in alle Himmelsrichtungen ergossen. Das würde die hochstehenden und oft seltsam ähnlichen Kulturen in so verschiedenen Gebieten wie Ägypten, Peru, Mittelamerika, New Mexico und Colorado erklären. In New Mexico und Colorado gründeten diese Menschen vermutlich eine Mounds-Kolonie.

Vor dem endgültigen Zusammenbruch, der sich auf ein Gebiet unweit der Bahama-Inseln konzentrierte, verfiel die Kultur des hochstehenden, aber von Gier und Genußsucht zerfressenen atlantischen Volkes dermaßen, sagte Cayce, daß sein Untergang – wie später jener von Sodom und Gomorra – unvermeidlich war.

Cayce zeichnete uns sogar ein Bild der Zerstörung, was Platon nicht tat. „Durch die fortgesetzte Geringschätzung jener, die alle für die Söhne des Gottes geltenden Gesetze hielten, löste der Mensch zerstörerische Kräfte aus, die sich mit den natürlichen Reichtümern an Gasen und elektrischen Kräften verbanden. Diese führten zur ersten jener Eruptionen, die im Inneren der langsam abkühlenden Erde ihren Ursprung nahmen, und der Teil, der heute in der Nähe des sogenannten Sargassomeeres liegt, sank als erstes in die Tiefe."

Cayce deutet einmal dunkel an, daß die in drei Gebieten der Erde verborgenen Archive, aus denen die Existenz von Atlantis ersichtlich sei, schließlich und endlich gefunden würden. Eines dieser drei Gebiete sei Ägypten. Dort versicherten die alten ägyptischen Priester dem griechischen Gesetzgeber Solon, den Platon in seiner Atlantis-Erzählung als Quelle benutzte, daß sie den Bericht über Atlantis vollständig bewahrt hätten.

Da Platons Erzählung nie ganz geglaubt und sogar sein Hinweis auf einen Kontinent jenseits der Atlantis-Inseln – einwandfrei Nordamerika – als Teil eines allegorischen Mythos abgetan wurde, ist kaum anzunehmen, daß die Historiker und Wissenschaftler jetzt einen ungebildeten Hellseher beachten, der in sein Unterbewußtsein tauchte, um eine der faszinierendsten Geschichten aller Zeiten zu erzählen.

Sogar dem namhaften Geologen, der sich nach und nach zu Cayce und seinen Wundern bekehrte, fiel es anfangs schwer, Atlantis zu schlucken. Doch nachdem er sich erst einmal in die wissenschaftlichen Forschungen anderer vertieft hatte, begann er selbst zu forschen, im Meer bei Bimini. Dort sollen laut Cayces Vorhersage die ersten versunkenen Überreste von Atlantis dramatisch wieder auftauchen. Je länger der Geologe forschte, desto mehr wissenschaftliche Beweise für die Existenz von Atlantis sammelten sich an. Und außerdem, wenn Cayce mit seinen hellseherischen medizinischen Heilungen recht hatte, warum sollte er nicht auch in anderen Dingen recht haben? Die Information kam ja schließlich aus derselben Quelle.

Cayce erklärte, das Tiefland des Kontinents Atlantis sei von der Aufsplitterung in Inseln parallel zur amerikanischen Atlantikküste verlaufen; und der Geologe sagte, etwa hundertzwölf bis hundertsechzig Kilometer vor der Küste zögen sich parallel zu Neuengland Meeresgräben hin, deren alte Sedimentation zeige, daß sie einst über dem Meeresspiegel gelegen hätten. Und wie stand es mit der untermeerischen Gebirgskette mitten im Atlantik, die an manchen Stellen so spektakulär aufstieg, wie sie einst vielleicht gesunken war? „Sedimente auf der Atlantischen Schwelle, die aus einer Tiefe von gut dreitausend Metern emporgeholt wurden, enthielten Reste von Süßwasserpflanzen", berichtete der Geologe, „ein Beweis dafür, daß dieser Abschnitt des Kamms einst über Wasser lag."

Seltsamerweise erhielt man erst 1966 die ziemlich sichere Bestätigung dafür, daß im Nordatlantik eine sanft abfallende Ebene liegt. Wissenschaftler des Ozeanographischen Instituts von Woods Hole im Bundesstaat Massachusetts theoretisierten, es handle sich wahrscheinlich um eine rund zwanzigtausend Jahre alte Wohnstätte der ersten Menschen im Gebiet des amerikanischen Kontinents. Aufgrund ihrer Orientierung hielten sie diese geneigte Ebene für den östlichen Teil Nordamerikas, nicht für den westlichen Teil des Atlantisstaats.

Manche Menschen sehen die Azoren, die etwa dreizehnhundert Kilometer westlich Portugals liegen, als Überbleibsel vom Ostrand der letzten Atlantis-Inseln an. In letzter Zeit sind die Azoren unruhig, wie es einst vielleicht ihre atlantischen „Gegenstücke" waren.

In der jüngsten Aktivität der neun Azoren-Inseln widerspiegelt sich auf verblüffende Weise die Instabilität, die Atlantis möglicherweise vor Jahrtausenden in den Atlantik stürzte. Jahrhundertelang waren die Azoren ruhig, doch 1957 kam es wieder zu Eruptionen; und dieser Zeitpunkt liegt seltsam nahe bei dem Jahr 1958, das Cayce als Beginn der vierzigjährigen Periode großer Umwälzungen auf der Erde bezeichnete.

Wie vielleicht auch bei Atlantis, führten die Erdbeben und Vulkanausbrüche von 1957 auf den Azoren zu einer Massenauswanderung, denn sie erschütterten die Insel heftig und zerstörten Tausende von Häusern. Im Februar 1964 erlebten die Inseln wieder vier furchtbare Erdbebentage. Die Menschen flohen in Scharen von der Insel Sâo Jorge, die von tausend Erdstößen heimgesucht wurde.

Bei dem Beben von 1957 spielten sich Szenen ab, die an Cayces Schilderung der Vorgänge in Atlantis erinnern. Der Geologe suchte den Bericht einer Frau namens Bernadette Vieira hervor, die mit ihrer Familie von Sâo Jorge geflohen war und sich in Santa Clara, Kalifornien, niedergelassen hatte.

Bernadettes Erlebnis war sehr anschaulich geschildert: „Sie lief schreiend die Dorfstraße hinunter, als plötzlich zwischen Sâo Jorge und der nahegelegenen Insel Fayal eine Vulkaninsel aus dem Meer aufstieg.

An diesem Tag bebte die Erde, Steinhäuser stürzten ein. Hunderte Menschen fanden den Tod. Es regnete heiße Asche. Die Ernte wurde vernichtet, das Vieh kam um.

Die Vulkaninsel sank so rasch ins Meer zurück, wie sie aufgetaucht war."

Bei dem Beben im Jahre 1964 fürchteten die Bewohner von Sâo Jorge, die Erschütterungen könnten die beiden schlafenden Vulkane an den Spitzen der Insel in Tätigkeit setzen. „Die Erde bebt fast ununterbrochen", meldete eine portugiesische Nachrichtenagentur. „Die Menschen auf Sâo Jorge fühlen sich wie Schiffbrüchige auf einem Floß." In einer Gemeinde, die mehrere Tausend Seelen zählte, blieben nur drei Häuser stehen. Telephon- und Telegraphenverbindungen waren unterbrochen. Eine hastig zusammengestellte Flotille brachte Ärzte, Krankenwagen und Blutplasma auf die geschlagene Insel, denn von dort war folgender SOS-Ruf ergangen:

„Schwere Schäden. Viele Ruinen. Rufen alle nahen verfügbaren Schiffe an die Südküste dieser Insel zu Hilfe."

Es ging noch weiter. „Wenn die Vulkane ausbrechen", las der Geologe vor, „könnte die Insel zerbersten und im Meer versinken." Der Geologe holte eine Karte, aus der zu ersehen war, wie seltsam verstreut der Azoren-Archipel mitten im Atlantik lag. Die erste und die neunte Insel trennten rund sechshundertfünfzig Kilometer, die Inseln hatten steile Felsküsten, Vulkane, kristallklare Kraterseen und eine üppige subtropische Vegetation.

Das Süßwasser, die Fauna und die Flora des Festlandes gab es auch auf diesen vom Meer umschlossenen Inseln, dazu besaßen sie noch ein Erbe vulkanischer Instabilität.

„Kann es wirklich sein, daß dies einst Atlantis war?" fragte ich zweifelnd und deutete auf die Inselgruppe.

Der Geologe zuckte die Achseln. „Warum nicht? Was davon übrig ist, liegt genau westlich der Säulen des Herakles, und dort ortete Platon die ursprünglichen Inseln. Wo geologisch gesehen heute ein Phänomen auftritt, trat es auch in der Vergangenheit auf, als Teil der normalen Veränderung im Rahmen der Entwicklung. Instabilität ist ein deutliches Merkmal dieses Gebiets."

Die Azoren beschäftigten sogar die Russen. „1963", erzählte der Geologe, „berichtete eine führende russische Geologin, Dr. Maria Klionova, der sowjetischen Akademie der Wissenschaften, knapp hundert Kilometer nördlich der Azoren sei Gestein aus einer Tiefe von zweitausend Metern emporgehoben worden, das ungefähr 15.000 v. Chr. der Atmosphäre ausgesetzt war – ziemlich genau zu der Zeit, in die Cayce die Spaltung des atlantischen Festlandes legte.

Ähnliche Beweise gab es schon viel früher. „Im Jahre 1898", erklärte der Geologe feierlich, „suchte die Besatzung eines Schiffes, das bei den Azoren ein Unterwasserkabel verlegte, in mehr als dreitausend Meter Tiefe den Meeresboden ab. Die Draggen kratzten über den Grund. Als man sie einholte, brachten sie seltsame Lavastücke mit, die nach ihrer eigenartigen glasigen Struktur nur an der Luft erstarrt sein konnten."

Die Instabilität des Meeresbodens in diesem Gebiet zeigt sich immer wieder. Ein britischer Frachter meldete vor der Jahrhundertwende, er habe genau südlich der Azoren eine dampfende Vulkaninsel gesichtet. Doch die Insel war schon wieder verschwunden, als Geologen die angegebene Stelle erreichten. In kleinerem Ausmaß als bei Atlantis versank überall auf der Welt immer wieder Land. „Die Insel Krakatau bei Sumatra", erzählte der Geologe, „wurde 1883 bei einem Vulkanausbruch gesprengt, es kostete Tausende Menschenleben. 1916 verschwand die Insel Falcon östlich von Australien spurlos, sie tauchte 1923 wieder auf und versank 1949 erneut."

Der Meeresboden bäumt sich oft heftig auf. „Nach dem Erdbeben von 1960, das die marokkanische Stadt Agadir verwüstete", berichtete der Geologe, „ergaben Lotungen, daß sich der Meeresboden fünfzehn Kilometer vor der Küste in einem einzigen mächtigen Schub tausend Meter aufgewölbt hatte." Im August 1923 suchte die *Western Union Company* nach einem Unterwasserkabel, das sich verlagert hatte. Das Suchschiff stellte fest, daß der Atlantikboden seit den letzten Lotungen vor fünfundzwanzig Jahren an einer Stelle mehr als dreitausend Meter gestiegen war.

Cayce zufolge zerbarst Atlantis in fünf Inseln, die drei größten waren Poseidia, Aryan und Og. Seine interessanteste Prophezeiung betraf Poseidia: Im Juni 1940 machte er eine Vorhersage, die dieser Tage eintreffen müßte, wenn Cayce hellseherisch „auf Draht" war, wie der Geologe sagte.

„Und Poseidia", sprach Cayce, „wird unter den ersten Teilen von Atlantis sein, die wieder aufsteigen. Erwarten Sie es achtundsechzig und neunundsechzig (1968 und 1969). Gar nicht lange hin."

Und wo sollte man es erwarten? Der Geologe hatte in einem anderen Cayce-Reading einen Hinweis entdeckt. „Es gibt einige emporragende Teile", hatte Cayce gesagt, „die einmal Bestandteil des großen atlantischen Kontinents gewesen sein müssen. Britisch Westindien oder die Bahama-Inseln und ein Teil, der heute gesehen werden könnte, wenn eine geologische Aufnahme gemacht würde; vor allem im Bereich des Golfstroms lassen sich diese (Teile) bestimmen."

Eifrig durchsuchte der Geologe wissenschaftliche Literatur über die geologische Beschaffenheit des Meeresbodens unter dem Golfstrom. Ziemlich erstaunt las er von einem versunkenen Flußtal zwischen Florida und den Bahamas, siebenhundert Meter unterm Meeresspiegel, von riesigen Dolinen vor der Landspitze Floridas in hundertachtzig bis zweihundertsiebzig Meter Tiefe, von geheimnisvollen Höckern in der Florida-Straße, die bei Lotungen ausgemacht wurden. Die Höcker hatten ungefähr die Größe von Häusern, nur standen diese „Häuser", wenn man sie so nennen konnte, sechshundert Meter unter Wasser auf dem Meeresboden. Die Geologie entdeckte immer mehr, das für Atlantis sprach. „Vor Cayces Tod im Jahre 1945", sagte der Geologe, „nahm die Wissenschaft an, die Ozeanbecken seien riesige Badewannen, in die sich seit Urzeiten Detritus (Gesteinsschutt) ergoß. Doch mit Hilfe eines neuen Geräts, eines Tiefenprofiliergeräts, stellte man fest, daß die Ablagerungen in weiten Gebieten, vor allem auf Teilen der Schwellen, verhältnismäßig gering sind. Das müßte der Fall sein, wenn der gegenwärtige Meeresboden vor noch nicht allzu langer Zeit Kontinent gewesen wäre."

Die laufenden Forschungen bestätigen, daß große Landgebiete bei Florida und den Bahamas erst vor relativ kurzer Zeit gesunken sind. Im *National Fisherman* erschien ein Artikel: „Untergegangener Teil Floridas südlich der Key-Inseln identifiziert", nämlich ein etwa dreitausendvierhundert Quadratkilometer großes Plateau, das sich südlich der Inseln Key West und Key Largo vor Florida unter Wasser erstreckte. Und der Geologe L. S. Kornicker beschrieb eine untermeerische Inselkette sowie ein Lagunenbecken fünfzehn Kilometer südlich Biminis in den Bahamas, in einer Tiefe zwischen zwölf und fünfzehn Metern. Was immer in dem Gebiet geschehen war, es mußte sich ungefähr zur Zeit des Zusammenbruchs von Atlantis zugetragen haben. „Kornicker behauptet", sagte der Geologe verwirrt, „das untermeerische Gebiet habe seine Gestalt vor achttausend oder mehr Jahren erhalten, als der Meeresspiegel etwa vierzehn Meter niedriger lag als heute."

Der Geologe war auf ein Cayce-Reading gestoßen, das ihn ziemlich erregte. Es schilderte, daß die Bewohner von Atlantis riesige laserähnliche Kristalle für Kraftwerke konstruiert hatten. „Die Aufzeichnungen über die Konstruktionsweise derselben", las er aus dem Reading vor, „befinden sich in den gesunkenen Teilen von Atlantis, wo ein Teil der Tempel noch unter dem jahrhundertealten Schlamm des Meerwassers entdeckt werden kann, in der Nähe dessen, was als Bimini bekannt ist, vor der Küste Floridas."

Als Kolumbus erstmals vom Kontinent jenseits der Säulen des Herakles hörte, konnte er nicht aufgeregter gewesen sein als der Geologe bei der Lektüre von Cayces Worten über Bimini, vermutlich einem Überrest des Westrands von Atlantis. Der Geologe fand keine Ruhe, bis er nicht ein Unternehmen zu Lotungen vor Bimini organisiert hatte. Nach umfassenden Vorbereitungen flog er von Miami hundert Kilometer in genau östlicher Richtung nach Bimini. Als der Pilot des Wasserflugzeugs vom Zweck der Expedition erfuhr, erzählte er dem Geologen aufgeregt, er habe bei seinen täglichen Flügen aus einem gewissen Winkel große Gesteinshaufen gesehen. Er beschrieb die ungefähre Lage zweier besonders auffälliger Haufen. Die Männer tauchten mit Atemgeräten in das kristallklare, azurblaue Wasser nördlich Biminis. Sie stießen tatsächlich auf einen verstreuten Haufen Granitblöcke, die mit einer Kalkkruste bedeckt waren und zwischen fünf und fünfzehn Tonnen wogen. Großer Jubel herrschte, doch die Hochstimmung verflog rasch wieder. Die grob zugehauenen Gesteinsblöcke sahen aus, als stammten sie aus einem Gesteinsbruch. Und das taten sie auch. Ein Schiff mit einer Granitladung an Bord war vor dreißig Jahren hier in eine Untiefe geraten und gesunken.

Die Wissenschaftler ließen sich jedoch nicht entmutigen. Sie änderten den Kurs und suchten südöstlich Biminis in zehn Meter Tiefe. Nach zwei fruchtlosen Tagen entdeckten sie in dem Korallenmeer eine schöne, runde weiße Säule von etwa fünf Meter Länge. Konnte das eine Säule von den versunkenen atlantischen Tempeln sein, die durch eine plötzliche Hebung des Meeresbodens in verhältnismäßig seichtes Wasser gelangt war? Sie bestand, wie die Untersuchung eines Fragments ergab, aus reinstem Marmor. Aber sie stammte vielleicht ebenfalls aus dem Rumpf eines untergegangenen Frachters. Der Geologe gestand sich zögernd ein, daß eine weitere Expedition nötig war, die mit schwerem Bergungsgerät ausgerüstet werden mußte, damit man die Säule heben und ihre Herkunft bestimmen konnte. Einstweilen nahmen die Wissenschaftler mehrere Tiefenbohrungen vor. Der Geologe weigert sich jedoch hartnäckig, etwas darüber zu sagen, bevor sie ausgewertet werden können. Vielleicht ist das schon in allernächster Zukunft möglich, wenn Poseidia oder ein Teil davon auftaucht – wie Cayce-Anhänger hoffen.

Welche Beweise haben wir nun dafür, daß vor siebentausendfünfhundert bis dreißigtausend Jahren hochzivilisierte Menschen lebten, die sich von einem Kerngebiet aus über weite Bereiche zerstreuten? Im Tal von Puebla, südöstlich von Mexico City, fand der mexikanische Anthropologe Juan Armenia Camacho Knochenstücke, die mit geschnitzten Figuren verziert und schätzungsweise dreißigtausend Jahre alt waren. „Diese Knochenstücke weisen darauf hin“, betonte der Geologe, „daß in der Neuen Welt viel früher zivilisierte Menschen lebten, als irgend jemand annahm – bis auf Cayce, der dort Menschen sah, wo Camacho die Knochen entdeckte.“

In Mexiko ist eine Überlieferung höchst lebendig, derzufolge vor Urzeiten ein begabtes Volk aus dem Osten mehrmals das Land aufsuchte. Deshalb warteten die pyramidenbauenden Azteken auf die Wiederkunft eines „Weißen Gottes“, deshalb waren sie so zugänglich für die Schmeicheleien des spanischen Konquistadors Hernando Cortez und seiner räuberischen Horde.

Fast alle Eingeborenengruppen in Mittel- und Nordamerika haben überlieferte Geschichten von Überschwemmungen und phantastischen Landungen aus dem Osten in uralter Zeit. „In der mexikanischen Überlieferung“, erzählte der Geologe, „gibt es einen Bericht über die frühe Landung von Menschen aus einem Land namens Aztlan, offenbar einer alten Variation von Atlantis. Das Buch von Chilam Balam über die Mayakultur enthält einen detaillierten Bericht über eine große Katastrophe im Osten. Die Indianerstämme der Delaware, Sioux und Irokesen wissen von einer großen Flut, und die fast ausgestorbenen Mandan-Indianer in Missouri veranstalten besondere Gedenkfeiern um ein großes Kriegskanu, das die Arche symbolisiert, auf der ihre Vorfahren der Überlieferung nach während einer großen Flut von Osten gekommen sind.“

Der Druck kam immer von Osten. „Seltsam“, sagte der Geologe, „diese Besucher oder Eindringlinge rückten nie aus dem Westen heran, immer aus dem Osten, immer vom Atlantik.“ Er sah mich unschuldig an. „Haben Sie je das walisische Märchen von dem kleinen Vogel gehört, der sich von einem größeren hoch empor tragen läßt und dann, als der größere Vogel müde wird, noch höher fliegt?“

Ich schüttelte den Kopf.

„Nun, bei den Irokesen gibt es genau dieselbe Volkssage.“

Der Geologe hatte viele Hinweise auf eine gemeinsame Quelle der Kultur zu beiden Seiten des Atlantik – und in Atlantis – gesammelt. „Wir alle kennen die großen Pyramiden in Ägypten“, sagte er. „Aber wie viele von uns wissen, daß die Archäologen sogar noch größere Pyramiden ähnlicher Bauart in Mexiko ausgegraben haben?“

Er zog aus seinem dicken Stoß Unterlagen einen Kommentar über die alten Kulturen Amerikas hervor, der im Dezember 1961 in der *New York Times* erschienen war. Der Verfasser, William Luce, schrieb: „Einundfünfzig Kilometer von Mexico City entfernt gibt es eine archäologische Stätte, die so alt ist, daß nicht einmal die Azteken etwas davon wissen. Es ist Teotihuacán, der Standort der Sonnenpyramide. Sie war schon fünfhundert Jahre vor der Ankunft Cortez’ eine Ruine, sie wurde wiederhergestellt und ist so hoch wie ein zwanzigstöckiges Hochhaus. Der Aufstieg zu der fünfundsechzig Meter hohen Spitze ist ein guter Abschluß für eine Tour durch das alte Mexiko ... Die Teotihuacáner, als Architekten und Ingenieure in Mexiko unübertroffen, waren auch meisterhafte Bildhauer und Maler.“

Der Verfasser machte auf das große Rätselraten um die Ruinen aufmerksam: „Die Ruinen werfen ebenso viele Fragen auf, wie sie beantworten. Welches Volk hat sie gebaut, wo kam es her, warum baute es die Pyramiden und was ist aus ihm geworden? Das sind Fragen, die Gelehrte und Touristen noch einige Zeit beschäftigen werden."

Der Geologe hatte sein Beweismaterial ausgewertet. Auf beiden Seiten des Atlantiks gab es jahrhundertelang fast gleiche Kalender, die genauer waren als die in Europa ausgearbeiteten. „Die Exaktheit der mathematischen Berechnungen in Architektur und Astronomie", erklärte er, „war in Ägypten und den frühen Mayakulturen gleich erstaunlich."

In Yucatán, Südamerika und Peru gab es Wahrzeichen einer Kultur, die schon alt war, als die spanischen Eroberer dort eintrafen. „Pizarro und seine Leute fanden in Peru mehr als dreitausend Kilometer gepflasterte Straße vor, gesäumt mit Überresten vieler schöner Hotels. Woher stammten sie?"

Verblüffende Übereinstimmung bestand zwischen Ortsnamen. So hießen beispielsweise fünf Städte in Kleinasien zur Zeit Christi und fünf Städte in Mittelamerika:

Kleinasien	*Mittelamerika*
Chol	Chol-ula
Colua	Colua-can
Zuivana	Zuivan
Cholima	Colima
Zalissa	Xalisco

Als ich die kurze Liste verglich, erklärte der Geologe mit gefurchter Stirn: „Das Wichtige daran ist, daß die Gemeinden in der Neuen Welt diese Namen bereits trugen, als die ersten europäischen Forscher dort landeten."

Der Geologe fand in den Cayce-Readings nichts über Atlantis, was nicht mit den Funden auf dem Meeresboden und dem Bericht Platons übereinstimmte. Auch die Gebrauchsgegenstände auf beiden Seiten des Atlantiks glichen einander aufs Haar. „Laut Cayce war Atlantis eines der ältesten Landgebiete, einer der Orte, wo der Mensch am frühesten in Erscheinung trat. Der alte Kontinent nahm den größten Teil des heutigen Nordatlantiks ein, und die gegenwärtige amerikanische Ostküste war damals Küstengebiet von Atlantis, ebenso wie Teile Europas. Zu der Zeit, da sich die Pole verlagerten und Lemuria im Pazifik versank, machten die Atlantiden große technische Fortschritte. Mehrere tausend Jahre später verursachte eine Mißachtung der Naturgesetze eine gewaltige Katastrophe, die den Kontinent in fünf Inseln spaltete. Die Masse der Bewohner ertrank bei diesem ersten Kataklysmus im Sargassomeer. Unter der restlichen Bevölkerung ging die Degeneration weiter, bis die Natur etwa elftausend Jahre später schließlich gegen den Frevel rebellierte und die übriggebliebenen Inseln im letzten gewaltigen Kataklysmus verschlungen wurden."

Cayce erwähnte Atlantis zum erstenmal im November 1923, in einem frühen Lebens-Reading, das eigentlich die Reinkarnation zum Gegenstand hatte. „Früher", sagte er, „war das Wesen (der Ratsuchende) in dem schönen Land Alta oder eigentlich Poseidia, dann war das Wesen in jener Macht, welche die höchste Kultur brachte und das höchste Wissen besaß, die je auf der Erde bekannt waren. Dies, so stellen wir fest, war fast zehntausend Jahre vor der Ankunft des Friedensfürsten." Cayces Schilderung des letzten Zusammenbruchs unterschied sich von jener Platons in der Auffassung über Grund und Ziel der Massenwanderung. Nach Platons Quelle erfolgte die Wanderung der Atlantiden im Rahmen einer großen Invasion; sie wurde angeblich vom Athener Militär zurückgeschlagen, obwohl die Athener doch kaum einer überlegenen Macht hätten standhalten können. Cayces Version ist plausibler; er sagte, die Griechen hätten nur eine Gruppe Versprengter vertrieben, eine der vielen Scharen Heimatloser, die auf der Suche nach einem neuen Wohngebiet von Insel zu Insel zogen.

Die erste Auswandererwelle, zu der es bei der zweiten Katastrophe gekommen sein soll, würde die Basken erklären, dieses kühne Volk unbekannter Herkunft in den Bergen Nordspaniens, dessen Sprache mit keiner anderen verwandt ist. „Damit", sagte Cayce, „erfolgte der erste Weggang von Menschen ins Gebiet der Pyrenäen." Das wäre natürlich so lange her, daß keinerlei Verbindungen zum Heimatland mehr bestehen könnten. „Später folgten die Völker, die in die schwarzen oder gemischten Völker eintraten, welche dann die ägyptische Dynastie wurden, und auch jene Völker, aus denen die Inkas hervorgingen, die Mauern über das Gebirge bauten, und mit ihnen auch jene der Moundbuilders."

Ins agrarische Ägypten brachten die Ankömmlinge möglicherweise die Kunst der Medizin, des Einbalsamierens und der Architektur. Jene Atlantiden, die in die entgegengesetzte Richtung ausschwärmten, trugen die Früchte ihrer Kultur nach Mittelamerika und Peru. Interessant ist, daß die Eingeborenen dort ihre Toten genauso mumifizierten wie die alten Ägypter.

Die ersten Umwälzungen in Atlantis erfolgten vor achtundzwanzigtausend Jahren, doch erst vor siebzehntausendsechshundert Jahren zerbarst der Kontinent wirklich. „Man konnte es als einen einzigen großen Kontinent bezeichnen", sagte Cayce, „bis die ersten Eruptionen jene Veränderungen bewirkten und mehr eine Art große Inseln erzeugten, mit dazwischenliegenden Kanälen oder Schluchten, Buchten, Golfen oder Strömen."

Geologisch gesehen war nicht viel nötig, damit sich das Gesicht Atlantis' veränderte. Schon ein leichtes Sichwerfen der Erdkruste – knapp eines Achttausendstel ihres Durchmessers – konnte bewirken, daß große Teile des Meeresbodens an die Oberfäche stiegen und noch größere Teile versanken.

Cayce sagte, die Katastrophe, bei der die Landmasse des atlantischen Kontinents zerbarst, sei die unglückliche Folge eines Zusammenwirkens zerstörerischer, von Menschenhand erzeugter Kräfte mit Naturkräften gewesen. Dazu könnte es heute beispielsweise kommen, wenn eine mächtige Atombombe das Gleichgewicht der Erde in einem Bruchgebiet stören würde. Nach unseren Maßstäben muß die damalige Kultur wirklich fortschrittlich gewesen sein, um sich selbst vernichten zu können. Wenn man Cayce glaubt, löste der Mißbrauch von Sonnenenergie das Debakel aus. Es gibt Beweise dafür, wie der Geologe berichtete, daß der Mensch damals technisch weit genug entwickelt war, um die ätherischen oder kosmischen Strahlen der Sonne als primäre Kraftquelle zu nutzen. „Sehr alte Karten von Grönland und Antarktika wurden gefunden, sie zeigen diese Gebiete in nicht vergletschertem Zustand", erklärte der Geologe. „Die Experten schließen aus dem feinen Ansteigen und Abfallen der Gebirgstopographie, daß die alten Kartographen das Gebiet aus der Luft aufnahmen."

Als wichtigen Faktor bei der Nutzbarmachung der Sonnenenergie erwähnte Cayce einen Feuerstein, „den Kristall", dessen magische Kraft anscheinend jener des Laserstrahls ähnelte, der erst viele Jahre nach Cayces Tod erzeugt wurde. Die Beschreibung, die der schlafende Cayce von dem Stein gab, erinnerte den Geologen an die Kraft, die mittels Filterung der Sonnenstrahlen durch einen Rubinkristall entsteht. Der Gedanke an eine solche Kraftquelle wäre noch vor kurzer Zeit als absurd abgetan worden. „Die Aktivität des Steins erhielt man aus den Sonnenstrahlen", sagte Cayce. „Die Konzentration durch die Prismen oder das Glas wirkte auf Instrumente, die mit den verschiedenen Verkehrsmitteln (Eisenbahnen, Schiffen usw.) in Verbindung standen, wie es heute bei der Fernsteuerung durch Radioschwingungen oder in anderer Weise übermittelter Befehle ist."

Der Feuerstein, oder der Rubin seiner Zeit, war in einem großen, kuppelförmigen Gebäude mit Schiebedach untergebracht. Seine starken Strahlen durchdrangen alles und ließen sich, genau wie der Laserstrahl, als Todesstrahlen oder als konstruktive Energiequelle verwenden. Es war schwer, sich das vorzustellen, was Cayce in Worte faßte: „Die Einflüsse der Energieausstrahlung in Form von Strahlen waren für das Auge unsichtbar, wirkten aber auf die Steine in den Antriebskräften, sei es von Flugzeugen, die durch Gase gehoben wurden, oder von Vergnügungsfahrzeugen, die knapp über der Erde dahinglitten, oder von Unterwasserfahrzeugen."

In ganz Atlantis wurden Stationen zur Erzeugung dieser Energie errichtet. Doch dann ging irgend etwas schief, und es kam zur Katastrophe. „Diese wurden versehentlich zu hoch eingestellt und lösten die zweite Periode zerstörerischer Kräfte aus und spalteten das Land in Inseln, auf denen später weitere zerstörerische Kräfte wirkten." Cayce gab eine genaue Beschreibung des Steins, der Quelle aller dieser Energie war: „Ein großes zylindrisches Glas, mit so eingeschnittenen Facetten, daß der Deckstein die Kraft zentralisierte, die sich zwischen dem Ende des Zylinders und dem Deckstein konzentrierte."

Der Zusammenbruch kam, wie Platon ausführte, mit dem Zerfall moralischer Werte. Cayce schilderte die letzten Tage: „Da Städte gebaut wurden, schwanden die Möglichkeiten immer mehr, jene Kräfte der Natur zu nutzen, welche die Bedürfnisse der körperlichen Verschönerung erfüllten oder den Körper sättigten, wenn er hungrig wurde. Auf eine ‚Verschleuderung' in den Bergen, den Tälern und dann dem Meer folgte der rasche Verfall der Länder und auch der Menschen, mit Ausnahme derjenigen, die in irgendwelche fernen Länder entkommen waren."

Es schien unglaublich, daß ein so hochentwickeltes Volk Hunger und Mangel an Kleidung gelitten haben sollte.

Der Geologe lächelte schief. „Denken Sie nur an die Millionen, die heute auf der ganzen Welt darben – in Indien, China, Rußland." Er überlegte einen Augenblick. „Wenn die amerikanische Bevölkerung so schnell weiterwächst wie heute, haben wir in fünfzig Jahren selbst Schwierigkeiten mit der Lebensmittelversorgung. Unsere große Aufgabe – im Inland – ist das Programm gegen die Armut, dabei sind wir das reichste Land der Welt."

In einem Reading, das seine seherische Kraft besonders deutlich zeigt, schilderte Cayce anschaulich ein Treffen vieler Nationen auf Atlantis etwa 50.000 v. Chr. Man wollte beraten, was gegen die Herden riesiger Tiere zu tun sei, die damals die Erde überrannten. Die Tiere, sagte Cayce, habe man schließlich bekämpft, indem man „superkosmische Strahlen aus verschiedenen Zentralwerken aussandte".

Das klang wie das reinste Hirngespinst; aber Cayce stellte damals, 1932, eine greifbare Behauptung auf: „Die Strahlen werden innerhalb der nächsten fünfundzwanzig Jahre entdeckt werden."

Der Geologe hatte 1958, nach Ablauf dieser Frist, in der *Enzyclopaedia Britannica* nachgesehen und zwei Hinweise auf die jüngste Entdeckung eines potentiellen Todesstrahls gefunden. Erst ein Jahr zuvor war es Experimentalphysikern der Kalifornischen Staatsuniversität gelungen, Antineutronen herzustellen. „Aus der Entdeckung des Antineutrons", hieß es in der *Enzyclopaedia,* „ergibt sich die theoretische Möglichkeit einer Energiequelle, die hundertemal kompakter ist als jede bislang existierende. Antineutronen könnten im Prinzip mit Antiprotonen zum Aufbau von ‚Antimaterie' kombiniert werden. Wenn Antimaterie mit gewöhnlicher Materie in Verbindung käme, würde ihre ganze Masse in Energie umgesetzt werden und nicht nur ein Bruchteil, wie es bei Reaktionen der Kernspaltung und Kernverschmelzung der Fall ist."

Das klang ungeheuer kompliziert.

„Ist es gar nicht", sagte der Geologe mit einem Lächeln. „Der Antineutronenstrahl geht über Sie hinweg, und Sie werden eine Masse unsichtbarer Energie." Der Prozeß war nicht umkehrbar.

Es gab jedoch noch einen anderen Strahl, und der kam dem von Cayce beschriebenen Feuerstein wesentlich näher. Die Strahlkraft wurde „durch das Speichern von Energie in einem kleinen isolierenden Kristall mit besonderen magnetischen Eigenschaften erreicht, wodurch der Kristall mehr Energie abgibt als er erhält". Mit anderen Worten, der Laserstrahl. Und den Rubin benützte man bereits dazu, wie Cayce angedeutet hatte, Material durch Verstärkung von Lichtquellen der Sonne in unbegrenzte Energie umzuwandeln.

Trotz all dieser „Beweise" mutete das Material über Atlantis zu phantastisch an, um wahr zu sein. Hatte Cayce vielleicht, als er sich auf das kollektive Unbewußte einstellte, irgendeine köstliche Fabel erwischt, die von einem erfinderischen oder launigen Geist ersonnen worden war?

„Die Geschichte war in irgend jemandes Geist wirklich, und deshalb wurde sie in Cayces Unterbewußtem genauso wirklich", wandte ich ein.

Der Geologe schüttelte den Kopf. „Dieses Argument ist nicht stichhaltig. Sonst hätte Cayce ja auch jede falsche medizinische Diagnose weitergeben müssen, die jemals ein verwirrter Arzt stellte. Eine Diagnose, ob richtig oder falsch, war zweifellos wirklich für den Geist, der sie projizierte."

Cayce schien sogar das Klima richtig zu sehen, als er jene „zehntausendsechshundert Jahre vor Ankunft des Friedensfürsten im Gelobten Land" zurückschaute. Yucatán, eine Zufluchtstätte der Atlantiden, hatte seinerzeit ein anderes Klima. „Denn statt einem tropischen Gebiet war es mehr ein gemäßigtes und ganz anders, was die Zustände und das Aussehen anbelangt." Solche Dinge bewiesen dem Geologen Cayces unbewußten Scharfblick. „Die große Klimaänderung, die vom kalten Eiszeitklima zum gegenwärtigen Erdklima führte, fand vor annähernd elftausend Jahren statt“, erklärte er zufrieden. „Wie eine Untersuchung von Pollen aus Bohrkernen erbrachte, die im Gebiet von Mexico City entnommen wurden, das ja südlicher liegt als Yucatán, war das Gebiet einst kühler und trockener als heute.“

Er las Cayces Beschreibung der physikalischen Veränderungen in dem Gebiet vor: „Beim letzten Zusammenbruch von Atlantis erhielt ein großer Teil der Kontur des Landes in Mittelamerika und Mexiko Umrisse, die jenen gleichen, wie man sie gegenwärtig sieht.“

Der Geologe hatte auch dafür eine Erklärung: „Die Auswanderung fand also statt, bevor der letzte Zusammenbruch dem Golf von Mexiko sein jetziges Aussehen verlieh. Das bedeutet, daß die Menschen in Gebiete gezogen sein müssen, die heute im Golf liegen.“ Er wandte sich wieder Cayce zu: „Die ersten von Alta und seinen Gefolgsleuten errichteten Tempel wurden während der Veränderungen in den Konturen des Landes zerstört, jene der ersten Kultur danach wurden in Yucatán entdeckt, aber noch nicht geöffnet.“

Das schien kaum möglich. Der Geologe war jedoch nicht so sicher. Fast beiläufig sagte er: „Wir besäßen diesen Beweis für die Existenz von Atlantis vielleicht, wenn wir die Bedeutung der eigenartigen Steine verstünden, die man 1933 in Yucatán gefunden hat.“

Cayce hatte anscheinend vorausgesehen, daß bei Ausgrabungen Überreste der riesigen Feuersteine zutage kommen würden, die von den Atlantiden zur Erzeugung unbegrenzter Energie benützt worden waren. „In Yucatán ist die Verkörperung derselben“, sagte der schlafende Cayce. Und als wollte er die Archäologen zu den Steinen führen, fügte er hinzu: „Wir möchten dies klar sagen, denn das Muster ist dann um so leichter zu finden. Diese Mustersteine werden in die Vereinigten Staaten gebracht werden. Ein Teil ins Staatsmuseum von Pennsylvanien, ein Teil ins Museum von Washington oder nach Chicago.“

Es kann Zufall sein, aber im November 1962 berichtete die Zeitschrift *Fate:* „Drei kunstvolle, versiegelte, über zweitausend Jahre alte Mayagräber wurden von Archäologen des Museums der *University of Pennsylvania* im guatemaltekischen Teil der Halbinsel Yucatán entdeckt.“

Atlantis war zweifellos nicht legendär für den Mann, der es einst populär machte – Platon. „Dieser glänzende, weltkluge Geist, der die Dialoge und den *Staat* schrieb“, sagte der Geologe, „verwies in *Timaios* ganz offen auf die große Macht, die Europa und Asien angriff.“ Zu Platons Zeit hatten die Menschen namenlose Angst vor dem Atlantik jenseits der schützenden Straße von Gibraltar. Platon sprach von einem

„undurchforschbaren" Atlantik, dem auch die kühnsten Seefahrer nicht zu trotzen wagten, aus Furcht, im Schlamm steckenzubleiben. Erst zweitausend Jahre später stachen unerschrockene Navigatoren nach Indien in See.

Nicht nur Solon erzählte die Geschichte von Atlantis. Auch Sokrates gab einen ähnlichen Bericht, wie sich Platon erinnerte.

In *Timaios* erwähnte Platon die Abwehr der eindringenden Atlantiden. In *Kritias,* benannt nach seinem Großvater, dem Solon von Atlantis berichtete, beschrieb er den legendären Atlas als ersten König von Atlantis. Die Geschichte von Atlantis, so sagten die ägyptischen Priester zu Solon, sei in ihren heiligen, achttausend Jahre alten Aufzeichnungen niedergelegt. Da Solon ungefähr 600 v. Chr. lebte, fiele die endgültige Zerstörung in eine Zeit vor zehn- bis elftausend Jahren. Gleich anderen Völkern hatten die alten Griechen eine Sage von einer verheerenden, sintflutartigen Überschwemmung. Die alten Ägypter kannten aus ihren Archiven, die vermutlich in irgendeiner Pyramide versiegelt liegen, sogar viele solcher Katastrophen.

Der Name Atlantik dürfte auf das Griechische zurückgehen, denn Atlanticus ist die lateinische Form des griechischen Wortes Atlas.

Platon erwähnte übrigens etwas, das seine Glaubwürdigkeit beweist: das Festland jenseits der atlantischen Inseln. „Zweifellos", sagte der Geologe, „meinte er einen Kontinent, den wir alle gut kennen – Nordamerika."

Vielleicht kam Kolumbus bei der Lektüre Platons auf den Gedanken, daß er jenseits der Säulen des Herakles und jenseits der atlantischen Inseln den wahren Kontinent finden würde, der nur Indien sein konnte.

Es scheint angebracht, Platons Geschichte über Atlantis, die mit der Rede des ägyptischen Priesters an Solon beginnt, hier kurz zu wiederholen: „Wenigstens eure jetzigen Geschlechtsverzeichnisse, wie du sie eben durchgingst, unterscheiden sich nur wenig von Kindermärchen. Denn erstens erinnert ihr euch nur einer Überschwemmung der Erde, während doch so viele schon vorhergegangen sind, sodann aber wißt ihr nicht, daß das trefflichste und edelste Geschlecht unter den Menschen in eurem Lande gelebt hat, von denen du und alle Bürger eures jetzigen Staates herstammst, indem einst ein geringer Stamm von ihnen übrigblieb; sondern alles dies blieb euch verborgen, weil die Übriggebliebenen viele Geschlechter hindurch ohne die Sprache der Schrift ihr ganzes Leben hinbrachten. Denn es war einst, mein Solon, vor der größten Zerstörung durch Wasser der Staat, welcher jetzt der athenische heißt, der beste im Kriege und mit der in allen Stücken ausgezeichnetsten Verfassung ausgerüstet, wie denn die herrlichen Taten und öffentlichen Einrichtungen von allen unter der Sonne, deren Ruf wir vernommen haben, ihm zugeschrieben werden.

Viele andere große Taten eures Staates nun lesen wir in unseren Schriften mit Bewunderung, von allen jedoch ragt eine durch ihre Größe und Kühnheit hervor. Unsere Bücher erzählen nämlich, eine wie gewaltige Kriegsmacht einst euer Staat gebrochen hat, als sie übermütig gegen ganz Europa und Asien zugleich vom atlantischen Meere heranzog. Damals nämlich war das Meer dort fahrbar, denn vor der Mündung, welche ihr in eurer Sprache die Säulen Herakles heißt, hatte es eine Insel, welche größer war als Asien (Kleinasien) und Libyen zusammen, und von ihr konnte man damals nach den übrigen Inseln hinübersetzen, und von den Inseln auf das ganze gegenüberliegende Festland (Amerika), welches jenes recht eigentlich so zu nennende Meer umschließt. Denn alles das, was sich innerhalb der eben genannten Mündung befindet (das Mittelmeer), erscheint wie eine bloße Bucht mit einem engen Eingange, jenes Meer aber kann in Wahrheit also und das es umgebende Land (Amerika) mit vollem Fug und Recht Festland heißen. Auf dieser Insel Atlantis nun bestand eine große und bewundernswerte Königsherrschaft, welche nicht bloß die ganze Insel, sondern auch viele andere Inseln und Teile des Festlandes unter ihrer Gewalt hatte. Außerdem beherrschte sie noch von den hier innerhalb liegenden Ländern Libyen bis nach Ägypten und Europa bis nach Tyrrhenien hin. Indem sich nun diese ganze Macht zu einer Heeresmasse vereinigte, unternahm sie es, unser und euer Land und überhaupt das ganze innerhalb der Mündung liegende Gebiet mit einem Zuge zu unterjochen. Da wurde nun, mein Solon, die Macht eures Staates in ihrer vollen Trefflichkeit und Stärke vor allen Menschen offenbar. Denn vor allen andern an Mut und Kriegskünsten hervorragend, führte derselbe zuerst die Hellenen, dann aber ward er durch den Abfall der anderen gezwungen, sich auf sich allein zu verlassen, und als er so in äußerste Gefahr gekommen, da überwand er die Andringenden und stellte Siegeszeichen auf und verhinderte so die Unterjochung der noch nicht Unterjochten und gab den andern von uns, die wir innerhalb der herakleïschen Grenzen wohnen, mit edlem Sinne die Freiheit zurück. Späterhin aber entstanden gewaltige Erdbeben und Überschwemmungen, und da versank während eines schlimmen Tages und einer schlimmen Nacht das ganze streitbare Geschlecht bei euch scharenweise unter die Erde, und ebenso verschwand die Insel Atlantis, indem sie im Meere unterging. Deshalb ist auch die dortige See jetzt unfahrbahr und undurchforschbar, weil der sehr hoch aufgehäufte

Schlamm im Wege ist, welchen die Inseln durch ihr Untersinken hervorbrachte." (Übers. Franz Susemihl)

In einem anderen Dialog gibt Platon eine farbige Schilderung von Atlantis: „In der Nähe dieser Wasserleitungen wurden denn auch Heiligtümer vieler Götter, ferner viele Gärten und Übungsplätze angelegt, und zwar besonders für die auf den menschlichen Körper beschränkten Übungen und besonders für die mit dem Wagengespann auf jeder von beiden aus den Wällen bestehenden Inseln, und überdies besaßen sie auch in der Mitte der größeren Insel eine ausgesuchte Rennbahn, welche ein Stadium breit und deren Länge im ganzen Umkreis zum Wettkampfe für die Rosse eingerichtet war. Um dieselbe herum lagen auf beiden Seiten die Wohnungen für die Mehrzahl der Trabanten. Die zuverlässigeren unter ihnen aber hatten ihre Wache auf dem kleineren und näher an der Burg gelegenen Wallring, den vor allen anderen an Zuverlässigkeit ausgezeichneten endlich waren ihre Wohnungen auf der Burg selber um den Königspalast herum gegeben. Die Schiffsarsenale aber waren voll von Dreiruderern und von allem, was zu der Ausrüstung von Dreiruderern gehört, wovon alles in reichem Maße in Bereitschaft gehalten wurde.

Viele Geschlechter hindurch, solange noch irgend die Natur des Gottes in ihnen wirksam war, waren sie den Gesetzen gehorsam und zeigten ein befreundetes Verhalten gegen das ihnen verwandte Göttliche. Denn sie besaßen wahrhafte und durchgehends große Gesinnungen, indem sie eine mit Klugheit gepaarte Sanftmut allen etwaigen Wechselfällen des Schicksals gegenüber sowie gegeneinander an den Tag legten, und da sie eben deshalb alles andere außer der Tugend für wertlos ansahen, so achteten sie alle vorhandenen Glücksgüter gering und betrachteten mit Gleichmut und mehr wie eine Last die Masse ihres Goldes und ihrer übrigen Besitztümer, und nicht kamen sie, berauscht von dem Schwelgen in ihrem Reichtum, so daß sie durch ihn die Herrschaft über sich verloren hätten, zu Falle, sondern erkannten mit nüchternem Scharfblick, daß dies alles nur durch die gemeinsame Freundschaft im Verein mit der Tugend sein Gedeihen empfängt, durch den Eifer und das Streben nach ihm dagegen nicht bloß selber entschwindet, sondern auch jene mit sich zugrunde richtet. Infolge dieser Grundsätze und der fortdauernden Wirksamkeit der göttlichen Natur in ihnen gedieh ihnen denn das alles, was ich euch vorhin mitgeteilt habe. Als aber ihr Anteil am Wesen des Gottes durch die vielfache und häufige Beimischung des Sterblichen in ihnen zu schwinden begann und die menschliche Art überwog, da erst waren sie dem vorhandenen Reichtum nicht mehr gewachsen und entarteten und erschienen dem, welcher es zu erkennen vermochte, niedrig, indem sie von allem, was in Ehren zu stehen verdient, gerade das Schönste zugrunde richteten; denen aber, die ein wahrhaft zur Glückseligkeit führendes Leben nicht zu erkennen imstande waren, schienen sie damals erst recht in aller Herrlichkeit und Seligkeit dazustehen, als sie ungerechten Gewinn und unrecht erworbene Macht im Überflusse besaßen." (Übers. Franz Susemihl)

Mit der Behauptung, daß diese Sündhaftigkeit die Götter erzürnte, bricht das Platon-Fragment ab; vermutlich ging der Rest verloren. Der größte Philosoph seiner Zeit konnte nicht ahnen, was er mit seiner Geschichte von dem verlorenen Kontinent auslöste, denn er war kein Cayce.

Cayce aber sagte, wenn Teile von Atlantis aufstiegen, beginne eine Periode der Umwälzungen, die „in der nächsten Generation andere Länder erfassen werden". Dieses Reading gab er im Dezember 1943, und der *Webster* definiert eine Generation als „den mittleren Altersunterschied zwischen Vätern und Kindern, normalerweise mit etwa dreiunddreißig Jahren angesetzt". In einigen Jahren, um 1976, ist Atlantis also vielleicht kein Geheimnis mehr. Und der Geologe? Er möchte in der Nähe von Bimini sein, wenn neues Land auftaucht. Oder wird es bei den Azoren erscheinen? Nur die Zeit kann eines der faszinierendsten Rätsel der Vergangenheit des Menschen lösen.

Reinkarnation

Der Ausdruck „unromantisch“ schien für Eula Allen geprägt worden zu sein. Sie stammte aus dem Bundesstaat Washington, wo sie früher Pferde gezüchtet hatte. Sie hatte geheiratet, Kinder großgezogen und war nun mehrfache Großmutter. Mit ihrem Mann, dem pensionierten Fregattenkapitän Harold Allen, lebte sie in einem großen, bequemen Haus, sie bebaute die Felder um das Haus, beriet Freunde nah und fern und schrieb über die Dinge, die Edgar Cayce einst in ihr Bewußtsein gepflanzt hatte.

Ich fühlte mich sofort wohl bei ihr, was vielleicht aus dem intuitiven Wissen herrührte, daß ich es mit einem ehrlichen Menschenwesen zu tun hatte. Ihre blauen Augen leuchteten durch klare Brillengläser, ein freundliches Lächeln umspielte ihre Lippen. Sie reichte mir die Hand, die trocken und fest war wie die eines Mannes.

Ich musterte verstohlen den Raum, als sie mich zu einem bequemen Polstersessel führte. Das Zimmer war fast übergroß, aber von einer Wärme erfüllt, die aus vielen Quellen kam – von den Krügen und Flaschen aller Farben und Formen, die in der schräg hereinfallenden Sonne glänzten, von dem polierten Balkenwerk, dessen Maserung zu leben schien, von den Büchern und Zeitschriften, die auf Tischen und Stühlen lagen. Es war das Wohnzimmer von Menschen, die sich des Lebens freuten.

Eula mußte die Sechzig überschritten haben, aber sie wirkte alterslos. Ich war überzeugt, daß sie in zehn Jahren geistig und seelisch noch genauso frisch sein würde wie heute. Sie war groß, hielt sich aufrecht und hatte einen geraden nüchternen Charakter. Es mutete unglaublich an, daß ein so unromantischer Mensch an esoterische Lehren glauben sollte.

„Hat Edgar Cayce Sie von der Reinkarnation überzeugt?“ fragte ich.

Sie lachte schallend. „Edgar Cayce rettete mir das Leben“, erwiderte sie mit Nachdruck.

„Und deshalb bekennen Sie sich zur Reinkarnation?“

„Keineswegs“, antwortete sie leichthin. „Mr. Cayce zwang seinen Glauben niemand auf.“

Ich erkundigte mich, wie sie Cayce kennengelernt habe.

Sie lächelte. „Wie so viele andere auch, denke ich. Ich war müde, erschöpft, nur noch Haut und Knochen und konnte mich kaum auf den Beinen halten. Damals war ich zweiundvierzig, ich hatte nicht lange zuvor ein Kind geboren. Mein Mann fuhr zur See, und ich bekam eine akute Niereninfektion. Die Ärzte im Marinekrankenhaus in Norfolk sagten, die Niere müsse entfernt werden. Als ich die Operation ablehnte, erklärten sie, daß sie die Verantwortung für das, was geschehen würde, nicht übernehmen könnten."

Sie wohnte damals in einem möblierten Zimmer. Ihre freundliche Wirtin brachte sie mit einer Frau zusammen, der Edgar Cayce mit einem Gesundheits-Reading geholfen hatte. Diese Frau, Mignon Helms aus Virginia Beach, war seither keinen einzigen Tag krank gewesen.

Eula liebte Experimente, und der Gedanke an eine Heilkraft, die durch das Unbewußte eines Fremden wirkte, reizte sie. „Ich kannte genug vom Leben, um zu wissen, daß der Kraft des Geistes keine Grenzen gesetzt sind. Wahrscheinlich hatte ich die Operation abgelehnt, weil ich spürte, daß sie das wirkliche Problem nicht lösen und mich nur verstümmeln würde."

Sie hatte fünfzehn Jahre davor mit ihrem Sohn Bruce etwas erlebt, das sie aufnahmebereit für jede Form von geistiger Heilung machte. Damals war der zwölfjährige Bruce schwer an rheumatischem Fieber erkrankt, man konnte das Schlagen seines Herzens im ganzen Zimmer hören. Eula hatte sich nie für religiös gehalten. Ihre Familie war unter den ersten weißen Siedlern in dem Gebiet zwischen Walla Walla (Washington) und Lewiston (Idaho) gewesen, und dort kannte man seinerzeit keine kirchliche Erziehung. Doch als der Junge so dalag, fing Eula plötzlich an zu beten. Sie dachte an Gott und an ein vollkommenes Herz. An dieses Bild von einem gesunden Herzen klammerte sie sich während der ganzen schrecklichen Zeit. Die Krise kam, und der Arzt beobachtete den Jungen mit finsterem Gesicht. Plötzlich atmete der Junge weniger mühsam, die Temperatur fiel, und er sank in normalen Schlaf. Der Arzt erhob sich mit einem müden Seufzer. „Ich weiß nicht, wie es kommt", sagte er, „aber er wird es schaffen."

Nach kurzem Zögern fragte Eula: „Ich habe gebetet, Herr Doktor, glauben Sie, daß es geholfen hat?"

Er sah sie seltsam an. „Ich wüßte nicht, was sonst geholfen hätte", antwortete er. „Sie haben dem Jungen das Leben gerettet."

Wegen dieser Erlebnisse klang die Sache mit Cayce für Eula Allen keineswegs unvernünftig.

Mrs. Helms schilderte Eula, wie Cayce sie geheilt hatte, nachdem die

Ärzte gescheitert waren. Eula fragte: „Wann kann ich diesen Mann aufsuchen?"

„Sie müssen einen Termin vereinbaren", antwortete Mrs. Helms, „aber Sie brauchen ihn nicht aufzusuchen. Sagen Sie einfach, wo Sie sich zum festgesetzten Zeitpunkt aufhalten."

Eula riß erstaunt die Augen auf. „Ich möchte aber hingehen", sagte sie nach einer Weile.

Das Reading wurde für den 18. Februar 1941 vereinbart. Mrs. Helms war anwesend, ebenso Gertrude Cayce und die unvermeidliche Gladys Davis.

Der schlafende Cayce erwähnte überhaupt nichts von einer Niereninfektion. Er sagte, Eula sei anämisch und zehre von der Nervenenergie. Er beschrieb eine Spannung im Lumbal- und Sakralbereich, dem Nierenbereich, und einen Schmerz, der bis zur Rückenmitte ausstrahlte. „In diesen Bereichen des Nervensystems sind übervolle oder vergrößerte Ganglien (Nervenzentren, von denen die Impulse übermittelt werden), deren Berührung ziemlich schmerzt; sie erstrecken sich auch in die Muskelbereiche des Körpers."

Die Organe selbst waren gesund, es fehlte wegen des Blutmangels, den gestörte Impulse vom Zentralnervensystem verursachten, nur an Stimulation. „Die Organe sind also nicht krank, sondern fühlen sich zeitweise unwohl."

Cayce empfahl die Einnahme kleiner Mengen Olivenöl, täglich drei Pillen Adiron, mit jeder Mahlzeit eine, und die halbstündige Anwendung eines elektrischen Vibrators vor dem Schlafengehen: am Rückgrat entlang, besonders im Bereich des Halses und Kopfes, zwischen den Schultern und auf dem neunten Rückenwirbel, ferner im unteren Lumbal- und Sakralbereich.

Obwohl ihr die Behandlung unzureichend schien, empfand Eula Allen seltsames Vertrauen zu dem Mann, der sie mit einem freundlichen Lächeln zur Tür führte. Er drückte ihr warm die Hand und sagte: „Ich kenne Sie von früher."

Zu Hause in ihrem Zimmer sah sich Eula ihren letzten Untersuchungsbericht an. Die Niere war zur Größe einer kleinen Warzenmelone geschwollen, starker Kräfteverfall hatte eingesetzt. Der Zustand war seit fünfzehn Jahren chronisch und immer wieder aufgeflackert, seit sechs Wochen aber akut. Starke Schmerzen im Rücken, Fieber. Operation empfohlen.

Eula jedoch setzte auf Cayce und den elektrischen Vibrator. Nach drei Tagen war die Nierenschwellung völlig zurückgegangen, und Eula hatte keine Schmerzen mehr. Sie machte die Behandlung weiter und nahm in sechs Monaten vierzig Pfund zu. Seit ihrem fünfundzwanzigsten Lebensjahr hatte sie sich nicht mehr so wohl gefühlt. Seltsamerweise mußte sie immer wieder an Cayces Worte denken: „Ich kenne Sie von früher."

Schließlich gewann ihre Neugier die Oberhand. Eula wollte wissen, was er damit gemeint hatte, denn irgendwie glaubte auch sie, ihn schon einmal gesehen zu haben. Sie ging zu Cayce. In dem Gespräch mit ihm hörte sie zum erstenmal von der Reinkarnation. „Heißt das", fragte sie besorgt, „daß ich als Tier wiederkommen kann?"

Cayce lachte. „Bestimmt nicht, es ist eine Seelenwanderung. Und Sie müssen vielleicht gar nicht wiederkommen, wenn Sie sich in diesem Leben vollkommen entwickeln." Trotz des Vertrauens, das sie zu diesem erstaunlichen Heilkundigen hatte, fiel es Eula schwer, sich an den Gedanken der Seelenwanderung zu gewöhnen. Cayce drängte sie nicht. Sie besuchte seine Bibelstunden und hörte ihm zu. „Die Seele ist ewig", erklärte Cayce, „und Gottes Arm ist nicht kurz; Sie gehen hinaus und kommen wieder zurück." Die Reinkarnation war nur hochentwickelten Menschenseelen gewährt, keinen Tieren.

Mehr als ein Jahr lang dachte Eula über die Sache nach, dann entschloß sie sich, Cayce um ein Lebens-Reading zu bitten. In diesen Readings wurde vergangenes Leben aufgezeigt, das sich auf das gegenwärtige auswirkte; Haltungen, Neigungen und Charakterzüge wurden offenbart, die vermutlich aus früheren Existenzen in anderen Körpern stammten. Obwohl ihr Gesundheits-Reading sie davon überzeugt hatte, daß Cayce eine unterbewußte Verbindung zum Universalgeist besaß, konnte sich Eula immer noch nicht mit der Seelenwanderung abfinden. Das fiel sogar Menschen schwer, die an das Leben nach dem Tode glaubten, und Eula war nicht einmal davon überzeugt.

Eula bekam zu hören, daß sie sich früher in Irland aufgehalten hätte, in Rom, Syrien, Peru, Atlantis (wo so viele waren), und vor dem amerikanischen Bürgerkrieg im Wilden Westen. Was die praktisch veranlagte Eula jedoch am meisten interessierte, war eine Analyse ihres Charakters im Zusammenhang mit diesen sogenannten Inkarnationen.

„Die körperlichen Gestalten waren sehr verschieden", erklärte Cayce, „aber sehr aufrichtig, sehr streng in den meisten Aktivitäten. Deshalb ist das Wesen dazu qualifiziert, fast jede Phase individueller Erfahrung zu interpretieren, und andere werden zuhören."

Leise lächelnd stellte ich fest, daß Eula mir gewissermaßen Cayce interpretierte; schon seit Stunden hörte ich ihr zu. Ich war beeindruckt von ihrer Offenheit und Vorurteilslosigkeit, und ihre handfesten Charakterisierungen einiger Treuhänder des Cayceschen Vermächtnisses amüsierten mich. Die Betroffenen freilich wären kaum erfreut gewesen.

Noch amüsanter als ihre Schilderungen fand ich allerdings die Warnung, die Cayce an sie gerichtet hatte: „Das Wesen muß vorsichtig sein, nicht in bezug auf das, was es sagen möchte und ob es dies sagen soll, sondern in bezug darauf, was es wie und wann sagt. Denken Sie daran, daß andere lauschen und ‚daß die Menschen Rechenschaft geben müssen von einem jeglichen Wort, das sie geredet haben'. Denn beim Sprechen erhalten die Worte Macht."

Ich konnte Eulas Beredsamkeit bezeugen, doch zweifellos war sie kein Beweis für die Reinkarnation. Eula hatte aber noch andere Qualitäten. „Von dem Wesen ist zu erwarten, daß es mit vielen verkehrt, die sich der Veränderung der lokalen, bundesstaatlichen, nationalen und internationalen Politik widmen oder noch widmen werden."

Das war beachtlich für eine Großmutter, auch für eine so fähige wie Eula.

Ich schaute von dem Lebens-Reading auf, das Eula vor mich hingelegt hatte. „Ich sehe schon, Sie betreiben Ihr eigenes Außenministerium."

Sie warf mir einen ziemlich scharfen Blick zu, sagte aber nichts.

„Beraten Sie zur Zeit die Großmächte über Tagesprobleme?" fragte ich grinsend.

„Menschen aus der ganzen Welt verkehren in meinem Haus – aus Indien, China, Washington. Aber wer sie sind und was sie wollen, ist meine Privatangelegenheit."

Mir kam ein Gedanke: „Wenn der Mensch schon mehrere Leben gelebt hat, warum erinnert er sich dann an nichts?"

„Aber das tut er doch", antwortete Eula. „Nur weiß er manchmal nicht, daß er sich erinnert. Jesus sagte: Ich werde dir alle Dinge ins Gedächtnis bringen, aber er sagte nicht, wie." Trotz des Themas machte sie auf mich noch immer den Eindruck, nüchtern und unromantisch zu sein.

„Woran erinnern Sie sich?" fragte ich.

„Nun, Mr. Cayce erwähnte, ich sei in einer Inkarnation eine gewisse Rosa O'Deshea gewesen, die in einer frühen Periode aus Irland in die Neue Welt kam."

Sie sah mich ruhig an. „Obwohl ich genetisch kein irisches Blut in den Adern habe, bin ich immer schrecklich gerührt, wenn ich irische Musik, Dichtung oder Volkssagen höre. Außerdem kamen mir die Entbehrungen, die ich nach der Ankunft in diesem Land litt, im gegenwärtigen Leben, besonders bei dem rauhen Ranchdasein im Staate Washington, als nützliche Erfahrungen zugute."

Auch ich liebte irische Musik, vor allem *When Irish Eyes Are Smiling*, ohne daß mich etwas Greifbares mit Irland verband.

„Sie müssen schon mit Besserem aufwarten“, sagte ich.

Eulas Augen blitzten, und sie erwiderte ein wenig schroff: „Ich will Sie von nichts überzeugen.“

Ich schaute wieder in das Reading. „Hier heißt es, das ‚Wesen muß vorsichtig sein, nicht in bezug auf das, was es sagen möchte und ob es dies sagen soll, sondern in bezug darauf, was es wie und wann sagt‘.“

„Das muß ich wirklich“, antwortete Eula.

„Aber wozu soll das alles taugen, das Lebens-Reading oder der Glaube an die Reinkarnation, außer für den schönen Euphemismus, daß der Tod nicht das Ende ist?“

Wieder wurde Eulas sonst so freundliche Miene leicht verärgert. „Das Erinnern, auch das unterbewußte, lehrt uns; es bietet uns Gelegenheit, weiterzugehen und zu lernen.“

In dem Lebens-Reading beschrieb Cayce einen Aufenthalt des Wesens in Palästina, wo es zu Füßen der Apostel studiert habe und von wo es nach Persien in Gefangenschaft verschleppt worden sei. Der Mystiker fügte hinzu: „Aus diesem Aufenthalt rührt eine große latente Begabung als Lehrer, Führer, Ausbilder, Leiter her. Doch es gab so wenig häusliches Leben. Um diese Erfahrung zu machen, kehrte das Wesen in die gegenwärtige Existenz zurück.“

Eula besaß mittlerweise zweifellos reiche Erfahrung im häuslichen Leben. Sie hatte zweimal geheiratet, beide Male eine „gute Partie“ gemacht, vier Kinder geboren, das letzte mit vierzig Jahren. Die Kinder waren erwachsen, beide Mädchen gut verheiratet, ein Sohn Rechtsanwalt, der andere Ingenieur. Ihr Kelch als Hausfrau floß über.

Hatte sie unterrichtet?

Trotz ihrer vielen Pflichten als Hausfrau hatte sie mit dem Unterrichten in der Schule und außerhalb nicht aufgehört.

Das schien mir jedoch immer noch zu wenig als Beweis für die Reinkarnation. „Waren Sie nicht bereit, an die Reinkarnation zu glauben, weil Cayces Gesundheits-Reading Sie heilte?“

„Das machte mich natürlich zugänglicher dafür. Wenn sein Unterbewußtes in einer Sache recht hatte, in der sich die Berufsmediziner dermaßen irrten, war doch denkbar, daß es hierin genauso recht hatte und die Berufstheologen sich genauso irrten.“

Sie wiederholte, das Gesundheits-Reading habe sie aber nur zugänglicher gemacht und veranlaßt, die Sache ehrlich und offen zu überdenken. „Was für einen Sinn hätte denn unser Leben“, fragte sie, „wenn wir nicht hier wären, um zu lernen?“

Ich zuckte die Achseln. „Viele würden behaupten, daß es keinen Sinn hat.“

„Alles andere hat aber einen Sinn“, entgegnete sie. „Jedwedes Leben unterliegt einem Rhythmus, einem Plan: die Jahreszeiten, die Vegetation, die Gezeiten und die Planeten. Für alles gibt es eine Ordnung, warum also nicht auch für den Menschen? Und der vollkommene Teil des Menschen ist bestimmt nicht sein Körper, sondern seine Seele.“

Ich führte den Anatomen ins Treffen, der einen Leichnam geöffnet und seine Studenten aufgefordert hatte, die Seele herauszuholen.

Eula rümpfte die Nase. „Der Mann war ein Narr. Ich könnte auf denselben Leichnam deuten und fragen: ‚Ist das der Mensch, den wir kannten?‘ Ohne Seele und Geist ist er nur ein Stück Fleisch, und sogar Ihr Anatom müßte zugeben, daß der Mensch mehr ist als das.“

Eula war überzeugt, daß sie sich erinnerte und durch die Erinnerung Fortschritte machte. In ihrem Lebens-Reading hatte sie gefragt: „Was bedeutet dieses ziehende Gefühl in meinen Fingern und Händen?“

„Dieses“, antwortete Cayce, „dürfte eher von Neigungen herrühren, die ein Teil der Erfahrung sind, dem Schreiben, sehen Sie?“

Aha, Eula sollte schreiben.

„Ich fühlte immer einen Drang dazu, und Cayce riet mir, meine Sachen zu veröffentlichen.“

Das war oft leichter gesagt als getan, sogar für einen bekannten Schriftsteller.

Aber Cayce blieb fest.

„Wie kann ich mein Wissen am besten zum Wohl anderer anwenden?“ hatte sie gefragt.

„Bringen Sie es zu Papier und veröffentlichen Sie es.“

Und was hatte sie veröffentlicht?

Zwei Bücher von ihr waren schon vor einiger Zeit erschienen. Sie basierten auf dem Wissen vom Universum, das Eula durch die Cayce-Readings erlangt hatte. Eines hieß *Before the Beginning* (Vor dem Beginn) und gab einen Abriß über die geistige Schöpfung; das andere trug den Titel *The River of Time* (Der Strom der Zeit) und behandelte die physische Schöpfung, wie Cayce sie sah.

Der Cayce-freundliche Teil der Presse hatte seinerzeit kaum Interesse für die beiden Bücher gezeigt, doch überraschenderweise waren sie jetzt so populär, daß die Buchhandlungen immer wieder nachbestellen mußten.

Die Reinkarnation erklärte Eula einiges an ihrem Wesen, das ihr zuvor unverständlich gewesen war. Als Kind hatte es sie maßlos aufgeregt, wenn die Rancharbeiter ihres Großvaters Karten spielten. Sie hatte kühn die Spiele gestört, die Spielenden abgelenkt und alle Karten vernichtet, die sie erwischen konnte. Nun verstand sie, warum. Sie reagierte so, weil sie einst Gehilfin in einem öffentlichen Spiel- und Tanzlokal gewesen war. Unterbewußt zumindest erinnerte sie sich daran und versuchte etwas dagegen zu tun.

Ich wollte wissen, wie tief ihr Glaube an die Reinkarnation ging.

„Haben Sie Angst vor dem Sterben?" fragte ich.

Sie schüttelte den Kopf. „Der Tod ist wie das Umsteigen aus einem alten Auto in ein neues."

„Warum waren Sie dann so bekümmert, als Ihr Sohn an dem rheumatischen Fieber zu sterben drohte?"

„Damals glaubte ich noch nicht an die Reinkarnation. Außerdem würde es mich auch heute tief bekümmern, wenn Menschen, die ich liebe, leiden müßten. Nicht unbedingt ihr Tod, so ich glauben könnte, daß sie in diesem Leben etwas gelernt haben."

„Wie steht es mit den vielen Unschuldigen – den Kindern –, die von Stalin und Hitler vernichtet wurden? Warum mußten sie leiden?"

„In ihrem Leiden entdeckt man nur einen Sinn, wenn man an die Reinkarnation glaubt, denn dann glaubt man auch an das Gesetz des Ausgleichs, Karma, die Wirkung eines Lebens auf ein anderes. Edgar Cayce sprach oft davon, daß die Menschen in einem Leben für das bezahlen, was sie in einem anderen getan haben, und daß ihnen auch die guten Taten von einst zugute kommen. Cayce sagte, ich hätte in einem früheren Leben als Römer eine mit Galeerensklaven bemannte Flotte kommandiert. Schon vor dem Lebens-Reading drehte sich mir jedesmal, wenn ich ein Bild mit Sklaven sah, der Magen um. Es wühlte unbewußte Erinnerungen auf. Jetzt ist mir das verständlich."

„Ich sehe einfach nicht, daß alle diese Leiden Gottes Wille sein sollen."

Sie sah mich scharf an. „Gott stellt bestimmte Gesetze auf, in denen die Ordnung des Universums festgelegt ist, und die können nicht geändert werden."

„Aber Gott ist doch sicher barmherziger als irgendein Sünder, der nicht möchte, daß jemand leidet."

„Gottes Gesetz kann nicht geändert werden", wiederholte sie.

„Wozu dann für Ihren Sohn beten?"

„Wir haben Zugang zu Gottes Gesetz, und es hängt ganz von unserer Einstellung zu diesem Gesetz ab, wie sich die Dinge gestalten."

Für die objektive Wissenschaft war Gottes Gesetz ironischerweise fast dasselbe wie für die an Reinkarnation glaubende Eula: ein endloser Kreislauf von Materie und Energie, die eine endlose Zahl physikalischer Verbindungen eingehen konnten. „Wir alle sind ein Teil Gottes", sagte Eula, „und Gott ist ein Teil von uns. Es gibt keinen Kampf und keine Bestrafung, nur Gelegenheiten, sich zu entwickeln." Sie sah mich mit einem entwaffnenden Lächeln an. „Warum sollten alle die Erlebnisse, die uns solche Mühe kosten, nutzlos sein, wo die Natur doch in anderer Hinsicht so haushält?"

Eulas Aufrichtigkeit stand außer Zweifel. Und wenn ihr Glaube an die Reinkarnation ihr half, ein besserer, produktiverer Mensch zu sein, dann war das in der Tat ein Pluspunkt für die Reinkarnation.

„Warum halten Sie es für so wichtig, an die Reinkarnation zu glauben? Wäre es nicht genug, einfach ein guter Christ zu sein und an die von Christus überbrachte Botschaft Gottes zu glauben, um in den Himmel zu kommen?"

Sie bedachte mich mit einem fast mitleidigen Blick. „Wissen Sie nicht, daß der christliche Glaube dreihundert Jahre lang die Reinkarnation mit einschloß? Sie wurde erst durch römischen Einfluß getilgt, nachdem Kaiser Konstantin die Kirche anerkannt hatte. Was glauben Sie, daß die frühen Christen meinten, als sie Christus fragten, ob er Elias wäre, der zuvor schon gekommen sei? Sie dachten an die Reinkarnation und nichts anderes."

Ihre Stimmung wechselte plötzlich, sie musterte mich besorgt. „Ich glaube, Sie verstehen die Reinkarnation besser, wenn Sie sich darunter eine Wiedergeburt vorstellen. Genau wie die Erde eine ständige Wiedergeburt erlebt, so auch die Seele. Erinnern Sie sich nicht, daß Christus sagte, wenn der Mensch nicht wiedergeboren werde, könne er nicht ins Himmelreich eingehen?"

„War das nicht ein Hinweis auf die Taufe?"

Eula schlug die Hände überm Kopf zusammen. „Christus ging es nicht um Äußerlichkeiten, sondern um das Wesentliche, das den Kern alles dessen bildete, was er sagte oder tat."

Es schien mir an der Zeit, daß wir wieder auf die Erde zurückkehrten. „In einem früheren Leben", sagte ich, „lebten Sie in den guten alten Vereinigten Staaten. Das ist noch nicht allzu lange her und bedeutet einen ziemlichen Sprung von den prächtigen Existenzen in Persien, Indien, Palästina, Rom, Griechenland, Ägypten und Atlantis, bei denen sich nichts nachprüfen läßt."

„Ich möchte eines klarstellen", erwiderte Eula. „Es ist anzunehmen, daß sich eine Seele in fortschrittlichen Kulturen rascher entwickelt. Und da Cayce nur bedeutsame vergangene Existenzen behandelte, sprach er nur über Leben in entwicklungsfördernden Kulturen."

„Und was haben Sie im Wilden Westen gelernt?" fragte ich.

Sie schnaubte. „Sehen Sie selbst." Sie schlug eine ziemlich abgegriffene Seite in dem vor uns liegenden Lebens-Reading auf. „In den Tagen des Goldrauschs war ich ein Tanzgirl, vermutlich sogar eine Prostituierte."

Cayce hatte es sehr anschaulich geschildert: „Das Wesen war auf der Erde, als diese Reisen von Osten nach Westen gemacht wurden – Gold! Im Jahr neunundvierzig zog das Wesen mit Gefährten in die westlichen Lande. Mühsal mußte auf dem Weg erduldet werden, aber das Wesen weilte unter jenen, deren Taten und Beziehungen zu anderen sich mit Zuständen wie Rüpelhaftigkeit, Trunk und Verschwendung verbanden. Doch das Wesen war jemand, zu dem viele, viele um Rat kamen."

Wie bei der Schilderung ihrer irischen Existenz, hatte Cayce auch dieses Mal einen Namen genannt. „Der Name lautete damals Etta Tetlow. Aufzeichnungen darüber können an einigen der fraglichen Orte Kaliforniens gefunden werden, sogar in der Gegenwart." Dann kam die Schlußbemerkung: „In seiner Tätigkeit hatte das Wesen mit allen Typen des frühen Landes Verbindung."

Ich sah keinen besonderen Hinweis auf ein Tanzlokal oder Prostitution.

Eula lächelte. „Nun, ich denke, diese letzte Bemerkung spricht für sich. Was für eine Frau hat mit Männern aller Art zu tun?"

„Und wo bleibt das Tanzgirl?"

Ein verschmitztes Lächeln huschte über Eulas Gesicht.

„Vor ein paar Jahren, 1963, als ich in Kalifornien Vorträge über Cayce hielt, sprang eine Frau auf und sagte: ‚Hallo, Etta.'"

Eula war damals zusammengezuckt, denn sie konnte den Namen Etta nicht ausstehen.

In irgendeinem Buch über Reinkarnation hatte die Frau von Eulas Inkarnation als Etta Tetlow gelesen. Als sie kurz darauf alte Plakate durchblätterte, war sie auf einige aus den stürmischen Tagen San Franciscos gestoßen. Die Plakate kündigten eine Unterhaltung in einem der Tanzlokale am Ort an. Ein Name stach hervor – Tetlow.

Eula nahm diese Inkarnation nicht auf die leichte Schulter. Schon vor dem Bericht der Frau über eine Etta Tetlow in Kalifornien machte sie das Anrüchige dieser vergangenen Existenz besorgt. In ihrer Unruhe ging sie zu Cayce. „Wenn ich eine Prostituierte war", fragte sie den wachen Cayce, „wie kann ich da je hoffen, den Saum von des Meisters Mantel zu berühren?"

Mir kam der Gedanke, daß sich der Meister, der Sündern gegenüber so großmütig war, kaum daran gestoßen hätte. Eula schien das jedoch nicht zu glauben.

Cayce antwortete sanft: „Warum so besorgt? Sie wissen inzwischen einiges, nicht wahr?" Er drückte ihr die Hand. „Machen Sie ein Sprungbrett daraus und keinen Hemmschuh. Wir kommen zurück, um zu lernen."

Eulas Hauptaufgabe in diesem Leben sei es, hatte Cayce gesagt, eine Familie zu gründen. Stolz schaute sie auf ihre dreizehn Enkel, die im ganzen Land verstreut lebten. Einer war der Beste in seiner Luftwaffen-Gruppe, ein anderer hatte als Marineingenieur eine seltene akademische Auszeichnung gewonnen, wieder ein anderer war Meisterschwimmer. Der Sohn mit dem laut schlagenden Herzen hatte dieses Herz im Zweiten Weltkrieg gut „über die Runden" gebracht. Er stand der Reinkarnation immer skeptisch gegenüber, soweit Eula wußte, auch jetzt noch. Mit zweiundzwanzig Jahren, bevor er einrückte, hatte er aus dieser Skepsis heraus um ein Lebens-Reading ersucht. Cayce hatte damals richtig vorhergesagt, daß er Rechtsanwalt werde, und erklärte, wegen eines Karmas habe er in diesem Leben die Aufgabe, die Menschen vor Schwierigkeiten zu bewahren und nicht über sie zu Gericht zu sitzen. Der Sohn hatte gegen diesen Rat gehandelt und war Staatsanwalt in einem nordkalifornischen Kreis geworden. Seit dieser Zeit war ihm viel fehlgeschlagen.

Eula mochte nicht recht mit der Sprache herausrücken, was schiefgegangen war. „Es ist sein Leben", sagte sie, „und ich will keine allzu persönlichen Dinge ausplaudern."

„Wollte ihn die Öffentlichkeit nicht als Staatsanwalt?" fragte ich.

„Oh, doch, sie wollten ihn sogar zum Richter machen."

„Was ging dann schief, und wie bezog sich das auf die Tatsache, daß er Staatsanwalt wurde?" Ich sah sie ziemlich neugierig an. „Schließlich muß es ja einen Staatsanwalt geben, also kann das doch nichts Schlimmes sein."

Sie lachte. „Das schon, aber jemand anderer hat vielleicht durch vergangene Erfahrungen eine andere Entwicklungsstufe erreicht."

Wie dem auch sei, sie hatte ihren Sohn auf das Cayce-Reading aufmerksam gemacht, als er überlegte, ob er das Richteramt annehmen sollte. „Du weißt", sprach sie dunkel, „man hat dir gesagt, daß du nie über andere zu Gericht sitzen sollst."

Er wurde nachdenklich. „Ich weiß", sagte er nach einer Weile.

„Dann weißt du, was du zu tun hast."

Er hatte abgelehnt.

Und was war seither aus ihm geworden?

„Persönlich und beruflich ist sein Leben jetzt wieder so wie früher. Er beachtet nun das Gesetz, das göttliche, das Cayce für ihn gedeutet hat."

Genau wie bei Cayce, hatte Eula auch bei mir das Gefühl, sie kenne mich aus nebliger Vergangenheit. „Ich habe Sie irgendwie beaufsichtigt."

„Das tun Sie jetzt noch, wenn man so will."

Sie lächelte. „Fühlen Sie sich nicht wohl bei mir, als würde uns irgendein gemeinsames Erlebnis verbinden?"

Tatsächlich hatte es mich gleich zu ihr hingezogen, doch das schrieb ich dem seltsamen Gefühl zu, das man bei manchen Menschen sofort hat: Man glaubt, sich ganz in sie hineinversetzen zu können.

„Was ist das anderes", fragte sie, „als eine vage Erinnerung an die Vergangenheit?"

Ich hatte meine Zweifel und antwortete mit einer Gegenfrage: „Glauben Sie nicht, daß das Leben am wichtigsten ist, das wir jetzt leben, auch wenn es die Reinkarnation gibt?" Mir fiel ein Satz aus Eric Butterworths Buch *Life Is for Living* (Das Leben ist zum Leben da) ein: „Das Leben, das man früher einmal gelebt hat, ist nur in dem Leben zu finden, das man jetzt führt."

„Natürlich", pflichtete mir Eula bei, „aber wenn ein Cayce in der Nähe ist, der einem dabei hilft, um so besser."

Auf den ersten Blick erschien die Reinkarnation als Wunschdenken jener, die davor zurückschraken, daß der Tod Vergessen brachte. Vor der Auferstehung Christi bedeutete der Gedanke an die Reinkarnation einen geistigen Weg zum ewigen Leben. Ich selbst glaubte unbedingt an die moralische Lehre Christi, aber wie so viele andere scheute ich vor der darin enthaltenen Botschaft über die Wiedergeburt zurück. Doch hatte der hl. Johannes nicht Jesus zitiert, mit einem Wort, das alle auf Erden von jeder Schuld an der Kreuzigung freisprach? „Darum liebt mich mein Vater, daß ich mein Leben lasse, auf daß ich's wiedernehme. Niemand nimmt es von mir, sondern ich lasse es von mir selber. Ich habe Macht, es zu lassen, und habe Macht, es wiederzunehmen. Solch Gebot habe ich empfangen von meinem Vater."

Er besaß die Macht, das Leben wiederzunehmen. Und was er tat, konnten andere mit Hilfe des Vaters auch tun. War dies nicht die Botschaft Christi – dies und ein Ruf nach weltweiter Liebe, der seit Jahrhunderten ungehört verhallt?

War Edgar Cayce, wie seine Readings andeuteten, den bitteren Weg mit dem Meister gegangen und hatte er eine Botschaft empfangen, die seine Gabe möglich machte, wie alle Gaben mit dem Einverständnis des Herrn möglich wurden?

War Cayces einmalige Gabe, die ebenso geringgeschätzt wurde wie einst die des Meisters, ein Sprungbrett zur letzten Erkenntnis dessen, was das Leben alles bedeutete? Sollten die Wahrheiten in seinen wunderbaren Heilungen dazu dienen, Glauben an die breitere geistige Wahrheit eines sinnvollen Lebens zu wecken? Trat Cayces Unterbewußtes, das mit dem Universalbewußtsein verschmolz, dem Vater, dem Schöpfer und der ganzen Schöpfung, zu einer Zeit auf, da eine beunruhigte, in den engen Grenzen der Körperlichkeit erstickende Menschheit bereit war für einen Hinweis auf ihren Platz in einem universellen Plan, ja sogar sehnlich darauf wartete?

Der große Plan des Schöpfers überließ nichts dem Zufall; in diesem Glauben sah Cayce die Reinkarnation als Instrument, nicht als Ziel in sich. „Jedes Individuum", sagte er einmal, „folgt im gegenwärtigen Erdendasein jener Entwicklungsrichtung, die ihm von vorhergehenden Zuständen gewiesen wurde, und jedes Körnchen eines Gedankens oder Zustandes ist eine Folge anderer, vom eigenen Selbst geschaffener Zustände."

Ich konnte mir nur schwer eine Seele mit eigenem Willen vorstellen. Wie fand die Seele in einen anderen Körper, wo rastete und erholte sie sich, warum kam sie immer wieder zurück? „Muß jede Seele so lange wiedergeboren werden, bis sie die Vollkommenheit erlangt hat, oder gehen einige Seelen zugrunde?" Diese Frage wurde Cayce einmal gestellt.

Cayce hatte eine Antwort parat: „Die Seele geht nicht zugrunde; die Individualität der Seele, von der sie sich löst, geht zugrunde. Die Reinkarnation oder die Möglichkeiten zur Reinkarnation bestehen weiter, bis die Seele selbst ein Wesen geworden oder untergetaucht ist."

„Wenn sich eine Seele nicht bessert, was wird dann aus ihr?"

„Deshalb gibt es die Reinkarnation, und deshalb nimmt sie wieder fleischliche Gestalt an. Kann der Wille des Menschen ständig seinem Schöpfer trotzen?"

Cayce warnte immer wieder vor jeder Selbstgefälligkeit, denn er war sich bewußt, daß viele Anhänger der Reinkarnation in grandiosen früheren Existenzen schwelgten, und zwar auf Kosten der gegenwärtigen. Gleich Butterworth vertrat er die Ansicht, die Vergangenheit ließe sich nur in dem Leben ausdrücken, das man im Augenblick lebe. Andernfalls bliebe jedes Leben wertlos.

„Der wirkliche Sinn, wie er für jede Seele sein sollte, ist die Botschaft der Liebe des Erlösers zu den Menschenkindern. Diese Phase christlicher Erfahrung (die Reinkarnation) wird von vielen in Zweifel gezogen, und es gibt Zeiten, da sie als Tatsache hervorgehoben werden muß, zur Beantwortung vieler Fragen. Aber daß dies die wichtigste Tatsache sein soll – die Reinkarnation –, nein. Sie gehört nur zu dem Plan, den der Herr aufzeigte."

Da seine Anhänger an ihn und an die Reinkarnation glaubten, fragten sie ihn immer wieder, ob er zurückkommen werde, in welcher Gestalt und wie bald. Der Rechtsanwalt eines Unternehmens, der durch genaue Beachtung der Cayce-Readings über Immobilien und Finanzen zu einem Vermögen gekommen war, wollte eine Abmachung treffen, um Cayce nach seiner Rückkehr in einem anderen Körper an den Gewinnen zu beteiligen, die er Cayces hellseherischen Fähigkeiten verdankte. Den schlafenden Cayce schienen solche Abmachungen kalt zu lassen. Einmal befragten ihn Ratsuchende über seinen nächsten Aufenthalt auf Erden, nachdem sie in einem Zeitungsartikel von dem Versuch eines Anhängers der Reinkarnation gelesen hatten, sein Geld sich selbst zu hinterlassen. Der Artikel meldete das Scheitern dieses Vorhabens, das an eine Szene aus dem Broadway-Musical *On a Clear Day You Can See Forever* erinnert: „Arthur M. Hanks, der durch Blumenverkauf von Tür zu Tür im Reichenviertel von Los Angeles ein Vermögen erworben hatte, hinterließ kein Testament, weil er glaubte, er werde durch Reinkarnation zurückkommen und könne dann seine Ersparnisse fordern. Er ist nun schon sieben Monate tot, und heute ebnete Richter Joseph P. Sproul den Verwandten den Weg zur Teilung seines Nachlasses, der auf hunderttausend Dollar geschätzt wird."

Auf diesen Artikel hin stellten einige Cayce-Anhänger folgendes Ersuchen an sein Universalbewußtsein: „Sie werden uns dieses Mal Information geben, die uns die Gesetze verstehen hilft, nach denen die Wahl von Zeit, Ort, Rasse, Hautfarbe, Geschlecht und Eltern durch das Wesen bei jeder Wiedergeburt auf der Erde erfolgt. Die Information soll auch aufzeigen, ob die Möglichkeit besteht, daß der in diesem Raum anwesende Edgar Cayce in seiner nächsten Inkarnation Erinnerungen an dieses Leben bewahrt." Dann kam das eigentliche Problem. „Wenn möglich, würden wir gern erfahren, wie sich solche Erinnerung beweisen läßt, vielleicht indem man Dokumente oder Geld an einem bestimmten Ort deponiert, die dann im nächsten Leben gefordert werden können?"

Cayce erklärte, die Zahl der Reinkarnationen oder Wiedergeburten schwanke je nach der Entwicklung des Wesens und „der Art oder Natur des Ausscheidens aus der materiellen Erfahrung". Er fuhr fort: „Was die Rasse, Hautfarbe oder das Geschlecht anlangt, dies hängt von der Erfahrung ab, die für die Vervollkommnung erforderlich ist, für das Erreichen der Ziele, derentwegen sich jede Seele in körperlicher Gestalt offenbart. Eine Inkarnation geht natürlich in die andere über. ‚Wenn der Baum fällt, auf welchen Ort er fällt, da wird er liegen', sagte der Schöpfer und Spender des Lebens. Genauso ist es mit dem Licht, genauso mit der Natur eines Individuums. Denn der Beginn in den nächsten Existenzen wird darauf abgestimmt, wie aufrichtig das Ziel des Wesens in der vorhergehenden Existenz war. Es ist so, wie gesagt wurde: Was du gesät hast, mußt du ernten.“

Wie ein Blatt manchmal verfrüht abfiel, so konnte auch ein Menschenleben verfrüht enden. „Jene, die plötzlich gefehlt haben, jene, die weit entwickelt sind, jene, die sich noch nicht erfüllt haben, können plötzlich gehen, nach eurem Zeitmaß.“

Ich war ziemlich enttäuscht, wie vermutlich auch Cayces Anhänger, daß er nichts über seine eigene Zukunft zu sagen vermochte. Wenn er sie für andere voraussah, warum dann nicht für sich selbst? „Was das Wesen Edgar Cayces betrifft“, las ich, „so kommt es darauf an, wann jene Erfahrungsstufe erreicht ist, wo die Zwecke aller Inkarnationen zusammen jene Expression, jene Phase schaffen, die das Wesen in seiner Entwicklung erreichen muß, um seine nächste Ausdrucksform zu finden.“ Über die Zeit seiner Wiederkehr äußerte sich Cayce nur unbestimmt: „Es kann vielleicht in hundert, zweihundert, dreihundert, tausend Jahren sein, nach eurer gegenwärtigen Zeitrechnung. Denn wie sprach Er? Den Tag kennt niemand, nur der Vater im Himmel kennt ihn.“

Die Sitzung hatte offenbar wenig praktisch Verwertbares ergeben. Ich spürte die Enttäuschung von Cayces Zuhörern aus der nächsten Frage: „Schlagen Sie einen Weg vor, wie ein Wesen irgendein Zeugnis hinterlassen kann?“

Cayce zeigte den Kern der Sache auf: „Indem es dieses *lebt“*, betonte er. Denn wer tief lebe und sich geistig entwickle, werde auch seine Erinnerungsfähigkeit entwickeln. „Wenn die Ziele eines Wesens mit dem in Einklang stehen, dessentwegen es gekommen ist, kann das Seelenwesen erreichen, daß es sich erinnert, was es wo, wann und wie gewesen ist. Glaubt ihr, das Getreidekorn hat vergessen, welche Ausdrucksform es besaß? Meint ihr, irgendwelche Dinge in der Natur, die ihr um euch seht – die Eichel, die Eiche, die Ulme, der Wein oder irgend etwas –, hätten ihre Ausdrucksform vergessen? Nur der Mensch vergißt.“

Und warum gerade der Mensch?

„Nur durch Seine Gnade wurde das bewirkt. Wie Adam vergaßen sie, welcher Art Menschen sie waren. Denn ‚Gottes Buch der Erinnerung‘ können nur jene lesen, die im Schatten seiner Liebe sind.“

Wie im Tagbewußtsein, so interessierte sich Cayce auch unterbewußt nicht für Geld, sei es für dieses oder ein späteres Leben. Kühl wies er es als Anreiz für die Erinnerung zurück. „Es war fast“, sagte ein Zeuge, „als weigere er sich, in einem kleinen Hellseherspiel mitzumachen, wie er es früher abgelehnt hatte, sich den Tests von Seelenforschern zu unterziehen, die seine Gabe auf ihr eigenes beschränktes Maß reduzieren wollten."

Cayce selbst besaß ein bemerkenswertes Erinnerungsvermögen. Gegen seine Hinweise auf Atlantis, Lemuria und andere untergegangene Kulturen konnte man einwenden, es seien Spekulationen. Gewisse andere Phänomene aber ließen sich nicht so leicht erklären. Er wechselte in Trance beispielsweise oft in Fremdsprachen über, in bekannte wie Französisch, Italienisch, Spanisch, Deutsch, und auch in unbekannte. Zum Gebrauch dieser Sprachen, die er im Wachzustand nicht beherrschte, regte ihn der Gegenstand des Readings oder auch der Ratsuchende an. Einmal machte er ein Reading für einen Mann in Italien, der einen Freund zu ihm geschickt hatte. Der Freund, ein Italiener, stellte eine Frage, und Cayce antwortete in fließendem Italienisch. Ein anderes Mal, bei einem Reading für einen Deutschen, gebrauchte er Idiome, die eine genaue Kenntnis des Deutschen verrieten.

Die Frage seiner Freunde nach seiner Wiedergeburt hatte Cayce zweifellos nicht zufriedenstellend beantwortet. Doch kurz vor dem Reading sah er sich in einem seiner seltsamsten Träume als Wiedergeborenen, und er erfuhr sogar Ort und Zeit. Wie so viele seiner bedeutsamen Träume hatte er auch diesen während einer emotionellen Krise. Er war in Detroit wegen „Ausübung des Arztberufes ohne Berechtigung" verhaftet und der Schmach einer öffentlichen Verhandlung ausgesetzt worden, in der man ihn als Scharlatan brandmarkte. Im Zug zurück nach Virginia Beach schlief er ein und träumte, er sei im Jahre 2100 in Nebraska wiedergeboren worden. „Das Meer", erinnerte er sich, „bedeckte anscheinend den ganzen westlichen Teil des Landes, denn die Stadt, in der ich lebte, lag an der Küste. Der Familienname war sehr seltsam. Sehr bald, noch als Kind, erklärte ich, daß ich Edgar Cayce sei, der vor zweihundert Jahren gelebt habe. Wissenschaftler, Männer mit langen Bärten, wenig Haar und dicken Brillen, wurden herbeigerufen, um mich zu beobachten. Sie beschlossen, die Orte aufzusuchen, wo ich behauptete, geboren worden zu sein, gelebt und gearbeitet zu haben, in Kentucky, Alabama, New York, Michigan und Virginia. In einem langen, zigarrenförmigen Luftschiff aus Metall, das eine sehr hohe Geschwindigkeit erreichte, reisten wir an diese Orte.

Teile Alabamas lagen unter Wasser; Norfolk hatte sich zu einem riesigen Seehafen entwickelt. New York war zerstört, entweder durch einen Krieg oder ein Erdbeben, und wurde wieder aufgebaut. Industrieunternehmen waren übers ganze Land verstreut. Die meisten Häuser bestanden aus Glas. Viele Zeugnisse meiner Arbeit als Edgar Cayce wurden entdeckt und gesammelt. Die Gruppe kehrte nach Nebraska zurück und nahm die Zeugnisse mit, um sie zu studieren."

Der Traum ging noch weiter. Cayce sah sich in einer Stadt, die praktisch völlig zerstört war. Er fragte ein paar Arbeiter, wo er sich befände. Sie blickten ihn erstaunt an und antworteten zu seiner Überraschung: „New York."

Man kann den Traum auch als düstere Prophezeiung verstehen und herauslesen, daß Cayce mit seiner Voraussage großer Zerstörungen zwischen 1958 und 1998 nur den „Beginn" von Massenvernichtungen ankündigte und daß diese endlos weitergehen würden.

Cayce jedoch war nicht so pessimistisch. Bei der Deutung des Traums verglich er seine augenblicklichen Schwierigkeiten mit den Prüfungen, denen andere entgegensahen, die an der höchsten Absicht des Schöpfers zweifelten. „Und die Vision besagte, daß es Kraft geben wird, Verständnis, obwohl der Augenblick düster erscheinen mag, obwohl es Perioden geben kann, in denen Mißverständnis über die Lebenszwecke herrscht." Es könnten sehr wohl Zeiten kommen, deutete er an, in denen die Menschheit schwer geprüft werde. Am Ende aber stehe die Verheißung aus der Bibel. „Wenn auch die Himmel einstürzen werden", apostrophierte Cayce, „wenn sich die Erde auch verändern wird, die Verheißungen des Herrn werden nicht vergehen – an jenem angekündigten Tag –, ebensowenig die Beweise eures Wirkens im Leben und in den Herzen eurer Mitmenschen."

Cayce fand in der Bibel manche Bestätigung für die Reinkarnation, obwohl die moderne Theologie sie ablehnt. „Die Reinkarnation wurde so lange als Bestandteil östlicher Religion angesehen", sagte er einmal im Wachzustand, „daß wir glauben, sie sei dem Christentum fremd. Meiner Meinung nach kann jedoch niemand behaupten, der die Bibel wirklich studiert hat, sie sei in dem Buch nicht enthalten. Schon seit Urzeiten fragten die Menschen: ‚Wenn ein Mensch stirbt, wird er wieder leben?'"

Der ungebildete Prophet, der neben der Bibel gern einfache Poesie las, fuhr fort: „Ein Dichter schrieb: ‚Staub bist du und du sollst wieder zu Staub werden, das wurde nicht von der Seele gesagt.' Allgemein nahm man an, wenn ein Mensch wieder lebe, dann lebe seine Seele." Cayce machte darauf aufmerksam, daß die Bibel voller Hinweise auf die Reinkarnation sei. „Es gibt viele Stellen, wo der Herr sagte: ‚Du mußt von neuem geboren werden.'" Und zu Nikodemus sprach Jesus: „Der Wind bläst, wo er will, und du hörst sein Sausen wohl; aber du weißt nicht, von wannen er kommt und wohin er fährt. Also ist ein jeglicher, der aus dem Geist geboren ist."

Durch seine Readings lernte Cayce einiges verstehen, was er zuvor nicht begriffen hatte. „Wir können in dieses Bibelwort viel hineinlegen oder viel herauslesen. Aber meinte Christus wörtlich, was er sprach, als er zu Nikodemus sagte: ‚Ihr müsset von neuem geboren werden'? Als er zu den Schriftgelehrten und Pharisäern sagte: ‚Ehe denn Abraham ward, bin ich'? Als er sagte, Johannes der Täufer sei die geistige Inkarnation von Elia? Er sprach es."

Cayce wandte sich der Stelle zu, wo die Jünger Jesus fragten: „‚Wer hat gesündigt, dieser oder seine Eltern, daß er ist blind geboren?' Jesus antwortete: ‚Es hat weder dieser gesündigt noch seine Eltern, sondern daß die Werke Gottes offenbar würden an ihm.'"

Für Cayce bedeutete das einwandfrei, daß man damals an die Reinkarnation glaubte. „Der Blinde konnte nicht für Sünden auf dieser Welt, wie wir sie kennen, mit Blindheit gestraft worden sein, denn er wurde ja blind geboren. Sie müssen geglaubt haben, daß er schon früher gelebt hatte, sonst wären sie gar nicht auf eine solche Frage verfallen." Ein anderes Mal kam Jesus mit Petrus und Johannes vom Berge Sinai herab, wie Cayce berichtete. Die Jünger fragten den Meister: „Was sagen denn die Schriftgelehrten, Elia müsse zuvor kommen?" Und Jesus antwortete: „Es ist Elia schon gekommen, und sie haben ihn nicht erkannt, sondern haben an ihm getan, was sie wollten. Also wird auch des Menschen Sohn leiden müssen von ihnen." Da verstanden die Jünger, daß er von Johannes dem Täufer zu ihnen geredet hatte. Weiter zitierte Cayce: „Denn alle Propheten und das Gesetz haben geweissagt bis auf Johannes. Und (so ihr's wollt annehmen) er ist Elia, der da soll zukünftig sein."

Cayce bekannte sich nach seinen ersten Lebens-Readings, die frühere Existenzen der Ratsuchenden offenbarten, nicht sofort zur Reinkarnation; er empfand sie als unvereinbar mit dem christlichen Glauben. „Man hatte mich die christliche Art des Denkens gelehrt, daß der Mensch nur ein Erdenleben habe und daß es ende, wenn er stirbt."

Als er jedoch die Bibel mit neuen Augen zu sehen begann, schaute er auch mit neuen Augen um sich und in sein Inneres. „In mir war immer ein Gefühl, das sich mit der normalen Erklärung für solche Gefühle nicht erklären ließ. Wie kommt es, daß wir manche Menschen, denen wir begegnen, schon das ganze Leben zu kennen vermeinen, während wir andere in diesem Leben schon jahrelang kennen und ihnen trotzdem nicht nahekommen oder sie nicht verstehen? Ich glaube nicht, daß jemand eine andere Erklärung dafür weiß außer die, daß es mehr als ein Leben gibt. Nichts lebt wieder, wenn es nicht stirbt; sogar das Weizenkorn erstirbt, indem es Früchte hervorbringt, in denen es sich vermehrt."

Seine Readings lieferten Cayce oft Beweise für die Reinkarnation. In einem beispielsweise sagte er einer Frau, sie hätte vor zehntausend Jahren im heutigen New Mexiko gelebt und bestimmte Hieroglyphen geschrieben, die an der betreffenden Stelle noch zu finden seien. „Später schrieb mir die Frau", berichtete Cayce, „sie sei mit Freunden dorthin gefahren und habe die Zeichen gefunden, genau wie angegeben." Cayce war nie in New Mexiko gewesen und auch die Frau nicht – in diesem Leben. „Als sie die Schriftzeichen sah, sprach in ihr etwas an, und sie wußte, daß sie dort gelebt und diese Zeichen geschrieben hatte."

Auch manche äußere Beziehung zu unseren Mitmenschen widerspiegelt eine frühere Verbindung. „Wenn die Information (im Reading) uns sagt, daß wir mit bestimmten Individuen in einer bestimmten Periode auf Erden verbunden waren, und wenn wir in der Gegenwart den geschilderten früheren Beziehungen genauso wiederbegegnen, müssen wir deren Beständigkeit anerkennen."

Vor einem Kirchenforum unterwarf sich Cayce einmal einer Befragung über die Reinkarnation. „Glauben Sie", fragte jemand, „daß eine Seele bei ihrer Ankunft auf der Erde weiß, in was für eine Umgebung sie kommt und welche Bedingungen sie vorfinden wird?"

Cayce schöpfte aus seinem unterbewußten Wissen. „Sie muß wissen, daß sie in die Umgebung eintritt, die für ihre Entwicklung nötig ist. Sie weiß, daß dies ihre Chance ist, eine Erfahrung durchzumachen, die sie für ihre Entwicklung benötigt."

Dienten diese Vorlebens-Readings nicht mehr der Selbstgefälligkeit als irgend etwas anderes?

Darüber hatte Cayce oft nachgedacht. „Wir hören die Frage: ‚Was für echten Nutzen bringt es mir zu wissen, daß ich während des Unabhängigkeitskrieges als John Smith lebte, daß ich zu den ersten Siedlern zählte oder bei der Französischen Revolution mitmachte oder in dieser und jener Periode Weinhändler war?' Nun, das, was unsere Seele, unser Wesen heute ist, wurde es durch die Art, in der es auf verschiedene Erfahrungen in der Erdensphäre reagierte."

„Wie findet die Seele den Körper?" fragte jemand anderer.

„Ich glaube nicht, daß eine Seele eintritt, bevor Leben und Odem gegeben wurden. Die Seele tritt nicht schon in den Entwurf ein."

Für die Anhänger der Reinkarnation war folgendes Gespräch aufschlußreich:

„Wird die Seele herabgesandt, oder kommt sie aus eigenem Wunsch?"

„Sie kommt aus eigenem Wunsch", antwortete Cayce, „denn Wünsche bestehen während der ganzen Entwicklung des Menschen oder der Seele, ob wir vom Körperlichen, Geistigen oder Seelischen sprechen. Wünsche ziehen sich durch alles und sind vermutlich die Triebkraft der Seele, denn ohne etwas zu wünschen, kommen wir nicht sehr weit."

„Wenn die Seele soviel weiß, warum muß sie alle diese Dinge immer wieder tun?"

„Das ist dem sehr ähnlich, was wir in einer Schule machen. Wir gehen eine Lektion in Mathematik immer wieder durch, bis wir wissen, daß wir sie nicht nur mechanisch beherrschen, sondern auch durch ihre praktische Anwendung eine Lösung erzielen können. Wir müssen das Prinzip der Sache kennen oder ihre Basis. Der Mensch wiederholt seine Lektionen immer wieder und notwendigerweise in verschiedener Umgebung, die ihm das bringt, was ihm fehlt, was ihn daran hindert, seine Beziehung zu seinem Schöpfer zu begreifen."

„Glauben Sie, daß jedes Menschenwesen eine Seele hat?"

In seiner Antwort brachte Cayce eine einmalige Auffassung von der Beziehung zwischen Mensch und Gott vor: „Ich glaube, daß jeder Mensch eine Seele hat, die ihn Gott ähnlich macht und ihm gegeben wird, damit er ein Gefährte des Schöpfers werde. Wie wir in den Kräften überall um uns sehen, wünscht sogar die Natur Gesellschaft. Ebenso Gott. Er gibt uns die Möglichkeit, sein Gefährte zu sein, indem er uns eine Seele gibt, die wir zu seinem Gefährten machen können. Aber tun müssen wir das selbst."

Die Cayce-Babys

Die hübsche Blondine stöberte in der Bibliothek, nahm hier und da einen Band heraus und blätterte darin. Sie war attraktiv und geschmeidig genug, um in einer Broadway-Show als Tänzerin aufzutreten; ihre knappen, dabei sinnlichen Bewegungen wirkten in der straff sitzenden, maßgeschneiderten Hose besonders gut.

Die Empfangsdame der *Association for Research and Enlightenment* sah meinen forschenden Blick.

„Sie ist ein Cayce-Baby", sagte sie, „Rae Denny Horton."

Die Blondine schaute herüber und lächelte.

„Cayce-Baby?"

„Ja, Edgar Cayce gab für sie ein Reading, als sie ein Kind war."

Das Lächeln der Blondine vertiefte sich. „Zwei Readings", sagte sie, „das erste, als ich zwei Jahre alt war."

„Sind Sie hingewackelt, um es sich geben zu lassen?" fragte ich.

Das gutmütige Lächeln schien ihrem Wesen zu entspringen. „Ich war gar nicht dort. Meine Mutter ersuchte schriftlich darum. Sie glaubte an Edgar Cayce, denn er hatte ihr einmal geholfen, als sie krank wurde und die Ärzte nicht weiter wußten. Deshalb bat sie um die Lebens-Readings für mich und auch für meine Schwester."

„Sie glauben also an die Reinkarnation?" fragte ich.

Überraschung malte sich auf ihrem Gesicht. „Natürlich", antwortete sie. „Sie erklärt praktisch alles, was mir widerfahren ist, das hob Edgar Cayce eigens hervor." In dem ersten Reading hatte Cayce gesagt, sie besäße Talent für Tanz, Musik und Theater. Mit drei Jahren war sie zum Ballett gegangen, obwohl sie damals von den Readings kaum etwas wissen konnte. Dann gewann sie in ihrer Heimatstadt Norfolk ein Tanzstipendium, das ihr eine Ausbildung in New York ermöglichte. Vielleicht hatte die Mutter sie zu beeinflussen versucht, aber die natürliche Begabung konnte sie der Tochter zweifellos nicht suggerieren.

Als Rae zwölf war, fand ihr Tanz ungewöhnliche Anerkennung. Nach dem Unterricht an einer New Yorker Ballettschule wurde sie für eine Stelle als Berufstänzerin in New York empfohlen. Die Familie erklärte, sie sei erst zwölf. „Wir dachten, sie sei älter", lautete die enttäuschte

Antwort. „Es gäbe zu viele Scherereien mit den Jugendschutzbehörden, wenn sie noch keine vierzehn ist."

Was hatte Cayce sonst noch über sie gesagt?

Rae Horton holte ihre Readings aus einem Akt der Bibliothek. Sie las aus einer vervielfältigten Seite vor: „Die Neigung, immer und überall Künstlerin zu sein, wird Entscheidungen über die Ausbildung der Anlagen notwendig machen, besonders in stimmlicher Richtung und auch was die Tanzbegabung anbelangt."

Sie hatte kein Musikinstrument spielen gelernt und ihre Stimme erst nach ihrer Heirat ausbilden lassen. Jetzt war sie geschieden. Sie stand mit drei Kindern da und dachte an eine Laufbahn als Sängerin. Mit Ende Zwanzig war sie noch jung genug dafür, zumal sie bereits etwas Berufserfahrung besaß, da sie am Schauspielhaus in Pasadena, Kalifornien, studiert und in Brooklyn in einem großen Club gearbeitet hatte.

Als ich die Readings überflog, stach mir ein Satz ins Auge. „Nach dem zwölften bis vierzehnten Lebensjahr wird sie für den Rest der Familie sorgen, wenn es notwendig ist."

Hatte Rae mit vierzehn Jahren den Job als Tänzerin angenommen?

Sie schüttelte den Kopf. „Seltsam, dieser Satz ist mir noch nie aufgefallen." Die Familie war gutsituiert gewesen, so daß Rae nicht zu arbeiten brauchte. Doch den Job, den sie mit Zwölf ablehnen mußte, hätte sie mit Vierzehn noch bekommen können.

Wie stark war sie durch die Readings beeinflußt worden?

„Ich habe bis vor kurzem überhaupt nicht an sie gedacht. Aber wenn ich so zurückschaue, muß ich sagen, daß Cayce mein ganzes Leben, einschließlich meiner Heirat, richtig vorausgesehen hat."

„Unsere Persönlichkeit hat eine Menge mit dem Verlauf unseres Lebens zu tun", sagte ich mit dem Gedanken an das allgemein anerkannte griechische Axiom, daß Charakter Schicksal sei.

Sie lächelte. „Edgar Cayce erfaßte meine Persönlichkeit zweifellos genau."

Ich wandte mich wieder dem Reading zu. „Ein sehr zurückhaltendes, sanftes Wesen; und dann zeitweise fast *wild* in seiner Entschlossenheit, seinen Willen durchzusetzen." In Trance hatte Cayce das Wort „wild" betont.

Ich musterte die schlanke, kühl wirkende Frau mit dem sonnigen Gesicht. „Stimmt das?"

Sie nickte. „Ich fürchte schon, manchmal."

Sie deutete auf einen Absatz in dem Lebens-Reading. „Was die Erscheinungsformen auf der Erde anbelangt, so waren es *viele,* wie auch die Anlagen des Wesens andeuten. Hier werden jedoch nur jene genannt, die beim gegenwärtigen Aufenthalt des Wesens in der frühen Entwicklung stärkeren Drang ausüben."

Sie sah mich an. „Wissen Sie, was das heißt?"

Ich zuckte nichtssagend die Achseln.

Als Teenager hatte sich Rae leicht verwirrt gefühlt. Sie war ein hübsches Mädchen und ganz zufrieden damit gewesen, ein Mädchen zu sein. Manchmal aber hatte sie das Gefühl gehabt, daß sie als Junge glücklicher wäre.

Sollte Cayce mit dem „stärkeren Drang" das gemeint haben? Kaum anzunehmen. Ich betrachtete ihre biegsame, feingliedrige Gestalt ganz nüchtern. „Sie gäben einen seltsamen Jungen ab", konstatierte ich.

„Ich habe eine Menge maskuliner Züge. Ich war zum Beispiel weniger gefühlvoll als mein Mann, und ich weiß jetzt, daß ich es ihm übelnahm, wenn er versuchte, der Führer zu sein."

„Das ist die neue Art Frau: aggressiv, tonangebend, allwissend."

„Ich bin auch geistig maskulin veranlagt. In der Schule habe ich nichts, nicht einmal ein geometrisches Problem, mechanisch gelernt. Ich mußte immer allem auf den Grund gehen."

Und was hatte das mit der Reinkarnation zu tun?

„Hier", sagte sie und deutete auf eine ziemlich abgegriffene Passage in ihrem Reading. „Ich war in dieser Inkarnation Franzose und unterhielt den König an seinem Hof." In jenem Leben hatte sie Cheveaux geheißen und war natürlich ein Mann gewesen.

Die Art, in der die Wesen das Geschlecht wechselten, verwirrte mich. Es war doch denkbar, daß dies zu Homosexualität führte, wenn eine Karma-Überbelastung vom anderen Geschlecht bestand. Doch dieses Problem machte Rae Horton zweifellos nicht zu schaffen. Cayce sagte allerdings etwas über maskulinen Einfluß: „Und im gegenwärtigen Leben werden sich diese Erfahrungen und Ausdrucksformen in der Entwicklung des Wesens bemerkbar machen, indem sich im frühen Teil seiner Erfahrungen männliches Denken offenbart, der Wunsch, den Problemen des Lebens auf den Grund zu gehen."

Ich sah Rae an. „Sie kannten dieses Reading, als sie acht waren, und haben es seither hundertmal gelesen."

„Sie sehen aus dem Reading", erwiderte sie fest, „daß ich ein griechisches Leben lebte und damals Sänger und Tänzer war." Diese Erfahrung hatte Cayce zu der Feststellung veranlaßt: „Und im gegenwärtigen Leben, im frühen Teil, wird das Wesen den Wunsch nach Betätigungen empfinden, die den Körper in vollkommener Form und Aktivität halten."

Dem Aussehen nach zu schließen, hatte Rae den „frühen Teil" noch nicht hinter sich.

„Ich habe mich immer gern in fließende griechische Gewänder gehüllt, und ich liebe französisches Parfum."

„Das ist eine weitverbreitete Schwäche."

„Vielleicht wegen einer gemeinsamen Vergangenheit."

Am meisten beschäftigte sie jedoch Atlantis. „Es übte immer starke Anziehungskraft auf mich aus. Ich lese alles darüber, was ich bekommen kann, in den Cayce-Readings, in Artikeln und Büchern."

„Ich vermute", bemerkte ich trocken, „daß Sie auch in Atlantis gelebt haben."

Nein, aber ihre Vorfahren stammten von dort. „Das Wesen war im Ägypterland, dem der Atlantiden und Extremisten", sagte Cayce. „In den Perioden der Vervollkommnung des Körpers für besondere Aufgaben verhalf das Wesen vielen – sogar Bekannten und Gefährten der Gegenwart – zu ausdrucksstärkerer Interpretation der geistigen Aspekte des Lebens durch Körper und Geist. Der Name lautete damals Is-So-El."

„Nun, Is-So-El", fragte ich, „was glauben Sie, daß er mit ‚Bekannten und Gefährten der Gegenwart' meinte?"

Is-So-El lachte. „Haben Sie nicht mit manchen Menschen sofort Kontakt, als hätten Sie besonderen Grund, sich ihnen nahe zu fühlen? Oder sträuben sich Ihnen bei anderen nicht sofort die Haare?"

„Ich schrieb das immer einer Überfunktion der Schilddrüse zu."

„Die Tatsache bleibt bestehen", erwiderte sie lächelnd, „daß Cayce sonst mit allem über mich recht hatte."

Als sie fünf war, gab Cayce ein Gesundheits-Reading für sie. Damals hatte sie gekränkelt und die Haare waren ihr ausgefallen. Cayce verordnete Calcios, das man mit Brot und Kräckern nahm. Nach wenigen Wochen wuchs das Haar wieder nach. Heute hatte Rae zweifellos keine Haarsorgen; dichte blonde Locken fielen ihr auf die Schultern.

Sie sah mich freundlich an. „Cayce hatte völlig recht mit meiner Gesundheit. Warum aber sollte er in einer Sache recht haben und in der anderen nicht, wo doch alles aus derselben Quelle kam?"

Ich zuckte die Achseln. „Vielleicht war Cayce nur unfehlbar, wenn er einen richtigen Beweggrund hatte, wenn die Menschen verzweifelt Hilfe benötigten und sie anderswo nicht fanden."

„Aber die Lebens-Readings waren doch genauso nützlich wie die physischen! Sie zeigten die Charakterschwächen auf und gaben Richtlinien für künftiges Verhalten."

„Diese Lebens-Readings sind durch und durch suggestiv. Die Ihren hätten aus fast jedem Mädchen eine Tänzerin machen können oder jemanden, der allem auf den Grund gehen will."

Sie schlug die Seiten der beiden Readings um und entdeckte am Schluß den Bericht über eine spätere Nachforschung, der eben erst aus den Akten der *Association for Research and Enlightenment* genommen und hier hinein gegeben worden war. Eine Tanzlehrerin hatte über die Zehnjährige gesagt, sie sei die einzige in der Tanzschule, die akrobatisch auf den Zehen arbeite. In derselben Zeit hatte sie mit ihrem Tanz einen Preis in einer Fernseh-Show gewonnen. Als sie elf war, kurz nach der Erringung des Stipendiums, bemerkte ein Lehrer: „Es ist selten, daß eine gute Ballettänzerin auch eine gute Akrobatin ist.“

Rae beendete unser Gespräch mit der Bemerkung: „Ich wüßte gern, ob das Tanzen im alten Griechenland mehr Spaß machte als in Brooklyn.“ Sie lächelte. „Schlimmer kann es nicht gewesen sein.“

Cayce hatte Rae Denny Hortons Leben nicht in allen Einzelheiten umrissen. Andere Ratsuchende aber bekamen in den Readings gesagt, sie würden wegen der Einflüsse aus früheren Existenzen Architekten, Schneider und Ärzte werden, und sie wurden tatsächlich Architekten, Schneider und Ärzte. Der Architekt war laut Cayce in früheren Inkarnationen Baumeister, Zimmermann und Architekt gewesen, und daher stammten seine Fähigkeiten im gegenwärtigen Leben. Der Hauptzweck jedes Lebens war natürlich die Entwicklung. Cayce sagte einmal, am besten komme man auf dem Arm von jemandem, dem man geholfen habe, in den Himmel.

Der Gedanke war verwirrend, daß die Menschen einen Hang zum Schriftsteller, Musiker oder Heilkundigen haben sollten, weil sie sich unbewußt an ihre Kenntnisse auf diesen Gebieten erinnerten. Wenn sie etwas taten, das ihnen vielleicht unbewußt vertraut war, zupften sie oft eine Saite an, die dann im Hintergrund ihres Bewußtseins unruhig schwang. Ein Soldat, der im Zweiten Weltkrieg nach Bayern kam, sah sich plötzlich als Kreuzfahrer genau an demselben Ort, wo er nun ein Bier trank; unversehens erinnerte er sich daran, daß Cayce ihn einmal unter die Kreuzfahrer eingereiht hatte.

Die Reinkarnation war zweifellos eine komplizierte Sache, wie man sie auch ansah. Sie setzte einen gewaltigen Plan voraus, der jeden einzelnen Körper und Geist im Universum erfaßte, jeden mit seinem kleinen, ihm zukommenden Platz. Nur Gott in seiner Allwissenheit konnte ein solches Programm bewältigen. Doch wie sogar der Atheist Einstein anerkannte, es gab eine bestimmte Ordnung in der Welt, mag man sie nennen, wie man will. Und alles hatte darin seinen Platz, der Mensch genauso wie die übrige Natur – die Planeten, Kometen, Jahreszeiten. Das Leben war geordnet, auch wenn es beim Menschen oft nicht so aussah. Wie die Hindus sagten, das Leben glich manchmal einem Baum.

Knospen starben ab, verfrüht hinweggefegt von Wind und Regen, bevor sie sich zum Blatt entfalten konnten. Andere wurden Blätter und fielen in verschiedenen Stadien ab. Wieder andere durchlebten ihre Zeit und starben unweigerlich ab, wenn ihr Dasein endete – nur um im Frühling neu zu beginnen. Derselbe Baum bekam andere Blätter mit vielleicht anderen Impulsen, und alle starben wieder unweigerlich. Doch was hatten Bäume mit Menschen zu tun, abgesehen davon, daß sie als treffender Vergleich dienen konnten?

Wie kam es, daß Mozart mit fünf Jahren die Musik eines reifen Genies komponierte oder daß Josef Hoffmann mit zweieinhalb Jahren Klavier spielte? In einem Kommentar über Wunderkinder vertrat Alan Jay Lerner, Autor von *Brigadoon, My Fair Lady* und *Camelot,* die Ansicht, daß die Wunderkinder schon einmal gelebt haben müßten, weil sie sonst nie und nimmer so begabt sein könnten. „Sie erinnerten sich durch das Unterbewußte", meinte er, „die Quelle jeder Inspiration."

Im *Christian Science Monitor* entdeckte ich einen Artikel über einen sechsjährigen türkischen Jungen, dessen Gemälde seit vier Jahren die europäischen Kunstgalerien in Begeisterung versetzten. „Bedri (Baykam) begann schon mit zwei Jahren zu malen", schrieb der *Christian Science Monitor.* „Er schuf mehr als tausend Aquarelle und über fünftausend Zeichnungen, hat aber keine einzige Malstunde gehabt."

Und was malte Bedri? Türkische oder sarazenische Szenen, Ansichten des Nahen Ostens und des Heiligen Landes? Bedri, der nirgends herumgekommen war und weder lesen noch schreiben konnte, kleckste mit seinen Farben köstliche Darstellungen des amerikanischen Wilden Westens. „Eines von Bedris Lieblings-Sujets", hieß es in dem Artikel weiter, „sind Cowboys. Mit einer Folge weniger, höchst lebendiger Skizzen erzählt er eine ganze Geschichte."

Es wäre interessant zu hören, was Edgar Cayce über Bedri enthüllt hätte. In einem Reading für ein Kind sagte er einmal: „Natürliches Interesse an Dingen künstlerischer Art und Beschaffenheit besteht. Eine stimmliche Begabung und Talent zum Spielen fast jedes Instruments sind vorhanden."

Das heranwachsende Kind hatte zwar Talent gezeigt, aber nicht viel damit angefangen, obwohl es in einem früheren Leben laut Cayce ein überdurchschnittlicher Komponist namens Franz Liszt gewesen war.

Erfolg in einem früheren Leben bewirkte also im gegenwärtigen nicht notwendigerweise Erfolg auf demselben Gebiet. Die musikalische Weiterentwicklung wurde hier etwas Wichtigerem untergeordnet: der Notwendigkeit, Bescheidenheit und Gehorsam zu lernen.

Die meisten Menschen, denen Cayce ein Lebens-Reading gab, glaubten die Fähigkeiten tatsächlich zu besitzen, die er als Teil ihrer Charakteranlagen sah. Aber nicht alle akzeptierten Cayces Erklärung dafür. Eine Hausfrau wandte sich nach einem Lebens-Reading für ihren Mann an Cayce: „Vom meisten, das Sie über meinen Mann gesagt haben, über seinen Charakter und seine Fähigkeiten, weiß ich, daß es stimmt; auch das über seinen körperlichen Zustand, soweit wir ihn kennen. Aber ich habe mich die ganze Zeit gefragt, was faul daran ist, und jetzt sehe ich es: die Reinkarnation!"

Es gab viele „Cayce-Babys", und es war interessant, nachzuprüfen, wie sie sich im Hinblick auf Cayces Prognosen entwickelt hatten. Eines Tages saß ich beim Lunch einem jungen Mann gegenüber, für den Cayce schon ein Lebens-Reading gegeben hatte, als er erst vier Stunden alt gewesen war. Kurz nach der Geburt, wurde dem schlafenden Mystiker folgendes suggeriert: „Du wirst die Beziehung dieses Wesens zum Universum und zu den universalen Kräften benennen, die Zustände, die sich im gegenwärtigen Leben als latente und offen zutage liegende Charaktereigenschaften äußern; du wirst die früheren Erscheinungsformen auf Erden beschreiben, mit Zeit, Ort, Namen und allem in jedem Leben, was die Entwicklung dieses Wesens förderte oder verzögerte; du wirst die Fähigkeiten des gegenwärtigen Wesens nennen und sagen, was es erreichen kann und wie."

Das war vor dreiundzwanzig Jahren gewesen. Die Eltern hatten das Reading sorgfältig vor dem Jungen verborgen, damit es ihn nicht beeinflusse. Erst in seinem zweiten College-Jahr zeigten sie es ihm. Jetzt bereitete er sich an einer Universität des Westens auf die Arztlaufbahn vor. Er war ein Mensch mit ausgeglichenem Charakter, dabei sehr zielstrebig und entschlossen. Er entstammte einer nur mäßig begüterten Familie, doch er hatte schon früh bemerkenswertes Geschick darin bewiesen, durch Verwertung zufällig erhaltener Informationen auf dem Aktienmarkt Geld zu verdienen. Er war inzwischen an mehr als einem Dutzend Börsen vertreten, kaufte und verkaufte ständig durch zwei Maklerfirmen und hatte bei mehreren Banken festbegründete Kredite. Einige seiner Aktien waren im Wert um das Dutzendfache gestiegen. Außerdem besaß er in der Nähe seines Colleges ein Stück Land, das er bebaute. Alles in allem machte er den Eindruck eines ungewöhnlich produktiven, vielseitigen jungen Mannes. Ich hätte auf den ersten Anhieb gesagt, daß er es zu etwas bringen würde.

Doch was konnte Cayce über einen vier Stunden alten Säugling sagen? Zusammen gingen der junge Mann und ich sein Reading durch. „Ein sehr entschlossenes Individuum", hatte Cayce erklärt, „doch nicht leidenschaftlich, setzt aber seinen Willen durch."

Das schien mir auch so.

„In dem Leben vor diesem", ging das Reading weiter, „war er Farmer, ein hellwaches, hochherziges Individuum."

Der junge Mann lächelte. „Ich fand das seltsam, denn ursprünglich, bevor ich mich für den Arztberuf entschloß, wollte ich Farmer werden. Ich habe sehr gern auf der Farm meines Onkels gearbeitet und betreibe ja jetzt noch ein wenig Ackerbau."

Sicher schadete es nicht, daß er umgestiegen war, denn Cayce hatte mit aller Bestimmtheit gesagt: „In diesem Leben sollte das Wesen Arzt sein, und es müßte und wird weite Reisen machen." Cayce sprach von einer „ungewöhnlichen Laufbahn" als Arzt.

Der junge Mann hatte sich entschlossen, Arzt zu werden, bevor er von dem Reading erfuhr; und er war bereits in Europa gewesen.

„Er wird ein Beobachter kleiner Dinge sein", fuhr Cayce fort. „Er wird reich werden, durch Zuhören, durch Ausnützen der Gelegenheiten." Als Dreizehnjähriger hörte er einmal beim Zeitungsaustragen einen seiner Kunden am Telephon zu einem Freund sagen, er solle Aktien einer Düngemittelfirma kaufen. Das schien ihm ein guter Tip. Sein Vater erlaubte ihm, zweihundertfünfzig Dollar aus seinen Ersparnissen in die Firma zu stecken. Nach ein paar Jahren war diese Investition mehr als dreitausend Dollar wert, und das gesamte Aktienkapital des Jungen belief sich auf mehr als zehntausend Dollar, obwohl er sein vierjähriges College-Studium selbst finanziert hatte.

Ich war überzeugt davon, daß er reich werden würde, wenn er wollte.

„Auch eine Lehrtätigkeit ist in diesem Leben angezeigt. Das Wesen hat also die ungewöhnliche Gelegenheit, sich durch Reisen sowie durch Verbindungen und pädagogische Tätigkeit zu bilden." Der junge Mann hatte bereits während der Ausarbeitung seiner Doktorarbeit in Psychologie unterrichtet und ein Stipendium zu Erlangung des Magistergrads, den inzwischen er bereits besaß, sowie des Doktorats erhalten.

Eine Voraussage ließ sich vorläufig nicht nachprüfen, sie mußte erst noch eintreffen: „Da er in dieser bestimmten Periode eintrat (geboren im Oktober 1942), wird er in den Weltangelegenheiten Aktivitäten ähnlich jenen des Königs von Schweden zur Wahrung des Friedens ausüben."

Ich fragte den jungen Mann, ob er wisse, was das bedeutete. Er zuckte gelassen die Achseln, sein „ausgeglichenes Wesen" wurde durch das Reading nicht erschüttert. „Das ist sehr schmeichelhaft", antwortete er bescheiden, „aber ich denke, wir müssen abwarten."

Ich kannte den Charakter des Königs von Schweden nicht, doch meines Wissens hatte sich der König als langjähriger „Neutraler“ still und leise an Gesprächen zur Beendigung des Zweiten Weltkriegs beteiligt.

Das Reading ging weiter: „Das Wesen wird einen kräftigen Körper haben, und man sollte ihm erlauben, alle Arten Sport zu betreiben, nicht als bezahlte Betätigung, sondern zur Entwicklung von Körper und Geist.“

Der junge Mann lächelte. Er war zu beschäftigt gewesen, um viel Sport zu treiben, aber er hatte der Ringermannschaft des Colleges angehört. „Ich war nie im Krankenhaus“, sagte er ruhig, „war nie krank.“

Ich las weiter: „Vorsicht bei Aktivitäten, die mit der Verdauung und dem Hals zu tun haben. Diese sind schwache Punkte in den Karma-Kräften, die diesen Körper beeinflussen.“

Er schien den Lunch genossen zu haben, und sein Hals machte ihm offenbar keine Beschwerden. „Das kann noch kommen“, sagte ich.

Er lächelte gelassen. „Ich werde einfach darauf achten müssen.“

Mit einem Satz wandte sich Cayce an die Eltern, die um das Reading gebeten hatten: „Erziehen Sie das Wesen, bringen Sie ihm jene Dinge nahe, die in irgendeiner Form mit Aktivitäten zu tun haben, seelischen, geistigen und körperlichen, welche auf körperlicher Ebene die gesundheitsspendende Kraft für das Leben Leidender ins Bewußtsein führen.“

Hatten ihm seine Eltern in den frühen Entwicklungsjahren durch feine Suggestionen eine bestimmte Laufbahn nahegebracht? „Sie gaben mir nie einen Rat, weder in dieser noch in einer anderen Richtung“, erklärte er. „Jetzt weiß ich, warum. Sie wollten sehen, ob Cayce recht gehabt hatte.“

Das Reading enthielt kaum Ratschläge, bis auf einen: Da er ein Waagegeborener sei (Oktober), solle er, wenn er einen Gefährten wähle – vermutlich eine Frau –, einen Januar- oder Oktobergeborenen nehmen. Er war noch nicht vor eine solche Entscheidung gestellt worden, und als ziemlich nüchterner junger Mann fragte er natürlich nicht erst jedes Mädchen nach dem Geburtsdatum.

Halt, hier kam noch ein Rat: „Das Wesen hüte sich vor Politik; obwohl Gelegenheiten auftreten werden.“

Der junge Mann zuckte mit den Schultern und schaute zur Seite. „Ich kann mir nicht denken, was das heißen soll.“

Er hatte bereits mehrere Leben durchlaufen, eines in seiner eigenen Familie, ein anderes als Arzt zu Zeiten Christi und wieder ein anderes als Farmer. Leben in Schweden, China und Ägypten hatten ihm bedeutende Erfahrungen vermittelt.

Das war alles.

Ruhig sagte der junge Mann: „Das Reading scheint ziemlich zu stimmen, soweit sich mein Leben bisher analysieren läßt, doch über die

Reinkarnation kann ich mir nicht klar werden. Sie ist eine fast allzu einfache Erklärung für alles, was wir nicht verstehen. Das Bedürfnis nach einer Erklärung ist da, und der Gedanke an die Reinkarnation kommt diesem Bedürfnis entgegen."

„Ihre früheren Inkarnationen als Arzt und Farmer beeinflußten Sie also nicht?"

„Das weiß ich beim besten Willen nicht. Vielleicht erhalte ich eines Tages eine Botschaft wie mein Vater. Aber letzten Endes werde ich es selbst herausfinden müssen."

„Wie konnte dann Cayce Ihre starken und schwachen Punkte bestimmen?"

Er runzelte die Stirn. „Das weiß ich auch nicht, es sei denn, daß er hellseherisch in die Zukunft zu blicken vermochte."

Wir schüttelten uns zum Abschied die Hände. Ich wußte, auch ohne ein Cayce zu sein, daß dieser junge Mann zum Erfolg prädestiniert war. Er besaß eine für seine Jahre erstaunliche innere Ruhe und Entschlossenheit.

Am nächsten Tag rief mich der Vater an. „Wie ist es gegangen?" fragte er.

„Sie wissen ja", erwiderte ich, „daß er nicht an Reinkarnation glaubt."

„Wir zwangen ihm nie unseren Glauben auf. Er ist ein sehr entschlossener junger Mann." Er lachte. „Als er elf oder zwölf war, ‚borgte' sich ein Altersgenosse sein Fahrrad ohne Erlaubnis und brachte es mit abgegangener Kette wieder. Ich schaute zufällig zum Fenster hinaus und sah ihn vor dem Jungen stehen, die Kette in der Hand. Er erreichte durch reine Willenskraft, daß der andere die Kette wieder aufmontierte. Keinen Augenblick wurde er nervös oder ärgerlich, doch der andere gehorchte wortlos."

Mir fiel ein, daß der junge Mann im Zusammenhang mit der Warnung vor politischer Aktivität etwas seltsam reagiert hatte.

Der Vater erklärte mit leisem Lachen: „Das wundert mich nicht. Wissen Sie, er betrieb schon in der Schule Politik. In der High-School wurde er zum Vorsitzenden des Schülerverbandes gewählt. Er hatte in der ganzen Stadt Wahlpropaganda gemacht, und das rief einige Kritik hervor. Im College war er Klassenvorsteher, und auch hier erregte seine Wahlpropaganda Opposition; sogar seine Freunde schlossen sich gegen ihn zusammen. Das enttäuschte ihn sehr. Er brütete über die Zerbrechlichkeit menschlicher Freundschaft nach. Seither hat er sich nie mehr um ein Studentenamt beworben."

Doch wie stand es mit der Reinkarnation?

„Er erinnert sich dunkel an seine früheren Fähigkeiten, wie seine natürliche Begabung für die Farmerei, sein Ehrgeiz, Arzt zu werden, oder auch manche andere Anlagen aus der Vergangenheit zeigen. Die Fähigkeit, zuzuhören und das Gehörte richtig zu bewerten, kam ihm zweifellos zugute. Schon als Jugendlicher ernährte er sich selbst."

Alle diese Dinge erschienen mir vage Gründe für den Glauben an die Reinkarnation.

„In einem früheren Leben, das Cayce erwähnte", erzählte der Vater, „sah er als vierjähriger Junge mit an, wie sein Großvater von einem Pferd getötet wurde. Das Pferd verfing sich mit dem Huf irgendwo, stürzte und begrub den Reiter unter sich, der im Fallen noch den Jungen ein Stück wegwarf. Das war ein unvergeßliches Erlebnis für ihn."

Der Junge wurde in dieselbe Familie wiedergeboren, was bei der Reinkarnation anscheinend ging. Und er erinnerte sich an Dinge, von denen er bewußt keine Ahnung haben konnte. „Als mein Junge vier war und wir einmal spazierengingen, sahen wir ein scheuendes Pferd, auf dem ein Mädchen saß. Es bestand kein Grund zur Besorgnis, doch mein normalerweise durch nichts zu erschütternder Sohn stand zitternd da, den ganzen Körper schweißnaß, als habe er einen Alptraum. Das Pferd beruhigte sich bald, doch der Junge sah es weiter mit aufgerissenen Augen an, starr vor Angst. Dann faßte er sich, ging entschlossen auf das Tier zu, legte ihm die Hand auf die Stirn und streichelte es, als wollte er sein Entsetzen überwinden." Weder davor noch danach hatte der Vater bei dem Jungen Furcht erlebt. „Ich zweifle nicht daran, daß die alte Erinnerung aufwallte und er dann voll Entschlossenheit versuchte, sich von seiner Angst zu befreien."

Wenn man die Reinkarnation als gegeben annahm und erforschen wollte, konnte man sich als Wissenschaftler, so man keinen Kanal zum Universalwissen besaß, anscheinend nur an Zeichen halten. Eines dieser Zeichen war natürlich die Erinnerung, aber auch hier brauchte man einen Cayce. Eine junge Frau, auf die der Zirkus eine krankhafte Faszination ausübte, lief immer entsetzt hinaus, wenn die Löwen und Tiger in ihren Drahtkäfigen hereingefahren wurden. Ohne von dieser Idiosynkrasie zu wissen, sagte ihr der schlafende Cayce, sie sei in einem früheren Leben eine Christin in Rom gewesen und den Löwen zum Fraß vorgeworfen worden. Kein Wunder, daß sie Angst hatte. Einem anderen Mädchen, das nicht blind geboren war wie der Junge in der Bibel, sondern lahm, erklärte Cayce, es sei unter Neros Herrschaft oft im Kolosseum gesessen und habe gelacht, wenn die christlichen Märtyrer getötet oder von den wilden Tieren zerfleischt wurden. An anderen Stellen bei Cayce las ich von Menschen, die in früheren Existenzen grausam mit dem Schwert umgegangen waren und nun eine unerklärliche Angst vor allen Schneidgeräten hatten, auch vor einem harmlosen Brotmesser. Und Eula Allen hatte gesagt, die Millionen, die im Krieg umgekommen seien, müßten in einem früheren Leben andere getötet haben. Plötzlich fiel mir ein Wort aus der Offenbarung ein: „So jemand in das Gefängnis führt, der wird in das Gefängnis gehen; so jemand mit dem Schwert tötet, der muß mit dem Schwert getötet werden." Ich hatte das immer im Rahmen eines einzigen Lebens gesehen, aber da stimmte es natürlich nicht. Schlechtigkeit blieb oft ungeahndet oder wurde gar belohnt. So ging es eben zu auf der Welt.

Doch das Karma, dieses Guthaben- und Schuldbuch des Wiedergeborenen, änderte alles. Es war die Last, die man von einem Leben ins andere mitnahm. „Karma", sagte Cayce, „ist die Unterlassung, so zu leben, wie wir sollten. Wie euch vergeben wurde, so vergebet euch untereinander. Das ist der Weg, dem Karma zu begegnen." Auch eine positive Einstellung konnte helfen. Einer Frau, die in der Kindheit durch ein rheumatisches Fieber gelähmt worden war, sagte Cayce: „Die Haltungen des Körpers waren und sind nützlich. Da jedoch diese Zustände karmisch bedingt sind, muß ihnen der Körper begegnen, indem er das Wesen und die Seele noch mehr Geduld lehrt, Freundlichkeit, Nächstenliebe, Langmut und ähnliches."

Trotzdem, auch wenn man die Möglichkeit hatte, sich nach und nach von einem Karma zu befreien, mutete es paradox an, daß ein barmherziger Gott seine Geschöpfe einem scheinbar endlosen Kreislauf von Strafen unterwerfen sollte. „Man lehrt uns, die andere Wange hinzuhalten und zu vergeben", sagte ich zu einem Anhänger der Reinkarnation, „und das im Namen Gottes. Muß ich annehmen, daß wir diese Lektion besser gelernt haben als unser Schöpfer?"

Der Mann lächelte. „Wenn Sie die Reinkarnation ablehnen, gibt es dann keine Ungerechtigkeit und kein Blutvergießen? Mit der Reinkarnation hat man wenigstens einen Lebenszweck, ein Ziel, eine Hoffnung auf Entwicklung. Das Leben, das heute erlischt, erhält im endlosen Morgen eine neue Chance." Er sah mich ziemlich verächtlich an. „Mir scheint, daß der Schöpfer, der seinen Geschöpfen eine weitere Chance gibt, sehr barmherzig ist."

Alles in allem genommen, konnte ich die Reinkarnation weder akzeptieren noch ablehnen. Im Lauf der Jahre hatte ich so viele unerklärliche Phänomene erlebt – Menschen, die die Zukunft voraussagten, Hellseherei, Telepathie –, daß es töricht von mir gewesen wäre, mich wegen mangelnden Verständnisses oder Beweismaterials dagegen zu sperren. Ich begriff nicht, wie die Elektrizität funktionierte, und auch die anderen begriffen es nicht, dennoch funktionierte sie. Die Cayce-Readings konnten kaum als Beweis für die Reinkarnation gelten. Sie waren als Beweismaterial wertlos, außer sie ließen sich mit etwas Greifbarem auf die Probe stellen. Cayce hatte beispielsweise einem dreiundzwanzigjährigen jungen Mann mit starkem Wandertrieb erklärt, dieser rühre von einem früheren Leben in Peru vor der Zeit der Inkas her. „In dem Land, das jetzt als Peru bekannt ist, gehörte das Wesen zu jenen, die dort herrschten und von den Inkas unterjocht wurden, die ihnen das Land entrissen.“ Cayce ging nun dem Wandertrieb auf den Grund: „Das Wesen verlor während dieser Existenz. Indem es aus dem Wunsch zu herrschen den Untergang der Menschen herbeiführte, brachte es zerstörerische Kräfte über andere und sich selbst. In dem Drang, den wir aus dieser Existenz sehen, wird das Wesen unstet in Körper, Geist und Wünschen.“ Mit anderen Worten, er war eine Art Ulysses. Das klang alles recht schön, doch bei seinen Worten über eine Kultur vor der Inkakultur hatte sich Cayce in seiner unterbewußten Traumwelt befunden. Ich fragte Gladys Davis, die voll Eifer an einem Inventar der Cayce-Readings arbeitete: „Wie kann man so etwas Esoterisches wie die Reinkarnation aus so etwas Apokryphischem wie einer Kultur ersehen, für deren Existenz wir nicht den geringsten Beweis haben?“

Edgar Cayces Sekretärin kramte auf ihrem Schreibtisch und zog eine Ausgabe der *Science News* vom 9. April 1966 hervor, dieser „Wöchentlichen Zusammenfassung über die gegenwärtige Wissenschaft“. Ein Photo auf der Titelseite zeigte zwei undeutliche Gebilde, darunter stand: „Untermeerische Säulen.“ Ich wandte mich neugierig dem Artikel zu, denn Gladys sagte wie nebenbei: „Der Artikel enthält etwas über die Inkas, das vielleicht hierher gehört.“

Ich hatte fast das Gefühl, ein Cayce-Reading zu lesen: „Die auf der Titelseite der dieswöchigen Ausgabe abgebildeten, seltsam gemeißelten Steinsäulen, von denen manche Inschriften tragen, wurden vor der Küste Perus von Kameras achtzehnhundert Meter unter dem Meeresspiegel entdeckt (Photo: Duke University).

Dieses unbekannte Atlantis des Stillen Ozeans liegt zu tief, als daß man es von einem Schiff aus erforschen könnte, wie Dr. Robert J. Menzies sagt, der Leiter der Meeresforschung am *Marine Laboratory* der *Duke University* in Beaufort, Nordkarolina. Zur genauen Untersuchung ist ein bewegliches Tiefsee-Tauchgerät erforderlich. Zwei aufrechte Säulen, die einen Durchmesser von sechzig Zentimetern oder mehr haben und eineinhalb Meter aus dem Schlamm ragen, wurden gesichtet. Zwei weitere sind umgefallen und teilweise mit Schlamm bedeckt, außerdem liegt dort ein quadratischer Block, berichtet Dr. Menzies. Die Teile wurden von einem Forschungsschiff gesichtet, das Geräte an Bord hatte, mit denen man Kameras bis ein paar Fuß über den Meeresboden senken kann. Das Forschungsschiff *Anton Brunn* kreuzte sechs Wochen lang vor der Küste Perus und Ecuadors in den Wassern der Milne-Edward-Tiefe, einem Graben, der an manchen Stellen fast fünftausendsiebenhundert Meter abfällt. Finanziert wurde das Unternehmen von der *National Science Foundation.*"

In dem Artikel hieß es weiter, daß es im Pazifik ein Gegenstück zu Atlantis namens Lemuria gegeben haben könnte – genau wie Cayce gesagte hatte. „Die versunkenen Säulen", schrieb der Verfasser, „liegen etwa neunzig Kilometer vor der Stadt Callao, dem Hafen der peruanischen Hauptstadt Lima. Das ist in der Nähe des Feuerrings, diesem erdbebenreichen Gürtel tätiger Vulkane um den Pazifischen Ozean. Das Fundgebiet lag früher zumindest hundertachtzig Meter höher, vor etwa elftausend Jahren, zur Zeit der großen Gletscher des Diluviums, wie Dr. Menzies erklärt. Es sinkt jetzt langsam."

Lemuria, oder was immer es war, sank also langsam. Der Ozeanograph hatte die geheimnisvollen Meeressäulen durch Zufall entdeckt, bei der Suche nach Spezimina, einer kleinen Molluske. Seine Expedition hatte sechzigtausend Spezimina von Meerestieren gefunden und tausend Unterwasseraufnahmen gemacht, bevor sie auf die versunkenen Ruinen gestoßen war. „Wir haben sonst nirgends ähnliche Bauwerke aufgespürt", sagte er. „Und ich habe noch nie zuvor so etwas gesehen."

Wie aber stand es mit unserem Freund, der vor den Inkas in Peru gelebt hatte? In der Nähe der Säulen machte man weitere Entdeckungen. „In dem Gebiet wurden alte Inka-Ruinen gefunden, und man nimmt jetzt an, daß in der Nähe Kulturen existiert haben, die viel älter sind als die Inkakultur." Diese Worte stammen nicht von Cayce, sondern aus den *Science News*. Trotzdem, dieser Hinweis auf eine ältere Kultur als jene der Inkas war nur ein Zeichen. Aber vielleicht brauchte es gar nicht mehr. Stand nicht in der Bibel, im Buch Hiob, ganz klar die Geschichte der Menschheit und ihrer Trübsal? Hieß es dort nicht: „Denn wir sind von gestern her, und wissen nichts; unser Leben ist ein Schatten auf Erden."

Ausklang

Am 17. September 1944 gab Edgar Cayce sein letztes Reading, und zwar für sich selbst. Er war müde, zermürbt, völlig erschöpft. Man fand an ihm keine einzige heile Stelle mehr, wie Gladys Davis sagte. Seine Readings hatten ihn wiederholt davor gewarnt, daß er verfallen würde, wenn er mehr als zweimal am Tag in Trance sinke. Da aber Krieg war und Tausende ihn um Hilfe anflehten, tat er, was die Zeit und seine schwindenden Kräfte zuließen. In den Monaten vor seinem Tod, als Zeitungsberichte und Bücher ihn immer berühmter machten, stapelten sich die Ersuchen um Readings nur so; täglich trafen etwa fünfzehnhundert ein. Die Menschen waren nicht allein um ihre eigene Gesundheit besorgt, sondern auch um das Wohlergehen ihrer Lieben, die sich in allen Ecken der Welt befanden. Cayces Söhne Hugh Lynn und Edgar Evans standen ebenfalls an der Front, und der mitleidige Cayce brachte es nicht fertig, jemanden abzuweisen. Er gab sieben bis acht Readings am Tag, doch trotzdem entstand eine Wartezeit von fünf bis sechs Monaten. Oft starben Kranke, bevor Cayce sich ihrer annehmen konnte. Dieses Wissen und natürlich das „Werk“ zehrten an ihm. Er fühlte sich schwach und unzulänglich. Auch bei vierundzwanzigstündiger Arbeit täglich hätte er drei bis vier Jahre gebraucht, um den Rückstand aufzuholen. Hilflos schaute er auf den riesigen Postsack, in den täglich neue Briefe gestopft wurden. Mit einem Seufzer legte er sich hin und betete um Erfolg. Es kam schließlich so weit, daß der Mann, der im Schlaf alles zu wissen schien, nicht mehr einschlafen konnte. Sein erschöpfter Körper und Geist reagierten nicht länger auf seine Suggestion. Er mußte eine Zeitlang aussetzen und versuchen, wieder zu Kräften zu kommen. Also besuchte er den Biographen Tom Sugrue in Clearwater Beach in Florida, das in den Readings öfters als idealer Genesungsort beschrieben worden war. Sugrue hatte ihn ohnehin um Hilfe bei einem Artikel über die menschliche Aura gebeten, und Cayce hatte zugesagt, obwohl seine eigene Aura rasch schwand. Er hoffte aber, bei Sugrue so weit zur Ruhe zu kommen, daß er mit seinem Werk weitermachen konnte. „Er hatte einfach nicht die Kraft, mir oder irgend jemand anderem etwas abzuschlagen“, erklärte Sugrue später.

Cayce war jedoch viel zu rastlos, um sich zu entspannen. Nicht einmal bei Sugrue, den er liebte, gelang ihm das. Er hatte seine Korrespondenz mitgenommen und versuchte die Menschen brieflich darüber hinwegzutrösten, daß er ihnen die Readings einstweilen nicht geben konnte. Sugrue erkannte, daß Cayce sein Ende beschleunigte. „Ich schlug ihm vor, seine Zeit, wenn er nicht gerade ein Reading gebe, doch mit Fischen oder Gartenarbeit zu verbringen. Aber die Briefe, die er erhielt, berichteten von Unglück und Leiden. Jeder war ein Hilferuf, und blieb dieser Ruf unbeantwortet, hätte ihn Cayce inmitten seiner Blumen oder am Fischwasser vernommen. Die Last seiner Hilflosigkeit machte ihm das Herz schwer und ließ seinen Geist stumpf werden. Obwohl er anfangs länger im Schlafzustand blieb und sich selbst antrieb, wurde der Berg aus Hilfegesuchen nicht kleiner. Das richtete ihn mehr zugrunde als alles andere."

In der Nacht vor seiner Rückfahrt hatte Cayce einen prophetischen Traum. „Ich saß im Zug nach Florida", erzählte er dem Schriftsteller. „Ich hatte mich zur Ruhe gesetzt und wollte dort leben." Erst am Vorabend beim Anblick des friedlichen Meeres war ihm der Gedanke gekommen, was für ein schöner Ort zum Ausruhen das wäre. Aber Cayce und Sugrue wußten beide, daß ihm nur der Tod Ruhe bringen konnte, hatte er doch einmal im Schlaf gesagt: „Der Geist ist der Baumeister. Nichtgelebtes Wissen wird Sünde."

Cayce kannte die Antworten auf die Fragen seines letzten Readings im voraus. Das Ende war nahe, doch er empfand nur Bedauern darüber, daß seine Lebenserfahrung in einem Augenblick unterbrochen werden sollte, da man ihn so nötig brauchte. Nach dem Reading suchte er seinen Freund Dr. Woodhouse in Virginia Beach auf. Der Arzt sagte: „Sie wissen genauso gut wie ich, was Ihnen fehlt." Es stand außer Zweifel, daß er verfiel, wie das Reading angekündigt hatte.

Die Fragen in diesem letzten Reading waren von Mrs. Cayce gestellt worden. „Wie kann sich der Körper am besten von der Anstrengung und Sorge der Büroarbeit befreien?"

„Hör auf mit der Büroarbeit", lautete Cayces Antwort.

Im Bergland bei Roanoke, Virginia, gab es ein Privatsanatorium, das in den Readings manchmal für Patienten empfohlen worden war. Sollte er dorthin gehen? „Es wäre jedem anderen Ort vorzuziehen, wo Beunruhigung von außen herrschen würde. Geh bald."

Und wie lange sollte er bleiben?

Die Antwort war deutlich: „Bis du gesund oder tot bist."

Wie auch die meisten „gewöhnlichen" Therapeuten, so hatte Cayce seine Ratschläge selbst nie befolgt, und es war ziemlich spät, jetzt damit anzufangen. Da er aber zu Hause keine Ruhe fand, weil ihn der ständig größer werdende Postsack anklagend anstarrte, fuhr er nach Roanoke. Er konnte nicht mehr einschlafen, sei es um Readings zu geben oder um zu ruhen. Seine Lebensenergien schwanden. Im April 1926, fast zwanzig Jahre zuvor, hatte er im Traum eine symbolische Vision seines Todes gehabt. Er war in einer Wanne heißen Wassers gelegen und hatte sich darin tödlich verbrüht. Cayce hatte den Traum anschließend in einem Reading gedeutet. Zum Schutz gegen körperlichen Schmerz, sagte er in Trance, werde sein Körper eines Tages in Wasser getaucht, und der Tod werde daraufhin folgen. Das Leiden, dem er schließlich erlag, diagnostizierten die Ärzte als Lungenödem. Einige Wochen vor seinem Tod sagte ein Arzt warnend: „Die Gefahr besteht darin, daß er durch das Wasser im Gewebe erstickt."

Ende November kam Cayce nach Hause, dünn wie ein Gespenst, aber immer noch lächelnd. Er wollte die letzten Tage daheim verbringen, auf den See hinausschauen, in dem er so oft gefischt hatte. Am Neujahrstag 1945 sagte er heiter zu Besuchern: „Es ist alles geordnet. Ich werde am Freitag, den 5. Januar, geheilt werden." Was er damit meinte, verstanden die Freunde, als man sie am 5. Januar zu seiner Beisetzung rief. Er selbst werde anderswo sein, hatte er gemeint, dort, wo seine Heilung erfolge.

Am Abend vor seinem Tod, als Gertrude sich über ihn beugte, um ihm einen Gutenachtkuß zu geben, sah ihr Mann, der immer nur seiner Gabe gelebt hatte, sie nachdenklich an und fragte zärtlich: „Du weißt, daß ich dich liebe, nicht wahr?"

Die Frau, deren ganze Welt er während ihrer vierzigjährigen Ehe gewesen war, hatte plötzlich einen Kloß im Hals. Sie nickte schweigend, denn sie traute ihrer Stimme nicht.

Er lächelte sanft. „Wie weißt du das?"

„Oh, ich weiß es einfach", brachte sie hervor.

„Ich sehe nicht, wie du das wissen kannst – doch, ich sehe es." Er dachte an die Jahre zurück, in denen sein Werk die verzehrende Leidenschaft seines Lebens gewesen war. „Weißt du", sagte er, „wenn man jemanden liebt, opfert man doch für ihn. Aber was habe ich je geopfert, weil ich dich liebe?"

Sie beschwichtige ihn wie ein Kind, strich ihm über die Augen, küßte ihn leicht und verließ leise das Zimmer. Er starb in der Nacht, am 3. Januar, im Alter von siebenundsechzig Jahren.

Gertrude welkte rasch. Sie sagte zu ihrer Freundin Lydia J. Schrader Gray, sie habe das Gefühl, ihr seien die lebenswichtigen Organe aus dem Körper genommen worden. Sie hatte zwei Söhne, die ihr Leben lebenswert machten, doch ihr war, als ziehe Cayce sie sanft an seine Seite. Drei Monate nach seinem Tod, am 1. April 1945, einem schönen Ostersonntagmorgen, folgte Gertrude Evans Cayce ihrem Mann voller Hoffnung. Am 30. März, zwei Tage vorher, hatte Hugh Lynn von seinem Militärstandort in Deutschland seiner Mutter geschrieben: „Es macht mich zutiefst glücklich, zu wissen, wie bereit Du bist, durch diese andere Tür zu gehen. In Deinem Leben ist so viel Schönheit, daß ich nicht traurig sein kann über die Möglichkeit, daß Du zu Vater gehst. Du hast hier seine rechte Hand hochgehoben – manchmal seine beiden Hände –, so daß es mich nicht überrascht, wenn er Dich auch jetzt braucht." Der Sohn, der das Werk verbreiten sollte, war für seine Aufgabe bereit. Er grüßte seine Mutter mit den Worten: „Wir sind auf einem Weg zum Verständnis des Karmas gelangt, den wir seit langem anderen erklären, und ich finde, Mutter, Dein Leben verkörpert soviel Gutes und Schönes, daß meine selbstsüchtigen Wünsche diese Zeit des Wartens nicht stören dürfen. Ich bete darum, daß Du nicht leiden mußt. Ich weiß, daß Dir bewußt ist, wieviel Liebe Dir gehört hat und immer gehören wird."

Edgar Cayce wurde nach seinem Tod in Virginia Beach nicht vergöttlicht. Lange bevor Stalins Nachfolger auf den Plan traten, hatte er sich nachdrücklich gegen den Personenkult gewandt. Das oberste Gebot lautete: „Du sollst den Herrn deinen Gott lieben aus allen deinen Kräften, und du sollst deinen Nächsten lieben wie dich selbst."

Cayces *Association for Research and Enlightenment* wird noch heute von seiner Stimme geleitet. Schon vor mehr als vierzig Jahren, in einer Zeit, da die übersinnliche Wahrnehmung nur von einem sehr kleinen Kreis als gegeben anerkannt wurde, sagte der schlafende Cayce das Wachstum des „Werkes" voraus: „Denn ein solches Werk muß notwendigerweise erst auf einzelne Anziehungskraft ausüben und durch einzelne dann auf Gruppen, Schichten und schließlich die Massen, indem es den Glauben findet, den es für die Anerkennung durch die allgemeine Öffentlichkeit braucht."

Genau wie Cayce vorhergesehen hatte, begann die Arbeit der *Association for Research and Enlightenment* nach seinem Tod mit der Erstellung eines Inventars der Readings. Sie dehnte sich bald auf eine Bibliothek aus, die den Forschern Hilfe anbot. „Die Institution", so hatte Cayce erklärt, „muß an einem Ort errichtet werden, wo die Aufzeichnungen über das bewahrt werden, was durch diese Quellen (seine hellseherische Gabe) erhalten wurde." Das Hauptziel liege nicht darin, betonte er, ein psychisches Phänomen aufzuzeigen, sondern darin, „besseres Verständnis für den Sinn des Lebens“ zu wecken. Cayce gab genaue Anweisungen: „Zuerst die Information ordnen, damit jede Phase menschlicher Erfahrung aus dem bereits Gesagten zu ersehen ist.“ Er machte Vorschläge, wie die Information in der Außenwelt verbreitet werden sollte, und erwähnte eine Reihe Menschen, die dabei eines Tages mitwirken würden. Dreimal erschien mein Name, wie ich interessiert feststellte. „Unter diesen wählt jene aus“, ordnete Cayce seinerzeit an, „die es verstehen, die so erhaltenen Unterlagen zu wissenschaftlichen Studien zu gestalten oder in Stoffe für eine Story, ein Gedicht oder einen Roman einzuarbeiten; und laßt dieselben dann an Hunderte von Kanälen oder Absatzmärkten gehen.“

Einst hatte er Tom Sugrue geraten, wie er seinen Bestseller *„Starling of the White House“* planen solle, und jetzt empfahl er: „Macht bekannt, daß das Verbreitete aus eben solchen Quellen kommt, was jene bestätigen können, die in ihrem Leben die Lösung ihres Problems gefunden haben – dann erachten die Leser, ob von Reißern oder Sonntagsschullektionen, die Lektüre eher der Mühe wert.“

1956 konnte die *Association for Research and Enlightenment* dank einer Spende der Art, wie sie der schlafende Cayce verstanden hätte, das *Cayce Hospital* in Virginia Beach – es wird „Weißer Elefant“ genannt – kaufen, die Gewölbe wieder öffnen und mit der Analyse von rund fünfzehntausend Readings beginnen. Diese sind heute in ihrem breiten Verständnis des Universums aktueller denn je. Inzwischen wurden die gesamten Unterlagen in der *Association for Research and Enlightenment* in Kategorien unterteilt: Krebs, Arthritis, Homosexualität, Reinkarnation, Atlantis usw., wie das schlafende Medium empfohlen hatte. Das erleichtert Ärzten, Archäologen, Wissenschaftlern, Ozeanographen und Anhängern der Reinkarnation die Arbeit. Cayce legte großen Wert auf Übersichtlichkeit: „Seid in der Lage, die Information über jede Phase menschlicher Erfahrung in der Umgebung, in welcher sie dem einzelnen erteilt wurde, auf den ersten Griff zur Hand zu haben, ob diese Information nun die ehelichen Beziehungen betrifft, das Scheiden des Goldes vom Sand oder die Verabreichung von Schwingungen, die ein Körper braucht, um die Flamme der Natur in dem Individuum selbst anzufachen.“ Es war jedoch schwer oder vielleicht sogar unmöglich, jenen zu helfen, deren Intellekt sich weigerte, etwas geistig nicht Faßbares anzunehmen. „Versucht nicht, Perlen vor die Säue zu werfen“, sagte der bibelkundige Mystiker, „und gebt auch nichts an jene, die es lesen würden wie die heutigen frei erfundenen Werke.“

Viele sahen die Reinkarnation natürlich als etwas frei Erfundenes an. Für mich stellte sie einen interessanten Punkt in Cayces Auffassung dar, obwohl ich nicht überzeugt war, daß es das Leben einfacher machte, wenn man noch ein weiteres Leben auf dieser Erde vor sich hatte. Die Reinkarnation setzte eine Art Ordnung in einer Welt voraus, die für die Unordnung prädestiniert schien. Es war jedoch schwer, an Gott zu glauben und gleichzeitig mit den Hedonisten der Meinung zu sein, es gäbe nichts als die immerwährende Gegenwart und den sinnlichen Genuß in dieser Gegenwart. Ihre Welt war eine Welt ohne Plan, Organisation oder Schema irgendwelcher Art. Doch der niedrigste Beamte auf dem unbedeutendsten Posten organisierte seinen winzigen Wirkungsbereich irgendwie. Sollten wir annehmen, Gott vermöge weniger?

Ich konnte mir nicht helfen, der kleine Junge faszinierte mich, der Cayce auf den Schoß geklettert war und gesagt hatte, sie seien zusammen auf dem Ohio gewesen, bei einem von Indianern angerichteten Blutbad. Der Junge, inzwischen zum Mann herangewachsen, erinnerte sich nicht mehr an seine damaligen Worte. Ob sein Unterbewußtes wohl in Hypnose ein früheres Leben „ausgegraben" hätte, das sich mit dem deckte, was Cayce seinerzeit in dem Lebens-Reading für sich selbst herausfand? Und wäre dies dann ein Beweis für die Reinkarnation? Ich weiß es nicht, aber ich glaube, manche würden es als solchen nehmen.

Cayces größte Bedeutung lag vermutlich in der Erkenntnis, daß alle an seinem Blick in den göttlichen Sinn des Universums teilhaben konnten, wenn sie bereit waren, sich selbst als endlosen Teil in einem endlosen Universum zu betrachten. Cayce behandelte das Irdische und Bizarre, das Triviale und Universelle. In seinen Prophezeiungen lehrte er Mut und Entschlossenheit im Unglück, denn für einen Menschen, der eins war mit der Natur, bedeutete sogar Unglück eine Offenbarung von Gottes überlegener, wenn auch oft verborgener Absicht. Als Cayce die umfassende Zerstörung in New York und Kalifornien vorhersagte, sah er sie nicht in finsterem Licht, und er glaubte auch nicht, daß man ihr durch Ortswechsel entgehen könne. Ein Ordensmitglied hatte einmal eine Frage an ihn gestellt, die unter den gegebenen Umständen jeder stellen könnte: „Sollte Kalifornien oder Virginia Beach überhaupt in Betracht gezogen werden, oder wo ist der richtige Ort, an dem Gott mir zu leben bestimmt hat?"

Cayce riet dem Fragenden, in sich selbst nach dem Wohlergehen zu suchen, das ihm zu Recht am Herzen liege. „Wie angezeigt, sollte diese Wahl vielmehr im Selbst getroffen werden. Virginia Beach oder die Gegend ist viel sicherer als ein bestimmter Ort. Doch das Werk des Wesens muß fast alle Gebiete von der Ost- bis zur Westküste umfassen, nicht im Rahmen seiner Überredungskunst als Prediger oder als Überbringer einer Botschaft vom Untergang – sondern im Rahmen einer liebevollen Warnung an alle Gruppen, Clubs, Kunstvereine und Verbände, es sei notwendig, daß sie in ihrem Wirken Kenntnis von der Macht hätten, die das Wirken des Gottessohnes in den Angelegenheiten der Menschen besaß."

Im wesentlichen war Cayces Botschaft, wie besonders in seiner Heiltätigkeit offenbar wurde, eine Botschaft des Glaubens, an sich selbst und Gott. Gott war ihm kein undeutliches, fernes, unbeschreibliches Wesen, sondern ein Freund, ein Gefährte. Er wirkte durch Gott, und Gott wirkte durch ihn. Gottes Wille lag jedem Wunder zugrunde, das Cayce vollbrachte. Der schlafende Cayce sah Körper, Seele und Geist nicht als fließenden, elektrisch vibrierenden Strom von Blut, Lymphe und Nervenimpulsen, sondern als ein Wesen aus Glaube, Hoffnung und Liebe. Wurde die Geisteshaltung negativ, reagierte es mit Unwohlsein, das sich, wenn man es vernachlässigte, zur Krankheit auswuchs.

Cayce drängte nie jemandem etwas auf. Die Reinkarnation, Atlantis und Lemuria waren nicht ungewöhnlicher als die Art, in welcher er durch den Raum glitt, um einen Krug auf dem Regal eines Hunderte Kilometer entfernten Drugstore aufzuspüren, ungewöhnlicher auch nicht als seine Beschreibung der Herstellungsweise eines Kaninchenserums gegen Krebs, Jahre bevor die medizinischen Forscher auf einen ähnlichen Gedanken kamen. Nicht unähnlich jenem, der vor knapp zweitausend Jahren auf Erden wandelte und wirkte, wandte Cayce die Weisheit von einem logisch zusammenhängenden Universum auf praktisch jede Facette des menschlichen Denkens und Verhaltens an. Während des Krieges konsultierte ihn, gleich so vielen anderen, eine besorgte Mutter, die fürchtete, ihr einziger Sohn könnte im Kampf fallen oder verwundet werden. Die Mutter, der Cayce schon einmal mit einem Gesundheits-Reading geholfen hatte, sprach von ihrer Angst um die Sicherheit ihres Sohnes, der damals in den Vereinigten Staaten stationiert war. „Bitte gewähren Sie diesem verwirrten Geist Rat, Führung und Hilfe und beantworten Sie die Fragen, wie ich sie stelle."

Cayce hob das Problem auf eine geistige Ebene und sagte, bei der Einschätzung ihrer Angst müsse man die Gesamtsituation berücksichtigen. „Zugegeben, im Bewußtsein des Wesens (der Mutter) besteht eine Aversion gegen Kampf, Krieg und alle Phasen militärischer Aktivität. Aber in einer Stunde der Prüfung, da jenseits des Ozeans Einflüsse herrschen, die jene Freiheit verändern oder abschaffen möchten, welche das Geschenk schöpferischer Kräfte an den Menschen ist, damit er aus eigenem, angeborenem Wunsch mit Gott eins sein kann, in einer solchen Stunde sollte die Bereitschaft vorhanden sein, sich in seinem Leben und in schwierigen Situationen oder Notlagen an das zu halten, was der Meister für jede Seele angezeigt hat. Nach dem Lebensbeispiel, das er gab, sollte man immer fähig und bereit sein, sogar das Leben zu lassen, damit die Prinzipien leben können, wie er andeutete, damit die Erde nicht nur frei von Furcht und Knechtschaft sei, sondern ein besserer Ort für jene werde, die künftig darin wohnen sollen."

Die Geschichte Christi enthielt für Cayce die ganze Trübsal aller Menschenkinder auf Erden, gipfelnd in der Kreuzigung. „Wenn der Herr seinen Sohn nicht schonte, wie kannst du ihn bitten, den deinen zu schonen!" Er gab ihr den praktischen Rat, ihre Haltung zu ändern, damit dem Sohn ihr Mut, ihre Entschlossenheit und ihr Glaube zuflössen. Sie solle ihn aufrichten statt deprimieren, sagte er. „So lebe denn, so denke und so handle in deinem Gespräch, in deinem Umgang mit deinen Mitmenschen, auf daß auch andere wissen, der Herr ist mit dir. Flöße der Seele und dem Herzen deines Sohnes Hoffnung und Mut ein, auf daß auch er zum Herrn aufschaue um Kraft, Zielbewußtheit, Sicherheit; auf daß er wisse, in dem Frieden, der kommen wird, bedarf es seiner Tätigkeit unter den Menschenkindern, damit der Weg des Herrn auf Erden gesichert sei." Die Erde sei das Haus des Herrn, und auch Christus habe Ärger gezeigt, als sie „zu einer Höhle jener wurde, die ihre Mitmenschen ausbeuteten". Er betonte, Christi Werk könne die Frau stärken. „Jenen, die sein Antlitz suchen, tat er kund, daß er das Herzweh der Enttäuschung kenne und das Herzweh der Furcht, als er betete: Ist es möglich, so gehe dieser Kelch von mir – doch nicht mein, sondern dein Wille geschehe."

Die Frau hörte sich die Botschaft an, um die sie ersucht hatte. Der prophetische Hinweis auf die Tätigkeit ihres Sohnes nach dem Krieg entging ihr offenbar, denn sie fragte sehr menschlich: „Gibt es eine andere Truppengattung, in der mein Sohn dienen könnte, die weniger gefährlich wäre?"

Der schlafende Cayce erkannte, daß sie die Botschaft nicht verstanden hatte. „Kein Teil des Militärdienstes ist gefährlich", sagte er, „wenn er in die Hände Gottes gelegt wird. Sehen Sie sich den Zustand an, der störend wirkt, nicht körperlich, sondern weil anderen trotz der gebotenen Gelegenheit keine seelischen und geistigen Wohltaten erwiesen werden."

Niemand macht sich vermutlich größere Sorgen als eine Mutter um ihren einzigen Sohn. „Könnte er in die Nähe seines Heims verlegt werden?"

„Das könnte er, aber ist es das beste? Ist es nicht besser, alles in die Hände und ans Herz deines älteren Bruders zu legen, in die Hände deines Gottes, als eine Atmosphäre der Zweifel und der Angst zu erzeugen?“

„Ist es das beste für ihn, dort zu bleiben, wo er ist?“

„Bedenke gut die Antwort des Meisters, daß jeder Mensch nur durch Gottes Gnade das ist, was er ist.“

„Könnte er durch eine Verteidigungsaufgabe außerhalb des Militärs nicht mehr nützen?“

Einen kurzen Augenblick schien der schlafende Cayce die Geduld zu verlieren. „Wenn dem so wäre, stünde er dann nicht an jener Stelle? Wenn Sie das Gesagte studieren, finden Sie die Antwort auf diese Fragen.“ Dann gab Cayce eine scharfe Anweisung: „Fülle den Platz besser, *an dem du stehst,* und der Herr wird den Weg auftun.“ Er betonte die Worte „an dem du stehst“ ganz besonders. „Nur wenn wir bewußt zu erkennen vermögen, daß wir im Herrn leben, daß wir uns in ihm bewegen und in ihm unser Sein haben, können wir alles in seine Hände legen und es dort lassen, indem wir unsere Pflicht tun, wie wir sie von Tag zu Tag sehen.“

Der Sohn kam nach Übersee und nahm am Kampf teil, ohne Schaden zu leiden. Doch der Vater, dem keine vergleichbare Sorge gegolten hatte, starb ein Jahr später plötzlich, mitten im Krieg. Vielleicht hatte Cayce das vorausgesehen, als er riet: „Fülle den Platz besser, an dem du stehst.“

Das größte amerikanische Medium hinterließ einen Wegweiser zur medialen Entwicklung. Er konnte von jenen benutzt werden, die mediale Fähigkeiten besaßen, oder von Forschern, die sich dafür interessierten. In Trance erklärte Cayce einmal, die mediale Kraft, das Reisen durch das Unterbewußte, funktioniere durch gewisse Drüsen: „Im Körper finden wir das, was die Zirbeldrüse, die Hirnanhangdrüse, die Leydigschen Zwischenzellen verbindet. Es kann wirklich ein Silberstrang genannt werden.“ Die Kraft war in Frauen aktiver, da diese vielleicht keine so stark entwickelten bewußten Kräfte besaßen und daher ihr Unterbewußtes besser zu entwickeln vermochten. Die höheren Ebenen des Unterbewußten ließen sich nur durch entsprechende geistige Einstellung und eine Meidung des Materiellen erreichen – eine Lehre, welche Medien, die nach Berühmtheit streben, beherzigen sollten. „Wer sich nur vom rein Materiellen nährt, wird ein Frankenstein ohne jeden Einfluß außer materiellem oder verderblich geistigem“, warnte Cayce.

Er sah die mediale Fähigkeit als nichts Ungewöhnliches an und erklärte, sie sei genauso Naturtalent wie jene Kräfte, aus denen der Mensch schöpfte, um für sich das Fliegen zu ermöglichen. Sie gleiche der Inspiration zu großen Kunstwerken, Dichtungen oder mathematischen Entdeckungen wie Einsteins Relativitätstheorie, die der geniale Mathematiker auf „mystische" Weise gemacht habe.

Nicht jedermann sollte sich zu einem medialen Kanal entwickeln, sondern nur jene, die zu einem besseren Verständnis der Beziehungen des einzelnen zu den schöpferischen Kräften beitragen konnten. Eine Gabe wie Cayces bot endlose Möglichkeiten. Cayce wies oft darauf hin, daß Christus, als er seine Wunder wirkte, immer wieder gesagt habe, mit Gottes Hilfe könnten andere dasselbe tun. Cayce in seiner Bescheidenheit hielt sich für nichts anderes als einen Spiegel des unbegrenzten Potentials des Menschen in seinem ununterbrochenen Ringen, sich selbst mit dem Universum, in dem er lebte, in Einklang zu bringen – der Mensch, dem keine Grenzen gesetzt waren, versuchte sich in einem grenzenlosen Universum selbst zu finden.

Cayce mit seinen offenbar unbegrenzten Möglichkeiten schien unbegrenzte Hilfe in praktischen und geistigen Bereichen leisten zu können. Heute, da immer mehr Ärzte die Informationen studieren, da Forscher sein Vermächtnis auswerten, hat es den Anschein, als würde sich Cayces Kampf gegen Infektion und Krankheit im Lauf der Jahre immer mehr ausweiten. Ich erlebte selbst ein dramatisches Wunder mit Cayces Therapie, wenn auch nur ein kleines. An meinem Ohr, außen am Rand, hatte sich eine schmerzhafte, harte Stelle gebildet, ein Auswuchs von der Größe einer Erbse. Sie störte mich nachts beim Schlafen und wurde mir immer lästiger, so daß ich schließlich zum Arzt ging. Er untersuchte das Ohr mit einer Lupe und sagte: „Aktinische Keratose, eine Vorstufe von Hautkrebs. Nicht sehr ernst, da sie gewöhnlich lokal begrenzt bleibt und entfernt werden kann. Sie sollten jedoch einen Dermatologen aufsuchen." Das Leiden war durch zuviel Sonne verursacht worden.

Ich ging statt dessen zu Gladys Davis. „Was hätte Cayce verordnet?" fragte ich.

Ohne Zögern antwortete sie: „Rizinusöl. Reiben Sie morgens und abends ein wenig ein. Wenn Sie wollen, können Sie mit Kampferöl abwechseln."

Um ein Experiment zu machen, tat ich, was sie gesagt hatte. Zu dem Dermatologen konnte ich ja immer noch gehen.

Zuerst hielt ich es für Einbildung, aber nach vierundzwanzig Stunden trat eine spürbare Linderung ein. Nach drei Tagen war die Schwellung wesentlich zurückgegangen. Nach einer Woche löste sich die Kruste, die Schmerzen hörten auf. Innerhalb von sechs Wochen verschwand die aktinische Keratose durch Einreiben von Kampferöl am Morgen und Rizinusöl am Abend vollkommen.

Was Cayce als Mystiker geleistet hatte, wird vielleicht eines Tages ein anderer wieder tun. Allerdings gab es nur einen Shakespeare, Nostradamus, da Vinci und Platon – als sollte gerade nur bewiesen werden, was der Mensch vermochte. Cayce zeigte die Möglichkeiten des Psychischen auf vielerlei Arten auf. Einmal beispielsweise gab er eine Demonstration vor der Psychologieklasse einer Schule in Kentucky. Eine Studentin nutzte die Gelegenheit und fragte den Universalgeist nach den Geldern, die aus dem Geschäft ihres Vaters in Mississippi auf geheimnisvolle Weise verschwanden. Cayce benannte den Dieb und beschrieb, wie die Diebstähle vonstatten gingen. Wenig später meldete sich der Vater der Studentin. Mit Hilfe von Cayces Information hatte er den Dieb dingfest gemacht und das Geschäft gerettet. Das war zwar nur eine Kleinigkeit, aber schließlich setzt sich das Leben aus Kleinigkeiten zusammen, und das Psychische ist auf dieser Ebene leichter zu begreifen.

Immer wenn ein ungewöhnliches Erdbeben auftrat, vor allem in Kalifornien, dachte ich an Cayce. Am 27. Juni 1966 erschütterte ein mäßiges Beben – Stärke 5,6 auf der Richterskala – das Gebiet von Paso Robles, zweihundertachtzig Kilometer südlich von San Francisco. Es hinterließ in einem rund dreißig Kilometer langen Abschnitt des San-Andreas-Bruches sichtbare Risse in der Erde. Die Westseite des Bruches hatte sich um mehrere Zentimeter nach Norden bewegt. Und das Ungewöhnliche – für Erdbeben in Kalifornien – war, daß sich die Risse in der Erdoberfläche nach dem Beben ständig verbreiterten. „Ich muß betonen“, sagte Louis Pakiser vom *National Center for Earthquake Research*, „daß es sich um eine sehr rasche Bewegung handelt.“

Viele, auch der besonders interessierte Geologe, sahen Cayces Prophezeiungen kommender Erdveränderungen als seine größten Enthüllungen an. Doch erst die Zukunft wird zeigen, wie genau der Prophet in seinen röntgenähnlichen Untersuchungen des Erdkerns und in seiner Vorhersage vom Kippen der Erdachse war. Sogar jetzt noch ist wenig über die Achse bekannt, um die sich die Erde dreht. Doch manche Geologen behaupten, womit sie Cayces These unterstützen, daß die Pole seit Millionen Jahren wandern und die Topographie und das Klima des kleinen Körnchens im Universum, das man Erde nennt, ständig verändern. Durch Erdbohrungen, Untersuchungen von Sedimentationen und ähnliches ermittelten die Wissenschaftler das Alter von Gebirgen, Seen, Wüsten und anderen Gebieten auf der Erdkugel. Verblüffende Entdeckungen durch jüngste Tiefsee- und paläomagnetische Forschungen ermöglichten es,

Perioden heraufzubeschwören, die vor Millionen Jahren abliefen und in denen das Leben vermutlich etwas ähnlich war wie das unsrige. Cayce gab seine Readings über das prähistorische Leben aber schon in den zwanziger und dreißiger Jahren, und sie standen bereits vor seinem Tod jedermann zur Verfügung. Die wissenschaftlichen Feststellungen der letzten Jahre bestätigen im wesentlichen die Züge des prähistorischen Porträts einer sich verändernden Erde, das Cayce damals zeichnete. Den Geologen beeindruckte besonders, daß die neuesten Forschungsergebnisse alte, allgemein anerkannte geologische Ansichten oft in Frage stellten oder widerlegten, während sie Cayces mediale Readings eher bestätigten – eine Entwicklung, die sich mit fortschreitender Zeit zu verstärken scheint.

Das Jahr 1958, in das Cayce den Beginn künftiger Feuerwerke auf Erden legte, ist vergangen. Und jetzt stehen wir mitten in der Periode 1968 – 1969, in der Atlantis auftauchen soll. Cayce erklärte freilich, dieses Auftauchen erfolge schrittweise, das Land müsse nicht sofort an der Wasseroberfläche erscheinen. Und danach? Wer weiß! Vielleicht lassen sich die Zerstörungen durch Gebete verhindern, wie Cayce immer wieder gesagt hat, vielleicht müssen sie gar nicht eintreten. Aber dennoch, auch wenn sie sich schon in der Erdkruste anbahnen sollten, kann der Mensch voll Hoffnung auf ewiges Heil nach oben schauen. Denn wie Cayce so oft bei Matthäus las: „Bald aber nach der Trübsal derselben Zeit werden Sonne und Mond den Schein verlieren, und die Sterne werden vom Himmel fallen, und die Kräfte der Himmel werden sich bewegen. Und alsdann wird erscheinen das Zeichen des Menschensohns am Himmel. Und alsdann werden heulen alle Geschlechter auf Erden und werden sehen kommen des Menschen Sohn in den Wolken des Himmels mit großer Kraft und Herrlichkeit."

Man braucht nichts als den Glauben – einen Glauben, den zu stärken Cayce in einer Zeit der Not gekommen war.